Revista de Direito Tributário 123

MALHEIROS EDITORES

Revista de Direito Tributário

Publicada sob os auspícios do
Instituto Geraldo Ataliba – IDEPE – Instituto Internacional de Direito Público e Empresarial

ISS 0102-7956

REVISTA DE DIREITO TRIBUTÁRIO
Publicação trimestral de
MALHEIROS EDITORES LTDA.
Rua Paes de Araújo, 29, 17º andar, conj. 171
CEP 04531-940 – São Paulo, SP – Brasil
Tel. (11) 3078-7205
Fax. (11) 3168-5495
Diretor responsável: Álvaro Malheiros
Diretora: Suzana Fleury Malheiros

Assinaturas e comercialização:
CATAVENTO DISTRIBUIDORA
DE LIVROS S.A.
Rua Conselheiro Ramalho, 928
CEP 01325-000 – São Paulo, SP – Brasil
Tel. (11) 3289-0811 – Fax. (11) 3251-3756
Supervisão Gráfica: Vânia Lúcia Amato
Editoração Eletrônica: Cicacor Editorial
Impressão: Paym Gráfica e Editora Ltda.

SUMÁRIO

XXVIII CONGRESSO BRASILEIRO DE DIREITO TRIBUTÁRIO*

PANORAMA TRIBUTÁRIO BRASILEIRO: SITUAÇÃO ATUAL E PERSPECTIVAS

ABERTURA 9
José Renato Nalini

CONFERÊNCIA DE ABERTURA 14
– A Certeza nas Relações Jurídicas Tributárias
Paulo de Barros Carvalho

ICMS E GUERRA FISCAL 20
Fábio Prieto de Souza – Presidente

– O Conceito de Mercadoria para Fins de Tributação por Meio de ICMS. Novas Tendências do STF 23
Roque Antonio Carrazza
– Proposta de Súmula Vinculante para Eliminar a Guerra Fiscal no ICMS 28
Sacha Calmon Navarro Coelho

ICMS na Importação e o Destinatário da Mercadoria 31
Marcelo Salomão

– Não Cumulatividade e o Estorno dos Créditos nas Hipóteses de Incentivos Fiscais Concedidos sem Convênio 38
Estevão Horvath

ISS 43
Alberto Macedo – Presidente

* Nas transcrições das participações no XXVIII Congresso constam textos sem revisão dos autores.

– Base de Cálculo do ISS: Preço do Serviço e a Figura do Desconto (Condicionado e Incondicionado) ... 43
Eutálio Porto

– ISS sobre Cessão de Direitos (Programas de Computador; Marcas e Sinais de Propaganda; Exploração de Locais para Eventos; Permissão de Uso; *Leasing*; Franquia) ... 47
José Eduardo Soares de Melo

– Incidência do ISS sobre o Arrendamento Mercantil e o Critério Especial do Imposto ... 52
Betina Grupenmacher

TRIBUTAÇÃO NA LEI 12.973/2014 ... 65
Valdir de Oliveira Rocha – Presidente

– Conceito de Renda e sua Tributação – Implicações da Nova Contabilidade ... 65
Mary Elbe Queiroz

– Novas Obrigações Acessórias e a Dupla Escrituração: Contábil e Fiscal ... 70
Natanael Martins

– Tributação de Resultados de Coligadas e Controladas no Exterior ... 74
Karem Jureidini Dias

– Recentes Alterações Legislativas e Reforma Tributária ... 80
Eurico Marcos Diniz de Santi

IMPOSTOS FEDERAIS ... 85
Maria Leonor Leite Vieira – Presidente

– Disciplina Tributária do Ágio ... 85
Marcos Vinicius Neder

– Tratamento Tributário das Subvenções ... 90
Misabel Derzi

– IOF sobre Operações de Mútuo e Conta Corrente entre Empresas do Mesmo Grupo Econômico e *Holdings* ... 93
Tácio Lacerda Gama

– Ocultação e Interposição Fraudulenta no Comércio Exterior ... 99
Fábio Soares de Melo

PROCESSO TRIBUTÁRIO ... 106
Maria Rita Lunardelli – Presidente

– Grupo Econômico e Responsabilidade Tributária ... 106
Maria Rita Ferragut

– Atuação da PGFN e da SRFB diante da Jurisprudência Pacificada das Cortes Superiores: Perspectivas diante da Lei 12.844/2013 ... 112
Juliana Furtado Costa Araújo

– Imunidades Tributárias e as Recentes Manifestações do STF 116
Robson Maia Lins
– Suspensão da Exigibilidade, Certidão de Regularidade Fiscal e Efeitos dos Recursos 121
Nelton dos Santos

OFICINA: PROCESSO ADMINISTRATIVO TRIBUTÁRIO 126
Karem Jureidini Dias – Coordenadora
Eliana Bertachini
Nélida Cristina dos Santos
Fabiana Lopes Pinto
Paulo Campilongo

OFICINA: PROCESSO JUDICIAL TRIBUTÁRIO 148
Carla de Lourdes Gonçalves – Coordenadora
Camila Catunda Vergueiro
Márcio Severo Marques
Maria Ângela Lopes Paulino
Olívia Tonello

QUESTÕES TRIBUTÁRIAS NO STF E NO STJ 171
José Eduardo Tellino Toledo – Presidente

– IPI e sua Incidência na Primeira Saída de Produtos Importados por Comerciante 171
Eduardo Domingos Bottallo
– Os "Reais" Efeitos das Decisões Proferidas em Recursos Representativos de Controvérsias (STJ) e em Repercussão Geral (STF) 175
Paulo César Conrado
– Inidoneidade Fiscal no Âmbito do ICMS 179
Osvaldo Santos Carvalho

PLANEJAMENTO TRIBUTÁRIO 185
José Antônio Balieiro Lima – Presidente

– Planejamento Tributário Internacional 185
Heleno Torres
– Conceitos Polêmicos no Âmbito do Planejamento Tributário: Propósito Negocial, Abuso de Direito, Abuso de Forma e Negócio Jurídico Indireto 189
Fabiana Del Padre Tomé
– Planejamento Tributário nas Sucessões 194
José Henrique Longo

– Pressupostos Essenciais para a Regular Constituição de Sociedade em Conta de Participação/SCP 198
CLÉLIO CHIESA

CONTRIBUIÇÕES 207
ELIZABETH NAZAR CARRAZZA – Presidente

– Desoneração da Folha de Pagamentos – Alteração da Incidência para o Faturamento: Fundamentos e Consequências 207
HELGA KLUG DOIN VIEIRA

– Não Cumulatividade do PIS/COFINS: o Conceito de "Insumos" Relacionado à Atividade Operacional 213
SUSY GOMES HOFFMAN

– A Finalidade Constitucional das Contribuições Sociais e o Desvirtuamento na Efetiva Destinação 220
TÁREK MOUSSALEM

CONFERÊNCIA DE ENCERRAMENTO 229
REGINA HELENA COSTA

Instituto Geraldo Ataliba-IDEPE
Instituto Internacional de Direito Público e Empresarial

XXVIII CONGRESSO BRASILEIRO DE DIREITO TRIBUTÁRIO

PANORAMA TRIBUTÁRIO BRASILEIRO: SITUAÇÃO ATUAL E PERSPECTIVAS

Hotel Maksoud Plaza
São Paulo
22, 23 e 24 de outubro de 2014

PRESIDENTE DO CONGRESSO
REGINA HELENA COSTA

ABERTURA

Maria Leonor Leite Vieira – Sras. e Srs., bom dia! Damos início à cerimônia de abertura do *XXVIII Congresso Brasileiro de Direito Tributário*, realizado há tanto tempo pelo Instituto Geraldo Ataliba e Instituto Internacional de Direito Público e Empresarial, IGA-IDEPE. Eu quero, inicialmente, apresentar a Mesa Diretiva dos trabalhos desta manhã, composta pelo Exmo. Sr. Desembargador-Presidente do TJSP, Dr. José Renato Nalini, Prof. Paulo de Barros Carvalho, os Exmos. Professores que nos acompanham, Roque Carrazza, Maria Rita Ferragut, Prof. Estevão Horvath e Dr. Marcelo Salomão. É uma honra para todos nós podermos novamente discutir aqui o direito tributário, honra que me leva, inicialmente, a convidar a todos para, de pé, ouvirmos o *Hino Nacional*.

(Execução do *Hino Nacional*)

Maria Leonor Leite Vieira – Passo a palavra ao Exmo. Sr. Desembargador Dr. José Renato Nalini, que presidirá a sessão desta manhã.

José Renato Nalini – Muito bom dia a todos! Eu queria saudar a Profa. Maria Leonor Leite Vieira, Presidente do Instituto Internacional de Direito Público e Empresarial/IDEPE; o Dr. Paulo de Barros Carvalho; o Dr. Estevão Horvath, Dra. Maria Rita Ferragut, Dr. Aires Fernandino Barreto, Dra. Fabiana Tomé, Dr. Eduardo Bottallo. Uma saudação especial aos Des. Wanderlei José Federighi e Otávio Augusto Machado de Barros Filho; demais presentes, magistrados, advogados, Sras., Srs. Desembargador, Dr. Roque Carrazza – o seu nome não estava aqui, mas é alguém que eu tenho muita alegria em saudar, não só pelo seu prestígio como tributarista respeitado no Brasil inteiro, mas pelos laços afetivos que nos unem há tanto tempo.

Eu queria cumprimentar a todos por esta iniciativa de manter a continuidade de congressos como o Brasileiro de Direito Tributário. Há 28 anos se realiza um congresso para estudar esse setor nevrálgico, cada vez mais importante para uma República que tem um Estado sorvedor, um Estado que tem uma volúpia em arrecadar e que talvez não retribua à sociedade brasileira aquilo que deveria devolver, diante da sua fome fiscal.

Eu sei que os tributaristas chegaram a um nível de consistência nos seus estudos, de sofisticação. Nós nos orgulhamos de ter pensadores – como alguns dos quais nesta Mesa – que se equiparam aos melhores tributaristas do Planeta. Talvez seja o momento de nós também mirarmos outras metas. A dificuldade que tem o brasileiro de satisfazer os seus tributos não só pela desproporção entre o que se arrecada e o que se devolve, em virtude de uma máquina estatal cada vez mais inflada e cada vez mais ineficiente, mas também de pensarmos numa possibilidade de simplificação de todas as estruturas em que o direito tributário poderia contribuir para tornar a sociedade brasileira, de acordo com aquela promessa que o constituinte fez em 1988: uma sociedade fraterna, solidária e baseada na Justiça. Justiça fiscal é, talvez, aquela mais injusta dentre as Justiças que o Brasil convive.

Hoje, na transitória presidência do maior Tribunal de Justiça do mundo – e não há glória nenhuma em se reconhecer o maior do mundo, são apenas os números, nós temos 50 mil servidores em atividade, mas, por respondermos também pelos inativos, nós temos uma folha de 70 mil servidores, 2.400 magistrados e 25 milhões de processos. Nós temos um quarto do movimento judiciário do Brasil, embora não tenhamos um quarto da população brasileira. E, se meu amigo Fábio Prieto estivesse aqui, ele iria não se surpreender, mas ele iria, talvez, me recriminar por dizer novamente aquilo que eu tenho dito. Se o TRF-3ª Região é o maior Tribunal Federal do Brasil, o segundo maior Tribunal Federal do Brasil é o TJSP, porque nós temos o mesmo número de execuções fiscais e de ações previdenciárias de interesse da União e nós fazemos isso para a Justiça Federal, sem nenhuma compensação. Dos 25 milhões de processos que estão em curso pela Justiça paulista, 14 milhões são execuções fiscais. Primeiro, um processo que não é conflito, senão um potencial. Nós estamos fazendo um papel de cobrador do Estado, dos Municípios e da União, e numa função autofágica, porque uma execução fiscal custa 1.800 Reais na sua tramitação pela Justiça Estadual, e não é incomum encontrar, nas muitas comarcas do Estado de São Paulo – são 367 unidades –, execuções fiscais de 30 Reais, 8 Reais e até de 3 Reais. Então, nós estamos fazendo com que um processo que custa 1.800 Reais para o povo de São Paulo termine pela eventual, potencial e remotíssima possibilidade de arrecadar 3 Reais.

Eu sei que o direito tributário tem teses bem elaboradas, nós chegamos a um grau de sofisticação e de excelência que nos torna equiparáveis aos melhores do mundo, mas talvez nós também devamos focar e dar atenção a esta outra sangria da Economia brasileira, que é aplicar mal os minguados recursos que sobram para a Justiça. Eu gostaria muito de que, neste Congresso, houvesse também espaço para discutir essas questões. É esse o modelo de Justiça que nós queremos? Nós temos que continuar assim? E, se a sociedade responder que sim, os tribunais não têm nenhuma dificuldade em crescer. Encaminham às Assembleias Legislativas, aos Parlamentos, projetos criando mais cargos, mais Varas, mais unidades judiciais, e o povo é que sabe se é conveniente continuar a pagar essa conta, que tende ao infinito.

Hoje, o orçamento do TJSP recebeu 8 bilhões de Reais do Governo do Estado, mas mesmo assim iniciou o ano de 2014 com 1,3 bilhão de déficit. E essa conta só tende a aumentar.

Eu sei que nosso enlevo, nossa sedução teórica, doutrinária, é mais empolgada por temas que não são esses, prosaicos, triviais. Mas, se os Srs. se lembrarem de que estão pagando a conta, talvez haja espaço na consciência para pensar também nisso.

Eu desejo todo êxito ao *XXVIII Congresso de Direito Tributário*. Faço uma referência muito especial à figura saudosa e terna do Geraldo Ataliba, que eu tive o privilégio de conhecer – e uma das vantagens de ser idoso é ter convivido com padrões de inteligência, de cultura e de humanismo como essas pessoas que, infelizmente, estão desaparecendo. Mas eu desejo todo êxito a este Congresso, e convido o Dr. Marcelo Salomão para apresentar o conferencista desta manhã, esta outra legenda do direito tributário, que é o Dr. Paulo de Barros Carvalho.

Muito obrigado!

Marcelo Salomão – Bom dia! Exma. Sra. Professora, Presidente do Instituto Geraldo Ataliba-IDEPE, Profa. Maria Leonor Leite Vieira; Exmo. Sr. Des. José Renato Nalini, Digníssimo Presidente do egrégio Tribunal de Justiça; Exmo. Sr. Prof. Paulo de Barros Carvalho, Presidente de Honra do IGA-IDEPE; Exmo. Sr. Prof. Estevão Horvath, Vice-Presidente do IGA-IDEPE; Exmo. Sr. Prof. Sacha Calmon; Exma. Sra. Profa. Maria Rita Ferragut e Exmo. Sr. Prof. Roque Carrazza; Sras. e Srs., autoridades aqui presentes, é uma grande honra e alegria participar de mais um Congresso do IDEPE – sem dúvida nenhuma, o mais tradicional dos congressos de direito tributário deste País, tanto que estamos na 28ª edição.

Recebi com extrema alegria e honra esta verdadeira deferência da Diretoria do IDEPE – Diretoria que eu gostaria também de cumprimentar neste momento, composta pelos Profs. Paulo Aires Barreto, Fabiana Tomé, a própria Dra. Maria Rita e meu caro amigo Fábio Soares de Melo. Eu sei que, para esta escolha, meu nome teve que ser aprovado. Então, agradeço muito a deferência, a responsabilidade dos Srs., esta missão que muito me honra e que ficará na minha vida para sempre, porque sabem bem os Srs. que o Prof. Paulo de Barros Carvalho é, na minha vida acadêmica, um verdadeiro pai. Foi meu Orientador no Mestrado, continua sendo meu Orientador na vida acadêmica; e, por isso, desde já peço desculpas pela emoção, então, de um filho acadêmico falando de um pai.

Assim que recebi a mensagem, meu coração saiu um pouco do ritmo. Depois que ele começou a voltar para o ritmo normal é que eu entendi a importância da missão que me fora passada. Então, peguei o telefone e liguei para a Presidente do IDEPE. "Profa. Maria Leonor, quanto tempo eu terei para falar do Prof. Paulo de Barros Carvalho?". Ela me disse: "Em torno de cinco minutos". Eu desliguei o telefone, não sei se feliz ou triste, porque tinha certeza de que ela sabe que eu conheço perfeitamente todo o histórico, toda a trajetória, todo o currículo, do Prof. Paulo de Barros Carvalho, e que, se eu fosse ler cada passagem de seu brilhante caminho, nós ficaríamos aqui até depois das eleições. Então, eu percebi, e fiquei pensando, pensando: "O que será que significa a minha escolha?". Eu pensei, pensei. O primeiro pensamento que me veio foi assim: "Bom, a situação em que eu me encontro é de apresentar o Pelé em pleno Maracanã em uma final de campeonato brasileiro. Se é essa a situação, esse convite deve ter alguma outra razão". Pensei, pensei, e concluí que só poderia ser uma: eu poder agradecer publicamente ao Prof. Paulo de Barros Carvalho por toda sua obra, pelas suas lições. Acima de tudo, Professor, pelo seu prazer em nos ensinar. Enfim, por ser um exemplo diário, para todos nós, de onde é possível se chegar com amor e dedicação diuturna aos estudos.

De qualquer modo, eu não posso deixar de seguir o protocolo e destacar algumas das grandes conquistas e brilhantes obras do Prof. Paulo de Barros Carvalho. Diante da extensa obra, eu fiz algumas escolhas pontuais, porque, ao meu modo de ver, demonstram perfeitamente o perfil do Prof. Paulo de Barros Carvalho. O Prof. Paulo de Barros Carvalho se formou, obteve os títulos de Mestre, Doutor e Livre-Docente pela PUC/SP, onde se tornou seu Professor Titular em Direito Tributário. Acontece que nosso Professor, depois do merecido reconhecimento nacional, de todas as conquistas e ocupando o cargo máximo na PUC em termos de coordenação, diretoria e da cadeira de Tributário, aceitou o desafio de também ocupar a cadeira de Direito Tributário da USP. E pela primeira vez uma pessoa conseguiu lecionar esta matéria nas duas Faculdades que sempre foram referência neste País. Isso foi extraordinário, porque, efetivamente, uniu mais ainda os professores dessas duas Universidades. E, como participo do IBET, sei o quanto o próprio IBET foi enriquecido também com essa união. Professor, sabemos todos nós, seus filhos acadêmicos, a forma como o Sr. abraçou esse desafio, o quanto de verdade ele não seria necessário para todas as suas conquistas. Mas a forma como o Sr. o abraçou, com a força de um menino e a responsabilidade que já era – o Sr. já era Paulo de Barros Carvalho – assumir o encargo, a responsabilidade de uma cadeira, de um concurso desses. Tem gente que fica nervoso só de vir fazer a apresentação do Sr. neste Congresso, não é? Fazer apresentação do pai acadêmico. Imagine fazer, sendo Paulo de Barros Carvalho, o concurso para Professor Titular de Direito Tributário.

Nas suas atividades profissionais o que eu optei por destacar foi que o Professor também exerceu a função de Presidente de Câmera do 1º Conselho de Contribuintes, do então Conselho de Contribuintes. Também foi membro da 4ª Câmara do 1º Conselho de Contribuintes, em Brasília. É o Advogado titular da *Barros Carvalho Advogados Associados* e também designado representante da sociedade civil para compor o Comitê de Seleção de Conselheiros do Conselho Administrativo de Recursos Fiscais, o

CARF. Portanto, também experimentou na sua vida acadêmica a função de julgar – algo que para nós, que estamos sempre aqui, do lado da Advocacia, certamente acrescenta muito. Hoje temos o Presidente do nosso egrégio Tribunal de Justiça à Mesa. Temos diversos Desembargadores aqui presentes. E sabemos nós, Advogados, a dificuldade que é julgar. Eu, por exemplo, teria absoluta dificuldade em julgar, porque sou um ser parcial. Admiro profundamente os juízes por conseguirem efetivamente nos representar com a sociedade na busca dessa imparcialidade. E, no nosso caso, de respeito absoluto pela Constituição Federal.

Portanto, o Prof. Paulo de Barros Carvalho, além de Advogado, além de lecionar, também teve sua função julgadora, levou a sua cultura também para órgãos julgadores administrativos. Essa, aliás, Presidente Nalini, talvez seja uma das formas de diminuir o grande volume do Judiciário. Termos um processo administrativo tributário de verdade. O Judiciário realmente corrigindo as falhas dos processos administrativos, para que seja respeitada a ampla defesa nos processos administrativos.

Em termos de prêmios e títulos, aí, sim, talvez nós ficaríamos para as eleições de prefeito se eu fosse enumerar todos os títulos já merecidamente recebidos pelo Prof. Paulo. Mas, para que os Srs. tenham ideia, nosso querido Professor foi simplesmente eleito um dos melhores tributaristas do mundo pela revista britânica *Corporate Tax, Who's Who Legal*. No Brasil recebeu o título de Professor Emérito da PUC/SP, recebeu o título de Professor Emérito da Faculdade do Largo de S. Francisco, da USP. É Membro Titular da Cadeira 14 da Academia Brasileira de Filosofia. Recebeu o título de *Doutor **Honoris Causa*** da Faculdade de Direito e Ciência Política da Universidade Nacional Maior de São Marcos. Foi nomeado Acadêmico Correspondente pela *Real Academia de Ciencias Morales e Políticas* da Espanha e nomeado pelo Senado Federal como Membro da Comissão de Notáveis, com o objetivo de analisar questões relacionadas ao pacto federativo.

De suas publicações, Professor, eu tive extrema dificuldade em selecionar algumas. Mas a primeira, óbvio, que eu optei por falar foi do seu *Curso de Direito Tributário*. O primeiro contato que tive com suas obras, e que continuo tendo, assim como todos os meus alunos. E que está simplesmente na 26ª edição. Esse número de edições fala, por si só, do aceitamento dessa obra. *Fundamentos Jurídicos da Incidência*, em sua 9ª edição. *Direito Tributário, Linguagem e Método*. Esse livro, Professor, cada vez que eu leio eu o vejo integralmente. É o em que eu o identifico de corpo e alma, talvez o que eu mais o identifique em suas obras. E *Derivação e Positivação no Direito Tributário*, vols. 1 e 2.

As obras do Prof. Paulo de Barros já foram traduzidas para a Espanha, para a Itália e diversos Países da América do Sul. É isso. Nosso Professor, merecidamente, tem reconhecimento internacional. Professor, muito mais do que livros, artigos e aulas, o Sr., de verdade, formou uma escola, como disse o nosso querido Prof. Eurico em outra época. Uma escola voltada para o estudo prévio da Teoria Geral do Direito, da Filosofia, da Linguagem, da Lógica. Antes do estudo próprio de qualquer Direito autônomo – no caso, o direito tributário –, o que o Sr. nos ensinou foi uma escola de uma forma de aproximação do objeto que nos permite estudar qualquer ramo didaticamente autônomo do Direito. E essa escola é a que nós tentamos propagar. Mas a propagamos, Professor, com o seu DNA – o DNA de abertura máxima ao diálogo. O DNA de que toda essa teoria de nada valeria – como o Sr. sempre nos diz – se não tivéssemos e conseguíssemos aplicação imediata na prática. Essa é a sua escola. É para isso que usamos os seus aprendizados.

Gostaria, por fim, de encerrar esta apresentação falando de mais uma atividade do Prof. Paulo. Ele é Sócio-Fundador deste Instituto. Ele é o Presidente do IBET e é também fundador do Instituto Nacional de Ciências Jurídicas-INAC, do Prof. Lourival Vilanova – o que demonstra, de verdade, que o grande prazer deste Professor é ensinar, é dividir conhecimento. Ou seja: a função do Professor nato, o prazer de dividir – o que ele continua fazendo com todo o sucesso, com todo o reconhecimento. Para nós, que convivemos e temos o privilégio, o Prof. Paulo continua fazendo isso. Continua lecionando e levando o direito tributário mundo afora.

Portanto, Professor, agradeço pessoalmente pela orientação no Mestrado, pela orientação contínua e por me confiar, há 15 anos, o IBET em Ribeirão Preto – o primeiro, fora das Capitais, a divulgar sua escola. Agradeço e, aqui, visto a camisa de todos os Srs. Congressistas, em nome dos Congressistas, por ser um exemplo para todos nós. E, para que o Sr. veja que, de verdade, eu sigo seus passos, eu gostaria de encerrar citando o Padre Antônio Vieira, que o Sr. citou ao assumir a cadeira de Professor da USP: "O pregar que é falar faz-se com a boca. O pregar que é semear faz-se com a mão. Para falar ao vento, bastam palavras. Para falar ao coração, são necessárias obras".

Obrigado, Professor, por falar tanto e tão de perto aos nossos corações!

Maria Leonor Leite Vieira – Transmitindo, então, o pedido de escusas do Desembargador, que tem outro compromisso agora, em seguida, já transfiro imediatamente a palavra ao Prof. Paulo de Barros Carvalho, que fará a conferência e nos falará sobre a certeza do direito tributário.

CONFERÊNCIA DE ABERTURA

A Certeza nas Relações Jurídicas Tributárias

Paulo de Barros Carvalho – Bom dia a todos! Exma. Sra. Presidente do Instituto Geraldo Ataliba-IDEPE, Instituto Internacional de Direito Público e Empresarial; Exmo. Sr. Prof. Roque Carrazza; Exmo. Sr. Prof. Sacha Calmon Navarro Coelho, que nos dá o prazer de sua presença; meu caro Prof. Marcelo – uma figura importantíssima para o IBET e para a vida jurídica da nossa comunidade; Prof. Estevão Horvath; Profa. Maria Rita Ferragut.

Eu quero fazer, inicialmente, uma saudação ao Prof. Geraldo Ataliba, que fundou, deu a ideia, comandou a implantação deste Instituto. Eu estive presente nessa fundação, e ele o fez com aquela forma, eu diria, como um verdadeiro "trator" que vai destruindo os obstáculos e abrindo espaços para, desse modo, edificar o Instituto Internacional de Direito Público e Empresarial. A ele, que deve estar aqui presente em espírito, as nossas homenagens.

Mas quero fazer outra homenagem a uma figura que o Prof. Geraldo Ataliba idealizava – e que ele se aproximou pela primeira vez no Brasil, de uma forma mais íntima, e trouxe ao nosso convívio e nos apresentou, e fomentou estudos a respeito da sua obra, nesse mesmo local, no Hotel *Maksoud*–, que é o Prof. Lourival Vilanova. O Prof. Lourival Vilanova faria hoje – hoje, eu digo, neste intervalo de tempo – 100 anos. Estamos festejando o centenário do nascimento do Prof. Lourival Vilanova.

Geraldo Ataliba ficava encantado com as lições de Lourival Vilanova. Convidou-o, ele veio aqui e deu um curso no *Maksoud*, e desse curso saiu um livro: *As Estruturas Lógicas e o Sistema do Direito Positivo*. Isso revolucionou nosso conhecimento. Causou um impacto muito grande, principalmente entre os professores de direito público da PUC/SP. Tanto que, depois disso, segui coordenando uma excursão que se realizava todos os anos, no mês de janeiro, a Pernambuco, onde nós participávamos de um seminário em que ele dava, durante uma semana, a primeira aula da segunda-feira e a aula da sexta-feira. E nesse entretempo, entre segunda e sexta, ele pedia que nós indicássemos professores com os quais quiséssemos manter contato. Escolhemos, assim, professores interessantes, que poderiam passar boas mensagens sobre o Direito. Conhecemos, dentre outros, José Paulo Cavalcanti e Torquato de Castro, o pai do Torquato, que vem sempre ao nosso Congresso e faz discursos maravilhosos. Também tivemos aulas com José Souto Maior Borges, Nelson Saldanha – e assim por diante. Nós escolhíamos e ele convidava, fora as duas aulas que ele ministrava, na segunda e na sexta.

Foi nessa oportunidade que ele sugeriu um nome: "Vocês não podem deixar de convidar o Prof. Luiz Antônio Marcuschi, que é o maior entendedor de interpretação de textos – é considerado um dos maiores entendedores de interpretação de textos do mundo. Ele é gaúcho e casou com uma pernambucana; é consultor oficial de vários Países, nas principais universidades do mundo". Muito bem, nós mantivemos esse contato, que foi imensamente fecundo, com muita profundidade. Eu revi uma série de posições, e nasceu disso tudo um movimento que, hoje, está ganhando grande força, com o nome de *Construtivismo Lógico-Semântico*.

Feitos esse introito e essas homenagens a personagens tão importantes da história do Direito Brasileiro, passemos a alguns comentários sobre "A Certeza nas Relações Jurídicas Tributárias". São algumas proposições que eu irei apresentar a todos os Srs. Proposições, essas, que não têm, digamos assim, o escopo de armar um sistema proposicional. Isto é: esta palestra não terá a organização de uma conferência, tendo a pretensão, em vez disso, de salientar alguns pontos que me parecem importantes, sempre ligando a teoria à prática, a ciência e à experiência, a título de uma exposição de abertura deste evento. É um pretexto para que o Congresso inicie – este Congresso, que está na 28ª edição. A tradição no Brasil é algo muito difícil de ser construído. E o IDEPE está logrando conseguir essa tradição, mantendo, ao longo de tantos anos, o objetivo de reunir estudiosos e operadores do Direito para refletir sobre temas fundamentais nessa área.

O tema, então, é "A Certeza nas Relações Jurídicas Tributárias", algo que nos preocupa, algo que movimenta nosso pensar, nossa cabeça, nos causa dúvidas, e essas dúvidas se transmitem, se propagam. É bem verdade que a dúvida é um combustível admirável para a obtenção de conhecimentos – mas a dúvida organizada, a dúvida que pode ser apropriada para fomentar o conhecimento. Não a dúvida incontrolada, a dúvida que foge da nossa ação, da nossa escolha, da nossa seleção. E essa dúvida, que não é conveniente a ninguém, não é a dúvida que se encerra em um procedimento zetético, e a dúvida dá assento à pesquisa. Não é essa. Não estou falando da dúvida pela imprecisão, pela hesitação, pela inexistência de orientação e de critério. Mas eu me explicarei melhor. Vamos lá: certeza nas relações jurídicas tributárias.

Bem, o que é certeza? *Certeza é o repouso do nosso espírito na paz e na calma da evidência*. Nosso espírito, quando se depara com a evidência, tranquiliza-se, repousa calmamente. Se o fato é uma evidência para nós, isso basta para nosso convencimento, nossa certificação da veracidade. É por isso que nessa definição, que eu sempre achei muito bonita, muito sonora, nós temos a certeza como repouso do nosso espírito na paz e na calma da evidência. Nesse momento, temos certeza. E, tendo certeza, formamos nossa convicção.

A certeza jurídica é um princípio, é algo inerente à própria raiz do dever-ser. Ali onde houver um dever-ser, haverá, necessariamente, a certeza. Porque o dever-ser não é um dever-ser abstrato, que fique pairando no ar. Não. É um dever-ser *algo*. O Prof. Lourival Vilanova dá até um exemplo, dizendo que não será ato de decidir um texto emanado do magistrado que diga que "'A', provavelmente, devolverá o objeto a 'B'". Isso não é decidir, não é dar o preceito a ser cumprido, identificando titulares de direitos subjetivos e de deveres correlatos. Com enunciado dessa espécie todos ficariam em dúvida. Provavelmente quando, por quê? Depende da vontade de quem? Isso não é decidir. Esse magistrado não decidiu. A decisão requer a especificação da conduta de quem deve cumpri-la. E, também, do objeto dessa conduta, para que seja satisfeito o direito subjetivo da outra parte. E isto é definitivo.

A certeza do Direito está presente em todos os setores do ordenamento posto. Não há norma que não esteja impregnada dessa certeza. Está na raiz do dever-ser, porque o dever-ser é sempre *dever-ser algo*. No caso, ele se triparte em três modais: obrigatório, proibido e permitido. Exemplificando, quando se diz que alguém está obrigado, é imperativo que se agregue a conduta que se espera dele. Está obrigado a quê? A pagar a importância de R$ 236,20. Pronto. Quem é? Trata-se de fulano de tal, brasileiro, casado, residente na rua tal, número tal, inscrito no Ministério da Fazenda, inscrito em outros setores. Assim, com identificação total, com a determinação dos elementos da relação jurídica, aparece a certeza da decisão.

Agora, ao lado da certeza como determinação, como fixação rigorosa das condutas a serem traçadas, essa primeira acepção – que eu diria uma acepção sintática ou lógica –, nós teríamos outra: *a certeza significa, também, previsibilidade*. Nós temos certeza na medida em que vemos que os fatos jurídicos consumados foram respeitados pela legislação, o direito adquirido está mantido, a coisa julgada está observada, de modo que temos uma certeza quanto ao passado. E isso alimenta uma expectativa para o futuro.

Esse princípio – o princípio da certeza do Direito –, na acepção de previsibilidade, se aproxima e se envolve com o princípio da segurança jurídica. A segurança jurídica também se opera nessa bidimensionalidade: passado e futuro. A segurança jurídica pressupõe o respeito aos fatos consumados, aos direitos adquiridos e à coisa julgada. E, com isso, pretende-se também antever as regulações de conduta a que um cidadão qualquer estará obrigado.

Na Constituição brasileira, no "Preâmbulo", está posta a segurança jurídica, ao lado da igualdade, como um dos princípios fundamentais. O "Preâmbulo" tem a força mesma de todos os preceitos da Constituição. Nem menos, nem mais. Houve uma discussão no STF, e nós tivemos um voto contrário, entendendo que o pressuposto da lei constitucional era apenas um conjunto de notas e observações que ilustravam o Texto Maior. Mas eu fiz um estudo mais aprofundado, e cheguei à conclusão, indisputável para mim, de que o "Preâmbulo" integra o direito positivo brasileiro. E lá está a necessidade de observarmos o princípio da segurança jurídica. Mais que isso: considero que a segurança jurídica é um sobreprincípio, ou seja, um princípio que se opera quando outros princípios de inferior hierarquia são observados.

Nesse contexto, que significa *realizar o princípio da segurança jurídica*? É realizar o princípio da certeza do Direito, o princípio da igualdade, o princípio da irretroatividade. Então, vejam que é realizando esses princípios que nós realizaremos outro princípio. A esse outro princípio nós vamos chamar de *segurança do Direito*. Mas eu cheguei à segurança do Direito pela via da certeza do Direito, exatamente porque uma das acepções da certeza do Direito, a de previsibilidade, se envolve com a segurança jurídica.

Outro ponto de primordial análise é a aplicação desses princípios, da certeza do Direito e da segurança jurídica, no nosso direito positivo, na experiência brasileira. Essa aplicação é a seguinte: o Direito existe para coordenar o fluxo das interações inter-humanas, no sentido de propagar no meio da comunidade social o sentimento de previsibilidade quanto aos efeitos jurídicos da regulação da conduta. O Direito existe para isso. Essa é uma visão, uma tomada de postura, perante o Direito. Há várias possibilidades de se definir o conceito de Direito, mas, se quiserem ouvir a proposta do Prof. Lourival Vilanova, ele diz o seguinte: "O Direito é uma técnica de esquematizar classes de conduta para poder dominar racionalmente a realidade social. Generaliza em esquemas abstratos a vida, em sua concreção existencial, para ofertar a possibilidade de previsão de condutas típicas, indispensável à coexistência social".

Ora, por que eu estou voltando esse meu discurso para a definição de Direito? Os Srs. podem efetuar esse tipo de questionamento e pensar ser dispensáveis comentários dessa natureza, porque todos lidam, todos sabem, todos têm uma noção adequada do que seja a definição do Direito, do que se pretende com ele, de como o Direito regula os comportamentos interpessoais, intersubjetivos. Mas eu estou trazendo isso à tona para falar de algumas circunstâncias que têm sido objeto de julgamento por tribunais administrativos no Brasil, tendo estes adotado uma orientação bem diferente. Em assuntos como aqueles que discutem ágio, reestruturação societária, compensação de créditos tributários e outros; nas contendas que envolvam figuras como a simulação, como o abuso de direito, a fraude à lei, o abuso de forma, propósito negocial, por exemplo, tem sido preconizado um tipo de julgamento que, no meu entender, é exatamente a negação dessas definições de Direito que nós temos, porque a orientação se volta ao caso a caso. São decisões *casuísticas*. Se as decisões desses processos têm que ser tomadas pelo exame de caso a caso, onde está o critério de pertinência de um caso a uma classe, que estaria tipificada no texto de lei? Como fica a previsibilidade decorrente da prévia estipulação normativa? Simplesmente não existe.

A orientação de exame caso a caso realiza exatamente o oposto daquela técnica de dominar as condutas sociais. Eu até repito: o Direito existe para coordenar o fluxo das interações inter-humanas, no sentido de propagar, no seio da sociedade, o sentimento de previsibilidade. Qual é a previsibilidade que podemos ter quando um tribunal julga 200 casos e utiliza 150 critérios diferentes? Um critério para este caso, outro para aquele, outro para aquele... E qual é o sentido, qual é o sentimento de previsibilidade que o cidadão poderá alimentar diante dessa multiplicidade de orientações? Nenhuma. O cidadão fica perdido, e correndo riscos de cobrança de impostos e de multas em valores exagerados. Da mesma forma, o Fisco passa por semelhante situação de instabilidade. Essa orientação não ajuda a ninguém. Ela peleja contra os interesses dos contribuintes, mas também contra os interesses do Fisco, porque a Administração Fiscal fica igualmente perdida entre tantos e diferentes critérios. E, assim sendo, poderá cometer excessos de exação, cobrando tributos a mais do que deveria cobrar, exagerando na lavratura de autos de infração. Ou, por outro viés, pode o agente fiscal ser processado por improbidade administrativa, por responsabilidade de deixar de exigir valores a título de tributo. De modo que isso não aproveita nem ao Fisco, nem ao contribuinte. Postura casuística realiza exatamente aquilo que nós conhecemos por antidireito.

O Direito consiste em procurar caracteres, colocações comuns, em uma multiplicidade de pessoas, uma multiplicidade de fatos. E, mediante diretrizes determinadas, formar classes de indivíduos. Agora, o julgamento caso a caso é aquele que pretende fazer ou ofertar uma coleção de casos. Haverá um caso atrás de outro, e teremos 200 casos e 200 orientações diferentes. E agora? Como saber qual medida tomar no 201º e no 202º caso, por exemplo? Como é que serão examinados esses casos? Qual é o padrão de conduta que vai ser neles exigido? Vamos repetir o critério adotado no caso 39 ou na situação 83? Ou, ainda, adotar um novo e diferençado critério? Não. Essa postura não condiz com nosso ordenamento, como o sistema jurídico-constitucional brasileiro.

Necessário se faz harmonizar essas decisões, para que o contribuinte fique seguro com relação aos efeitos da sua conduta e o Fisco também fique seguro quanto aos resultados de suas práticas. Se ela é conforme ao Direito, portanto, uma conduta lícita ou se é uma conduta em desconformidade ao Direito e, portanto, uma conduta ilícita. É o que deve ser examinado. Isso satisfaz os interesses de ambas as partes, contribuinte e Fisco, conferindo-lhes certeza e segurança nas relações intersubjetivas.

Ademais disso, eu quero fazer uma comparação interessante, que costumo fazer sempre e que tem sido muito útil para mim. Nós trabalhamos, em termos de linguagem, com quatro estratos. Em um deles estaria o sistema de linguagem vulgar, onde nós estamos, como leigos, também, diante das várias técnicas. Acima vem o sistema do conhecimento técnico, da linguagem técnica, que nos dá procedimentos para que possamos conseguir certos resultados. Eu sei que para chegar a fins específicos tenho que empregar determinados meios. E isso é uma regra técnica, de caráter procedimental, estipulando os caminhos de como se deve proceder para conseguir um resultado.

Então, vejam, nós temos um sistema do conhecimento vulgar ou do conhecimento leigo. Acima dele, o conhecimento técnico, que nos dá instruções, procedimentos, orientações tais que nós possamos usufruir melhor de máquinas, de aparelhos, enfim, de todas as naturezas. Ninguém compra um carro sem que receba um manual do proprietário. Esse manual é uma linguagem técnica. A bula do medicamento é uma linguagem técnica. O Direito é uma linguagem técnica. Ele visa a um fim. Como foi dito, ele visa a promover a interação, a coordenar o fluxo da interação intersubjetiva, para estabelecer a harmonia e paz social.

Pois bem, nós temos, então, o sistema da linguagem leiga, ou linguagem vulgar. Acima dela, linguagem técnica; acima dela, a linguagem científica; e, acima da científica, a linguagem filosófica. Um conhecimento bom, um conhecimento razoável, conhecimento à altura das nossas limitações e produtivo, é aquele que corta todos esses estratos. É por isso que estudamos muito Teoria Geral do Direito, Filosofia do Direito, Ciência do Direito, mas sempre voltados para o direito positivo que, por sua vez, se projeta no campo da região material das condutas.

Vejam que há um intercâmbio intenso. Um estrato de linguagem alimenta o outro, ou dando teorias para que o outro se movimente ou recebendo reclamações para que repare certas teorias que não estão funcionando. Assim, da linguagem técnica para a linguagem vulgar, da linguagem científica para a linguagem técnica, da linguagem filosófica para a linguagem científica, há sempre interligações e trocas entre elas.

Para resolver uma controvérsia entre sujeitos de direito, entre contribuinte e Fisco, esse é o mecanismo que considero próprio para utilização. Para a solução do problema há de ser buscada uma uniformização de critérios. Partimos para critérios que, embora numerosos, sejam conhecidos e demarcados com ênfase, de tal forma que eles possam ser seguidos pelo Fisco e pelo contribuinte. Isso vai dar mais segurança ao contribuinte e vai dar mais instrumentos de controle para o Fisco.

Como é que se faz esse procedimento? Enriquecendo a conotação, o lado conotativo dos conceitos – simulação, fraude à lei, abuso de direito, abuso de forma, proposta negocial –, aprimorando esses conceitos, em termos de conotações seguras. E isso vai permitindo, também, a determinação denotativa em termos mais rigorosos, porque há uma relação inversa. À medida que nós aumentamos, enriquecemos a conotação, diminuímos a denotação. A denotação é que vai indicar o fato. O fato que fará surgir a obrigação tributária.

Se eu tiver vários atores conotativos como critérios de pertinência a uma classe de condutas, poderei determinar com mais rigor o fato que estou analisando.

Agora, a chamada orientação caso a caso, ela não tem por onde se justificar. É exatamente o antidireito; é fazer aquilo que o Direito não recomenda. Quando eu digo Direito, refiro-me a todas as concepções sobre Direito. Vejam que, quando nós estudamos um direito qualquer, vamos ao *tipo*. Falamos em homicídio, furto, no direito tributário temos as imunidades, as isenções, o tributo. São *tipos* que estão qualificando aquele setor do direito positivo. Por certo, essa construção não se faz de um dia para o outro. Isso é trabalho que deve obedecer a um programa de enriquecimento. Vamos enriquecer as conotações dos conceitos em situações de dúvida, nessas situações que causam problemas, que são muito discutidas. E essa busca, esse procedimento, em termos de enriquecer os conceitos, a porção conotativa dos termos usados, isso vai nos levar à almejada harmonia dos conceitos.

Nota-se, à evidência, que a interpretação caso a caso não tem como se sustentar. A interpretação *caso a caso* era considerada em época remota, quando o Direito não tinha o mínimo de organização que possui hoje, quando era um Direito *in fieri*, era um Direito que estava sendo feito – e com muito sacrifício, com muito desencontro de opiniões, muitos desentendimentos. Mesmo assim, os julgamentos caso a caso desnorteavam a todos, porque hoje foi decidido assim; amanhã, de outra forma; depois, de outra forma. Isso não pode partir de quem julga, exatamente porque quem julga há de tentar, de qualquer forma, buscar o lugar-comum. Às vezes não é fácil, concordo. É por isso que se trata de trabalho que leva tempo. Mas o que importa é que fiquemos imbuídos dessa busca, desse *animus* de obter essa harmonia conceitual.

Muito bem. Essa apresentação, esse discurso chamado de conferência, é apenas um pretexto para começarmos nossos trabalhos no Congresso. Durante as exposições e os trabalhos que neste momento se iniciam teremos muito espaço a percorrer. Minha perspectiva é a de que corram bem os estudos, as perguntas e as questões que vocês vierem a defender, para que, ao final, tenhamos nosso repertório enriquecido em decorrência dos conhecimentos transmitidos, das divergências traçadas e das reflexões dessas decorrentes.

Muito obrigado a todos pela atenção!

Maria Leonor Leite Vieira – Obrigada, Prof. Paulo, mais uma vez, por esta brilhante conferência, que nos provoca para ficarmos aqui, nestes três dias, estudando o direito tributário e analisando este panorama atual do direito tributário, chamando a atenção de todos os julgadores que estão aqui presentes também para que os casos sejam examinados mas que a situação não leve à análise casuística, que isso está trazendo a todos muita insegurança. Como disse o Dr. Paulo, a segurança e a certeza são os sobreprincípios que norteiam o direito tributário.

Eu quero encerrar esta Mesa de Abertura do Congresso, já com os componentes da discussão da próxima Mesa aqui presentes para que, ato contínuo, já iniciemos os trabalhos sem intervalo, para ouvirmos as palestras do próximo momento. E, por isso, eu já passo, de imediato, a palavra ao Exmo. Desembargador Federal Dr. Fábio Prieto, Presidente do TRF-3ª Região. Dr. Fábio, por favor... Eu só peço licença para acompanhar o Prof. Paulo enquanto se inicia esta Mesa.

Muito obrigada!

ICMS E GUERRA FISCAL

Fábio Prieto de Souza – Bom dia a todos! Eu cumprimento a nossa Profa. Maria Leonor Leite Vieira, que é Presidente do Instituto Geraldo Ataliba; cumprimento Estevão Horvath e agradeço o convite destes Colegas para fazer esta primeira Mesa, a Mesa dos Debates. Eu acompanho este Congresso de Direito Tributário há muitos anos. Pode-se dizer, sem erro, que nós tínhamos outro mundo quando estes Congressos começaram – inclusive um outro mundo tributário, talvez até um outro Planeta. E nesses primórdios eu queria lembrar o Geraldo Ataliba, que entre suas múltiplas facetas tinha talvez como principal a figura do agitador cultural. O Ataliba era um agitador cultural, acima de qualquer outra coisa. Acima de professor, advogado, parecerista, o negócio do Geraldo Ataliba era fazer agitação cultural. E ele escolheu o direito tributário – o que foi muito bom para o País, porque nós estávamos iniciando um processo de industrialização no Brasil, de urbanização, e nossa discussão tributária era muito pobre. E o Ataliba era um polemista nato, um argumentador assertivo. E ele criou estes Congressos, criou uma série de coisas, "botou fogo" na PUC, na Advocacia, nos juízes. Ele era, realmente, um agitador cultural, e ele desbravou essa caverna do direito tributário, que tinha, realmente, bons doutrinadores, mas tudo ainda do tamanho daquele Brasil, que tinha uma outra configuração. E de lá para cá, pegando, por exemplo, o programa, hoje, do Congresso, a gente percebe como o País evoluiu e como as instituições, hoje, são muito mais sofisticadas e exigem muito mais dos nossos conferencistas, porque nós mudamos muito o patamar da Economia, da discussão do tributo, da discussão da Economia, do direito empresarial. E isso, obviamente, está intimamente vinculado ao direito tributário. E nós temos uma pauta, para um Congresso como este, extremamente sofisticada. É uma satisfação verificar que esse trabalho do Ataliba, e de outros que começaram a desbravar com mais assertividade o direito tributário, encontrou um paralelo na vida real do país, que o País realmente progrediu, e nós temos uma pauta de discussão, hoje, muito mais sofisticada, como se pode ver da simples leitura do projeto deste Congresso. Mas eu queria lembrar a figura do Ataliba, que realmente teve um papel muito importante em toda esta discussão. E aqui está um dos seus pupilos, ou talvez um dos mais notórios, que é o Roque Carrazza, meu colega. Eu não vou ler os currículos do Roque, do Sacha e do Marcelo, com cada um eu tive contato em uma parte da minha atividade profissional. O Roque foi meu colega no Ministério Público; o Sacha foi meu colega na Justiça Federal; e o Marcelo advoga na Justiça Federal. Eu creio que esses registros são suficientes para mostrar como a experiência de cada um é variada e vai, certamente, contribuir para o sucesso do Congresso. E o Roque, além de tudo, tem essa faceta de ter convivido intimamente com o Ataliba, e acho que posso dizer que é um dos seus principais e queridos pupilos na área do direito tributário.

Feito esse registro, eu quero realmente agradecer à Maria Leonor e ao Estevão pelo convite. Eu sei que isso se deve muito mais à minha condição não de aluno, todos estes anos, no Congresso, mas pela circunstância de ser o Presidente do Tribunal. Muitos outros colegas que atuaram com o Ataliba na PUC, que fizeram carreira acadêmica, já passaram por aqui, outros colegas do Tribunal também vão fazer palestras. O Tribunal, de certa forma, tem uma vinculação muito íntima com este Congresso. Ao longo da história do Tribunal e dos Congressos, muitos juízes federais e integrantes do Tribunal estiveram aqui participando. E eu, de certa forma, na condição circunstancial de Presidente, sou convidado para, com muito prazer e alegria, continuar essa representação do Tribunal no Instituto Geraldo Ataliba.

Eu não vou ler o currículo dos três, se não a gente vai até o meio-dia. Os três já fizeram muita coisa, são figuras conhecidas, e quando a gente vai aos Congressos agora o pessoal fala: "Eu não vou ler o currículo do palestrante, porque a biografia dele é muito notória". E, aí, a pessoa começa a ler o currículo, e demora 20 minutos, não é? Então, eu quero dizer a vocês que não vou ler – mas não vou ler, mesmo. Ah, o Estevão vai falar também. Então, é um pouco pior... Se tiver que ler o currículo dos quatro, nós não vamos mais sair daqui. Vou cumprir o que estou dizendo. E vou fazer mau uso do precedente que o Nalini adotou aqui, que veio para fazer a abertura e foi embora. Antigamente não se fazia isso. Não é que o Nalini seja mal-educado, não. É que a vida, hoje, mudou completamente. Essa pauta aqui também reflete isso. O Prof. Paulo de Barros Carvalho falou com aquela calma dele, como se o mundo estivesse andando a 20 por hora; mas ele está andando a 200. E eu encontrei o Nalini, saindo, os dois correndo pela escada, porque ele já estava atrasado para o outro compromisso que ele tem. Antigamente a gente vinha ao Congresso e ficava o dia inteiro discutindo, podia participar, podia almoçar, tomar café com os amigos... E, hoje, infelizmente – ou felizmente, em determinados aspectos –, isso mudou. Eu vinha no carro agora e ligou um Ministro amigo, porque ontem eu fiquei trabalhando até tarde da noite e apertei o botão do celular para trocar uma ideia com ele, e ele não atendeu, e agora ele me ligou no carro e falou: "Olhe, Fábio, você me desculpe. Eu não retornei sua ligação ontem à noite porque eu fui dormir cedo". Aí, eu fui olhar a que horas eu liguei para ele: era uma e dezoito da manhã! A gente não tem mais noção do que está fazendo. Eu falei: "Não, é que eu durmo um pouco tarde, eu queria ligar para você para trocar uma ideia em um assunto que você já julgou. Mas eu não vi que era tão tarde". A gente não tem mais noção. E o Nalini abriu esse precedente de fazer a Abertura do Congresso e sair, porque já foi para outro compromisso. E quando a Maria Leonor me convidou eu não tinha outro compromisso, pretendia usufruir de todos os benefícios aqui, ficar ouvindo nossos amigos da Mesa, almoçar, voltar e ficar até tarde. Mas infelizmente eu fui convocado – aqui, eu fui convidado –, eu tenho que participar de uma videoconferência agora, no Tribunal, um assunto para o qual fui convocado, não fui convidado. E vou pedir licença à Maria Leonor e vou dar, na verdade, a Presidência da Mesa a quem tem o direito de presidir, que é ela mesma, que é Presidente do Instituto. Mas eu queria dizer a vocês que vou me privar da companhia de todos, de ouvir os Colegas, porque tenho essa convocação, não esse convite. Então, eu vou fazer mau uso do precedente que o Nalini abriu aqui no Congresso. Vou pedir licença a vocês para me retirar. Mas quero dizer a vocês da minha satisfação, na condição de Presidente, de estar aqui e dar curso a isso que é quase uma tradição, os juízes do Tribunal Federal de São Paulo acredito que tenham participado do primeiro Congresso – imagino eu que sim, com a Lúcia Figueiredo e outros. E nós temos sempre gente nossa aqui, trocando ideias com procuradores, advogados, professores – o que, para nós, é sempre uma satisfação. Espero que os colegas dos próximos anos continuem a poder se valer dessa experiência, que é muito positiva para o Tribunal.

Não é um congresso de direito financeiro, mas eu quero dar uma notícia. A todo lugar que vou, como Presidente do Tribunal, me obrigo a dizer alguma coisa do Tribunal para a plateia que me convida na condição de Presidente. Nós fizemos agora, há poucas semanas, com o Marcos da Costa – que é Presidente da OAB de São Paulo –, um Protocolo na OAB. Eu sei que muitos advogados aqui, inclusive escritórios grandes, ainda têm sede no Centro de São Paulo. Nós temos um Protocolo dentro da OAB, hoje. Esse Protocolo estava na

Faculdade de Direito da USP. Em 2003 ele recebeu 78 mil documentos dos advogados. Nós imaginamos que agora, na OAB, nós facilitaremos ainda mais a vida de vocês, ficará mais fácil. E nós temos a intenção de prestar um serviço bom no Tribunal para os advogados, para as partes, o Ministério Público – enfim, para todos. E quero dizer que, embora o Congresso não seja financeiro, seja tributário, ontem o Tribunal recebeu uma comunicação do TCU e foi dispensado do julgamento de suas contas no Plenário do TCU. Isso aconteceu pela primeira vez, no reconhecimento de uma gestão daqui de um Tribunal Federal. Nós não vamos ter nossas contas julgadas no Plenário do TCU, porque foi reconhecida a excelência da prestação de contas do Tribunal pelos órgãos técnicos do TCU. E, quando isso acontece, isso é uma exceção nos procedimentos do TCU. A prestação de contas não é levada ao Plenário, não é julgada pelo Plenário do TCU. E, mais que isso, normalmente, quando se faz a primeira prestação de contas para o TCU, ele retorna esse primeiro relatório, e o órgão público é obrigado a fazer uma auditoria na sua própria prestação de contas pelo órgão de controle interno. Isso é uma regra geral do TCU. Nós fomos dispensados do julgamento de contas no Plenário do TCU e da auditoria interna do próprio Tribunal Federal. Foi o único Tribunal Federal dispensado dessa providência, porque teve reconhecida sua excelência na prestação de contas, foi reconhecida a excelência da gestão financeira e administrativa deste ano. Os outros quatro Tribunais Federais do Brasil terão que fazer auditoria interna e prestarão contas no Plenário do TCU. O STF fará auditoria interna e prestará contas no Plenário. O STJ fará auditoria interna e prestará contas no Plenário. O STM fará auditoria interna e prestará contas no Plenário. O Conselho Nacional de Justiça terá que fazer auditoria interna nas suas contas e terá que prestar contas no Plenário do TCU. O Conselho Nacional do nosso Ministério Público, que é sempre tão feroz na nossa fiscalização, terá que fazer auditoria interna e prestar contas no Plenário do TCU. O Ministério Público Federal terá que fazer auditoria interna e prestar contas no Plenário do TCU. O Ministério Público do Trabalho terá que fazer auditoria interna e prestar contas no Plenário do TCU. Ou seja: de todos os órgãos, todos os tribunais ou conselhos ou ministérios públicos, tribunais superiores ou tribunais federais, só o TRF de São Paulo teve reconhecida a excelência de sua gestão administrativa e financeira neste ano em que eu estou na Presidência. Quero dizer isso a vocês porque toda essa discussão aqui é para pegar o dinheiro do contribuinte. E, de certa forma – embora o Congresso não seja de direito financeiro, eu repito –, é uma forma de dar uma satisfação, na condição de Presidente, do que está sendo feito no Tribunal. Eu queria dizer isso, queria dizer essas duas coisas a vocês.

Eu cumprimento a todos, e mais uma vez agradeço com alegria o convite da Maria Leonor e do Estevão; cumprimento o Sacha, meu querido amigo Roque, de tantos anos, o Marcelo. Desejo a todos vocês um bom Congresso, e nos próximos eu estarei aqui, como estive nos outros, sentado aí, participando do almoço, tomando cafezinho, batendo papo e aproveitando as palestras – o que hoje não vou poder fazer, usando esse mau precedente do Nalini, repito. O precedente não é do Tribunal Federal, estamos copiando má jurisprudência.

Maria Leonor Leite Vieira – Na próxima a gente convoca.

Fábio Prieto de Souza – Eu vou pedir licença a vocês, agradeço a gentileza e desejo um bom Congresso a todos.

Muito obrigado!

Maria Leonor Leite Vieira – Muito obrigada! Nós só podemos mesmo, Dr. Fábio, agradecer sua presença, e da próxima vez o Sr. será convocado para estar aqui presente conosco. E é um alento mesmo, a todos nós, advogados, que recebamos essas notícias do Tribunal, ainda mais em momentos como este, no dia, hoje, a poucos dias de domingo. Isso é um alento para todos nós. Na curta história do TRF creio que é a primeira vez que uma notícia dessas acontece. Então, a gente poderia talvez dizer assim, Dr. Estevão: a primeira vez na história desse Tribunal.

Vamos aos nossos trabalhos. Já que a incumbência foi devolvida a mim, presidindo esta Mesa em que estudaremos "ICMS e Guerra Fiscal", eu passo a palavra imediatamente ao Prof. Roque Carrazza.

O Conceito de Mercadoria para Fins de Tributação por Meio de ICMS. Novas Tendências do STF

Roque Antonio Carrazza – Prezados Colegas, bom dia!

I – É com muita alegria que participo deste *XXVIII Congresso Brasileiro de Direito Tributário*, promovido pelo prestigioso Instituto Geraldo Ataliba-IDEPE. E minha alegria é tanto maior na medida em que divido esta Mesa de Debates com os eminentes juristas Sacha Calmon Navarro Coelho, Estevão Horvath e Marcelo Salomão, sob a presidência da companheira de lutas e igualmente eminente Profa. Maria Leonor Leite Vieira.

Permito-me lembrar que os Congressos Brasileiros de Direito Tributário serviram de base e inspiração para todos os demais eventos da área. E continuam a produzir excelentes frutos científicos, graças ao padrão de excelência dos Colegas que deles participam, aí compreendidos, claro, os jovens juristas, que estão engrandecendo a Ciência do Direito Tributário, com novas e bem-elaboradas ideias.

II – Indo logo ao ponto, fui incumbido de lhes falar sobre "O Conceito de Mercadoria para Fins de Tributação por Meio de ICMS. Novas Tendências do STF".

Apenas para introduzir o assunto, permitam-me lembrar que a Constituição não criou nenhum tributo, mas deu competências para que as pessoas políticas, querendo, venham a fazê-lo. Ela também traçou a *regra-matriz* (a *norma-padrão*, o *arquétipo*) de cada espécie e subespécie tributária. Noutros falares: apontou, ainda que de maneira implícita, a *hipótese de incidência possível*, o *sujeito ativo possível*, o *sujeito passivo possível*, a *base de cálculo possível* e, num certo sentido, até mesmo a *alíquota possível* das várias espécies e subespécies tributárias. Assim, o legislador, ao exercitar qualquer das competências tributárias reservadas à pessoa política a que está vinculado, deverá ser fiel à *regra-matriz de incidência* da exação que criar.

Saliento, igualmente, que toda outorga de competência encerra, a um tempo, uma *autorização* e uma *limitação*, como aguisadamente observa Ernest Forsthoff. *Autorização*, no caso, para tributar; *limitação*, para não ultrapassar as fronteiras além das quais o exercício da tributação torna-se indevido e, portanto, inconstitucional.

Este verdadeiro arsenal de regras constitucionais protege o contribuinte. Graças à Constituição, o contribuinte tem o direito subjetivo de somente ser tributado de acordo com os paradigmas que ela traça. Assim, um tributo criado fora de sua regra-matriz constitucional é – como não há duvidar – inconstitucional, pois agride o direito de propriedade e tende a assumir feições confiscatórias, o que viola, às abertas e publicadas, o art. 150, IV, da Lei Maior.

III – Em razão disso tudo, o âmbito de abrangência de cada figura exacional encontra-se no Diploma Supremo, de tal sorte que a pessoa política, ao instituí-la *in abstracto*, tem poucas alternativas, o que dá ao contribuinte a *previsibilidade* do que o aguarda, em termos de tributação, quando pratica determinados atos ou fatos.

Destarte, os tributos, longe de poderem ser exigidos atabalhoadamente, ao sabor do *decisionismo* da Administração Fazendária, devem respeitar extenso catálogo de direitos fundamentais dos contribuintes (estrita legalidade, anterioridade, reserva de competência, igualdade, proporcionalidade etc.), que faz o contraponto ao inegável dever de suportá-los, que a ordem jurídica lhes impõe.

Em suma: cada pessoa política encontra, ao tributar, perfeitamente iluminado e demarcado, no Texto Supremo, o caminho que, em caráter privativo, está credenciada a percorrer.

IV – Também em relação ao ICMS, em suas várias modalidades, a Constituição da República indicou, como veremos a seguir, a materialidade dos fatos que as leis dos Estados e do Distrito Federal estão facultadas a descrever e que, uma vez ocorridos, determinarão o nascimento das obrigações tributárias pertinentes. Tais leis, ao se ocuparem com as *hipóteses de incidência* do tributo, não poderão se ocupar com fatos que não se subsumam a uma das suas *materialidades possíveis* (*v.g.*, a prática de operações mercantis), apontadas na Carta Magna. E o momento da *subsunção*, ou, se preferirmos, o momento da ocorrência dos *fatos imponíveis* respectivos, igualmente encontra-se preordenado na Carta Constitucional.

É o caso de consignar, ainda, que as conveniências arrecadatórias jamais poderão sobrepor-se aos direitos fundamentais dos contribuintes. Um destes direitos é justamente o de só serem tributados pela pessoa política competente e na forma assinalada, ainda que a traços largos, pela Lei Maior.

Travejadas estas ideias, podemos voltar nossas atenções para o *ICMS/Operações Mercantis*, que é o ICMS emblemático. Emblemático porque descende do ICM da Carta de 1967, que, de sua feita, descendia do IVC (Imposto sobre Vendas e Consignações) da Constituição de 1946. Emblemático, ainda, porque é o imposto mais rendoso de quantos previstos em nossa Lei Maior. Emblemático, finalmente, porque é ele que tem justificado todas as tentativas de se realizar no Brasil a tão propalada Reforma Constitucional Tributária.

V – Pois bem. A CF, em seu art. 155, II, outorgou aos Estados-membros e ao Distrito Federal competência para criar impostos sobre "operações relativas à circulação de mercadorias (...) ainda que as operações e prestações se iniciem no Exterior". A mesma CF, em seu art. 155, § 2º, IX, "a", estabeleceu que o tributo também pode incidir sobre a entrada de bens ou mercadorias importados do Exterior. E, sempre a CF, agora em seu art. 155, § 2º, "b", alude à possibilidade de o ICMS alcançar as operações de fornecimento de energia elétrica.

Como é fácil notar, a Constituição equiparou a mercadoria seja o bem importado do Exterior, seja a energia elétrica. Aliás, só a Constituição – penso eu – poderia ter feito tal equiparação. Esta assertiva é importante em razão do que, daqui a instantes, direi.

VI – Mas, retomando o fio do raciocínio, esse ICMS incide sobre a *realização* de operações relativas à circulação de mercadorias (circulação jurídico-comercial). A lei que veicular sua *hipótese de incidência* somente será válida se descrever uma operação jurídica relativa à circulação de mercadorias.

Saliento que tal circulação somente pode ser *jurídica* (não meramente *física*), o que pressupõe a transferência, de uma pessoa a outra e pelos meios adequados, da titularidade da mercadoria, vale dizer, da disponibilidade sobre ela. Dito de outro modo: o ICMS em questão só pode incidir sobre operações que conduzem mercadorias, mediante sucessivos contratos mercantis, dos produtores originários aos consumidores finais. Esse ICMS alcança, em suma, os atos jurídicos mercantis.

VII – Mas quando um ato jurídico é mercantil? Em primeiro lugar, quando é regido pelo direito comercial. Depois, quando vem praticado num contexto de atividades empresariais. Ainda, quando tem por finalidade, pelo menos em linha de princípio, o *lucro*, vale dizer, resultados econômicos positivos. E, finalmente, quando tem por objeto uma mercadoria. Era aqui que eu queria chegar.

VIII – Mercadoria, nos patamares do Direito, é o bem móvel sujeito à mercancia. É, se preferirmos, o objeto da atividade mercantil, que obedece, por isso mesmo, ao regime jurídico comercial.

Não é qualquer bem móvel que é mercadoria, mas tão somente o bem móvel corpóreo (bem material) que se submete à mercancia. Na verdade, o bem móvel corpóreo é o gênero, do qual a mercadoria é uma das espécies. Só é mercadoria o bem móvel corpóreo que, integrado ao estoque da empresa, destina-se a venda ou revenda.

Insisto que somente configura mercadoria o bem móvel adquirido pelo comerciante, industrial ou produtor, para servir de objeto de seu comércio, isto é, para ser revendido.

Daí que a existência de uma mercadoria não está na natureza do bem móvel, mas em sua destinação. Se o bem móvel for objeto de comércio, vale dizer, se ele se destinar à venda a outro comerciante ou ao consumidor final, então, sim, ele será, juridicamente, uma mercadoria.

Portanto, toda mercadoria é bem móvel corpóreo (bem material), mas nem todo bem móvel corpóreo é mercadoria. Apenas o bem móvel preordenado à prática de operações mercantis é que assume a qualidade de mercadoria. Em suma: a distinção jurídica entre bem móvel corpóreo (gênero) e mercadoria (espécie) é extrínseca, consubstanciando-se no propósito de destinação comercial.

Enfim, nada é mercadoria pela *própria natureza das coisas*. De fato, como observa Paulo de Barros Carvalho, a natureza mercantil de um bem não deflui de suas propriedades intrínsecas, mas de sua destinação específica.

Nada é mercadoria por sua própria natureza. Aliás, em Direito as coisas são ou deixam de ser pelo regime jurídico a que estão submetidas. Este relógio era mercadoria quando exposto à venda, numa relojoaria. A partir do momento em que eu o adquiri, ele deixou de ser mercadoria, para se transformar num bem móvel qualquer, pertencente ao meu patrimônio. Assim, se amanhã eu vender este relógio para qualquer um dos Colegas, não terei que recolher ICMS por isso, já porque não sou nem comerciante, nem industrial, nem produtor (não pratico, com habitualidade, atos de comércio), já porque estarei vendendo um bem móvel, e o ICMS não incide sobre negócios jurídicos com bens móveis, mas apenas negócios jurídicos com mercadorias.

IX – Notem os Colegas que, quando a Constituição se referiu a *mercadorias*, encampou conceito já perfeitamente desenhado pela lei comercial, que tem alcance nacional.

A ninguém deve causar estranheza que assim seja, pois, como leciona Gian Antonio Micheli, Catedrático de Direito Tributário da Universidade de Roma, o direito tributário é um *direito de superposição*, no sentido de que capta conceitos e assimila institutos que lhe são fornecidos pelo direito privado (*v.g.*, pelo direito comercial).

Esta colocação, diga-se de passagem, está em sintonia com os arts. 109 e 110 do CTN, que, em síntese, estabelecem que a lei não pode alterar conceitos de direito privado (no caso, de direito comercial) utilizados pela Constituição para definir ou limitar competências tributárias.

E nem poderia ser de outro modo.

Do contrário a própria rigidez das competências tributárias ficaria seriamente comprometida, quando não anulada. Bastaria, para tanto, que o legislador infraconstitucional redefinisse os conceitos de direito privado usados pela Constituição Federal para discriminar e demarcar as competências tributárias, entre as pessoas políticas.

X – Aqui é o caso, até, Profa. Maria Leonor, de lembrar o excerto de uma decisão famosa do Min. Luiz Gallotti, do STF: "Se a lei pudesse chamar de compra o que não é compra, de venda o que não é venda, de serviço o que não é serviço, aluiria todo o Sistema Tributário". Seguindo na mesma trilha, se a lei pudesse chamar de mercadoria o que não é mercadoria, desapareceria a regra-matriz constitucional do ICMS/Operações Mercantis, em detrimento dos comerciantes, dos industriais e dos produtores. E, por via reflexa, dos próprios consumidores, que são os destinatários da carga econômica do tributo em questão.

Enfim, mercadoria, para fins de tributação por meio de ICMS, é aquilo que a lei comercial assim considerava no momento da promulgação da Constituição Federal, ou seja, em outubro/1988: "bem móvel corpóreo, destinado à prática de atos de comércio". Como corolário, a lei dos Estados-membros e do Distrito Federal não pode alterar esse conceito.

E a lei federal, pode? Sim, é claro que pode alterar o conceito de mercadoria. Mas isso não repercutirá no campo da tributação por meio de ICMS. Digamos que, amanhã, a lei comercial estabeleça que também são mercadorias determinados bens imóveis. Isso valerá nos patamares do direito comercial; não no campo da tributação por meio de ICMS, até porque isso implicaria invasão da competência tributária dos Municípios. Eles é que foram credenciados pelo art. 156, II, da CF a tributar, por meio de imposto, as transmissões onerosas de bens imóveis e de direitos a eles relativos. Então, vejam que nem mesmo a lei comercial, se alterada, pode repercutir no campo de incidência do ICMS.

Com o quanto acabo de dizer, quero significar que, ainda que inexistissem os arts. 109 e 110 do CTN, a lei infraconstitucional não poderia modificar conceitos de direito privado utilizados pela Constituição para desenhar as faixas de competência tributária das pessoas políticas.

Mercadoria, em suma, é a coisa fungível (que se pode substituir por outra que tenha as mesmas características e sirva para satisfazer as mesmas necessidades) que se destina ao comércio.

Tudo isso nos leva à conclusão de que, se inexistir mercadoria, não há falar em incidência de ICMS.

XI – Há, a respeito, uma única exceção: admite-se a exigência deste imposto quando houver a entrada de *bem importado do Exterior* por pessoa física ou jurídica (isto por força do que estabelece o art. 155, § 2º, IX, "a", da CF, com a redação dada pela Emenda Constitucional 33/2001). Mas tal autorização, porque excepciona a regra geral (que é da tributação de negócios jurídicos envolvendo mercadorias), deve ser interpretada restritivamente, nos termos, de resto, da multissecular parêmia *exceptio est strictissimae interpretationis.*

A propósito, tenho para mim que os bens trazidos do Exterior, ainda que sem caráter de habitualidade, por particulares não podem ser equiparados a mercadorias. Noutras palavras: estou convencido de que essa parte da Emenda Constitucional 33 é inconstitucional. Mas, enfim, esse é outro assunto, do qual neste momento não devo me ocupar.

XII – Muito bem. Retomando o fio do raciocínio, o STF, de uns tempos a esta parte, ao argumento de que estão superados os conceitos de direito privado construídos ao lume do antigo Direito Romano – que, longe de ser um Direito morto, é um Direito imortal –, resolveu ampliar a noção de mercadoria para fins de tributação por meio de ICMS.

Isso começou no julgamento da ADI 1.945, em que se decidiu que a comercialização de *softwares* feita por meio de *download* podia ser alvo de tributação por meio de ICMS. Na esteira – diga-se de passagem – da decisão que declarou passível de tributação por meio de ICMS a aquisição dos *softwares* de prateleira.

Sempre com o devido acatamento, entendo que ambas as decisões, cientificamente, não se sustentam. Isso porque nas duas hipóteses não se está diante de operações mercantis, mas, sim, de operações de cessão de direitos – tributáveis, é certo, mas pela União, por meio de um hipotético imposto sobre cessão de direitos; jamais por meio de ICMS. Também me parece artificial a distinção entre o *software* de prateleira e o *software* customizado, feito sob medida. Tanto no caso do *software* de prateleira quanto no do customizado não há nenhuma operação mercantil, mas apenas a transposição onerosa de direitos autorais, os mesmos direitos autorais que estão presentes em um livro, que tem por base material o papel. O *software* tem por base material o CD, e em alguns casos nem isso, quando a aquisição se faz por meio de *download*. Então, *data maxima venia*, essas decisões merecem ser repensadas.

XIII – Como também merecem ser repensadas decisões que consideram tributáveis por meio de ICMS as aquisições, por preço residual, de bens objeto de *leasing*.

O *leasing* é um instituto interessante. O *leasing*, como certa vez eu disse – salvo engano meu, aqui mesmo, em um dos anteriores Congressos de Direito Tributário –, é um verdadeiro "ornitorrinco jurídico". Explico-me melhor. Dizem que o Capitão Cook, quando chegou à Austrália, ficou impressionado com o ornitorrinco, porque ele parece uma ave (tem bico, tem patas), mas não é uma ave; parece um mamífero, porque mama quando filhote, mas não é um mamífero; parece um peixe, porque mergulha e fica largo tempo submerso, mas não é um peixe; parece uma serpente, porque tem cauda venenosa, mas também não é uma serpente. Em suma: o ornitorrinco é um animal absolutamente único. Aliás, quando a equipe do Capitão Cook retornou à Inglaterra – o Capitão Cook morreu em um entrevero com os aborígenes –, trouxe um ornitorrinco empalhado para o Museu de História Natural de Londres. Ocorre que os responsáveis pelo Museu em um primeiro momento entenderam que estavam diante de uma fraude, de uma montagem, que aquele bicho, na verdade, não existia.

Pois bem, o *leasing* lembra um pouco o ornitorrinco. Por isso é que o chamo de "ornitorrinco jurídico". Parece uma operação mercantil, mas não é uma operação mercantil; parece uma prestação onerosa de serviços, mas não é uma prestação onerosa de serviços; parece uma venda a crédito, mas não é uma venda a crédito. O que é, então? É um "ornitorrinco jurídico". [*Risos*]

Mas, brincadeiras à parte, o *leasing*, em termos técnicos, não passa de um contrato pelo qual uma pessoa (a arrendadora) dispõe-se a adquirir um bem de terceiro, mediante solicitação de uma outra pessoa (o arrendatário), para ser por esta última utilizado, por prazo determinado. Em tal contrato o arrendatário assume o compromisso de, mediante certa remuneração, utilizar o bem, tendo o direito de, a final (isto é, esgotado o prazo pactuado), devolvê-lo, renovar a avença (com uma remuneração menor) ou adquiri-lo (por um preço residual, de antemão fixado).

Isso vale também para o *leasing* internacional, se por mais não fosse, por força do princípio da igualdade.

XIV – Todavia, o STF decidiu que operação de *leasing* é prestação de serviços. Não é. Também é cessão de direitos. Não há aí nenhuma execução de obrigação de fazer. Mas não vou enveredar por essa trilha, até porque hoje à tarde teremos eminentes Conferencistas que discorrerão acerca da *hipótese de incidência possível* do ISS.

O STF também decidiu que sobre a venda pelo preço residual do bem objeto de *leasing* incide o ICMS. Entendo que não. Não incide, pois o que há, aí, é a venda, pura e simples, de um bem de uso *extra commercium*. E isso nada obstante o que estatui o art. 3º, VII, da Lei Complementar 87/1996, que, inconstitucionalmente, alarga o campo de abrangência do ICMS. ICMS – não custa repetir – que não alcança vendas de quaisquer bens, mas apenas de mercadorias.

XV – Mas, Colegas, como ficamos diante dessas decisões do STF? Sob o aspecto científico, não devemos nos preocupar. Nós estamos aqui para fazer uma reflexão crítica e em profundidade sobre os vários institutos jurídicos; não para reproduzir decisões do STF.

Ademais, com essa postura independente não corremos nenhum risco. Estamos simplesmente fazendo Ciência. E quem faz Ciência não deve se preocupar em agradar ou desagradar as pessoas. Deve, simplesmente, partir em busca da verdade.

Como sabem, época houve em que os que diziam que a Terra girava em torno do Sol foram literalmente incinerados. Depois, a Astronomia provou que tinham razão. Mas já era tarde demais: estavam reduzidos a cinzas.

Nós – repito – não corremos esse risco. E também não corremos o risco de sermos censurados pelos Ministros do STF, que são sabidamente homens e mulheres de pensamento, sempre dispostos a mudar de opinião quando se convencem da procedência das teses que lhes são contrárias.

Muito ainda teria para lhes falar, mas, como já fui várias vezes instado a caçar as velas do meu discurso, limito-me a dizer que essas são as ideias que submeto à douta apreciação de todos os presentes.

Obrigado pela atenção!

Maria Leonor Leite Vieira – Muito obrigada, Prof. Roque, mais uma vez trazendo ensinamentos que nos provocam a pensar, a prestar atenção. Aliás, ele fez isso, literalmente. Ele nos convidou a reler e repensar este assunto. Eu passo a palavra imediatamente ao Prof. Sacha Calmon Navarro Coelho, que nos trará algumas ideias sobre a "Proposta de Súmula Vinculante para Eliminar a Guerra Fiscal no ICMS".

Proposta de Súmula Vinculante para Eliminar a Guerra Fiscal no ICMS

Sacha Calmon Navarro Coelho – Eu quero saudar esta Mesa, na pessoa de Maria Leonor. Numa época em que as mulheres estão em evidência, sinto que ela não seja candidata à Presidência da República. Estejam todos os Colegas honrados, porque entro de chofre, como diz o Roque, no assunto. O tema que me foi dado a exame é muito interessante, Srs. e Sras. Porque ele carrega aquela *mélange* que sempre envolve as questões de Direito. É um tema político, é um tema axiológico e é um tema jurídico. Trata-se da súmula vinculante que o STF prepara para, supostamente, pôr fim à guerra fiscal.

Eu quero pedir vênia a esta douta Assistência para, antes de focar o assunto, fazer algumas considerações históricas. Eu estive presente na sala em que foi gestada a Lei Complementar 24. Aliás, devo dizer para a Mesa que este ano faz 40 anos que eu conheci o Geraldo Ataliba. E, logo em seguida, todos os amigos – menos o Salomão, que é mais jovem. Esse logo depois pode ser um pouco dilargado. Porque o Geraldo Ataliba me examinou, a mim e à Misabel, em 1974, para entrarmos na UFMG. E, como era realmente um agitador cultural, era também um homem telúrico e vesânico e amigo dos amigos. Então, se bateu com muita fibra para que eu e Misabel entrássemos praticamente empatados, os dois, na Faculdade, entre 17 candidatos. E porque nós já, naquela época ainda muito jovens, trilhávamos a cartilha do Ataliba. E ele percebeu isso entre todos os candidatos, e lutou por nós bravamente. Nós todos somos atalibanos. Quem não o conheceu não pode ter ideia da grandeza e da extensão da sua obra por esses Brasis afora.

Mas eu estou dizendo isso porque quando se discutia a Lei Complementar 24 o problema que se colocava era o mesmo que se colocou quando se fez a Constituição de 1967. Era consenso entre Rubens Gomes de Souza, e o Gilberto Ulhôa Canto, Gerson Augusto da Silva, os membros da Reforma Tributária, na passagem do golpe militar para a Constituição de 1967, que o ICM, o sucessor do IVC, que era um Imposto sobre Vendas e Consignações, um imposto cumulativo, deveria ser um imposto entregue à União Federal, porque ele não se adequava ao Estado-membro. Era um imposto não cumulativo, sobre o valor adicionado, que difundia seus efeitos por todo o território nacional. Então, a Comissão temia que os Estados se valessem do imposto para fazer política de atração de investimentos, extrafiscalidade com o ICMS. O que não é possível, porque ele é um imposto sobre operações mercantis, como bem exposto em magnífica aula do Prof. Roque Carrazza, em que, pelo fato de o pagamento de imposto feito na Paraíba se refletir imediatamente em São Paulo como crédito do adquirente da mercadoria em São Paulo, se comerciante for, se praticar a mercancia. Ele transfere de um para outro Estado o ônus do imposto. Então, não é possível fazer extrafiscalidade, porque a isenção, a não incidência, a concessão de créditos presumidos, fictos, as reduções de base de cálculo e de alíquota, atrapalham a lógica da não cumulatividade comum aos Impostos sobre Valor Agregado/IVAs. E, de uma certa maneira, o ICMS é um IVA. Então, eles temeram muito. Mas não houve condições políticas, dada a rapidez com que se fez a emenda constitucional que reformava a Constituição de 1946, para introduzir um novo sistema tributário. O Código Tributário Nacional foi feito nessa época, e a Constituição de 1967, não houve tempo para convencer os governadores de que eles não iriam perder receitas, como temiam que perdessem, e o consenso acabou não se fazendo, e o ICMS foi para a competência do Estado-membro.

Mas eu me lembro de que o Ministro Delfim Neto dizia assim: "Muito bem. A competência para os Estados criarem um imposto está assegurada. Mas, em compensação, nós vamos regrá-lo todo, através de leis complementares e de resoluções do Senado". Com efeito, o ICMS é o imposto que mais ocupa o espaço tributário da Constituição. É uma roupa feita, pré-costurada. É entregue aos Estados, que pouco poder têm para alterar os elementos estruturais do ICMS. Competência impositiva, portanto, predeterminada em lei; e alíquotas também e regras sobre alíquotas e tudo o mais, em leis complementares. Então, os Estados não tinham muito como influir no perfil constitucional dos elementos estruturais do ICMS.

Mas, então, se levantou a questão perante os governadores. Na época eu era "assessor de assessor de assessor" do Secretário Fernando Antônio Roquete Reis, Secretário da Fazenda do Estado de Minas Gerais. E se levantou o seguinte: "Bom, tudo bem, o ICMS está assim, nós já decidimos que a aprovação de quaisquer regras novas tem que passar por lei complementar etc. Mas e a competência para exonerar, para conceder crédito presumido, para dar isenção? Como é que vamos fazer? Essa lei está sendo feita para isso, para retirar dos Estados o poder de exonerar". Por isso que a Lei Complementar 24, a meu ver, passou até da medida: proibiu quaisquer incentivos fiscais ou financeiros – por que financeiros? Financeiros, bem que podia. Estamos lidando com a despesa do Estado, com o orçamento, e não com a receita derivada tributária. Poderia ser concedido por um Estado, unilateralmente, sem que todos na Federação com isso concordassem. Essa fórmula do convênio de Estados-membros, que é uma figura pré-legislativa, foi ideada para dizer: "Nenhum Estado pode exonerar, pode conceder crédito presumido, pode isentar, pode reduzir base de cálculo – pode fazer nada que não seja autorizado por todos, reunidos em convênio". E, como isso é impossível de acontecer, não vai haver competência exonerativa em favor dos Estados. Esse é que foi o objetivo.

Enquanto durou o governo militar os Estados ousaram pouco. Depois que acabou a ditadura castrense, os Estados fizeram tudo o que quiseram, e instaurou-se a chamada "guerra fiscal". Nenhum benefício que eu conheça, a não ser do pirarucu, que é o bacalhau do Amazonas, peixe seco, alcançou unanimidade. Não tem. Todos os incentivos são, por natureza, inconstitucionais. Porque nenhum deles foi aprovado em convênio. Isso é um *a priori*, Prof. Roque, Prof. Estevão. Não existe convênio nenhum aprovado por unanimidade. Não existe um, sequer. No entanto, todos os Estados têm regras que usam o ICMS como aliciante tributário ou como aliciante para a instalação de indústrias, de importação através de determinados portos, para o desenvolvimento econômico; e de uma maneira ilegal, porque às vezes isso é feito basicamente pela concessão de créditos, em protocolos e regimes especiais, por atos administrativos – vamos dizer assim – "de gaveta". E os Estados se espionam constantemente nos seus *Diários Oficiais*, até eletronicamente, de uma maneira consciente, com o beneplácito do Poder Judiciário, que não acudiu, no seu nascedouro, ao evitamento dessas práticas dos governadores de Estados. Fato é que Os estados se desentenderam, e passaram a jogar nas costas do contribuinte o ônus de incentivos ilegalmente concedidos por outro Estado.

Por exemplo, o Estado de São Paulo bota na fronteira um posto de fiscalização que diz o seguinte: "Trigo que vem beneficiado do Rio Grande do Sul vai pagar o ICMS aqui, na entrada". Porque nós sabemos que esse trigo, lá, goza de um crédito de 100%. Isso é apenas um exemplo do Estado de São Paulo em relação ao trigo do Rio Grande do Sul. Mas a coisa se repete por esses Brasis afora, com medidas semelhantes. A Bahia também pratica uma política de fronteira, de tributação, quase que *manu militari*, para evitar a guerra fiscal.

Quem sofre com isso? O contribuinte do Estado recebente da mercadoria, que não tem absolutamente a obrigação de saber se o incentivo foi concedido segundo a lei, ou não. Ele não é obrigado a saber disso. Se ele vê na nota fiscal o ICMS destacado – e isso os Estados fazem – e se ele realmente despende, mete a mão no bolso e paga o valor integral da mercadoria adquirida, incluso o ICMS – direito de crédito tem, aliás, esse negócio de imposto por dentro, só o Brasil tem, de propósito, é uma malícia, ele não tem como ver cassado seu direito de creditamento na conta corrente fiscal, no livro de entrada de mercadorias, pela aquisição de mercadorias forâneas, ou seja, oriundas de Estados fora daquele em que ele está estabelecido.

Essa situação degenerou-se a tal ponto que a Min. Ellen Gracie disse o seguinte: "Nenhum Estado tem o direito unilateral de glosar os créditos oriundos de outro Estado, até que o Supremo declare a inconstitucionalidade desse incentivo, porque em desacordo com o processo legislativo previsto na Constituição, que é a aprovação em convênio pelos demais Estados da Federação". Daí para a frente, o STF foi afogado por uma enxurrada de ações de inconstitucionalidade de um Estado contra outro. Estabeleceu-se uma sobrecarga no Supremo, e agora se pretende uma súmula que diz que é inconstitucional o benefício, seja isso, seja aquilo, concessão de crédito presumido que não tenha sido aprovado em convênio de Estados, mesmo de acordo com a lei, e "pá-pá-pá".

Então, as ações batem no STF e serão imediatamente decididas pelo relator, sem oitiva do Plenário. E assim se pretende resolver essa questão. Quer dizer: o Supremo não vai ter mais que trabalhar sobre esse assunto. Mas o problema está resolvido? Não. O problema não está resolvido, pelo menos em relação a dois tipos de contribuinte. Primeiro, o contribuinte recebente da mercadoria, que recebe uma nota fiscal legal e despende, prova que a pagou e contabilizou no seu Livro de Entradas o ICMS devido. Esse contribuinte goza da presunção de boa-fé, e ele não participou da lide, não foi ele quem praticou o ato ilícito. Quem praticou o ato ilícito foi a autoridade do outro Estado, e o contribuinte que gozou dos benefícios no outro Estado. E não ele. Se alguém tem que pagar, é o contribuinte do outro Estado, e não ele. Esse direito do contribuinte recebente tem que ser resguardado, sob pena de ferimento a vários princípios jurídicos – que o tempo não me permite enumerá-los mas que de pronto se pode dizer de extrema justiça e sabedoria.

Segundo, em relação aos Estados – Maria Leonor, meu tempo é quanto? Só 20? Em relação às empresas que se mudaram do Rio Grande do Sul, de São Paulo, para o Ceará, para a Paraíba, e que lá fizeram investimentos vultosos ao pressuposto de que teriam a vantagem fiscal. Duas soluções se apresentam para essas empresas. Uma jurisdicional, que seria a modulação dos efeitos pelo STF, que é defendida pelo Prof. Humberto Ávila. Eu acho que não é o caminho adequado, porque vai ferir cânones constitucionais. A modulação dos efeitos das decisões do Supremo, para que valham apenas *pro futuro, ex nunc*, e nunca para trás. Isso não é possível. Creio que a solução tem que ser legislativa, através do Congresso Nacional, mas com duas providências *pro futuro*. Doravante, se um Estado continuar a praticar esse tipo de ilegalidade, instala-se – e está previsto na Lei Complementar 24 – a Câmara de Compensação, fiscalizada pelo Tribunal de Contas, no CONFAZ, e que vai se refletir no Fundo de Participação dos Estados, nas receitas da União. Então, haverá uma Câmara de Compensação que se refletirá no ICMS de São Paulo, de Pernambuco, do Maranhão, de maneira que os Estados resolvam entre si o conflito intraestatal, e que não atinge e nem deve atingir os particulares. Primeiro, que sejam punidos os que foram atraídos por governadores, conscientemente, e que, conscientemente, romperam a Constituição. E, segundo, não se pode punir os contribuintes esparsos pelo Brasil afora que adquiriram mercadorias incentivadas ilegalmente e que não sabiam do vício que as maculava. Sem essas providências, uma súmula que não avance para o futuro definitivamente para acabar a guerra fiscal, ou sem súmula mas com providências legislativas dessa ordem, nós não veremos o fim dessa luta fratricida, que não nos leva a lugar nenhum.

Muito obrigado!

Maria Leonor Leite Vieira – Muito obrigada, Prof. Sacha, por mais estas provocações para que bem analisemos, bem estudemos, o que virá daí por adiante, para tentar, se não consertar, trazer algumas luzes para, quem sabe, mais adiante resolver o problema, que interfere diretamente no federalismo. Eu convido o Prof. Marcelo Salomão, que vai tecer alguns comentários sobre o "ICMS na Importação e o Destinatário da Mercadoria", nos nossos 20 minutos. Dr. Marcelo...

ICMS na Importação e o Destinatário da Mercadoria

Marcelo Salomão – Um renovado bom dia a todos os Srs.! Querida Presidente, Profa. Maria Leonor Leite Vieira, Prof. Roque Carrazza, Prof. Estevão Horvath, Prof. Sacha Calmon. Que honra estar nesta Mesa! Meus caros Congressistas, é um privilégio estar em uma Mesa que discute tributário há 40 anos em conjunto. Eu realmente, ali, na barriga da minha mãe, já conhecia a obra dos Srs. Pelo tempo e pelo tanto que gosto de todos estes Professores, acredito que ela lia em voz alta suas obras para eu dormir. Tenho sincera admiração por todos os Srs. e profunda gratidão pelas lições que me deram e que pude absorver nas aulas, palestras e livros. Todos os Srs., de verdade, são meus professores e responsáveis pela minha formação e pela paixão pelo direito tributário. Porém, preciso confessar, neste Instituto, que a minha paixão sempre foi advogar; mas, ao conhecer o Prof. Geraldo Ataliba, pela primeira vez pensei em me preparar para dar aulas, tamanho o encantamento com que eu saía após cada um dos seus *shows* na PUC. Deus me permitiu ser da última turma do Prof. Geraldo no Mestrado, privilégio que dividi com grandes amigos, alguns presentes aqui, como os Profs. Clélio Chiesa e Pedro Lunardelli. Foi no velório do Prof. Ataliba, mais precisamente quando coloquei a mão no caixão que abrigava seu corpo, que decidi que começaria a dar aula. Entendi, claramente, que seria um ato de egoísmo ter tido o privilégio de conviver com aquele homem e, mesmo com todas as minhas limitações, eu não levar, pelo menos para a minha terra, aquela forma de ver o Direito, aquela paixão pela Constituição Federal. Amor, esse, que foi potencializado por cada um dos Srs.

O meu tema, a Profa. Leonor já disse, é falar sobre a questão do destinatário no ICMS/Importação. Farei, agora, o que sempre fiz na minha vida: aproveitar das lições de hoje dos Profs. Paulo de Barros Carvalho, Roque Carrazza, Sacha Calmon. E só não vou pegar a de hoje do Prof. Estevão porque ele ainda não falou. Mas vou me valer todas que eu já li e ouvi dele.

O ICMS é uma sigla que denota uma série de incidências. O Prof. Roque, no curso dele de *ICMS* – minha bíblia neste tema –, começa dizendo isso para que nós, como intérpretes, não nos percamos nesse problema de mero simbolismo. Esse imposto, que tem diversas incidências, tem como uma delas exatamente a importação. O poder constituinte originário, de 1988, estabeleceu que se houver importação feita neste País por contribuinte haverá incidência de ICMS, mesmo que seja de bens – como alertou o Prof. Roque Carrazza. Mas desde que sejam bens destinados ao ativo fixo da empresa, para seu uso ou seu consumo.

Vale dizer: passamos a ter mais uma incidência sobre a sigla ICMS, qual seja: a importação de mercadorias e bens. Se é importação, tem que trazer o bem ou a mercadoria para o País e colocá-lo no ciclo econômico.

Registro que logo após a entrada em vigor da Constituição os Estados passaram a exigir ICMS de qualquer importação, feita por qualquer pessoa. Felizmente, o STF não hesitou em derrubar todas as tentativas dos Estados de tributar quem não fosse contribuinte do imposto.

Como os Estados não tiveram sucesso, não tiveram dúvida do que fazer; e, infelizmente, aconteceu o que sempre acontece no Brasil: fizeram uma emenda constitucional, fruto de verdadeiro *lobby* dos Estados, e alteraram a Constituição.

Na prática, foi assim. Os Estados se reuniram e disseram: "Se não podemos cobrar com esta Constituição, vamos alterá-la e deixar explícito que podemos cobrar até de pessoas físicas".

No nosso entender – e o Prof. Roque deixou isso rapidamente mencionado aqui –, essa emenda é inconstitucional, porque pretendeu autorizar que se cobrem tributos de quem não é contribuinte. Como sabemos, apenas os contribuintes dos impostos devem recolhê-los! Além disso, tal exigência implica nítida violação ao *princípio da não cumulatividade*, e a Emenda 33 não é uma exceção a este princípio.

Lamentavelmente, o STF, recentemente, disse, com todas as letras, que no Brasil está autorizado cobrar ICMS de quem *não é contribuinte*. É uma situação que me traz muita preocupação, na verdade muito medo, porque começa a passar na minha cabeça que é capaz de, já, já, vir uma emenda constitucional dizendo que quem não tem carro pode ser que tenha que pagar IPVA; que quem não tem imóvel tenha que vir a pagar IPTU! A analogia é exatamente essa!

No meu entender, autorizar que uma pessoa física ou jurídica não contribuinte do ICMS tenha que pagar ICMS é dizer que o não proprietário de imóvel urbano tenha que pagar IPTU, simples assim.

O STF, de forma simplista, ignorou por completo o princípio da não cumulatividade. Aliás, registro que foi a primeira vez que vi o STF classificando a não cumulatividade como regra, em vez de princípio. Em todos os demais acórdãos que estudei sobre o tema, sempre – repito, sempre – o STF interpretou a não cumulatividade como um princípio específico e atrelado de forma inseparável do ICMS, razão pela qual apenas a própria Constituição poderia legislar sobre eventuais exceções à sua aplicação.

O malsinado acórdão ainda afirma que não há que se falar em violação à não cumulatividade, vez que só ocorrerá a incidência em uma operação. Ora, meus caros amigos Congressistas, pergunto o seguinte: no caso do ICMS/Mercadoria, se houver apenas uma operação, não incidirá o ICMS? Não haverá o direito de crédito e futuro abatimento? Claro que sim!

Parece que os eminentes Ministros esqueceram que o objetivo do princípio da não cumulatividade é que seus contribuintes possam evitar o efeito cascata gerado no ciclo econômico atingido pelo ICMS.

Assim, o fato de a não cumulatividade ser de observância obrigatória em todas as incidências do ICMS, pouco importa se ocorrerá um ou 10 operações, o que fica garantido é que quando um contribuinte deste imposto realizar uma importação poderá se creditar do ICMS/Importação pago e abatê-lo posteriormente em conta gráfica, respeitando o sistema de crédito e débito.

Ocorre, meus caros, que para se respeitar crédito e débito temos que obrigatoriamente estar falando de contribuinte, pois como um não contribuinte se creditará? Onde registrará seus créditos? Em que livro? Como abaterá?

Como se percebe, a plena vigência do princípio da não cumulatividade, à evidência, impede que se possa cobrar o ICMS de quem não é seu contribuinte!

No entanto, lamentavelmente, hoje a situação é: em uma importação feita por não contribuintes, inclusive pessoa física, incide ICMS, segundo o STF.

Triste contradição do STF com sua própria, pacífica e consagrada jurisprudência, que inclusive gerou a Súmula 660 dessa Corte.

Feitas estas colocações, entro no aspecto da hipótese de incidência, que é o meu tema, qual seja, o pessoal, mais precisamente o sujeito ativo do ICMS/Importação.

Vejam que absurdo, inobstante essa discussão sobre quem é, ou pode ser, o sujeito passivo do ICMS/Importação já tenha sido travada há tanto tempo no STF, tenha gerado uma súmula, tenha recebido nova interpretação, que contraria totalmente essa súmula, ainda se tem dúvida sobre quem efetivamente é o destinatário do bem ou da mercadoria importada.

Fica-se em insegurança, ainda, sobre o destinatário. Será que é para ter tanta dúvida? Tenho para mim que não. O texto constitucional diz que *incidirá ICMS também sobre a entrada de bem ou mercadoria importada do Exterior por pessoa física ou jurídica, ainda que não seja contribuinte habitual do imposto, qualquer que seja a sua finalidade, assim como sobre os serviços prestados no Exterior*. Agora, o que interessa: *cabendo o imposto ao Estado onde estiver situado o domicílio ou estabelecimento do destinatário da mercadoria*.

Honestamente, a letra da Carta Magna não me traz dúvida alguma, daí o porquê de me surpreender com o tempo e a dificuldade do STF para definir, de vez, esta questão.

Na verdade, não me surpreendo mais, e depois da aula de hoje do Prof. Sacha Calmon ficou ainda mais evidente, não se trata de nenhuma dificuldade jurídica, mas, sim, de uma questão política.

Voltemos ao direito positivo. Embora a letra da Constituição seja clara ao dizer que o competente para cobrar o ICMS/Importação é o Estado onde estiver situado o *destinatário da mercadoria*, a Lei Complementar 87/1996, em seu art. 11, I, "d", estabelece o seguinte': "O local da operação ou da prestação para os efeitos da cobrança do imposto e definição do estabelecimento responsável, é: I – tratando-se de mercadoria ou bem: (...); d) importado do Exterior, o do estabelecimento onde ocorrer a entrada física; (...)".

Felizmente nós sabemos os limites de uma lei complementar, não é? Acredito ser pacífico para todos aqui presentes que uma lei complementar não pode alterar a Constituição Federal.

Bom, se alguém eventualmente tem dúvida sobre isso, posso lhes garantir: nenhuma lei pode alterar a Constituição Federal!

Apenas uma emenda constitucional, e em algumas matérias, poderá fazê-lo, jamais uma norma infraconstitucional. A função da lei complementar de forma alguma é restringir o que a Constituição não restringe.

Como bem destacou o Prof. Sacha em sua palestra, o ICMS é o tributo mais legislado constitucionalmente no País. Se é assim, meus caros, é porque o constituinte deixou porquíssimo espaço ao legislador complementar, e muito menos ao infraconstitucional. Repito: muito pouco espaço.

Notem que isso é uma garantia para o cidadão brasileiro em relação a esse tributo, maior do que nos outros, pois não poderá existir o ICMS dos sonhos do Estado de São Paulo, do Rio de Janeiro, de Minas Gerais, mas tão somente o ICMS desenhado na Constituição Federal. Mais que isso: para determinados assuntos se exige um quórum especial (lei complementar), ou seja, maior participação de representantes da sociedade – portanto, maior garantia a ela!

No entanto, o que temos em concreto é a vinda de uma lei complementar, que diz: "Aqui onde a Constituição fala em *destinatário*, eu estou dizendo que tem que haver *entrada física*"

Bom, para mim, é extremamente fácil afirmar, sem o menor medo de errar, que esse artigo é nitidamente inconstitucional. Aliás, a própria Lei Complementar 87/1996, em diversos dispositivos, fala sobre a *entrada real ou simbólica*, ou *ficta*, reconhecendo que, em verdade, o que interessa – como disse aqui o Prof. Roque Carrazza – para a incidência do ICMS é a circulação jurídica, e não a física. A circulação jurídica, ou seja, a transferência de titularidade, é que faz nascer a obrigação tributária de pagar o ICMS, no termos da Constituição Federal. No ICMS/Importação não é diferente!

Portanto, voltemos ao que interessa, que é o texto constitucional. Aliás, se o Prof. Geraldo Ataliba aqui estivesse, provavelmente rasgaria a lei complementar e focaria sua atenção na Constituição, que é a base de todo o sistema tributário.

A Constituição diz que a sujeição ativa desse imposto é definida em razão da localização do *destinatário da mercadoria ou do bem*.

Sabendo disso, penso ser importante analisarmos, rapidamente, quais são as formas de importação. Aliás, este é outro tema para o qual acredito que se faça muita confusão por nada. Vejamos se há razão para tanta dificuldade: uma empresa pode importar diretamente. E olhem que difícil: este tipo de importação se chama "importação direta". Difícil, não?!

Nesta situação, portanto, sei que o sujeito passivo importou diretamente; é ele, então, o importador.

A empresa pode contratar terceiro para que preste o serviço de importação. Ela é a importadora, e irá arcar com todos os custos e despesas da importação, inclusive os tributos, e será identificada como real importador. Então, aquele terceiro é efetivamente um mero prestador de serviços. Essa é a denominada importação por conta e ordem, que identifica plenamente que o importador é quem contratou esse serviço. Sendo assim, também neste tipo de importação é extremamente fácil identificar a sujeição passiva e, por consequência, a ativa.

Na importação por encomenda, por sua vez, a empresa, aqui do Brasil, contrata uma empresa que vai importar mercadorias às suas próprias expensas e, posteriormente, vendê-las para a encomendante. Neste caso, a empresa contratada é a importadora. É ela quem compra e traz a mercadoria para o Brasil e vende para a empresa nacional um produto nacionalizado. Portanto, há neste exemplo duas incidências de ICMS, uma do ICMS/importação, que tem como contribuinte o importador (no caso, a empresa contratada), e outra do ICMS/Mercadoria, que incidirá quando da venda pela empresa importadora para a encomendante. Portanto, parece-me extremamente tranquilo saber quem é o sujeito passivo do ICMS/Importação também na *importação por encomenda*: o *importador*! Ora, se é o importador, fica fácil saber que é o sujeito ativo, basta saber a localização da empresa importadora.

O que quero dizer é que o sujeito passivo será sempre o importador e o ativo o Estado onde ele estiver localizado, pois quando a Constituição fala em "destinatário" ela está se referindo ao destinatário da importação, e não ao destinatário das operações subsequentes à importação, pois estas se submeterão ao ICMS/Mercadoria.

Faço questão de que pensem na linha defendida pelos Estados de que é a localização "destinatário final" da mercadoria importada que deverá definir a sujeição ativa do ICMS/Importação. Meus caros, como saber no momento do desembaraço de uma mercadoria importada, que poderá ser vendia para uma rede atacadista, depois para uma varejista e só aí chegar a um consumidor final?

É absolutamente impossível e ilógico, pois estaríamos falando do ICMS/Importação na primeira incidência, e, nas sequentes do ICMS/Mercadoria.

São operações distintas, e a questão aqui é o ICMS/Importação. Assim, quando a Carta Magna fala em "destinatário da importação", só pode estar se referindo ao importador.

Isso nada mais é do que interpretar a Constituição, fazendo uso das lições do Prof. Paulo de Barros Carvalho sobre como identificarmos as regras-matrizes dos impostos. Lembram: encontrar o verbo e o seu complemento que compõem o núcleo do aspecto material?

Pois é, se o fato gerador é importar, o contribuinte obrigatoriamente é o importador, e o sujeito ativo o Estado onde este está localizado.

É exatamente isso que diz nossa Constituição, porque a operação de que ela está tratando neste inciso é uma importação para fins de ICMS. Portanto, se ela fala em "destinatário", ela está falando em destinatário da importação. A regra é exatamente igual à que se aplica para qualquer outro imposto. Se eu consigo identificar facilmente a sujeição passiva, eu consigo dizer onde está o sujeito ativo.

Pronto, agora posso passar para a outra parte do tema deste Congresso, que pede que tracemos a "situação atual e perspectivas". Como é que está a situação no STF sobre a sujeição ativa? Por enquanto, muito boa. Eu selecionei diversos acórdãos que confirmam esta afirmação, e deixarei este material aqui no IDEPE, à disposição de vocês.

Para não cansá-los e ficar ocupando o tempo lendo diversos acórdãos para os Srs., achei melhor fazer desta forma e mencionar rapidamente alguns casos interessantes.

O primeiro que encontrei é de 2004, que é o RE 299.079, é maravilhoso e diz o seguinte: "O sujeito ativo da relação jurídico-tributário do ICMS é o Estado onde estiver situado o domicílio ou estabelecimento do destinatário jurídico da mercadoria, pouco importando se o desembaraço aduaneiro ocorreu por ente federativo diverso". Vejam com que clareza o STF se pronunciou. E assim em diversos outros acórdãos, passando ano a ano, até, efetivamente, chegar em 2014, onde, em acórdão relatado pelo Min. Teori Zavascki, a posição não mudou.

O tema, atualmente se encontra com repercussão geral no RE 665.134. E vejam que interessante, um caso de repercussão.

Trago também para conhecimento dos Srs. decisões de Tribunais estaduais, assim podem ver como é seguro ser empresário e tributarista no Brasil ...

Neste novo caso, uma empresa do interior de São Paulo importou mercadorias e mandou para a sua empresa no Estado de Minas para beneficiamento; portanto, mera remessa para industrialização. A mercadoria voltou em menos de 180 dias para o estabelecimento de São Paulo, onde foi negociada. Sabem o que aconteceu? Minas Gerais está exigindo o ICMS/Importação pelo fato de o beneficiamento ter sido feito em seu Estado. É ridículo, para dizer o menos!

Em outro caso que conheço bem, uma empresa de São Paulo, Capital, importou uma turbina – portanto, mercadoria gigantesca – que uma empresa de Minas Gerais a contratou para importar. A empresa mineira efetivamente fez o contrato prévio com essa empresa de São Paulo para que esta importasse a turbina e posteriormente a vendesse. Então, a empresa de São Paulo importou diretamente para o Brasil, recolhendo todos os tributos, inclusive o ICMS/Importação no Estado de São Paulo. Assim, a importadora não buscou Estado onde pudesse obter algum benefício tributário pela importação, simplesmente importou pelo porto do seu Estado (Santos). Recolheu o ICMS/Importação para São Paulo, já que foi a importadora e está localizada neste Estado.

Óbvio que, por se tratar de turbina, ela foi direto do Porto de Santos para a empresa, em Minas Gerais; mas, como já vimos, a circulação física é irrelevante.

Sabem o que ocorreu com esta importação? O Estado de Minas Gerais autuou a empresa mineira e a de São Paulo, na condição de corresponsável, cobrando o ICMS/Importação, sob a alegação de importação indireta! Como se houvesse ocorrido uma fraude entre as empresas, para que se pagasse o ICMS/Importação em São Paulo em vez de em Minas Gerais.

Meu Deus, que vantagem tributária teriam as empresas?

Como atuo nesse caso, posso dar mais detalhes aos Srs. Aliás, levei um argumento ao Tribunal do Estado de Minas que gostaria de expor neste Congresso. Vou repetir o que falei na sustentação oral: "Exmos. Desembargadores, o Estado de Minas Gerais, que está dizendo que isso é uma importação indireta, que é fraudulenta, que o importador em verdade seria a empresa de Minas, estabelece em seu Regulamento do ICMS que se a importação tivesse sido feita por empresa mineira, com desembaraço em Minas, mas essa mercadoria fosse depois vendida para empresa localizada em outro Estado, o ICMS/Importação era de Minas".

Interessante, não é? Vejam, além dos argumentos constitucionais trazidos nesta nossa conversa, ressaltei no Tribunal que se tratava também de questão de moralidade!

É isso mesmo, o Estado de Minas Gerais dispõe em seu RICMS que em situação idêntica odo ICMS/Importação seria devido aos seus cofres. Ora, se é assim, por que a importação feita por empresa paulista, com desembaraço em São Paulo e posterior venda para empresa mineira, também deve ter o ICMS recolhido para Minas?

Incoerência e imoralidade gritante!

O Tribunal, ignorando meus argumentos, disse o seguinte: "Mas existe o contrato prévio. Esse contrato prévio identifica que realmente o destinatário final, o importador, era a empresa de Minas, e não o seu cliente de São Paulo". Eu pedi a palavra pela ordem, e disse o seguinte: "Exa., vamos fazer o seguinte: a mercadoria chegou em São Paulo e meu cliente pagou todos os impostos, inclusive ICMS/Importação. Neste momento, o cliente dele, empresa de Minas, rescinde o contrato e diz: 'Eu não quero mais comprar a turbina'. Pergunto: deixou de ter a incidência do ICMS/Importação? Meu cliente terá direito ao ressarcimento do ICMS/Importação? Certamente não, pois o fato gerador da importação se concretizou, a operação que não se realizou foi a subsequente, de venda da turbina, já no Brasil, para empresa mineira, situação em que incidiria o ICMS/Mercadoria".

Não adiantou, o Tribunal entendeu que o contrato evidenciava a fraude entre as empresas e *importação indireta*. O caso está hoje no STF.

No meu entender, de fato e de direito, o que houve foi o seguinte: meu cliente, depois de desembaraçar a turbina no Porto de Santos, ficou com a mercadoria dele nacionalizada e apta a ser vendida no Brasil, ou seja, a dar andamento no contrato comercial que tinha celebrado coma empresa de Minas Gerais. Esta segunda operação, que foi uma venda em território nacional, sofreria (como sofreu) a incidência do ICMS/Mercadoria interestadual.

A empresa paulista pagou tanto o ICMS/Importação em São Paulo como também recolheu o ICMS/Mercadoria (interestadual) na venda da turbina para a empresa mineira. Noutros termos: recolheu todo o ICMS incidente nas duas operações e não teve benefício tributário algum, para justificar a conclusão de "fraude ou importação indireta" pelo Tribunal do Estado de Minas Gerais.

É isso. Não podemos misturar, são duas operações. O contrato entre as empresas de São Paulo e de Minas Gerais não se refere a operação de importação, mas, sim, à venda de turbina no Brasil daquela empresa para esta.

Destaquei estes casos para mostrar que os Tribunais Estaduais ainda não têm dado a melhor interpretação a este tema, mas felizmente a situação geral, hoje, das decisões do STF é bem diferente, e está tranquilo que efetivamente não há que se falar em *destinatário final*. Mais que isso, prevalece atualmente a interpretação – ao nosso ver, correta – de que o *destinatário*, no caso, só pode ser o importador.

Pelo que eu estou acompanhando do STF, não há dúvida na sua jurisprudência, ratificando a posição da doutrina majoritária, que, por sua vez, aplica a Constituição Federal.

Agora, se os Srs. me perguntarem se confio plenamente que o STF irá manter esta intepretação, infelizmente não posso dizer que sim, pois tanto eu como os Srs. já vimos alterações recentes em termos de ICMS – aliás, no próprio ICMS/Importação, onde o Supremo acaba de autorizar a cobrança de não contribuintes.

Mas posso garantir aos Srs. que rezarei diariamente para que sim, o STF mantenha sua posição acertada neste tema, e não volte atrás.

Também me anima o fato de que estão surgindo acordos entre os Estados para regular esta situação; como exemplo cito o Protocolo 23/2009 celebrado entre os Estados de São Paulo e Espírito Santo.

Portanto, minha querida Presidente, o que temos na situação atual, acolhendo seu pedido, é: uma jurisprudência até agora favorável no STF, respeitando a Constituição na íntegra, mantendo a regra de que é facílimo identificar o sujeito passivo do ICMS/Importação, pois quando a Constituição diz que ele deve ser definido em razão da localização do *destinatário*, ela está obviamente se referindo ao destinatário da importação, e não ao destinatário final das operações mercantis subsequentes à operação de importação.

Em termos de perspectiva, por questão de coerência e de lógica, seria a de manutenção dessa posição pelo STF.

A perspectiva de verdade no Brasil é de que aproveitemos este Congresso para unirmos nossas forças, fortalecermos nossas ideias e – por que não? – continuarmos rezando para que, no caso de repercussão geral, o Supremo mantenha o respeito à Constituição, já que ele é o seu guardião!

Muito obrigado!

Maria Leonor Leite Vieira – Muito bem, Dr. Marcelo, trazendo aqui alguns conceitos, algumas coisas, que também precisamos – como provocou o Prof. Roque –, reler, repensar e bem defender, bem falar sobre o assunto. O Prof. Estevão Horvath vai falar agora um pouco – dando continuidade e fecho ao que vem sendo discutido nesta Mesa – sobre a "Não Cumulatividade e o

Estorno dos Créditos nas Hipóteses de Incentivos Fiscais concedidos sem Convênio".

Não Cumulatividade e o Estorno dos Créditos nas Hipóteses de Incentivos Fiscais Concedidos sem Convênio

Estevão Horvath – Bom dia a todos! É uma satisfação participar deste Congresso novamente, e especialmente desta Mesa, com todos os Mestres que me rodeiam aqui. Cumprimento a Mesa inteira, em nome da Profa. Maria Leonor. Quanto ao tema que me foi atribuído, que a Profa. Maria Leonor já mencionou, eu fiquei pensando, depois da palestra do Prof. Sacha, se eu teria alguma coisa para falar, porque ele acabou dizendo tudo, e, coincidentemente, tudo o que disse, expôs, espelha meu pensamento, também. Eu vou fazer algumas observações, talvez até a título somente de reforçar o que o Prof. Sacha acabou dizendo. Creio que nós tivemos algumas aulas excelentes hoje, aqui, sobre o ICMS, e especialmente essa notícia histórica do Prof. Sacha, que, *in loco*, presenciou a elaboração da Lei Complementar 24/1975, que deixou mais claro ainda o que eu imaginava que pudesse ser o objeto da existência dessa lei e o que se pensou ao se projetar o ICM na Emenda Constitucional 18/1965.

Foi reforçado aqui pelo Prof. Sacha, e é dito também por outros professores, que o ICMS claramente é um imposto de características nacionais. É um imposto federal, que deveria ser federal, da União Federal, não dos Estados Federados. Em todos os Países de que eu tenho notícia – e isso é ressaltado por professores estrangeiros que tomam conhecimento do nosso ICMS –, o tipo de imposto que significa o nosso ICMS é quase ou, pelo menos, parcialmente um IVA europeu, por exemplo, deveria ser do Estado Central, para evitar uma série de problemas entre eles, a nossa chamada "guerra fiscal". Mas, infelizmente, não foi assim. Então, nós temos o exemplo da medida provisória, que foi inspirada, parece, na legislação italiana, para um regime parlamentarista, tentando que ela funcione em um regime presidencialista, como funcionaria, como funciona, alguma coisa semelhante no regime parlamentarista.

Então, nós temos o ICMS dado à competência dos Estados Federados. Até por isso, talvez isso tenha ficado mais claro ainda com a exposição do Prof. Sacha, que nas propostas recentes de reforma tributária se pretenda fazer uma legislação uniforme sobre o ICMS, segundo a qual – imagino eu – os Estados não poderiam palpitar em nenhum momento sobre nenhum ponto.

Mas, de qualquer forma, no ICMS, uma das características mais importantes – e, aqui, mesmo que eu pensasse diferentemente, eu não ousaria expressar –, o princípio da não cumulatividade é um princípio, não uma regra – porque, senão, eu apanho do Prof. Marcelo Salomão, que é muito mais forte do que eu, não é? Então, ele se espelha, ele se espraia e deve se espraiar por todo o desenvolvimento da aplicação do ICMS, em todos os seus momentos, seja na legislação complementar, na legislação ordinária, obviamente infraconstitucional, e nos atos, inclusive, normativos e infralegais.

E não é isso o que nós vemos. Ficou muito claro com a Constituição de 1988, ela excepciona a não cumulatividade em duas situações. Casos de isenção e não incidência. Parece-me que isso é claro. Às vezes é difícil raciocinar quando nós estamos diante de um caso concreto e temos argumentos em sentido contrário, procurando nos convencer do contrário. Mas, para mim, é claríssimo. Afora essas duas hipóteses a Constituição não permite que não haja o direito de crédito, que é um direito do contribuinte e um dever do Estado de obedecer. Então – para resumir já o que será, no final, a conclusão –, se, por alguma razão, for praticada a operação e a legislação de onde aconteceu essa operação autoriza ou subentende a existência do creditamento, esse creditamento para o contribuinte não pode ser objeto de glosa ou de estorno. Aliás, glosa, procurando no dicionário – no *Houaiss*, por exemplo –, no caso de créditos, seria supressão total ou parcial de uma quantia averbada em um escrito ou em uma conta. No caso de ICMS, é a restrição do aproveitamento de créditos em relação a operações interestaduais. É normalmente isso que significa ou, se não, quando isso acontece, o nome é mais técnico, é o estorno de crédito.

O que nós estamos falando aqui, de estorno de crédito de ICMS, créditos decorrentes de aplicação de operações da legislação, que não está autorizada a conceder incentivos ou benefícios fiscais porque não foi referendada por um convênio entre Estados. Então, relembrando, que todo mundo sabe, a Constituição prevê no caso do ICMS, e, daí, acho que ressalta, do ponto de vista jurídico, o caráter nacional desse imposto quando diz, no art. 155, § 2º, XII, "g", que compete à lei complementar regular a forma como, mediante deliberação dos Estados e Distrito Federal, isenções, incentivos e benefícios fiscais serão concedidos e revogados. E depois da elucidação feita pelo Prof. Sacha ficou muito claro. Quer dizer: isso foi colocado na legislação, a legislação, a Lei Complementar 24/1975, provavelmente foi elaborada neste ponto para dizer que os Estados tinham autonomia com relação ao ICMS. Simplesmente precisariam seguir as regras que estão na Lei Complementar 24, que, na verdade, implicaria, dada a exigência do consenso absoluto ou da unanimidade que se exige nessa reunião de secretários de estado, que, na verdade, nenhum benefício fosse aprovado, não se conseguisse, na prática, que nenhum benefício fosse aprovado unanimemente pelos Estados da Federação.

Então, esse é o problema sobre o qual nós nos debruçamos e vemos acontecer há muito tempo; há décadas, na verdade, acontece esse problema da guerra fiscal. Agora ficou mais evidente, mais atual, porque o STF há pouco tempo atrás julgou uma série de ações diretas de inconstitucionalidade onde, felizmente, devo dizer – porque, infelizmente, nem sempre isso acontece –, ele disse o óbvio. Quer dizer: benefícios, incentivos fiscais concedidos ao arrepio da Lei Complementar 24, que exige o consenso unânime dos Estados, são inconstitucionais. Então, é o que, imagino eu, a pretendida súmula vinculante a esse respeito vai dizer. Ou seja – desculpando a expressão vulgar: ela vai "chover no molhado". Ela só pode dizer aquilo que a Constituição já diz. Não se pode conceder incentivo, benefício fiscal de ICMS, a não ser que seja mediante o respeito ao que está, hoje em dia, na Lei Complementar 24/1975, que exige, neste caso específico, o consenso – a unanimidade, melhor dizendo – dos Estados representados nessa reunião do CONFAZ.

Acontece que, embora o STF já tenha, com todas as letras e em várias oportunidades, reconhecido a inconstitucionalidade de legislações ou de atos normativos que assim procedem, ou seja, acontecendo sem autorização do CONFAZ – vamos resumir –, ele ainda não se manifestou sobre o que deve acontecer quando os Estados que se sentem prejudicados com a concessão de incentivos por parte de outros entes da Federação glosam os créditos que decorreram dessas operações que advêm dos incentivos. E com base formal, expressa na própria Lei Complementar 24/1975, que diz, no art. 8º, como todos sabem também, que, em observância aos dispositivos dessa lei, ou seja, no caso, quando não houver a passagem pelo CONFAZ ou este não autorize unanimemente, por parte dos Estados que tiverem representados, aquele benefício ou incentivo, acarretará, cumulativamente, a nulidade do ato e a ineficácia do crédito fiscal atribuído ao estabelecimento recebedor da mercadoria. Então, essa ineficácia do ato é traduzida, neste caso, pela glosa de créditos ou pelo estorno de crédito nessas hipóteses.

Então, se nós formos examinar o texto positivado com as letras que estão nele contidas, vamos dizer: pois bem, já temos a solução para esse problema. Eu não vou prosseguir, mas o que interessa é isso que eu acabei de dizer, quanto às sanções – é a sanção pelo descumprimento da desobediência dessa autorização, por parte dos entes federados, para haver esse benefício fiscal.

Acontece que o problema prévio, para mim muito claro desde sempre, é: isto é constitucional? Esta sanção estabelecida, no caso, ao contribuinte, em última análise, neste caso específico? Ao Estado imediatamente, que se sinta prejudicado, mas, em última análise, é o próprio contribuinte. Ou seja: será que o princípio federativo não diz nada, não tem nada a dizer a esse respeito? Quer dizer: é claro que nós nos vemos de novo nesse embate. Existe uma Federação. Ao mesmo tempo, a Constituição outorgou um imposto que deveria ser do Estado Federado para os Estados-membros, e esses Estados-membros, na verdade, estão atados praticamente para disciplinar esse imposto. Então, ou nós nos convencemos de que nossa Federação, esquecendo as outras Federações que existem no mundo, é – como disse já o Prof. Souto Maior Borges, uma vez –, é aquilo que a Constituição brasileira trouxe como sendo sua enquadratura. Quer dizer: aquela moldura de Federação. Não adianta nós sonharmos com Federação de outro tipo, Federação suíça, americana, alemã. A Federação brasileira é aquilo que a Constituição de 1988 trouxe. Se nós entendermos, no que se refere ao ICMS, que a autonomia relativa dos Estados está ainda mais amesquinhada, tendo em vista que eles não têm liberdade para dizer do seu próprio tributo – e, no caso, seu tributo mais importante –, então, nós podemos entender que isso funcione do jeito que está.

Agora, a questão que me incomoda, e para a qual eu não consigo ver outra solução, melhor dizendo, que eu preciso ver uma solução mais rápida e definitiva, é: o que faz o cidadão contribuinte do ICMS que se valeu de um incentivo fiscal concedido por alguma entidade da Federação, estabeleceu sua empresa nesta entidade da Federação exatamente por causa da existência desse incentivo, e depois, quando pratica uma operação interestadual – normalmente, é nesse caso que acontece –, vê que ele poderia se aproveitar daquele creditamento que ele teria se não tivesse sido nessa situação de benefício concedido, e, nessa situação específica, ele não pode mais fazer isso. Quer dizer: isso foge da previsibilidade que ele teve ao decidir se instalar naquela região do território nacional, pesando os prós e os contras. Isso me parece que fere claramente o princípio da segurança jurídica: ele esperava uma solução, e essa solução, por enquanto, não foi vista. Eu entendo que os Estados queiram se defender do que sentem que seja um prejuízo para eles. Eles quereriam, na verdade, dar incentivos para cada um deles, para que as empresas deles se instalassem; e não querem que os outros façam a mesma coisa. Ou permitimos que todos façam ou, se não, se proíbe a todos, para valer. Então, aí, o STF é obrigado a dizer o que já diz a Constituição: não pode conceder benefícios sem que os outros estejam de acordo.

O que eu diria? O Supremo, se modular os efeitos dessas decisões que julgar inconstitucionais, os benefícios concedidos, se esses efeitos forem *ex tunc*, o que aconteceria? Os Estados seriam obrigados a cobrar o passado, o que ficou até o termo da prescrição, os seus créditos que não foram cobrados. Mas eu diria, em contrapartida: os contribuintes podem acionar o Estado, pedindo indenização. Quer dizer: presume-se – como disse muito bem e ressaltou o Prof. Sacha – a boa-fé do contribuinte. Ainda que nós saibamos que hoje em dia dificilmente um contribuinte não saiba que o benefício que está sendo concedido não pode ser feito, existe uma legislação a esse propósito, e, para isso, precisa ser respeitada – porque esse problema de guerra fiscal é um problema de relação entre Estados da Federação. No caso, entre Estados; poderia ser entre Municípios e Estados etc. e tal. Mas existe também o lado da relação entre os contribuintes e o Estado, que é uma outra relação, que, no meu modo de ver, não pode ser esquecida.

De qualquer maneira, o que parece que está prevalecendo, por exemplo, de acordo com jurisprudência do STJ, se tem decidido que a glosa ofende o princípio da não cumulatividade. Acho que isso é claro, porque eu diria, talvez estendendo até onde não foi estendido pela argumentação do STJ, essa glosa ofenderia o princípio da não cumulatividade principalmente porque retira ao contribuinte o direito de crédito que ele tem, indevidamente. Retira indevidamente o direito que ele tem, porque só poderia deixar de ter naqueles dois casos que eu já mencionei antes, se tivesse havido isenção e não incidência. Não é o caso. E tem decidido também – no meu modo de ver, acertadamente – que a glosa de créditos desrespeita o art. 152 da CF, que veda distinção tributária em razão da procedência ou destinação da mercadoria. Isso eu diria que é um adendo, é algo de somenos importância nessa discussão. Mas é um argumento a mais para que as coisas aconteçam diferentemente.

Então, tentando equacionar essa questão – e eu vou já finalizando, porque também já tive o primeiro aviso, alarme –, o que se entende até hoje? Enquanto a lei do Estado de origem não for expungida do ordenamento jurídica pela via processual adequada não pode o Estado de destino ignorar seus efeitos, sob pena de violação ao princípio federativo. Isso é extraído de alguns acórdãos do STJ, que me parece que conseguiu resumir muito bem uma das questões que estão aí. E também reforça essa ideia, o contribuinte que faz jus ao crédito integral de ICMS devido junto ao Estado de origem, salvo em casos de isenção ou não incidência. Caso contrário estaria sendo proibida a não cumulatividade, e proibida indevidamente.

Então, como eu dizia, essa situação de incerteza, de insegurança jurídica, afeta profundamente não as relações dos Estados, a relação dos Estados e contribuintes, as relações mercantis, como dificulta, impede, muitas vezes, o próprio investimento de empresas estrangeiras, e mesmo no território nacional, que ficam meio que esperando o que vai acontecer para terem um cenário mais claro para poderem atuar. Afasta investimentos.

E nós temos esse Convênio 70/2014, que eu diria que é um princípio de solução, é uma manifestação de vontade de que se resolva essa questão chamada de "guerra fiscal", até por alguns criticada essa expressão. Mas, infelizmente, me parece que esse Convênio 70/2014 é simplesmente um "acordo de cavalheiros". Até porque depende de tanta coisa para fazer, até emenda constitucional, legislação complementar, legislação infracomplementar, legislação ordinária e infralegal até, para produzir seus efeitos. Mas é um começo.

E, para realmente concluir, na verdade, é o que eu sempre penso nessas situações, no direito tributário em geral e em grande parte da nossa legislação no Brasil também: tentar, de uma vez por todas, acabar com o divórcio entre o que diz a letra da lei e a realidade em que se vive. Quer dizer: se não está satisfazendo mais o ICMS do jeito que ele foi previsto na Constituição, temos que inventar um jeito de modificar isso. Se, principalmente no caso específico, os ditames da Lei Complementar 24/1975 não estão produzindo os efeitos que se pensava que poderiam produzir, modifique-se a lei – aliás, existe o projeto elaborado justamente por essa Comissão de Juristas da qual o Prof. Paulo de Barros Carvalho participou, no Senado Federal. Existem vários projetos, mas esse específico dessa Comissão, para dar uma nova roupagem para essa lei, para ver se resolve esse problema. Que foi decidido sim, não se pode conceder benefícios sem autorização unânime dos Estados. Isso já está na Constituição. E o que fazer, no caso concreto – que é o objeto desta exposição –, o que fazer com o contribuinte que se valeu desses benefícios? Alguma solução tem que ser dada, em caráter definitivo, e que seja clara.

Obrigado pela atenção!

Maria Leonor Leite Vieira – Obrigada, Prof. Estevão! Obrigada a todos os participantes da Mesa, Prof. Roque, Prof. Sacha, Prof. Marcelo, que trouxeram aqui elementos para que continuemos a estudar o ICMS e a lutar para que isto seja organizado de forma mais adequada ao texto constitucional. E aproveito também o momento para agradecer às empresas patrocinadoras deste evento, ao grupo segurador Banco do Brasil e Mapfre, à Vale, Porto Seguro e à empresa Santos Brasil, e ainda àquelas que nos deram apoio na divulgação, na organização deste Congresso, o Instituto dos Advogados, Federal Concursos, Dialética, Malheiros e Noeses.

E cumpro um dever bastante difícil para todos nós, mas tenho que fazê-lo agora. Faleceu nesta manhã a Sra. Elisabeth Barreto, esposa do Dr. Aires Barreto e mãe do Paulo Ayres. O enterro será às 17h no Cemitério do Morumbi. O que nos é difícil, convivemos com eles todos há muito tempo, mas agora eu tenho que cumprir também o dever, que o Dr. Aires sempre nos cobra nisso, como Presidente de Honra também do Instituto, de continuar o nosso trabalho. Mas já antecipando que as duas Mesas da tarde terão algumas modificações. Vamos acabar de organizar isto agora, porque na primeira mesa, às 14h, falaria o Dr. Aires Barreto, e está sendo alterada. E o Dr. Paulo Ayres, no final da tarde. Então, algumas modificações organizaremos agora, mas vou encaminhar à família enlutada, em nome de todos os Congressistas, não só em nome do IDEPE, mas em nome de todos os Congressistas, as nossas condolências.

ISS

Alberto Macedo – Boa tarde a todos! Dando prosseguimento aos trabalhos do nosso Congresso, o *XXVIII Congresso Brasileiro de Direito Tributário*, primeiramente gostaria de agradecer à organização do evento pelo convite que me foi feito para presidir esta Mesa com ilustres membros. Primeiramente, fazer uma colocação em relação à ausência. O Dr. Aires Barreto iria falar, mas, infelizmente, com muito pesar, faleceu a Dra. Beth, esposa do Dr. Aires Barreto, mãe do meu amigo Paulo Ayres Barreto. Que Deus conforte seus corações, de todos os familiares.

E a gente vai iniciar os trabalhos com a fala do Des. estadual Eutálio Porto. O Dr. Eutálio é Presidente e Desembargador da 15ª Câmara de Direito Público do TJSP; Especialista em Filosofia e Teoria Geral do Direito pela USP; Mestre em Teoria Geral do Estado pela PUC/SP; Doutoramento pela Universidade de Lisboa/Portugal, em Ciências Jurídico-Políticas; e Professor de Filosofia do Direito e Direito Constitucional. Dr. Eutálio...

Base de Cálculo do ISS: Preço do Serviço e a Figura do Desconto (Condicionado e Incondicionado)

Introdução – Base de cálculo

A premissa legal quanto à fixação da base de cálculo do ISS é o preço do serviço, conforme determina o art. 7º da Lei Complementar 116/2003. O que implica dizer que o valor contratado entre o tomador e o prestador do serviço é que será utilizado para a aplicação da alíquota que determinará o valor a ser pago a título de ISS.

Entende-se, com isso, que a base de cálculo é o preço bruto do serviço, não sendo permitido qualquer desconto; seja decorrente do material utilizado ou de qualquer valor gasto para sua execução, inclusive despesas com empregados. Em outros termos: o valor do serviço é a totalidade dos bens materiais e dos recursos humanos empregados para a sua execução.

Visto por este ângulo, parece simples a questão, pois basta identificar o valor bruto cobrado pelo serviço, aplicar a alíquota definida na lei, e com isso se chegará ao valor a ser pago a título de ISS. Mas existem fatores que influenciam na fixação do preço do serviço que devem ser levados em consideração quando da formação da base de cálculo, sendo certo que alguns destes fatores a própria lei define e outros ficam à mercê da interpretação e das provas a serem realizadas quando do exame do caso concreto.

Veja-se, por exemplo, o caso dos serviços inerentes à construção civil, em que, tanto à luz do anterior Decreto-lei 406/68 quanto da atual Lei Complementar 116/2003, há exclusão da base de cálculo dos materiais fornecidos pelo prestador dos serviços. Nas palavras da própria lei complementar, restou fixado no art. 7º, § 2º, que: "§ 2º. Não se incluem na base de cálculo do Imposto sobre Serviços de Qualquer Natureza: I – o valor dos materiais fornecidos pelo prestador dos serviços previstos nos itens 7.02 e 7.05 da Lista de Serviços anexa a esta Lei Complementar".[1]

1. "7.02 – Execução, por administração, empreitada ou subempreitada, de obras de construção civil, hidráulica ou elétrica e de outras obras semelhantes, inclusive sondagem, perfuração de poços, escavação, drenagem e irrigação, terraplanagem, pavimentação, concretagem e a instalação e montagem de produtos, peças e equipamentos (exceto o fornecimento de mercadorias produzidas pelo prestador de serviços fora do local da prestação dos serviços, que fica sujeito ao ICMS)."

"7.05 – Reparação, conservação e reforma de edifícios, estradas, pontes, portos e congêneres (ex-

Não obstante isto, mesmo que a exclusão decorra da própria lei, ainda assim a jurisprudência vacilava quanto à definição do valor a ser utilizado para efeito de fixação da base de cálculo, e o próprio STJ entendia que apenas poderiam ser descontados do preço do serviço os materiais quando produzidos pela empresa fora da obra, não se admitindo subtrair da base de cálculo os materiais utilizados quando adquiridos de terceiros.[2]

Porém, a mudança de entendimento, com a aplicação da lei de forma mais literal, veio em razão da decisão do STF que concluiu pela viabilidade dos descontos dos materiais, passando, então, o STJ a mudar sua orientação, fazendo-o nos seguintes termos: "Alinhada à orientação firmada pelo STF, a jurisprudência desta Corte reconhece a legalidade da dedução do custo dos materiais empregados na construção civil da base de cálculo do Imposto sobre Serviços (ISS)".[3]

Outro caso, porém, diferente deste, que não decorreu da aplicação literal da lei, mas por via de construção jurisprudencial, consiste nos serviços realizados por empresa de mão obra temporária, em que, para fixar a base de cálculo, devem ser levadas em consideração as peculiaridades do caso concreto, fazendo distinção quanto à forma de realização do serviço, ou seja: tratando-se de mão de obra cedida e registrada diretamente pela prestadora, como, por exemplo, as empresas que atuam sob a égide da Lei 6.019/1974, o ISS incide sobre a totalidade do valor pago, sem qualquer dedução, incluindo os encargos sociais e salários. Mas quando se tratar de agenciamento de mão de obra, e recebendo a empresa apenas o valor decorrente do agenciamento, neste caso excluem-se os encargos sociais e salários, para incidir apenas sobre o valor recebido pela intermediação.[4]

Com isso, a despeito da exceção prevista na Lei Complementar 116/2005 nos itens 7.02 e 7.05, que autorizam a exclusão da base de cálculo dos materiais quando se tratar de construção civil, a base de cálculo das demais atividades vem do critério definido no art. 7º, que menciona claramente que é ela formada pelo preço total do serviço, sem qualquer dedução; mas, como dito, questões fáticas e de justiça tributária

ceto o fornecimento de mercadorias produzidas pelo prestador dos serviços, fora do local da prestação dos serviços, que fica sujeito ao ICMS)."

2. "(...). A orientação das Turmas que integram a 1ª Seção desta Corte firmou-se no sentido de que a base de cálculo do ISS é o custo integral do serviço, de modo que não é admitida a dedução dos valores correspondentes aos materiais utilizados e às subempreitadas. Desse modo, 'a tese de que não apenas os materiais produzidos pelo próprio prestador, mas também os adquiridos de terceiros, devem ser excluídos da base de cálculo do ISS não encontra respaldo no ordenamento jurídico, pois a regra legal que trata da incidência do ISS sobre serviços de construção civil é clara ao excluir apenas os materiais produzidos pelo próprio prestador fora do local onde prestados os serviços', de modo que, 'quando os materiais são produzidos pelo prestador no canteiro de obras ou quando são adquiridos de terceiros, como não há possibilidade de incidência de ICMS, devem ter seus valores mantidos na base de cálculo do ISS' (AgR no REsp n. 1.002.693/RS, 2ª Turma, rel. Min. Castro Meira, *DJe* 7.4.2008) (...)" (STJ, AgR nos ED no REsp 1.081.617-RS, 2008/0181338-7).

3. AgR no EAREsp 113.482-SC; AgR no REsp 1.370.927-MG, 2013/0053930-6.

4. "A orientação da 1ª Seção/STJ firmou-se no sentido de que 'as empresas de mão de obra temporária podem encartar-se em duas situações, em razão da natureza dos serviços prestados: (i) como intermediária entre o contratante da mão de obra e o terceiro que é colocado no mercado de trabalho; (ii) como prestadora do próprio serviço, utilizando de empregados a ela vinculados mediante contrato de trabalho'. Na primeira hipótese o ISS incide 'apenas sobre a taxa de agenciamento, que é o preço do serviço pago ao agenciador, sua comissão e sua receita, excluídas as importâncias voltadas para o pagamento dos salários e encargos sociais dos trabalhadores'. Na segunda situação, 'se a atividade de prestação de serviço de mão de obra temporária é prestada através de pessoal contratado pelas empresas de recrutamento, resta afastada a figura da intermediação, considerando-se a mão de obra empregada na prestação do serviço contratado como custo do serviço, despesa não dedutível da base de cálculo do ISS', como ocorre em relação aos serviços prestados na forma da Lei n. 6.019/1974 (REsp n. 1.138.205-PR, 1ª Seção, rel. Min. Luiz Fux, *DJe* 1.2.2010 – recurso submetido à sistemática prevista no art. 543-C do CPC)" (AgR nos EAREsp 113.485-SC, 2012/0260902-9).

forçam tanto a doutrina quanto a jurisprudência a adaptarem o sistema normativo à realidade, passando a dar uma interpretação à lei que se afasta de sua literalidade. Mas para isso há necessidade de imiscuir-se no caso concreto, levando-se em consideração os fatos e as provas, tornando-se cada vez mais efetiva a filosofia de Miguel Reale quando diz que o Direito é formado por uma tríade que inclui fato, valor e norma.

Do sistema de descontos

A interpretação baseada em circunstâncias axiológicas permite que se aplique a lei com maior justiça e com menos rigor literal, mas é necessário ficar atendo, pois as práticas de mercado podem influenciar a interpretação e criar situações de conflito, como ocorre em relação aos descontos.

E, neste caso, resta saber se os descontos concedidos pelo prestador de serviço estão incluídos na definição de preço do serviço e se eles podem ser abatidos da base de cálculo.

Nesta esteira, a jurisprudência, na mesma linha de entendimento que tem adotado para o ICMS e para o IPI, tem aplicado também para o ISS, fazendo distinção entre descontos que são concedidos de forma *condicionada* e de forma *incondicionada*.

Com isso, quando o desconto é oferecido de forma *condicionada* a alíquota do ISS incide sobre a totalidade do valor sem abatimento, ou seja: despreza-se o desconto concedido e utiliza-se como base de cálculo o preço cheio. Mas quando o desconto é aplicado *incondicionalmente*, é ele excluído da base de cálculo, e a alíquota do ISS incidirá sobre o efetivo valor líquido pago, ou seja: deduz-se do preço total do serviço contratado o desconto, sendo o valor líquido utilizado como base de cálculo do imposto.

Isto ocorre porque por descontos *condicionados* se entende que sua concessão se dá mediante certas condições que deve cumprir o tomador do serviço, e, com isso, o risco é exclusivamente deste, para ter direito ao desconto; e, desta forma, não pode o sujeito passivo transferir a vantagem ofertada por sua conta ao Fisco. Em outros termos: o prestador do serviço faz certas concessões e abre mão de receber a totalidade contratada, mas para isto impõe que o tomador cumpra alguns requisitos para obter o desconto, como, por exemplo, se pagar o valor devido até determinada data terá um desconto de 10%. Assim, impor qualquer condição como meio de aferir o desconto não exclui o tomador de serviço de pagar o ISS sobre a totalidade do preço fixado.

Mas quando se trata de descontos *incondicionados*, como mencionado, a situação muda, na medida em que neste caso ele ocorre por mera liberalidade. É como se o preço do serviço fosse aquele praticado com o abatimento, não dependendo do cumprimento de qualquer condição por parte do tomador do serviço para que se obtenha o desconto.

Na prática, quando o desconto é concedido de forma incondicional, a nota fiscal é expedida com o preço com desconto, pois esta é uma negociação que ocorre antes. Mas quando isto ocorre de forma condicionada, em regra, a nota fiscal é expedida com o valor total do serviço e o prestador oferece uma condição especial para pagamento, podendo, inclusive, tal condição constar do contrato.

Porém, o ato de fixar parâmetro para efeito de aferição da base de cálculo que não seja o preço do serviço acaba dando margem a interpretações, como, por exemplo, se uma escola fixa que o preço da matrícula será de R$ 1.000,00 e concede um desconto de R$ 300,00 para quem realizar a matrícula até o dia 15 de outubro, na verdade ela está condicionando o desconto, e, com isso, pode o Fisco exigir que o valor do tributo incida sobre a totalidade.

Outro exemplo vem de uma prática existente na rede hoteleira, pois existe um valor que é chamado de "preço-balcão" que é sempre superior àquele pago quando a reserva é realizada com antecedência, via agência, Internet ou outro meio, e isto pode dar margem para que o Fisco entenda que se trata de um desconto condicionado, pois a opção de fazer a reserva por outros meios é uma condição para que se pague um valor menor do que o fixado no balcão, e mesmo que a nota fiscal seja emitida no exato valor cobrado, ou seja, com desconto, pode-se entender que ela não representa o valor real, mas, sim, de um desconto condicionado.

Também existem situações em que um tomador de serviço que se fideliza, tornando-se cliente *habitué* de determinado prestador, consegue negociar preços melhores, adquirindo descontos pela fidelização; e, com isso, a prática de dois preços diferentes pode gerar uma desconfiança, posto que, se o Fisco consegue identificar que de todos os tomadores fora cobrado determinado preço, mas de alguns foi realizado um preço inferior pelo mesmo serviço, pode gerar, neste caso, uma dúvida e, com isso, ser exigida diferença, pois em tais situações não costuma ficar registrada a adoção de uma política de desconto apenas em razão da fidelização do cliente, situação que deve ficar evidenciada.

Se não por isso, a venda em grandes quantidades também pode envolver uma política de descontos, mas o ISS poder ser exigido sobre o preço cheio, já que a quantidade constitui uma condição para se obter um desconto maior. E numa sociedade de massa torna-se cada vez mais comum as pessoas se unirem para adquirir certos produtos e serviços em grupo, visando a uma melhor negociação, mas esta vantagem para o consumidor do serviço pode não representar redução da carga tributária; não obstante isto, é necessário que se apresente claramente a diferenciação na política de preços, deixando caracterizadas as situações em que ela ocorrera.

Também comumente ocorre a venda de ingressos para alguns espetáculos em que, muitas vezes, visando a preencher os lugares vazios, os ingressos são vendidos no final com desconto; ou seja: aquele que compra por último tem uma vantagem em detrimento de quem adquiriu com antecedência – causando, de um lado, uma situação de injustiça para o consumidor que se antecipou e, do outro, uma vantagem para quem adquiriu por último, possibilitando a incidência do ISS sobre o valor de face do ingresso. A situação também pode ser inversa, ou seja: a compra antecipada pode proporcionar um desconto no preço cobrado.

Com isso, existem práticas comerciais que tentam influenciar a vontade do consumidor, mediante a fixação de preços diferentes em razão de determinadas situações, mas, por outro lado, isto pode resvalar num risco para o prestador do serviço, que, ao emitir a nota fiscal em valor inferior ao preço do serviço, pode estar, na verdade, atraindo a Fiscalização.

De forma que a política de descontos, mediante a bitola interpretativa quanto ao fato de ser ela condicional ou incondicional, pode interferir nas relações comerciais, obrigando o empresário a mudar de atitude, atribuindo, ao invés de descontos, preços diferentes.

Isto porque todo desconto sempre decorre de alguma condição, que, para ser concedido, implica uma vantagem para quem presta o serviço e dependerá de prova quando ela ocorrer de forma incondicional ou condicional, residindo aí mais um problema para empresas que utilizam o critério do desconto como forma de atrair a clientela, sobretudo quando o preço real é aquele que, na verdade, é oferecido com desconto, utilizando-se um preço maior para mascarar uma vantagem.

O STJ, ao adotar esta tese para o ISS, deixou consignado no REsp 1.015.165 o entendimento de Pinto Martins, em que sustenta o seguinte: "(...). Não se admite qualquer dedução no preço do serviço, como de despesas, custos ou valor do material empregado na prestação de serviços, nem descontos ou abatimentos, salvo se concedidos sem subordinação a qualquer evento ou condição, ou seja, a base de cálculo do

ISS é o preço bruto do serviço. Os descontos e abatimentos que forem condicionados a evento futuro e incerto deverão ser incluídos na base de cálculo, por se tratar de mera liberalidade do prestador do serviço, pois, na verdade, são descontos financeiros que não poderão ser utilizados, visto que o fato gerador do imposto já ocorreu. Tais liberalidades não podem ser objetadas perante o Fisco. Descontos no preço do serviço que forem feitos de forma incondicionada, sem qualquer condição, serão válidos. O preço do serviço será, portanto, o valor cobrado já com o desconto. Se não for comprovado que a dedução foi incondicionada, mas decorreu de uma certa condição, o Fisco poderá cobrar a diferença do ISS. (...)".[5]

Com isso, a questão está fixada nos seguintes termos: quando o preço do serviço com desconto é incondicional, ou seja, independe de qualquer atitude do tomador, vincula a base de cálculo; mas, quando é condicional, prevalece o valor cheio. Mas fica, no entanto, sob o manto da interpretação e à luz dos casos concretos a definição quanto à aplicação de um ou de outro.

Alberto Macedo – Felicito o Dr. Eutálio. Realmente, é um tema que, com a formalização, vamos dizer assim, do jeito empresarial num quórum civil realmente ressaltou temas que vinham sendo trabalhados de forma mais esparsa. E é um tema que pulula a questão da sociedade uniprofissional, ainda mais quando se vê hoje, por exemplo, o regime do Simples Nacional, que, com a alteração da Lei Complementar 147, possibilita a muito mais empresas prestadoras de serviços entrarem em novo regime, que, às vezes, saem de um regime para outro regime. Enfim, uma espécie de conflito entre os regimes.

Bom, vamos seguindo. Com a palavra, agora, o Prof. José Eduardo Soares de Melo. Ele vai falar sobre "ISS sobre Cessão de Direitos (Programas de Computador; Marcas e Sinais de Propaganda; Exploração de Locais para Eventos; Permissão de Uso; *Leasing*; Franquia).

5. Pinto Martins, *Manual do Imposto sobre Serviços*, 7ª ed., São Paulo, Atlas, 2006, pp. 82-83.

ISS sobre Cessão de Direitos (Programas de Computador; Marcas e Sinais de Propaganda; Exploração de Locais para Eventos; Permissão de Uso; *Leasing*; Franquia)

José Eduardo Soares de Melo – Em primeiro lugar, quero agradecer, mais uma vez, o amável convite do IDEPE neste *XXVIII Congresso*, presidido pela Maria Leonor; cumprimentar a Mesa, o Alberto Macedo, que a gente respeita, porque é um homem de envergadura. E também o Des. Eutálio e a Betina, que percorre todo o Brasil com brilho do seu conhecimento jurídico.

Este tema que me foi proposto realmente trata de inúmeras questões do ISS. Dentro do espírito que norteia o Congresso, temos que ter uma postura científica. Não estamos aqui para ler regulamento. Mas, além da postura científica, é importante também que se mostre o aspecto conceitual, doutrinário, jurisprudência, e como fez o ilustre Desembargador; e, também, os aspectos práticos. Penso que, com relação a essas figuras que são tributáveis pelo ISS, tenhamos uma postura, um critério, um fundamento, para que, depois, na vida prática, como advogado, consultor, professor ou, mesmo, administrador fazendário, saibamos interpretar e aplicar o ISS em termos práticos.

O primeiro deles é o seguinte: se estamos cogitando da prestação de serviços de qualquer natureza, não há uma definição de "serviço", nem mesmo no Código Civil, de 1916 ou no novo, de 2002. Muitas vezes se entende que *serviço* é o que se opõe à obrigação de dar. O serviço seria uma obrigação de fazer. Todos vocês sabem disso. E nessa obrigação de fazer estamos diante de uma relação jurídica. São duas pessoas: uma que presta o serviço, outra que toma o serviço, referentemente a até bens materiais ou bens intelectuais. Então, essa diretriz do que seja serviço, no âmbito exclusivo do fazer, vai, evidentemente, se contrapor a duas outras figuras que, no fim, vão ser aplicadas. Uma delas é, evidentemente, a obrigação de dar. Ou seja: se eu tenho como atividade-fim, se o meu negócio jurídico é a venda da mercadoria, é a entrega do bem, não interessa se essa entrega foi bem feita ou se houve um grande atendimento. O que nos interessa aqui é a grande distinção do direito privado; que não é uma grande novidade, porque há mais de 30 anos os saudosos juristas Geraldo Ataliba e Cléber Giardino, com que todos nós tivemos convivência – e, depois, Aires Barreto –, mostraram que, se o direito tributário é um direito de superposição, tenho que conhecer as regras da Teoria do Direito, do direito privado, a grande classificação do dar e do fazer. Então, o serviço se volta exclusivamente para a prestação de fazer, obrigação de fazer, enquanto as demais obrigações não teriam essa conotação jurídica. E, aqui, nos interessa a cessão de direito, que nada mais significa do que uma mera autorização de uma pessoa que detenha *know-how*, conhecimento, *expertise*, para sua realização por uma outra pessoa. Isso não é um fazer. Quer dizer: autorizar por escrito, verbal ou por *e-mail*, evidentemente, não tem a característica de um fazer.

O outro pressuposto ou critério importante para caminharmos nesse nosso tema é a questão da Lista dos Serviços tributáveis. A Lista virou um dogma, ninguém discute. Ninguém discute, em termos. Nós temos aqui estes nossos temas, que são cinco ou seis, eles são passíveis de discussão, de questionamento. E muitas vezes o Judiciário acolhe esse entendimento, ou mantém. A Lista não é criteriosa. Se essa Lista anexa à Lei Complementar 116, e que praticamente é reproduzida em todas as legislações municipais, realmente arrola atividades que têm a característica de fazer, a característica de um serviço. Muitas vezes confunde cessão de direito ou, até mesmo, obrigação de dar.

Então, partindo desse pressuposto de que fazer uma coisa, cessão de direitos, tem outra característica, o que interessa agora é colher cada uma dessas figuras e fazer uma análise de acordo com o conceito, com a jurisprudência e o aspecto prático.

A primeira questão é dos programas de computador. O item 1 da Lista, em dois subitens, trata da elaboração de programas, licenciamento ou cessão de direitos. Então, sabemos que determinadas pessoas, sejam naturais ou empresas, detêm conhecimentos que são transmitidos para terceiros via um *software* ou qualquer outro elemento de natureza virtual. É claro que, no âmbito vulgar, pode-se entender que estamos diante de um fazer, que é uma prestação de uma utilidade, uma comodidade. Mas, como a própria redação do inciso 1.05, se trata de cessão de direito. O STF, num acórdão que eu mostro a vocês, em 1998 (há quase 16 anos) traçou uma grande distinção. Se a pessoa coloca um programa de computador – o advogado quer saber como é que acompanha os clientes, os processos –, então, adquire um programa de computador, um *software* que está lá, na prateleira. O STF entendeu que estamos diante de uma compra e venda. Bom, é o Supremo que falou, e é o que é repetido até hoje. Também o STF, naquele momento, entendeu – e vamos a um exemplo: uma empresa quer saber se sua linha de produção está sendo adequada, ou não, e contrata alguém da área de Informática, para que trace os planos e os projetos, enfim, apresente uma programação de computador; e esse funcionário, esse profissional, exatamente para aquela atividade, realiza sua prestação, realiza aqui sua cessão de direitos – que, se há uma elaboração por encomenda, estamos diante de uma obrigação de fazer. Embora não tenha sido uma decisão do Plenário, decisão de uma Turma, essa diretriz do Supremo tem sido observada.

A segunda questão que me foi proposta diz respeito a marcas e sinais de propaganda. É claro que, se os arts. 109 e 110 do CTN prestigiam os conceitos, os institutos, as regras, do direito privado e, no fundo, o direito tributário é um direito de superposição, é no direito privado que nós vamos encontrar esse conceito, a definição. E não é preciso grande esforço. Ou seja: quando estamos diante de uma marca de um *Boticário*, de uma *Ofner*, as empresas, as lojas, sejam franqueadas ou não, ou tenham mera autorização para que estampem aquela marca, para que possam vender melhor seu produto, a grande questão é essa: estamos diante de um fazer, de um dar ou de uma cessão de direitos? Penso que é uma mera autorização para que terceiro possa realizar e utilizar a marca ou sinal.

Entretanto, mesmo não constituindo, em meu ponto de vista, uma obrigação de fazer, há uma decisão recente, ainda que seja monocrática (mas é no âmbito da reclamação, essa figura que está prevista no Regimento Interno do Supremo), de 2001: incidência sobre contratos de cessão de direito de uso de marca, possibilidade de lei complementar. E o que se verifica em alguns acórdãos do Supremo é que, mesmo havendo esse questionamento de cunho doutrinário, do fazer e do dar e a cessão de direito, tem sido prestigiada, na maior parte das vezes, essa fixação da lei complementar. Ou seja: se está na lei complementar, não interessa bem se é um dar ou fazer. Nós não estamos, aqui, em um Congresso apenas para repetir e acolher – e sim para questionar.

O terceiro ponto diz respeito à exploração de locais para evento. E é curioso. Se, como um primeiro critério de aplicação da norma, temos que examinar a Lei Complementar 116/2003, que vai definir ou vai dirimir os conflitos de competência. Na lei complementar não encontro exatamente essa figura ou essa atividade de exploração de locais para evento. Eu vislumbro cessão de palcos, que, evidentemente, é um local para um evento; cessão de coberturas, talvez pudesse se encaixar nessa moldura; e outras estruturas. Então, penso: mas será que essas figuras da Lei Complementar 116 rigorosamente se aplicam ao tema proposto? E aqui vamos à nossa legislação, do Município de São Paulo, que tem um âmbito mais abrangente. Vejam o seguinte: quando, há mais de 30 anos atrás, o STF decidiu que a Lista era taxativa, embora pudesse comportar uma interpretação, de certa forma, analógica, não pode criar outras figuras. E aqui começa um questionamento, ou seja: a nossa lei paulista trata de demais atividades. Então, vamos ver: exploração de salas, salões de festas, centro de convenções, estádios, ginásios, auditórios, casas de espetáculo. É claro que, no âmbito operacional prático, aquele empresário que tem a necessidade desse espaço para realizar o *megashow* do cantor ou da banda que vem do Exterior vai ter que pagar o ISS, porque não vai correr risco fiscal. Mas no nosso Congresso, no âmbito científico, já se poderia verificar se existe uma compatibilidade, ou seja, uma observância da norma nacional por parte do legislador municipal. Aqui talvez já pudesse haver um questionamento. E a colocação que faço é a de que não há dúvida de que houve uma ampliação das atividades tributáveis, que não estavam previstas na Lei Complementar 116.

Há uma outra figura também, que complica muito mais, que é a tal da permissão do uso. Então, temos que pensar o seguinte: quem é que está permitindo? É uma empresa, é uma pessoa natural? Permitindo para que fim? É uma empresa privada, é um órgão público? E uso do quê? É uso de um bem, de um imóvel, do subsolo, do espaço aéreo? Então, o tema realmente é muito vasto, muito abrangente.

Quando a lei complementar trata dessa figura, permissão de uso, o item 3.04 apenas abrange algumas situações, ou seja: uso de ferrovia, rodovia, postes, cabos, dutos e condutos. Então, para aquela pessoa que vai utilizar um poste para realizar determinada atividade, um cabo ou um duto/conduto, como é o caso das empresas de mineração, que realizam o transporte do minério, ou até da PETROBRÁS e empresas de gás, que transportam através de dutos. E, evidentemente, há que se considerar uma permissão para utilização desse duto e se, realmente, aqui haveria o fato gerador do ISS. Então, a Lei Complementar 116 tem um campo mais ou menos restrito do que seja essa permissão do uso, e o uso do quê? E aqui, de acordo com a legislação – que não vou citar, para não cansar vocês –, essa utilização de bens públicos pode, de acordo com as normas, acarretar implicações tributárias distintas.

Arrolei o seguinte: primeira questão, da cessão do espaço. Cessão de espaço é obrigação de dar. Embora até a armazenagem caracterize um fato gerador do ISS, porque é uma figura, é uma atividade, prevista na Lei Complementar 116, nada mais significa do que uma locação do espaço, uma cessão de determinado local. Não é nenhum fazer. É claro que, se dentro desse local tiver um guindaste ou outro equipamento, pode-se cogitar de uma prestação de serviços.

Vamos ver também como é que a coisa se torna mais confusa. Exploração de áreas aeroportuárias. Há uma jurisprudência do STJ de uns 5 ou 10 anos atrás que caracterizou muito bem essa figura, essa atividade, como a remuneração de um serviço público concedido, específico e divisível. Então, temos que examinar – esse é um outro grande problema – qual é o regime jurídico dessa atividade. Nós sabemos, de acordo com a Constituição Federal – arts. 20 e 22 –, que a União é dotada de competência para explorar os serviços aéreos e os serviços portuários. E pode fazê-lo por si ou através das delegações, das concessões e das permissões. Esses terceiros, embora muitas vezes tenham a característica de uma sociedade de economia mista (tipo INFRAERO) e outras dessa natureza, estão realizando uma atividade pública. Essa exploração, no fundo, é a utilização de determinado espaço que o STJ entendeu que deva ser remunerado por taxa. Então, começa aquela dúvida: será que se encaixa na Lei Complementar 116? Não. A lei fala em "ferrovia", "rodovia", "poste". O argumento seria que não teria cabimento ou tipicidade o ISS, e sim a taxa pela remuneração do serviço público.

A outra figura diz respeito à capatazia. São temas um pouco até meio "pesados" para nós conversarmos no âmbito aduaneiro. Mas sabemos que, quando o importador realiza uma importação, tem que estar preocupado, evidentemente, com o ingresso desses bens no território nacional e com os tributos aduaneiros – seja o Imposto de Importação, IPI, ICMS, PIS/COFINS-Importação, Adicional de Marinha Mercante e até ISS –, mas também que estar atento para outras despesas em que vai incorrer e que, muitas vezes, se incluem na base de cálculo desses tributos, que são os serviços do amarrador, do estivador, conferente, consertador. Ou seja: o pessoal que trabalha no porto e que vai promover essa liberação aduaneira.

Essa figura da remuneração de acordo com a legislação pela figura da tarifa já afastaria a incidência do ISS. E veja: um dos maiores autores do direito financeiro, que foi Professor da São Francisco durante toda uma vida, Dr. Régis Fernandes de Oliveira, tem uma obra primorosa, que recomendo a todos lerem, do direito financeiro em que, quando analisa a taxa, a tarifa, o preço público – e até os impostos, mas, principalmente, essas três primeiras figuras –, fala: "Não há consenso nenhum, tanto na doutrina como na jurisprudência e na doutrina estrangeira". E, aí, penso, podemos ter alguns critérios para distinguir. Se tenho taxa, tenho serviço público específico, divisível, prestado ao contribuinte ou colocado à sua disposição, ou o exercício regular do poder de polícia. Se estou tratando de tarifa, tenho remuneração de um serviço público concedido de acordo com os princípios do art. 170. E, se estou diante do preço, tenho uma remuneração de uma atividade realizada pelo Poder Público sob o regime de direito privado, que é como, amanhã, uma Prefeitura ou o Estado fazer venda de mercadorias.

Procurei trazer a vocês essas decorrências dessa permissão de uso, desse uso de determinado bem. Evidentemente, isso vai gerar muito mais confusão do que alegria a todos.

Entramos aqui no penúltimo ponto, na questão da franquia. Em primeiro lugar, a franquia, o *franchising*, é uma atividade regulada pelo direito privado. Há uma lei, n. 11.688, que explicita quais são as atividades que vão caracterizar, amoldar, a figura da franquia. Então, em primeiro lugar, pegamos um *Boticário* da vida. Ele vai ceder a um franqueado, a um terceiro, o exercício dessa atividade. O mais importante para esse franqueado, é claro, é vender a mercadoria. Mas é o direito de uso da marca ou patente, porque qualquer um de nós vai ao *Boticário*, e não está preocupado se é franquia ou não.

Em segundo lugar, é a distribuição exclusiva de produtos e serviços, para que ele possa atender à demanda, ao mercado consumidor. O outro ponto é a tecnologia, ou seja, nós tínhamos, até pouco tempo, uma diretriz. Tudo isso estava implícito no âmbito da franquia. E muitos autores, e até a doutrina, entendiam que franquia não é fazer. Há uma parte dessa atividade que se amolda à figura do fazer. Mas é um complexo de atividades que realmente implicam cessões de direitos. Arrolei a vocês quatro situações. Primeiro, a transferência da tecnologia. Como é que vamos elaborar aquelas mercadorias, aqueles elementos. O segundo lugar é uma regra rígida. "Você tem que trabalhar desta forma para manter o padrão". Cessão de direitos, evidentemente, a grande marca, embora o Supremo tenha aquela decisão de um ponto isolado que seria suscetível de incidência do ISS. E determinadas quantidades também, para efeito de *royalties*, remuneração. O STJ, embora durante muito tempo suas duas Turmas decidissem no sentido de que a franquia era uma figura mal colocada no âmbito do ISS, passou a entender – uma decisão que também não é muito antiga – que está lá o 17.08, tributado pelo ISS. Aqui, como arremate da figura da franquia, discute-se muito, e alguém pode estar pensando: "Mas eu já vi decisões, já vi entendimentos, no sentido de que os franqueados do Correio têm que pagar ISS". Essa é uma outra abordagem jurídica. Por quê? A Constituição conferiu competência à União para tratar do serviço do Correio Aéreo Nacional (Correios), exclusivamente, na distribuição de correspondência, e até o Supremo, há pouco tempo, decidiu que, embora o Correio não seja uma pessoa jurídica de direito público, mas uma empresa pública, exerce *múnus público* e, por essa razão, está imune à tributação, mas não seus franqueados, que exercem suas atividades no caráter mercantil.

E, para terminar – propositadamente não coloquei na tela –, a questão do *leasing*. Parece que todos aqueles que vêm aqui a cada congresso pensam: "Mas vamos discutir o *leasing* novamente?" É que a cada ano nós temos algumas novidades. E, para concluir, diria o seguinte: na figura do *leasing*, ou do arrendamento mercantil, primeiro há uma legislação federal; segundo, resoluções do Banco Central. Então, fico sabendo que o *leasing* é um negócio jurídico de natureza complexa, que tem uma parte que se assemelha à locação, uma parte que tem uma singularidade da alienação, quando há aquisição do bem arrendado pelo valor residual. E até uma outra conotação, o *leasing* financeiro, como tem sido examinado pelo Judiciário. O que é que nos interessa aqui, do ponto de vista tributário? Primeiro, operações no mercado interno. É muito curioso. A Lei Complementar 87/1996 (art. 3º, VIII) preceitua o seguinte não incide o ICMS no arrendamento mercantil, na operação de arrendamento mercantil, salvo a parte da venda. Então, bipartiu uma figura jurídica. Aí, vem a Lei do ISS (Lei Complementar 116), que tem dois tópicos referentes ao *leasing*. O agenciador do *leasing* e, como atividade bancária, o *leasing*. Então, a Lei Complementar 116 teria revogado a Lei Complementar 87? Esse é o panorama do mercado interno.

Concluindo a minha fala, vou destacar a postura do STF com relação às importações de bens a título de arrendamento mercantil. Há uns sete, oito anos atrás, o Plenário (Relatora a Min. Ellen Gracie) entendeu que, na medida em que se procede à importação, seja qual for, a que título jurídico, aplicando-se o art. 155, IX, "a", da CF, tem que pagar o ICMS/*Leasing*. Anos depois, novamente o Plenário do Supremo (Relator o Min. Eros Grau) decidiu que não é pelo fato de se importar um avião – no caso, o avião da TAM – que ingressa no território nacional que vai surgir a obrigação tributária – aí, no caso do ICMS. Por que não vai surgir a obrigação tributária? Não vai ocorrer porque não há integração no território nacional para consumo, a não ser que haja a opção de compra.

Então, tenho a impressão de que neste curto espaço eram alguns pontos que me pareciam relevantes para a meditação de vocês. E muito obrigado pela atenção!

Alberto Macedo – Parabenizo o Prof. José Eduardo Soares de Melo pela sua brilhante fala. Realmente, os serviços nos trazem sempre perplexidade, na medida em que a nominação de serviços é, de certa forma, simplificada, e não revela tão facilmente, muitas vezes, o que aquele nome daquele serviço traz como atividade. E, aí, gerando realmente muitas questões. Para falar agora a Dra. Betina Grupenmacher, sobre critérios para a definição de estabelecimento prestador e a incidência do ISS sobre o arrendamento mercantil e o critério especial do imposto. A Dra. Betina – também vou ter que dar uma resumida no currículo, senão não acaba, não dá tempo – é Mestre em Direito Tributário pela PUC/SP; Doutora pela Universidade Federal do Paraná/UFPR; Pós-Doutora pela Universidade de Lisboa; Especialista pela Universidade de Salamanca/Espanha e Universidade Austral/Argentina; Professora de Direito Tributário da UFPR nos cursos de Graduação e Pós-Graduação, Mestrado e Doutorado; autora de obras como *Eficácia e Aplicabilidade das Limitações Constitucionais ao Poder de Tributar* e *Tratados Internacionais em Matéria Tributária e Ordem Interna*, além de outras obras.

Com a palavra a Dra. Betina Grupenmacher.

Incidência do ISS sobre o Arrendamento Mercantil e o Critério Especial do Imposto

Betina Grupenmacher – Boa tarde a todos! Inicialmente gostaria de registrar minha satisfação de, mais uma vez, estar neste prestigiado Congresso e de compor a Mesa com os ilustres e muito queridos colegas: Prof. Alberto, Prof. José Eduardo Soares de Melo, Des. Eutálio. Reiteradas vezes estivemos aqui ao lado do Prof. Aires Barreto falando sobre ISS. Este ano, infelizmente, em virtude de um momento de tristeza extrema, em razão do falecimento de sua esposa, não contaremos com sua presença, e por isso me foi atribuída a incumbência de falar sobre o tema que seria por ele enfrentado, qual seja: o relativo aos critérios para definição do estabelecimento prestador, que, de fato, está intrinsecamente relacionado ao meu, qual seja, o critério espacial do *leasing*. Com a finalidade de atribuir maior homogeneidade à exposição, vou iniciar pelo tema que seria abordado pelo Prof. Aires, que é pressuposto para enfrentamento do tema que me foi originalmente conferido.

De fato, a questão do critério espacial do ISS é bastante tormentosa. E não é de hoje. É tormentosa desde 1968, quando o Decreto-lei 406 foi editado. Então, desde lá se enfrenta o tema do critério espacial do ISS – ou, na dicção do Prof. Geraldo Ataliba, do aspecto espacial do ISS –, com vistas à interpretação das regras sobre a definição do local em que se opera a incidência tributária, o local em que nasce a relação jurídico-tributária, e que, portanto, define quem é o sujeito ativo, quem pode cobrar o tributo. A partir dessa concepção constitucional é que temos que analisar a legislação. Hoje pela manhã o Prof. Roque abordou vários pontos que nos são bastante úteis. Ele falou que a Constituição não cria tributos, mas atribui competências, e, ao fazê-lo, estabelece o arquétipo constitucional dos tributos. No caso do ISS, se investigarmos o art. 156 da CF, vamos verificar que a materialidade, o critério material, o aspecto material, do ISS é prestar serviço. Portanto, já está definido na Constituição que a materialidade é a prestação de serviço. O único critério espacial, ou aspecto espacial, possível em relação a essa materialidade é o local em que se ultima a prestação de serviço. Então, no momento em que ela se completa, a norma do ISS é atraída, recai sobre o fato e o transforma em uma relação jurídica. E que norma é essa? Que lei recai sobre o fato e o transforma em uma relação jurídica? A lei do Município onde o fato aconteceu. O grande problema é esse embate que existe entre os Municípios no sentido de definir qual foi o Município em que o fato aconteceu.

Embora minha concepção seja absolutamente firme e segura em relação à situação de que o que interessa no ISS é onde se ultima a prestação, onde se completa a prestação, onde se aperfeiçoa a prestação, a legislação permite uma interpretação diferente, e a jurisprudência também. Segundo minha compreensão, não podemos imaginar um fato jurídico-tributário, um fato gerador *in concreto*, um fato imponível pela metade, inacabado, inconcluso. Só admitimos como sendo relevante para o Direito o fato jurídico-tributário completo e acabado. Não me parece que apenas prestar o serviço seja um fato relevante para o mundo jurídico, porque prestar serviço não significa necessariamente tomar o serviço. Esse é um dos problemas que existem em relação a essa questão da espacialidade do ISS.

Há quem compreenda que, por ser a materialidade do ISS prestar serviço, é indiferente o Município em que ele seja tomado. É relevante apenas o Município em que ele seja prestado. E vamos ver que há decisões, há autores, que defendem essa posição. Como referi anteriormente, não me parece um raciocínio plausível. Para quê ou para quem interessa um serviço que foi prestado e não foi tomado?

[*Truncado na gravação*] Pois bem, então, eu não consigo conceber que, por exemplo, na hipótese de um programa de computador encomendado de uma empresa em São Paulo e contratado por uma empresa de Curitiba, o ISS seja devido ao Município de São Paulo. Porque o serviço foi tomado em Curitiba. É irrelevante que o serviço tenha se ultimado, no sentido de ser completada a programação, no Município de São Paulo. Se o programa não for entregue para quem o encomendou, a prestação de serviços não se ultimou. Então, esse ponto já é um ponto polêmico. Há quem diga que a materialidade do ISS é prestar serviço, e, assim sendo, é irrelevante se o serviço foi tomado, ou não. O que define o critério espacial é o local em que o serviço, a execução do serviço, se completou. Esse é um dos pontos em que há conflito no que concerne ao critério espacial do ISS.

Outros pontos conflituosos, que seriam também aqui enfrentados pelo Prof. Aires, são a questão do estabelecimento prestador e a do domicílio do prestador. Ambos os pontos são relevantes para a questão do *leasing*. O art. 3º da Lei Complementar 116/2003 estabelece que o ISS é devido no local do estabelecimento prestador ou, na falta desse, no domicílio do prestador. E estabelece, ainda, em relação a tantas outras situações, que o ISS é devido no local da prestação. Portanto, nesse dispositivo já temos três regras relativas ao critério especial do ISS. Ao art. 3º agrega-se o art. 6º da Lei Complementar 116/2003, que criou a hipótese de responsabilidade tributária, que, na minha visão, é a única regra constitucional em termos de critério espacial da Lei Complementar 116/2003. O que é que está dito no art. 6º? Que os Municípios poderão estabelecer nas suas legislações uma regra de responsabilidade por substituição concomitante. Ou seja: o tomador do serviço deve reter o valor do ISS e recolher aos cofres do Município. Essa é uma regra que observa o princípio da territorialidade da lei. A lei vale no território da autoridade da qual ela promana. Então, nesse sentido é que, há muito tempo, se vem defendendo a inconstitucionalidade da regra do domicílio do prestador, porque ela agride o princípio da territorialidade. Pela aplicação da regra do domicílio é indiferente a identificação do Município em que o serviço foi prestado e ultimado. Se não houver estabelecimento prestador no local da prestação o ISS é devido ao Município do domicílio do prestador – hipótese, esta, que agride a Constituição Federal, que indica, no arquétipo do referido imposto, o critério espacial como sendo aquele em que é prestado o serviço. A regra do art. 3º da Lei Complementar 116/2003 desloca a sujeição ativa para o Município do domicílio do prestador porque no local da prestação não há estabelecimento prestador.

Temos, na verdade, na legislação três distintas hipóteses de critério espacial para o ISS: o local do estabelecimento prestador; o local do domicílio do prestador; o local em que o serviço é efetivamente prestado. Aos quais poderíamos agregar o local em que o serviço é tomado – o que é relevante em relação ao *leasing*.

Como falei, o tema já é tormentoso, tortuoso, conflitante, desde 1968. Algumas decisões nos ajudam a entender de que maneira a jurisprudência caminha nesse tema. Então, fiz alguns destaques na decisão do STJ de 2008 que diz o seguinte: "A competência para a cobrança do ISS sob a égide do Decreto-lei n. 406/1968 era a do local da prestação, segundo o art. 12, o que foi alterado pela Lei Complementar 116, quando passou para o local da sede".

Aqui é necessário abrir parênteses. A referida assertiva, *data maxima venia*, é uma insanidade. O Decreto-lei 406/1968 dispõe à literalidade o mesmo que agora dispõe o art. 6º da Lei Complementar 116, mas no art. 3º da Lei Complementar 116 as regras que estavam no art. 12 do Decreto-lei 406 estão todas no *caput* e no decreto-lei, no art. 12, estavam dispostas em duas partes, constantes das alíneas "a" e "b". Na alínea "a" estava previsto que, se houvesse estabelecimento prestador, o imposto seria devido no local do estabelecimento; e na alínea "b" estava previsto que, se não houvesse estabelecimento prestador, o ISS seria devido no local do domicílio do prestador. Portanto, não houve qualquer alteração – nenhuma, infelizmente, porque creio que deveria ter sido suprimida a previsão do domicílio, que, segundo penso – e sei que o Prof. Aires pensa assim também –, é inconstitucional e à literalidade é a mesma que aquela veiculada pelo art. 12 do Decreto-lei 406/1968. A única alteração, ou, melhor dizendo, as duas únicas que aconteceram com a edição da Lei Complementar 116 é que para 22 serviços ficou estabelecido que o ISS é devido no local da prestação e também se introduziu a regra do art. 6º, de retenção ou de responsabilidade tributária. Essas são as duas alterações. No que concerne, no entanto, ao art. 12 do Decreto-lei 406, repito, à literalidade, é o mesmo que o art. 3º da Lei Complementar 116. Em 2008 o STJ não reconheceu tal identidade – como, aliás, se verifica da decisão aqui projetada. E disse mais agora, em 2012: "ISS – Competente para instituição e arrecadação do ISS é o Município em que ocorre a efetiva prestação do serviço, e não o local da sede ou do estabelecimento". Depois, em 2013 o STJ pacificou entendimento no sentido de que "o sujeito ativo da relação tributária, na vigência do Decreto-lei n. 406, era o Município da sede do estabelecimento prestador. A partir da lei complementar é aquele onde o serviço é efetivamente prestado, onde a relação é perfectibilizada, assim entendido o local onde se comprove haver unidade econômica ou profissional". Referidas decisões parecem compor uma verdadeira Torre de Babel, porque o STJ diz algo, depois se desdiz, depois muda de entendimento novamente – o que, definitivamente compromete o que o Prof. Paulo enfrentou aqui pela manhã, que é a questão da certeza do Direito nas relações tributárias. Diante de tais posições inconstantes dos ministros, o que resta é questioná-los: afinal de contas, Exmos. Ministros, o que dispõe o Decreto-lei 406, o que dispõe a Lei Complementar 116 e o que pensam vocês sobre essa legislação?

Pois bem, esse é o histórico do que vimos. Em 2008 o STJ dizia que o decreto-lei estabelecia como critério espacial o local da prestação; e a lei complementar, o local da sede. Em 2011 as decisões do STJ elegiam o local da efetiva prestação, e não o da sede. E em 2013, em sede de repetitivo, o STJ entendeu que sob a égide do Decreto-lei 406 valia o local do estabelecimento prestador e na Lei Complementar 116 vale o local da prestação, onde houver unidade econômica da empresa. Decidiu isso em um tema que é o do *leasing*, sobre o qual vamos falar na sequência.

Então, em relação à questão do estabelecimento prestador, não há, ainda – e, pelo jeito, não haverá tão cedo, pois desde 1968 estamos nos batendo com isso –, uma definição com relação ao entendimento do STJ sobre o que é, efetivamente, *estabelecimento prestador*. O STJ, segundo a minha compreensão, positivamente definiu que a regra do domicílio não poderia ser aplicada, porque agride o princípio da territorialidade. Como os Ministros do STJ não podem decidir matéria constitucional, o que fizeram? Não declararam a inconstitucionalidade, mas afastaram a aplicação do art. 12, diante da suposta inconstitucionalidade, por prever a regra do domicílio. E fizeram isso à ênfase. Recentemente, no Congresso de Direito Tributário no Rio de Janeiro, entrei em uma embate acadêmico com o Prof. Eduardo Maneiro e com o Prof. Gustavo Brigagão – e eu nunca imaginei que fosse apanhar tanto. Porque, para mim, estava certo que todo mundo iria falar que era inconstitucional a regra do domicílio do prestador, e esta não era a opinião deles. Falaram o seguinte: a regra do domicílio não é inconstitucional, porque essa regra de o tributo ser devido em um local diferente daquele em que se ultimou o fato gerador já existe para o Imposto de Renda, que incide sobre bases universais. E o outro argumento é que o STJ não poderia enfrentar matéria constitucional, porque esbarra no disposto no art. 97 da CF, que é o dispositivo que garante a reserva de Plenário ou princípio do *full bench*. Diante dessas decisões relativas ao domicílio do prestador, o STF editou uma súmula vinculante que diz o seguinte: "Somente pelo voto da maioria absoluta de seus membros ou dos membros do respectivo Órgão Especial, poderão os tribunais declarar a inconstitucionalidade de lei ou ato normativo do Poder Público".

Dos argumentos expostos pelos meus queridos amigos, na verdade, esse, da reserva de Plenário, é o que mais me impressionou, porque, de fato, o STJ, pelas turmas, não pode afastar uma norma sob o fundamento de inconstitucionalidade. É que – voltando à palestra do Prof. Paulo –, diante dessa insegurança e da falta de certeza, o meu sentir é que, quando algum dos tribunais superiores tem a lucidez de afastar uma norma que agride o princípio da capacidade contributiva, agride a vedação do confisco, isonomia e territorialidade, a respectiva decisão deve ser mantida.

Enfim, em relação à questão do estabelecimento prestador, embora, como falei, a doutrina mais conservadora – o Prof. Aires, o Prof. Roque, creio que o Prof. Sacha também, o Prof. Paulo – entenda haver uma inconstitucionalidade na regra do domicílio e que, nesse sentido, o STJ poderia, sim, deixar de aplicar a norma sem declará-la inconstitucional, o tema permanece em pauta, até porque a súmula vinculante do STJ diminuiu o número de decisões do âmbito do STJ que afastavam a aplicação do art. 12 do decreto-lei e do art. 3º da Lei Complementar 116.

Esses são os primeiros pontos sobre os critérios do estabelecimento prestador que se relacionavam à palestra do Prof. Aires. Esses temas que enfrentamos aqui são de todo relevantes para a questão também do critério espacial do arrendamento mercantil ou do *leasing*, que, como diz o Prof. Paulo, é um "ornitorrinco".

O contrato de *leasing* é misto, ele é, em verdade, uma mescla de diferentes espécies contratuais. E isso gera uma dificuldade de compreensão em relação à incidência do ISS e até do ICMS, como exposto brilhantemente pelo Prof. José Eduardo Soares de Melo. A definição do que é *leasing* está na Lei 6.099/1974, com a redação da Lei 7.132/1983, que diz que: "Considera-se arrendamento mercantil, para os efeitos desta Lei, o negócio jurídico realizado entre pessoa jurídica, na qualidade de arrendadora, e pessoa física ou jurídica, na qualidade de arrendatária, e que tenha por objeto o arrendamento de bens adquiridos pela arrendadora, segundo especificações da arrendatária e para uso desta".

A Resolução do Banco Central de n. 306 estabelece três tipos de *leasing*: o *leasing* operacional, o *leasing* financeiro e o conhecido *leasing back*. São três, efetivamente, os tipos de *leasing*. Esse três tipos de *leasing* aqui representados guardam distinções entre eles. O *leasing* operacional, no que concerne às suas prestações, elas existem com o propósito de cobrir os custos relativos à disponibilidade de um determinado bem dada pelo banco a uma pessoa física ou jurídica. Então, o custo, as prestações relativas ao *leasing* operacional destinam-se a cobrir os custos daquele contrato. A manutenção do bem pode ficar a cargo da arrendadora ou da arrendatária, e o preço para a compra ao final do contrato pode ser – normalmente é – o valor de mercado. Isso está estabelecido nos artigos da resolução do Banco Central. No caso do *leasing* financeiro, que é o mais comum, as prestações destinam-se ao mesmo tempo a recuperar o custo de manutenção do contrato como também visam ao retorno para a instituição bancária de lucro. A manutenção fica a cargo da arrendatária, diferentemente do que acontece no *leasing* operacional, e o preço pode ser livremente pactuado, embora seja, normalmente, o preço residual. A aquisição do bem ao final do contrato de *leasing* financeiro é um valor residual daquele bem.

No caso do *leasing back*, o que acontece? Alguém, necessitando de uma disponibilidade financeira, vende seu bem ao banco e, depois, realiza um contrato de *leasing* financeiro. Então, ele é, no começo, uma venda. E depois se transforma em um contrato de *leasing* financeiro. Segundo vamos ver na manifestação do STF, no caso do *leasing* operacional até se pode compreender que há uma prevalência de locação – e, portanto, não incidiria o ISS. Isso é diferente tanto no *leasing* financeiro como no *leasing back*, na visão do STF. Então, com o *leasing* financeiro, que é o que nos interessa mesmo, pois está em discussão para julgamento no STF e no STJ, o que acontece? O arrendador, o banco, adquire um bem e entrega-o a uma pessoa física ou jurídica, mediante uma contraprestação – aquela que referi, que se destina a cobrir os custos e mais um retorno para o banco. Ao final do contrato de *leasing* financeiro, a parte – a arrendatária – pode devolver o bem, pode renovar o contrato ou pode adquiri-lo pelo valor residual. O STF reconheceu, em sede de repercussão geral, que há incidência do ISS sobre o *leasing* financeiro. Estabeleceu a distinção entre os três tipos de *leasing* e definiu que em relação ao *leasing* financeiro há repercussão geral, e a partir de então avaliaria ou julgaria a possibilidade de incidência da norma de ISS sobre aquele contrato.

Quando se manifestou o então Ministro Eros Grau, admitindo a possibilidade de incidência da norma do ISS, depois de reconhecida a repercussão geral, no mérito, o Ministro disse o seguinte: "O *leasing* financeiro configura atividade que não se exerce senão mediante prestação de considerável parcela de serviços". E continua: "Porque os serviços são realizados por prepostos, auxiliares e empregados da arrendadora, serviços, esses, insuscetíveis de serem absorvidos pela subjacente operação de locação de bens". Como, para ser ultimado o contrato, há vários funcionários do banco que atuam, levantando informações do arrendador, documentos, organizando toda uma situação, no sentido de elaborar o contrato a ser subscrito, essa atividade desempenhada por esses prepostos caracteriza serviço. O que ele quer dizer é o seguinte: o contrato de *leasing* não se autogera, ele é feito por pessoas, e essas pessoas realizam uma *prestação de serviço*, que, como diz, por exemplo, Marçal Justen Filho, "é uma atividade física ou intelectual de conteúdo econômico de que alguém necessita, que outro pode prestar". Então, há uma atividade física ou intelectual envolvida na elaboração do contrato, e, em função disso, o Min. Eros Grau reconheceu que há prestação de serviço, e, por tal razão, admitiu a incidência de ISS.

Embora a questão do critério espacial não fosse o objeto do julgamento, mas, sim, a possibilidade de incidência, ou não, de ISS sobre o contrato de *leasing*, no âmbito do voto o Min. Eros Grau disse o seguinte: "Relativamente ao arrendamento mercantil, a sede fica responsável pela formatação dos contratos, gerenciamento financeiro e contábil, entre outras atividades claramente destinadas a oportunizar a realização da atividade-fim, que ocorre em local diverso. É que a entrega do material arrendado – objetivo final do arrendatário – dá-se, muitas vezes, em Município distinto daquele que realizou a atividade-meio, e, portanto, a titularidade do tributo em tela recai no segundo, na urbe onde se deu a efetiva prestação do serviço. Conclui-se que quando houver conflito de competência entre dois ou mais Municípios o que deve ser analisado é a consecução da atividade-fim, determinando em qual Edilidade se deu a prestação de serviço, diferenciando essa daquela onde se realizou apenas a atividade-meio". Ou seja: o STF naquela oportunidade não se propôs a analisar a qual Município era devido o ISS incidente sobre o *leasing*. No entanto, no curso, na fundamentação do voto, o Min. Eros Grau deixou muito claro que ele entende – com o que eu concordo – que o serviço só se ultima quando ele é tomado. Porque o que é que acontece no *leasing*? O sujeito vai comprar um trator num Município, no interior de São Paulo – eu vou pegar a cidade da minha sócia, Nhandeara. Foi lá, comprar o trator em Nhandeara. Vai à concessionária, entrega os documentos e preenche os formulários, que vão para o banco em São Paulo, na Capital. Aqui são desempenhadas a análise de crédito, cadastral etc., o que se ultima com a elaboração do contrato, que volta para Nhandeara, e é lá que o bem é entregue e o contrato é assinado pelo arrendatário.

Enfim, de fato, o Município em que está o arrendatário é onde o bem é entregue e o contrato é assinado por ele. O que acontece? Esses Municípios entendem que o ISS relativo ao *leasing*, como reconhecido pelo STF, é devido a eles, onde o bem foi entregue e o contrato foi assinado. O STJ vem decidindo, até agora, até agosto – e, inclusive, continua decidindo, mesmo depois disso –, que, diante da decisão do STF sobre a incidência do ISS, o imposto é devido no local em que o contrato é elaborado por aquelas pessoas que fazem todo o serviço relativo à contratação. Então, a concepção do STJ é que o ISS incide sobre o serviço prestado, embora o STF esteja entendendo que o ISS incide sobre o serviço considerado o Município em que ele é tomado, não no Município onde está a sede do banco, onde está a direção, onde se praticam os atos de decisão.

O STF, embora tenha se manifestado em relação ao critério espacial, em sede de repercussão geral, já disse que o tema relativo ao critério espacial do ISS não é matéria constitucional, e que, portanto, não o enfrentaria. A decisão está aí, é de 2013, o STF dizendo: "É questão da Lei Complementar 116/2003, a matéria não é constitucional, e eu não vou definir qual é o critério espacial". Fez isso lateralmente, mas disse, em sede de repercussão geral, que não vai fazê-lo de maneira direta. O que acontece agora?

Dia 1.8.2014 o Min. Gilson Dipp deu uma decisão, que é essa que está projetada, em que ele diz o seguinte: "Não cabe ao STJ, ainda que para fins de prequestionamento, examinar, na via especial, suposta violação a dispositivos constitucionais, sob pena de usurpação da competência do STF".

Então, o que acontece? Trata-se de recurso extraordinário interposto pelo Município de Santo Antônio da Patrulha contra a decisão do STJ que define como critério espacial aquele da sede do banco onde se toma a decisão relativa ao financiamento, e não aquele onde o bem é entregue e o contrato é assinado. O Município, então, entrou com recurso extraordinário relativo a essa decisão, e o Ministro, no dia 1º de agosto, mandou ao STF para que ele defina, então, se o ISS é devido no local da sede do banco, onde se praticam os atos referidos pelo Min. Eros Grau, ou onde o bem é entregue e o contrato assinado. Essa decisão é de 1º de agosto, mas agora em outubro o STJ continuou aplicando normalmente a decisão, no sentido de que o ISS, à luz do entendimento do STF, é devido ao local onde se toma a decisão acerca da aprovação do financiamento, onde se concentra o poder decisório, onde se situa a direção geral da instituição; é lá, é nesse local, que é devido o ISS. O fato gerador não se confunde com a venda do bem objeto do *leasing* financeiro, já que o núcleo do serviço prestado é o financiamento. Irrelevantes o local da celebração do contrato, da entrega do bem ou outras atividades preparatórias auxiliares à perfectibilização da relação jurídico-tributária.

Então, enfim, esse tema, imagino eu, virá a ser enfrentado novamente. O que precisamos ver é se o STF vai mudar de ideia, vai entender que há repercussão geral e que a matéria é constitucional. Esse é o cenário que nós temos. No STF foram reconhecidas a repercussão geral em relação à incidência do ISS sobre o *leasing* e a ausência de repercussão geral em relação ao critério espacial. Duas decisões do STF, uma reconhecendo a repercussão geral sobre a incidência e uma não reconhecendo a repercussão geral sobre o critério espacial. O mesmo STF reconheceu que o ISS incide sobre o *leasing* e que o *leasing* é composto por uma atividade-meio, realizada pelos bancos, e por uma atividade-fim, que é a entrega do bem e a subscrição do contrato. Portanto, ao que parece, os Ministros do STF, assim como eu, não acreditam em um serviço que seja só a prestação, mas, sim, deve haver a fruição do serviço como parte da materialidade do imposto. O serviço tem que ser tomado para que o fato jurídico-tributário se complete e a incidência aconteça.

O STJ está, no momento, decidindo que o local da prestação é aquele em que é tomada a decisão pelo financiamento, pela concessão do financiamento, ou seja, o local da atividade-meio, portanto, aquele em que foi prestado, mas não utilizado, tomado o serviço, e mandou, então, ao STF um recurso extraordinário sobre suas decisões, para que o STF decida se, efetivamente, é matéria constitucional, ou não. Então, encerrando aqui, o fato é que todos esses problemas que sempre permearam o ISS, inclusive e sobretudo aquele concernente ao critério espacial, permanecem pendentes de decisão definitiva no âmbito dos Tribunais Superiores.

Temos duas situações que não estão decididas no âmbito dos Tribunais Superiores de maneira definitiva, a conferir certeza às relações jurídicas. Uma é a constitucionalidade, ou não, do domicílio do prestador. É constitucional a incidência no Município do domicílio do prestador, ou não? O STJ pode, ou não, enfrentar esse tema? E a outra: o ISS é devido no local da prestação do serviço, onde a execução se conclui ou no Município em que ele efetivamente é tomado? Se se reconhecer que há uma atividade-meio para a realização de um fim, não me parece admissível, como vem reconhecendo o STJ, que o critério espacial do *leasing* é aquele em que está a direção do banco, e, sim, o correto seria o reconhecimento da incidência do ISS no Município em que se ultimou a prestação.

Agradeço a atenção de todos. Obrigada!

Debate

Alberto Macedo – Sras. e Srs., o microfone está aberto para perguntas ou, se preferirem, as moças da Recepção podem trazer perguntas. Mas antes da primeira pergunta, se houver, eu queria passar a palavra novamente ao Prof. José Eduardo Soares de Melo, que vai tecer algumas considerações.

José Eduardo Soares de Melo – A Betina realmente é uma apaixonada pelo direito tributário, não é? Se deixar, aqui, vai falando sobre todos os temas. Eu tenho a impressão de que duas colocações devem ser feitas. Como a legislação é muito confusa, e nós nunca vamos ter muita segurança nesse tipo de serviço fracionado, que é realizado em diversos Municípios, nós podemos pensar em três critérios. O primeiro critério é o do âmbito constitucional. Vejam, a grande regra implícita da Constituição diz respeito ao princípio da territorialidade. Só podem ser tributados fatos ocorridos no território nacional, fatos ocorridos dentro de cada Estado ou Distrito Federal e fatos ocorridos em cada Município. E a regra da extraterritorialidade, tributar um serviço em outro Município, vamos ver se ela se compatibiliza com o ordenamento constitucional. A Constituição, no meu modo de ver, trata de alguns tributos que tenham tratamento de extraterritorialidade, que são fatos ocorridos fora do território nacional ou que se iniciaram no Exterior. O primeiro deles é o do art. 153, § 1º, da CF, o Imposto de Importação. Alguém vende uma mercadoria no Japão e compra aqui. O fato começa lá e termina aqui. O segundo diz respeito ao Imposto de Renda, que é regrado pelo princípio da universalidade, e pagam-se renda e proventos ocorridos fora do território nacional.

PIS/COFINS-Importação, temos duas emendas constitucionais que estipulam a incidência dessas contribuições quando se realiza a importação. E mais um deles é o ICMS da importação, art. 155, IX, "a", que trata da entrada de bens ou mercadorias dentro do território nacional. Então, no âmbito constitucional eu não encontro a possibilidade de o ISS ser tributável em local diferente do Município e o Município querer cobrar em outros locais.

O segundo critério é aquele que diz respeito ao âmbito eminentemente legal, que a Betina expôs maravilhosamente bem. Ou seja: a Lei Complementar 116 dispõe: em primeiro lugar, o estabelecimento prestador. Se não tem, o domicílio prestador. Naquelas hipóteses do art. 3º (típico de construção civil), uma *Camargo Corrêa*, que tem sede aqui em São Paulo, maravilhosa, na Vila Olímpia, mas que realiza obras no interior do Pará (Altamira e em outros lugares). É lá que vai recolher o ISS. É claro que o projetista da obra, se for uma outra pessoa jurídica, tem que recolher o ISS do seu estabelecimento. E a quarta regra, quando nós tratamos de ISS sobre a importação, uma figura muito curiosa, que é o estabelecimento tomador do serviço. E aqui, então, vou colocar a vocês quatro ou cinco situações. E a Betina pensa que é minha amiga, mas eu quero ver como é que ela enfrenta, aqui, as respostas.

Em primeiro lugar, o seguinte: serviço de saúde. Alguém sai aqui de São Paulo para o interior, lá para o Paraná. Quando chega no Município de Boituva sofre um acidente. Então, vai a um pronto-socorro, recebe os primeiros serviços médicos. Mas lá o serviço é incipiente, e ele continua a cruzada para ser atendido em Ourinhos, que tem um hospital melhor. E acaba a seguradora de saúde trazendo no helicóptero, aqui, para o *Einstein* de São Paulo. Então, onde o serviço foi prestado? Onde se deve recolher o ISS?

O segundo exemplo, o consultor administrativo-financeiro aqui em São Paulo é contratado para prestar serviço para uma empresa que está em São Luís do Maranhão. Ele já elabora, faz as pesquisas no seu escritório, pega o avião, e o avião tem algumas paradas. Uma parada em Brasília, outra parada em Imperatriz, e chega lá pela madrugada em São Luís. E durante esse trajeto, com o seu computador, vai realizando atividades que quase que concluem antes de chegar em São Luís do Maranhão. Só falta imprimir, assinar e mostrar o trabalho. Onde ele realizou a atividade? Ninguém sabe.

O outro exemplo é uma empresa de São Paulo que é contratada por empresa de Santos para realizar uma atividade, um espetáculo de diversão pública, ou, melhor, *show*, no Município de Guarujá. Então, temos três Municípios envolvidos. E, finalmente, aquele advogado que é contratado para proferir uma sustentação oral em Brasília. Ele tem seu escritório todo aparelhado em São Paulo, faz as pesquisas, treina como é que vai ser a sustentação oral, qual é a abordagem. E vai lá para Brasília. Mas naquele momento não se sente à vontade para fazer a sustentação oral, e entrega o memorial ao ministro. Onde o serviço é realizado, Betina?

Então, vejam, penso que essas situações, que não são novas, qualquer livro de direito tributário de ISS trata de situações, mas são situações em que tenho que ter algum desses critérios. E, só para finalizar, a questão do estabelecimento prestador. Esse problema da guerra fiscal, das empresas que estão aqui na Avenida Paulista e têm seu estabelecimento em Barueri e só querem pagar o ISS lá – que não é nenhuma novidade, temos até uma ação direta de inconstitucionalidade no TJSP –, e me parece que a legislação estabelece quais são os critérios, quais são os elementos norteadores ou caracterizadores do estabelecimento. Se é um estabelecimento que é só virtual, um escaninho de um computador, uma mera caixa postal e, quando se realiza uma perícia, não tem consumo de energia, não tem consumo de nada – vejam, o Código Civil não diz o que é estabelecimento; fala que é um complexo de bens – então, aqui, caberá ao legislador tributário, ao administrador fazendário, dentro de critérios de razoabilidade e de proporcionalidade, evidentemente, verificar quais são os elementos fundantes do estabelecimento prestador.

Alberto Macedo – Obrigado, Prof. José Eduardo, pela fala. A Betina quer comentar alguma coisa?

Betina Grupenmacher – Depois de provocação, cinco pontos de indicação do mesmo serviço, não.

Alberto Macedo – É pegar bem as questões complicadas, não é? Parece-me que, realmente, é um tema que, como a Betina colocou muito bem, há 40 anos gera questionamentos no Poder Judiciário. O STJ, com as idas e vindas em relação também a esse tema e, enfim, lá no Conselho Municipal de Tributos, que é onde eu atuei durante sete anos e meio, julgando, aqui em São Paulo, obviamente não se debruçavam sobre questões constitucionais, até porque nos é impedido esse foro, não nos é de competência. Mas, realmente, a questão do estabelecimento prestador é uma questão que, mesmo em foro legal, como o Dr. José Eduardo Soares de Melo citou, há uma série de questões de elementos de prova para se caracterizar estabelecimento prestador. Então, isso era onde os julgadores se debruçavam, sobre as provas que constavam nos autos do processo, para verificar se, efetivamente, aquele estabelecimento caracterizado pela fiscalização efetivamente tinha os elementos necessários para ser considerado como tal. O Prof. José Eduardo citou também a questão que muitas vezes se chama *de simulações de estabelecimento*, não é? Então, você via muito a empresa que se dizia não estar mais em São Paulo, dizia estar em Municípios vizinhos, e, quando você verificava, não mais do que a *pill box*, uma caixa postal, não é? Eu cheguei a pegar julgamentos lá, eu mesmo relatei casos em que havia uma empresa em um endereço já "manjado", num certo Município vizinho – que a gente decorou o endereço já, de tão "manjado" que estava –, e se constatou nos autos do processo que naquele conjunto comercial de 11m² havia 148 empresas. Então, vai ser virtual lá na China, não é? Vai ser virtual lá, em Santana do Parnaíba.

José Eduardo Soares de Melo – É um direito de superfície.

Alberto Macedo – É um direito de superfície. Mas, enfim, realmente é um tema que não só em sede constitucional traz muitos questionamentos, mas também em sede legal, no âmbito da prova, também é rico em debates, não é? Alguma pergunta? Pois não.

Participante (não identificado) – Boa tarde a todos, boa tarde professores! Esse realmente é um tema que, apesar de já ter sido decidido em recurso repetitivo no STJ – e por essa razão, na verdade, é que continua aplicando, ou seja, a 1ª Seção é a Seção competente para fazer a interpretação da lei federal, nesse caso decidiu que o núcleo da operação de *leasing* financeiro seria o financiamento –, e tendo financiamento como núcleo, na verdade, considerou que este seria a atividade-fim, e não o local em que o serviço seria firmado. Parece-me que esse seria o papel do STJ nesse momento. A não ser, como a Profa. Betina falou, que se quisesse afastar a norma – e aí, sim, levar à Corte Especial e dizer: "A norma é inconstitucional, então nós não podemos aplicar". Mas, se ela ainda está em vigor, me parece que o papel do STJ é dar a interpretação dessa norma no caso concreto. O STJ tem um entendimento no sentido de que, ainda que haja repercussão geral no STF – e isso acontece em muitos processos, e os advogados também sabem disso –, os processos ficam parados durante muitos anos, e isso entope as Cortes locais, estaduais e os Tribunais Regionais Federais. Então, o STJ só paralisa os processos, os recursos extraordinários desses acórdãos do STJ. Até que o STF decida definitivamente a questão, ou até que ele diga que ele é o competente para firmar esse critério espacial ou para declarar a inconstitucionalidade, realmente outro papel o STJ não tem a não ser aplicar a jurisprudência que acabou firmando. Mas me parece que a questão maior é doutrinária. Qual é a atividade-fim do *leasing*? É o financiamento ou é o local em que o serviço é tomado? E eu creio que aí, sim, essa é a questão que a Sra. trouxe.

Betina Grupenmacher – É, eu já analisei, primeiro acompanhando toda essa situação que o STF vinha enfrentando, a possibilidade da incidência sobre a atividade de *leasing*, eu sempre achei que não incidiria, li vários pareceres sobre a natureza da atividade *leasing*. Hoje de manhã o Prof. Roque também falou que é uma cessão de direito, que efetivamente não caracteriza serviço, enfim. Mas essa questão sobre a natureza da atividade parece que está reconhecida e consolidada, não é? Então, incidindo o ISS sobre a atividade de *leasing*, qual é o critério espacial? O fato é que, como eu lhe disse, não consigo imaginar que o banco realize uma atividade, execute uma atividade de fiscalização, de elaboração, levantamento de dados, e fique com o contrato no banco. Toda a parte da diretoria, lá da sede do banco, foi feita. Mas esse contrato tem que ser remetido, ele só vai passar a valer quando for assinado pela outra parte e quando o bem for entregue. Porque a entrega do bem é elemento essencial do contrato, da relação jurídica contratual. Como consigo imaginar que só essa atividade que o STF qualificou como atividade-meio é bastante, em si mesma, para gerar a incidência? Porque esse contrato pode ficar lá, em uma gaveta, *ad aeternum*. E isso já é bastante para gerar a incidência? Por isso que digo que, de fato, creio que o serviço tem que ser efetivamente tomado. Já me falaram: "Mas, professora, não é um imposto sobre 'tomação de serviço', é sobre prestação". Só que o serviço, para que tenha alguma utilidade enquanto fato jurídico, deve ser tomado. O serviço puramente prestado não completa o fato jurídico-tributário, o fato imponível, o fato gerador do ISS.

De fato, creio que as Municipalidades que fazem jus a esse tributo, que são o sujeito ativo da relação tributária, são aquelas onde o fato se completou, se ultimou, e se operou a incidência. A lei daquele Município, territorialmente falando, incide sobre o fato no momento da assinatura e entrega do bem e transforma-o em uma relação jurídica. A definição do critério espacial do ISS é, efetivamente, tormentosa, difícil, porque o que se passa com os serviços é distinto do que se passa com as operações de circulação de mercadorias. A fiscalização do recolhimento de ICMS, por exemplo, é feita em barreiras na estrada. No caso do ISS tal não ocorre. Por exemplo: nós, advogados, podemos sair daqui e fazer uma audiência no Município do lado, ir e voltar, receber nossos honorários lá, no Município em que o serviço foi prestado, e certamente ninguém ficar sabendo de nada. Não há fiscalização. Quando eu integrava o Conselho de Contribuintes do Município de Curitiba – e o fiz por cerca de 14 anos – eu reconhecia em meus votos que a regra do domicílio é inconstitucional. Então, como o STJ faz hoje, eu deixava de aplicar a norma, porque a considerava inconstitucional.

Hoje temos o art. 6º da Lei Complementar 116/2003, que julgo ser perfeito. Se todos os Municípios estabelecerem a regra da retenção, ou seja, da responsabilidade por substituição tributária concomitante, o ISS vai ser retido no momento da incidência, e aí temos uma situação de constitucionalidade. Eu, por exemplo, nunca achei errada essa postura aqui de São Paulo no sentido de que prestador de fora, desde que seja aqui cadastrado, não tenha retenção de ISS. Eu me lembro que o Prof. Roque falava: "Você, sendo de Curitiba, não precisa se sujeitar à autoridade de São Paulo". Eu falei: "Professor, eu quero que todos os entes fiscais arrecadem mais e melhor. Porque, nesse caso, vão criar menos tributos inconstitucionais". Sei que existem muitos estabelecimento-fantasmas. A regra do art. 3º tem uma coisa positiva para nós. É uma regra de planejamento fiscal, planejamento tributário, não é evasão. Posso me estabelecer em um Município, ter o meu domicílio em um Município de baixo impacto tributário, que vai ser de no mínimo 2%, como forma de planejamento tributário, desde que eu tenha o estabelecimento físico, juridicamente constituído, não um estabelecimento-fantasma.

Alberto Macedo – Obrigado, Profa. Betina! Mais alguma pergunta? Pois não. Um microfone aqui, para ele.

Participante (não identificado) – É mais uma provocação à Profa. Betina, indo na esteira do que o Prof. José Eduardo Soares de Melo falou, dando só um exemplo do advogado de São Paulo contratado por uma empresa de Curitiba para defender um processo em Natal. E ele faz tudo, protocola a contestação, por exemplo, via processo eletrônico, aqui em São Paulo. É uma situação que fica mais fácil, mas eu penso que ...

Betina Grupenmacher – Em Curitiba, você já vai em outro lugar. Realmente, você tem três pontos do território nacional, três Municípios que poderiam avocar a capacidade tributária ativa. O local onde, de fato, você desempenhou a atividade, se não foi o protocolo, porque você me deu uma quarta possibilidade aí, que é o protocolo eletrônico, não é? O local onde está o cliente, onde você foi contratado e onde você efetivamente prestou o serviço – esquecendo o protocolo eletrônico. É onde você realmente o ultimou – lá, o serviço foi tomado, foi prestado, não é? Não onde ele foi efetivamente contratado. Agora, se você faz o protocolo – vamos pensar em protocolo eletrônico. Do seu escritório, com o *iToken*, aí eu acho que é lá o aspecto espacial. Se você fizer o protocolo não em seu escritório, mas em outro Município, acho que é no outro Município – você levou o computador, levou o *iToken*, e fez o protocolo em Quatro Barras, por exemplo, não em Curitiba; também ali fica definido como aspecto espacial, me parece.

Participante (não identificado) – Era justamente essa provocação que eu ia lhe fazer, porque aconteceu exatamente isso comigo.

Betina Grupenmacher – É difícil, essa situação é realmente difícil – por isso que o tema é objeto desse embate todo.

Participante (não identificado) – Eu preparei a petição em um local, fui dar aula em Jataí, Goiás, e, de lá eu protocolei em Natal.

Betina Grupenmacher – Para mim, o ISS é devido no local do protocolo.

Alberto Macedo – Ok. Mais alguma pergunta? Tem um Sr. ali. Uma pergunta?

Participante (não identificado) – Eu só quero pontuar. A observação que o Prof. José Eduardo fez quanto à simulação de estabelecimento é uma situação até corriqueira aqui, no Município de São Paulo. O Poder Judiciário – é um ponto crítico que eu estou levantando, da observação no dia a dia, do que acontece – muitas vezes tem pedido, por pressão das partes, uma perícia contábil para apurar se houve simulação. Só que na prática – e essas perícias contábeis se resumem à análise de livros – isso não tem valia nenhuma. Eu acredito que no próprio Conselho se tenha adotado outro critério, como análise de consumo de energia ou metragem do estabelecimento, e o Poder Judiciário, ao rever essas decisões, tem feito – e aí fica a minha crítica – algo de forma totalmente equivocada. Quanto à questão formal dos livros do estabelecimento simulado, a meu ver, aliás, o estabelecimento simulado é formalmente muito melhor, a situação dele é muito mais bem escriturada do que um estabelecimento de fato. Até porque aquilo é feito para demonstrar, no papel, que a situação funciona. Então, se tem tentado, cada vez mais, buscar em inspeções judiciais ou, mesmo, mandados de constatação, mas, infelizmente – e aí fica o ponto, porque foi aventada essa questão de simulação, e eu queria dar um toque prático nisso –, aqui no Município de São Paulo as Varas da Fazenda Pública, os juízes, não têm a compreensão do que vem a ser a simulação de estabelecimento. E, aí, eu queria saber se os Srs. concordam com esse critério de análise probatória que eu tenho sustentado.

José Eduardo Soares de Melo – O Alberto tem mais condição, ele deu o exemplo dos 140 estabelecimentos no local de 11m². Mas, certamente, pela sua experiência lá no Conselho, eu acho que você deve ter outros exemplos de perícia ou de prova, mais significativos.

Alberto Macedo – Se me permitir, eu concordo com o Colega. Na verdade, quando você quer caracterizar prova de estabelecimento prestador, não vai ser com livro contábil que você vai infirmar ou confirmar essas provas, não é? Então, o estabelecimento prestador, como o Código Civil fala e a doutrina antes falava – porque a definição do conceito vem de 2002, com o Código Civil de 2002, mas ela já existia, a doutrina, há dezenas de anos –, é o tal do complexo de bens organizados, como o Prof. Eduardo colocou. Então, o complexo de bens organizados caracteriza-se nos autos com a constatação dos bens organizados. E isso aí tem a ver com todo um conjunto de provas relativas à existência do estabelecimento. Como você colocou bem, conta de água, luz, telefone, até foto do local, não é? Em dezenas de julgamentos do Conselho a gente verificava se havia foto do local para ajudar a caracterizar a existência, ou não, do estabelecimento.

O art. 4º da Lei 13.701/2003 de São Paulo tenta ajudar nesse sentido. Ele meio que traz elementos indiciários, na lei, do que seria a tal unidade econômica ou profissional. Porque a novidade foi que a Lei Complementar 116 trouxe esse conceito de unidade econômica ou profissional no art. 4º, que não havia antes, não é? E nem precisava o art. 4º, porque você, ao interpretar o estabelecimento prestador, já verificaria a tal unidade econômica ou profissional. Mas o art. 4º trouxe isso, e a lei paulistana procurou trazer elementos indiciários previstos na lei, em lugar de elementos que, conjugados total ou parcialmente, caracterizariam essa tal unidade econômica ou profissional. Então, são elementos que ajudam o aplicador de Direito, seja ele julgador, seja ele contribuinte, seja ele juiz do Poder Judiciário, a verificar, nos autos do processo, se aqueles elementos indiciários estão postos de forma suficiente nos autos. E, aí, caracterizando juridicamente o tal do estabelecimento prestador. Então, eu concordo com você que livro contábil não vai dizer nada, nem mais nem menos, sobre se o estabelecimento existe, ou não. Assim como o contrato social – até contrato social formal não diz muita coisa. A gente tem que ir na prova do caso concreto, e aí é muito mais do que em contrato social, do que em livro, que se vai caracterizar, nos fatos, o estabelecimento prestador.

TRIBUTAÇÃO NA LEI 12.973/2014

Valdir de Oliveira Rocha – Agradeço o gentil convite do IDEPE-Instituto Geraldo Ataliba, na pessoa de sua Presidente, Profa. Maria Leonor. Esta Mesa, para mim, é uma Mesa que acho muito interessante, muito expressiva, tanto por conta dos palestrantes que aqui trazem suas análises e suas conclusões a respeito dos assuntos que aqui se colocam como também pela própria temática, que é uma temática ainda recente, muito rica, instigante e provocadora. A Profa. Mary Elbe é Pós-Doutorada pela Universidade Clássica de Lisboa, Doutora e Mestre pela Universidade Federal de Pernambuco/UFPE, Doutora pela PUC/SP, e tem, hoje, uma atividade importante como advogada. Mas ela também já atuou como Auditora da Receita Federal do Brasil. O Prof. Natanael Martins é um advogado vibrante, e eu o conheço de há muito, desde um antigo Congresso Brasileiro de Direito Tributário, onde ele trazia suas teses – ainda não era palestrante, mas trazia suas teses, e algumas das teses acabaram por nos aproximar. O Dr. Natanael Martins é mestre pela PUC/SP, além de advogado; teve muitos anos de atuação no antigo Conselho de Contribuintes, atualmente Conselho Administrativo de Recursos Fiscais/CARF.

A Dra. Karem, que também é uma pessoa muito atuante, tem sua atividade voltada para várias frentes. Ela é advogada, mas também é membro do CARF e da Câmara Superior de Recursos Fiscais. O Prof. Eurico, além de ser conhecido, como os demais, como autor de obras importantes no Direito, especialmente no direito tributário, é Mestre e Doutor pela PUC/SP e Juiz do Tribunal de Impostos e Taxas/TIT, Professor em diversos Cursos de Especialização, do IBET e da PUC/SP, Coordenador de Pesquisa na FGV-Law e autor de livros importantes, inclusive um autor daqueles que não se furta a uma boa polêmica. E isso é bom, porque dinamiza a compreensão do Direito.

Vou passar, de pronto, a palavra, então, à Profa. Mary Elbe Queiroz, que discorrerá sobre "Conceito de Renda e sua Tributação – Implicações da nova Contabilidade".

Conceito de Renda e sua Tributação – Implicações da Nova Contabilidade

Mary Elbe Queiroz – Boa tarde a todos! Obrigada ao caríssimo Dr. Valdir. Quero cumprimentar a querida Maria Leonor por mais este Congresso. Eu creio que o mais tradicional congresso do Brasil – o melhor é em Recife, mas o daqui é o mais tradicional. E cumprimentar a todos na Mesa, na pessoa do meu querido Prof. Eurico, que foi o meu Mestre no Doutorado na PUC/SP. Não sei se consegui aprender tudo o que ele me ensinou. Ele tentou ensinar, não é? Mas, aí, já é deficiência do aluno. E falar para vocês sobre a questão do conceito de renda e sua influência na base de cálculo dos tributos, especialmente depois da Lei 12.973. Mudou tudo. O que vocês sabiam, esqueçam, porque mudou. É tipo: você está com um cabelo longo, encaracolado, e de repente você corta e fica com o cabelo curto. E os homens botarem gel e fazerem uma figura diferente.

É com esse novo olhar que vocês vão ter que ver a convivência da Contabilidade com a legislação fiscal. Houve um divórcio. Um divórcio amigável, mas um total divórcio, entre as linguagens. Embora seja a mesma redação de texto, a gente vai ter que olhar com outro olhar, diferente. Então, lei fiscal, hoje, traz um tratamento – e a Contabilidade traz outro, visando exatamente a objetivos diferentes. A que visam a lei fiscal, a apuração da base de cálculo dos tributos e o pagamento dos tributos? E a Contabilidade, busca o quê? O público externo, os investidores, os acionistas. Então, a mesma regra tem que ser vista com esse novo olhar.

E aparentemente é tudo igual, mas não é. E, aí, como a gente vai interpretar e ler essa linguagem?

Bom, a partir da Lei 11.638/2007, no Brasil, houve uma total mudança da Contabilidade, o Brasil ingressou no *International Financial Reporting Standards*/IFRS exatamente para se adaptar às regras internacionais. De pronto, vocês se lembram, veio a Lei 11.941, criando o famoso Regime Tributário de Transição/RTT, que era um regime transitório de tributação, que durou até esse ano.

Lá estava prevista expressamente a neutralidade. Ou seja: as mudanças contábeis não influenciariam a base de cálculo dos tributos; por conta da mudança da regra contábil você nem pagaria mais, nem pagaria menos. Isso mudou. Hoje, com essas novas regras, você poderá ter imposto a mais a pagar – a pagar mais ou menos tributo. Daí por que você terá que ter uma observância mais cuidadosa com relação aos registros contábeis. A começar de que, para preservar uma neutralidade, terá que haver registros em subcontas distintas analíticas, no mais alto grau do registro contábil. Então, muito bem.

E, aí, vem a primeira mudança – que é importante, porque durante muito tempo a gente vem acompanhando no CARF. O ágio foi autuado com base nessas novas regras quando elas não se aplicariam mais. Por quê? Porque a partir da Lei 11.941, ela diz, expressamente, que o que está na Contabilidade nova, da Lei 11.638, não se aplica para a apuração de tributos. E isso, inclusive, está lá no parecer PGFN/CAT-202/2013. Então, a nova Contabilidade não se aplica para fins tributários nesse período. Aplicaria os critérios até 2007; da Contabilidade, de 2009 até 2014. E a partir de agora o que é da Contabilidade, que é utilizado pela legislação fiscal, está exatamente na Lei 12.973/2014 – que era a Medida Provisória 627. Então, divórcio total e linguagens que terão que ser vistas de modo diferente.

Atenção para o art. 58 da Lei 12.973, que diz exatamente aquilo que eu coloquei para vocês: a modificação dos critérios contábeis, por meio de atos administrativos emitidos etc., não se aplica. Ou seja: o que é contábil, o que está nas novas regras contábeis e os princípios que foram adotados pela lei fiscal estão na Lei 12.973. Qualquer outra mudança contábil ou em normas administrativas que for interferir na apuração da base de cálculo do tributo necessitará de uma outra lei prevendo isso. É o que está aqui, escrito. Se vai ser obedecido, aí é uma outra coisa.

Muito bem. Quais são os problemas diante dessa nova mudança? Porque, hoje, nós tivemos uma uniformização do conceito de receita. Então, o conceito de receita da Contabilidade entrou na legislação fiscal – já existia, mas agora ela vem acrescentando com outro que, já, já, eu coloco para vocês. Eu estava discutindo lá, com o Dr. Natanael, e é uma pena que a gente não tenha aqui um debate, senão ia dar uma discussão interessante aqui, entre nós dois, embora ao final a gente termine concordando.

Uniformização do conceito de receita bruta para base de cálculo de todos os tributos, IRPJ, CSL, PIS e COFINS. E isso, você diz, é a mesma coisa que já existia. Não. Isso é uma coisa séria. Porque, a partir do momento em que houve essa separação, receita contábil não poderá ser a mesma receita para fins tributários Se você analisar que é tudo receita e essa ampliação que aconteceu para o PIS e COFINS, você está alargando enormemente, principalmente a base de cálculo de PIS e COFINS, e você vai tributar como receita, também com relação ao Imposto sobre a Renda, coisas que não são receita. Já, já, eu explico.

Então, conceito de receita reflete na apuração da base de cálculo dos tributos federais, IRPJ, CSL, PIS e COFINS. Mas é a mesma receita contábil? Essa é a pergunta que fica para vocês, para, ao final, a gente tentar responder. Bom, a palavra "receita" é utilizada não só para fins fiscais, como também na questão contábil. E, daí, essa multiplicidade de usos é que poderá gerar confusão. Porque você vai ter que olhar exatamente: aqui é receita contábil, aqui é receita para fins de apuração da base de cálculo do tributo. Então, o vocábulo "receita" é utilizado tanto pelo direito tributário como pela ciência contábil. Só que terão que ser vistas por ótica diferente. Porque a Contabilidade vê de uma forma, e a lei fiscal vê de outra. E por que isso? Porque o objetivo da Contabilidade, como eu já coloquei anteriormente, é diferente do objetivo da lei fiscal. Ela é um instrumento de gestão da empresa; ela vê o passado e projeta o futuro; ela deve ser representada por uma linguagem própria. Por quê? Contabilmente, tudo é receita – qualquer ingresso, qualquer tipo de ingresso –, tudo tem que ser registrado, porque ela vai revelar o patrimônio real da empresa para os acionistas, para os sócios, para os investidores, para os clientes etc. Daí por que, o conceito de receita contábil não pode ser o mesmo de receita para fins fiscais. É exatamente isso.

Então, dentro dessa linguagem contábil existem receitas e despesas que se traduzem na movimentação positiva ou negativa. Só que na Contabilidade, ao mesmo tempo em que você coloca tudo como receita, ela também tem mecanismos de registro de despesas e custos que neutralizam isso na Contabilidade. E, aí, vem a questão: se receita contábil é a mesma receita fiscal e a receita fiscal não trouxer a mesma neutralidade ou permitir a exclusão, você terá, por exemplo – como o Dr. Natanael estava colocando muito bem –, uma desapropriação. É um valor, é uma receita. Vai ser registrado como uma receita contábil. E ela vai ser tributada para fins fiscais. Ora, se não estiver prevista expressamente a exclusão do lucro real, vai-se interpretar que essa receita vai ser tributada. Então, hoje, na apuração do lucro real, apesar de se partir do conceito de receita contábil, que é a partir da Contabilidade que você apura, você vai ter que ampliar as possibilidades de exclusão do lucro real. Se não você vai trazer uma receita contábil e não excluindo o lucro real, ela fica dentro da base de cálculo do tributo e não é receita para fins de tributação do Imposto sobre a Renda e da CSL. Na realidade, a Contabilidade vê o patrimônio global e mostra para os investidores e etc.

Por exemplo, provisões. A provisão é uma dedução contábil que o Imposto sobre a Renda não aceita. Daí por que, para fins do Imposto sobre a Renda, vamos ter ajustes. Só que o problema é que quando esses ajustes de exclusão não estiverem expressamente previstos – e a maioria não está –, provavelmente não serão aceitos. Só que, se você não alargar a interpretação das exclusões, considerando o conceito de receita fiscal, você poderá ter tributação de valores que não são receita. Embora a gente saiba que, para fins do Imposto sobre a Renda, é o lucro que é renda, que é acréscimo patrimonial. Mas para se chegar nesse lucro você vai ter que proceder a ajustes da receita contábil, para se chegar no que é receita tributária.

Aqui eu estou trazendo o Pronunciamento Técnico CPC-00, que traz a estrutura da Contabilidade e fala sobre receita, onde você vê exatamente que o conceito de receita para fins contábeis é amplo, abarca tudo. Daí por que a gente tem que distinguir agora, diante desse divórcio, o que é receita contábil e o que é receita para fins do Imposto sobre a Renda. Então, o conceito contábil de receita é muito abrangente, pois visa a retratar qualquer alteração do patrimônio; da mesma forma, a receita contábil pode ser neutralizada – aquilo que eu falei. Custos de despesas contábeis retratam gastos e dispêndios nem sempre aceitos pela legislação fiscal. É esse o cuidado no tratamento que se vai ter que se fazer. Ou seja: já que a tributação do Imposto sobre a Renda e da CSL é renda, é lucro, é acréscimo patrimonial, esse ajuste, para chegar no lucro, vai ter que ser feito em relação à interpretação de que tipo de receita é colocada contabilmente, se, para fins do Imposto sobre a Renda, ela se caracteriza efetivamente como receita.

Então, a receita é utilizada para apuração da base de cálculo dos tributos. Só que a receita contábil é diferente da receita tributária, que você vai utilizar para fins de apurar a base de cálculo do tributo. Daí por que – repito – vai ser necessária uma amplidão da possibilidade das exclusões que você faz do lucro líquido contábil, que partiu da receita contábil, para se chegar no lucro com relação à questão da apuração do Imposto sobre a Renda. E qual é a definição jurídica de *receita*? Receita é um ingresso, entrada. É o ingresso financeiro proveniente de operações praticadas no exercício da atividade empresarial, seja pela venda de mercadorias ou serviços ou pela cessão onerosa temporária de direitos.

E nos últimos tempos eu não tinha tido uma felicidade tão grande quanto tive com o RE 606.107, da Min. Rosa Weber. Essa é aquela típica decisão em que, depois de muito tempo, o STF realmente se posicionou, dizendo: temos que fazer uma interpretação constitucional. E, nesse caso aqui, foi uma felicidade tão grande, meu coração dançou xaxado, frevo e baião quando eu li isso aqui. Exatamente por quê? Porque ele retomou a interpretação constitucional do que é receita e do que é renda. E o que é que ele diz? "Receita: ingresso financeiro que se integra no patrimônio, na condição de elemento novo e positivo, sem reserva ou condição." Então, se ele diz isso, significa que o que não for ingresso novo e positivo, sem reserva e condições, não poderá ser receita, e terá que ser excluído do lucro líquido na apuração do lucro real. Muito bem. Nesse caso aqui, eu vou mostrar rapidamente, que já chegou o primeiro aviso. Bem que a Doutora [*truncado na gravação*] a Mary não respeita horário. Mas eu vou respeitar. Muito bem. O que é que você tinha antes? Tinha o Decreto-lei 1.598, que dizia: "A receita bruta das vendas e serviços [*atenção*] compreende o produto da venda de bens nas operações de conta própria e o preço dos de serviços prestados". Tinha a Lei 4.506, que falava em operação de conta alheia. Então, isso não é novo. O que é novo, para fins do Imposto sobre a Renda, como receita bruta? As receitas de atividade do objeto principal da pessoa jurídica não compreendidas. Então, analise o alargamento. E isso serve para PIS e COFINS. Ou seja: o produto da venda de bens, preço da prestação de serviços, resultados na operação de conta alheia e, aí, o que não estiver lá em cima, é tudo mais, é receita e está dentro também.

Então, a gente deve refletir se esse artigo poderia fazer isso, ou não. Poderia, desde que sejam permitidas as exclusões da base de cálculo. A materialidade da renda, acréscimo patrimonial, e a legislação fiscal prevê receitas contábeis que não repercutem na apuração do lucro real. Então, o que a gente tem que absorver bem é exatamente que há essa separação entre Contabilidade e legislação fiscal.

Voltando para aquele recurso extraordinário que decidiu a receita de crédito de ICMS – e, aí, é importante que a gente veja, o conceito de receita acolhido pelo art. 195 não pode ser equiparado ao contábil. Só para lá? Não. Receita é receita. A Constituição, quando quis dizer outra coisa, usou faturamento, lucro etc. Então, receita, a interpretação constitucional terá que ser uma. Receita bruta é igual a ingresso que se integra no patrimônio – é aquilo que a gente já leu. O Min. Marco Aurélio – e aí vem, novamente, o STF ratificando e assumindo a sua posição de interpretação constitucional, não meramente como um ratificador de arrecadação – coloca: "São expressões utilizadas no inciso I do art. 195, devem ser tomadas no sentido técnico consagrado pela doutrina e pela jurisprudência". Então, estamos vendo aí: o conceito de faturamento é igual ao de receita bruta – eu discordo aqui, um pouco, disso –, como riqueza própria decorrente da atividade.

Então, alguns questionamentos que a gente vai colocar. O que é a operação de conta alheia? Significa aquele valor – e, aí, vale para o IRPJ, CSL, PIS e COFINS –, aquela empresa que faz uma operação e fica com recursos de terceiros e recebe apenas a comissão; inclusive em vários casos têm ato interpretativo da Receita Federal dizendo que era para tributar só a comissão – isso vai prevalecer? Agora, não mais. Por quê? Quando ele diz operação de conta alheia e não faz nenhuma exclusão, a rigor, pela interpretação que está sendo dada até agora pela Receita Federal, seria receita. Eu acho isso absolutamente questionável. Mas, aí, é para outro dia, outra palestra, outro momento.

Como apurar o resultado nas operações de conta alheia? Agora está que é para considerar como receita bruta, integralmente.

Considerar operações por conta alheia e considerar toda a receita da atividade que não esteja nos incisos I, II e III, e tudo mais, é um alargamento absurdo da base de cálculo de PIS e COFINS. E, aí, a gente deve refletir se isso está dentro do conceito constitucional do PIS e da COFINS, que diz que é faturamento ou receita. Então, com relação ao PIS e COFINS há um grande questionamento, esse alargamento excessivo da base de cálculo, esse, sim, pode ser questionado, porque você vai incluir como receita coisas que não são receitas. Eu aqui até elenquei várias coisas que, com relação ao regime da não cumulatividade do PIS e do COFINS, jamais poderiam ser consideradas como receita. Embora, contabilmente, isso vá estar dentro da receita. Então, se se partir da receita bruta contábil para apurar PIS, COFINS e Imposto de Renda, mesmo o que não é receita vai ser receita. Por exemplo, ali a gente tem: subvenção para investimento, recebida do Poder Público. Esse, a lei, expressamente, está dizendo que é para excluir. Então, esse está tranquilo. Entra como receita contábil e tem a exclusão. Mas os demais, que entraram como receita – porque na Contabilidade tudo é receita – e não está prevista a exclusão, vão onerar o imposto dentro do lucro, como sendo lucro que partiu de uma receita que, a rigor, não é receita? Esse é o questionamento que eu coloco para vocês. Eu vou ler alguns trechos, rapidamente, do recurso extraordinário, que foi de uma felicidade tremenda. Ele diz: "A interpretação de uma lei maior voltada a desvelar o alcance das regras tipicamente constitucionais, com absoluta independência da atuação do legislador ordinário". Então, ele diz, Constituição é Constituição, legislador é legislador, vale a Constituição. Eu estava até na dúvida quando fui fazer essa palestra. Meu Deus, eu vou perguntar assim: a gente deve obedecer à Constituição? Mas, agora, eu creio que a gente deve obedecer à Constituição, realmente. Porque o STF disse que a gente vai interpretar a Constituição realmente, e não com um viés meramente de arrecadação.

Então, receita é ingresso novo e positivo sem reserva e condições. Não abrange mera recuperação do ônus econômico advindo do ICMS. Recuperação de custos, mera recomposição do patrimônio. Então, isso serve para quê? Se é a mesma receita, isso aqui também vai servir para dizer que vale como exclusão do lucro real. Receita é conceito constitucional, não sujeito a prévia edição de lei. Ou seja: o que está na Constituição, a materialidade é dada na Constituição, não na lei ordinária. Ressarcimento de imposto pago não é receita. E, aí, eu entendo que isso não se aplica só para PIS e COFINS. E vem ela, novamente, nesse recurso extraordinário, citando outro recurso extraordinário – ou seja: me parece que há uma tendência do Supremo de decidir, nesse caso –, são ingressos que a pessoa jurídica aufere e se incorporam ao seu patrimônio, e não se restringe ao faturamento. Receita recebida na realização do seu objeto ou atividade típica, mas abarcando receitas financeiras.

É interessante que ela citou o Procurador-Geral da República, o Ministério Público Federal, que disse uma coisa assim, brilhante: "Ao definir a base de cálculo das contribuições para o PIS e COFINS, a Constituição adotou conceitos técnicos contábeis. O que não autoriza o legislador federal a extrapolá-los dentro de sua competência tributária, com o fim de ampliar a conceituação de institutos constitucionais, para neles fazer inserir elementos destinados a lhe propiciar maior arrecadação". Adorei isso aqui.

"A Emenda Constitucional 20/1998 amplia a base de cálculo da incidência do PIS" – isso é o Procurador-Geral da República dizendo, e a Ministra, citando o procurador: "Ao ampliar a base de cálculo da incidência do PIS e COFINS para abranger a receita, não significou que deva tributar todo lançamento, independentemente da classificação contábil". Então, foi dado um norte, aqui. E aí o fecho de ouro. Aqui diz: "Com o art. 195, passou a ser possível instituir contribuição para financiamento da Seguridade Social, alternativamente sobre faturamento ou receita". Alternativamente, está lá, na Constituição: "ou". O que é que fez essa nova lei? Brilhante. Será considerado o faturamento, assim compreendido a receita bruta. Então, não foi alternativo, foi "alcançativo". Não é? Ou seja: faturamento – e, inclusive, fez uma imprecisão. Porque receita bruta é um gênero maior; e faturamento, menor.

Ali, as amigas, que me adoram, já estão dizendo assim: "Mary, você está certa, gostei". Está certo, então, confirmado pela plateia, vamos lá. Receita é maior do que faturamento. Mas o que é que ficou aqui? Ficou que o faturamento englobaria a receita. Mas o que diz a Constituição? Receita ou faturamento. Fica para vocês refletirem. Mas, prosseguindo – e isso é a Ministra dizendo, não sou eu –, "conceito mais largo, é verdade. Mas, nem por isso uma 'carta em branco' nas mãos do legislador ou do exegeta". Aí eu disse: brilhante. Tinha que ser uma mulher. Com todo respeito aos homens, adoro os homens. Mas a Ministra foi brilhante para dizer que isso não é "carta branca" para o legislador ordinário. Ele, quando legislar, vai ter que obedecer ao texto constitucional. E a pergunta que vocês vão me fazer: e ele obedeceu, com a Lei 12.973? Não. E agora? Agora, vamos esperar que o STF não mude, e permaneça exatamente nessa interpretação, que eu entendo que é a mais correta e que era a intenção e o objetivo do legislador constitucional.

Obrigada!

Valdir de Oliveira Rocha – Meu caro Prof. Natanael Martins, a palavra é sua.

Novas Obrigações Acessórias e a Dupla Escrituração: Contábil e Fiscal

Natanael Martins – Cumprimento a Mesa, em nome do nosso Presidente, Valdir de Oliveira Rocha. Digo desde já que, como, infelizmente, no contexto, pelo menos, não sou mulher, não teria aquela graça e vivacidade no que eu pretendo falar, embora procurando complementar o que a Mary Elbe veio a dizer.

Valdir de Oliveira Rocha – Mas você tem que fazer jus ao nosso gênero.

Natanael Martins – Tentarei. Mas não terá a mesma graça, com certeza. Na verdade, a Mary Elbe contextualizou muito bem. Com o advento da Lei 11.638 nós tivemos uma completa revolução na Contabilidade e no direito tributário. A começar porque a Lei 11.638, quando alterou a Lei 6.404, ela atribuiu uma competência delegada à CVM para editar normas. Editar leis, no contexto da Contabilidade. A Lei 11.941, quando veio instituir o RTT, deixou mais explícito ainda que essa competência delegada seria atribuída, inclusive, aos demais reguladores do mercado, que tinham e têm poder normatizador em matéria contábil. A exemplo do Banco Central do Brasil, a exemplo das agências reguladoras, a ANEEL, no contexto de cada uma delas, a ARTESP de São Paulo, enfim. Então, o que é que nós temos hoje – como bem colocado pela Mary Elbe? Dois distintos e completos campos de atuação: normas contábeis e normas de tributação. E não necessariamente, quando olharmos aquele fato jurídico – que é jurídico-contábil deles –, teremos um imediato fato jurídico de natureza tributária. Por quê? Porque, com o divórcio entre a nova Contabilidade e o direito tributário, veio o legislador, na Lei 12.973, e sacramentou essa distinta regra de separação.

O que é que eu quero dizer? Que, enquanto vigente o RTT, o que fez o legislador? Ele congelou, para efeitos de apuração das regras de tributação, a velha Contabilidade. Valiam para efeitos de apuração de receitas, custos e despesa, ou do lucro líquido – inclusive a receita, de que falava Mary Elbe –, as velhas regras contábeis impregnadas com as regras fiscais. E onde era feito esse ajuste? No RTT. Isso acabou. Isso é muito relevante. Então, indo adiante, o que fez a Lei 12.973? Ela primeiro deixou explícito que estava fazendo uma separação entre Contabilidade e regras de tributação. E isso nós vamos encontrar onde? Na "Exposição de Motivos" isso é muito claro. Mas especialmente no art. 58, que merece uma leitura. Porque ele tem uma interpretação, inclusive, *a contrario sensu*. O que é que está dito ali? Que "a modificação ou adoção de métodos e critérios contábeis por meio de atos administrativos emitidos com base em competência atribuída em lei comercial, que sejam posteriores à publicação desta Lei, não terá implicação na apuração dos tributos federais até que a lei tributária regule a matéria". O que é que o legislador disse, *a contrario sensu*? Toda normatização da Contabilidade vigente até o momento em que a Lei 12.973 foi publicada encontra-se incorporada, com os seus naturais efeitos tributários. As novas modificações que vierem – e virão –, estas, se impactarem as regras de tributação, precisam ser separadas.

Então, a Receita Federal terá o dever, a obrigação, de editar normas para neutralizar esse efeito, até que venha uma nova normatização por lei tributária. Nós vamos ter, sempre que houver uma nova regra de tributação, um RTT provisório. É o que está *a contrario sensu*. O art. 58 diz: primeiro, eu estou regulando tudo, até o momento da minha publicação. E mais: o que eu não estou regulando eu me comprometo a, no futuro, vir a regular. E, até que isto não venha a ocorrer, os naturais efeitos deverão ser neutralizados, e a Receita Federal do Brasil deverá, desde logo, providenciar isso.

Isso é muito claro. Nós temos, hoje, uma única Contabilidade. E onde é que eu vou, então, apurar as bases de tributação? No denominado *e-Lalur* ou, hoje, na tal de Escrituração Contábil Fiscal/ECF. Durante toda a discussão da medida provisória eu participei de alguns grupos de trabalho, e toda briga era no sentido de que não seria bom ter uma segunda Contabilidade. Vamos brigar para ter uma única Contabilidade. Isso, sistemicamente, vai criar problemas terríveis etc. Na verdade, o que aconteceu, Srs., é que nós vamos ter uma dupla Contabilidade, sim. Uma Contabilidade societária e outra Contabilidade fiscal. Quando Mary Elbe falou que nós vamos ter tantas subcontas contábeis quantas forem necessárias, para que o ECF ou o *e-Lalur* conversem com o SPED contábil, na verdade, é praticamente ter uma segunda Contabilidade girando. Porque alguns ajustes exigidos por essa nova Contabilidade vão impactar custos, que vão impactar o Custo dos Produtos Vendidos/CPV, que vão impactar o lucro e que precisam, depois, ser neutralizados. Então, ledo engano crer que não teremos uma segunda Contabilidade. Qualquer contador que esteja aqui presente, na hora em que ler a instrução normativa que criou as regras da ECF e que passou a normatizar sobre cada conta e subconta que ele vai exigir, evidentemente vai saber que isso praticamente significa uma segunda Contabilidade. Tanto que, Mary Elbe, conversando com o Prof. Eliseu Martins – que é Professor Emérito da FEA-USP –, ele me confidenciou que provavelmente essa ECF vai ser adiada para 2016, que determinados segmentos de atividades de grande porte não conseguiriam implementar sistemicamente essas modificações.

Por quê? Porque eu tenho que discriminar até o último nível o impacto que essas novas regras de tributação vão e estão acarretando na norma contábil. Disso eu concluo, sem sombra de dúvidas, que nós temos dois distintos planos na linguagem de aplicação. Então, hoje, ao operador do direito tributário não basta mais olhar só a Contabilidade. Ele tem que olhar aquela Contabilidade e ver a correlata norma de tributação. E vice-versa. Claro que muitos dos ajustes dessa nova Contabilidade naturalmente surtirão seus efeitos tributários imediatos. Mas outros tantos não. E sem contar que o legislador – eu falava com o Prof. Eurico, há pouco, sobre a discrepância entre a essência e a forma em Contabilidade e a questão da essência e da forma no Direito Tributário – já cuidou, no caso, de algumas matérias, para dizer: "Em matéria tributária, continua do mesmo jeito". Essa é a primeira – foi essa regra, inserta no art. 9º, onde ele disse: "Sabe aquela isenção dos lucros e dividendos do art. 10 da Lei 9.249? Ela continua. Ainda que a ação eventualmente seja classificada em conta do passivo. Ou que a remuneração seja classificada como despesa financeira". Por quê isso? Porque no predicado da essência sobre a forma em Contabilidade, dependendo das garantias que as ações venham a ter, a Contabilidade, obrigatoriamente, vai lançá-las como um passivo. Porque tal é a quantidade de garantias que, verdadeiramente, aquilo é um passivo para a sociedade, e não, propriamente, uma ação de capital. Mas o legislador, atento a que as ações resgatáveis podem ter certas garantias, optou por dizer: "Mesmo neste caso, em que a essência da Contabilidade vai transmutar o que é um capital em um passivo, para efeitos tributários, o que você vai estar remunerando são lucros ou dividendos". E, aí, veio também a Contabilidade e trouxe uma série de ajustes. Ajuste ao valor presente, avaliação a valor justo, ganho de capital na subscrição, dentre outros. E o que fez o legislador tributário? Aí, rendendo homenagens ao conceito de renda, de que a Mary Elbe falou bem rapidamente, mas, ao meu ver, que tem que ter um atributo natural. A renda, para ser tributável, tem que estar realizada. É aquilo que se fala, embora não explícito na Constituição, o princípio da realização da renda. O que cuidou o legislador tributário, a meu ver, muito bem? Que onde a renda não estiver realizada ele cria uma correlata norma de tributação. É o caso dos ajustes ao valor presente. A nova Contabilidade exige que certos ativos e passivos de longo prazo devam ser ajustados ao valor presente. Então, nesse caso, disse o legislador tributário: "Mas isso não representa renda realizada. Nem tampouco custo ou despesa já concretizada. Portanto, vamos diferir, para se e quando a renda ou o correlato custo-despesa efetivamente se realizar" Assim também na avaliação a valor justo. O legislador agora obriga, sempre, em primazia da essência sobre a forma, que os bens tenham uma avaliação a valor justo. Disse o legislador: "Pois bem, para efeitos tributários, vamos tributar o ganho ou eventual menos-valia se e quando ela efetivamente se concretizar".

Aí, vem o legislador tributário, Mary Elbe, o legislador da Receita Federal do Brasil – uma das coisas que a nova Contabilidade fez foi acabar com a conta do ativo diferido. E o legislador meio que recriou essa conta do ativo diferido, pelo menos para as despesas pré-operacionais ou pré-industriais, para efeitos fiscais, ainda que tenha sido lançado como despesa, se a despesa tiver a natureza de pré-operacional ou pré-industrial eu tenho que fazer um ajuste lá na ECF. E com a sua subconta efetiva.

O legislador, a meu ver, embora tendo-se distinta a reavaliação de bens, disse: "Não, mas, se for o ganho auferido na subscrição de ações, porque eu avaliei o bem a mercado, por necessidades óbvias, eu vou diferir essa tributação. Para se e quando o bem se realizar". E o legislador continuou vindo nessa toada. Mas – eu não sei quanto eu tenho de tempo ainda – um outro grande ajuste que nós vamos ter que ter na Contabilidade é o teste de recuperabilidade ou *impairment*. Hoje, o contador, o auditor, devem olhar os ativos sob o prisma de verificar se eles são capazes da geração de fluxo econômico, fluxo futuro de caixa. Se não o forem, devem fazer o teste de recuperabilidade. E, eventualmente, até baixando completamente aquele bem. Um exemplo? Eu posso ter alguns quilômetros, alguns hectares, de alguma propriedade qualquer, que está no meu ativo, eu pretendia fazer lá uma expansão da minha indústria. O governo vem e cria, lá, uma área de reserva de Mata Atlântica etc. Uma reserva qualquer. Sob o prisma da nova Contabilidade, aquilo deixou de ser ativo. Ele não é mais, ele não tem mais capacidade para geração futura de caixa. Esse é um prisma do Direito, e eu continuo proprietário, ainda, da coisa. Mas eu tenho que fazer o *impairment*. Aí, vem o legislador tributário e diz que, como o *impairment* ainda não é uma despesa efetiva, porque o ativo, juridicamente, ainda é seu, para efeitos fiscais, ele não será dedutível. Na depreciação de ativos também eu tenho um divórcio entre Contabilidade e Direito, hoje. Na Contabilidade eu vou fazer a depreciação econômica. Na ECF ou no *e-Lalur*, eu posso fazer – ou devo – a depreciação fiscal. Criando sempre, também, um divórcio. E, por fim – o nosso tempo é curto –, uma matéria que vai ser uma grande novidade para nós, dado o aumento do campo. Nós não tínhamos propriamente aqui, na Contabilidade, senão agora, com a advento da nova Contabilidade, o *intangível*. Tínhamos certos intangíveis. Mas agora, essa nova Contabilidade me obriga, sobretudo na combinação de negócios, ao reconhecimento de uma série de intangíveis. E veio o legislador tributar – ao meu ver, muito bem –, e disse que a amortização dos direitos classificados no ativo não circulante intangível é considerada dedutível na determinação do lucro real. Agora, o legislador não disse a que taxa. E nem o que é ativo circulante intangível.

Então, eu vou buscar isso na Contabilidade. Lembre-se, o art. 48. Se ela fez referência e adotou e não especificou, eu busco a norma na norma contábil. Então, é lá que eu vou verificar se aquilo é um ativo intangível ou não; se ele é classificado como ativo intangível ou não, e se ele é amortizável ou não. E, ainda que não amortizável – há ativos intangíveis que não podem ser amortizados porque, para serem amortizados, eles têm que ter uma vida útil definida. O próprio CPC que trata do ativo intangível diz que não significa que ele tenha durabilidade infinita. Então, se e quando ele deixar de existir, aí, então, pela regra do art. 31 do Decreto-lei 598, na nova redação, eu vou poder baixá-lo. Eu cito um exemplo, o *Orkut*. Era um ativo intangível, até outro dia. Seu dono acabou de decretar a morte dele. Se alguém aqui tiver um *Orkut* da vida aqui no Brasil, está lá registrado como intangível e dele não deduziu e acabou, naturalmente que ele pode baixar isso, porque liquidou esse ativo. Eu tenho uma marca qualquer, que eu não poderia amortizar, porque ela não tinha uma vida útil definida. Aquela marca pereceu, feneceu. Não tem mais aplicabilidade, mais mercado para ela. Eu posso liquidar? Posso. O ônus da prova é meu, mas eu posso.

Apenas concluindo, então: o que fez a Lei 12.973? Ela estabeleceu diferenças permanentes entre as regras contábeis e as regras fiscais. Como? Quando eu vejo uma regra contábil, e tem uma correlata norma de tributação. Estas, que eu citei rapidamente a vocês. E neste caso, então, eu tenho dois distintos corpos de linguagem. Ela, indiretamente, aceitou, em termos de tributação, as alterações promovidas pelas novas regras contábeis, quando não lhes tinha dado um tratamento específico. Quando ela disse, por exemplo: "Sabe os bens classificados como intangíveis? Eles são amortizáveis". Ora, onde é que eu vou encontrar essa regra? Na Contabilidade. Mas vejam que há regra de tributação a ela fazendo referência. Prescreveu, em nome, a meu ver, de conteúdo programático, que as novas regras contábeis que vierem após a publicação não terão efeitos tributários. Se e enquanto não vier uma nova e correlata norma de tributação. É o art. 58, lido *a contrario sensu*. E *a contrario sensu*, não: diretamente. *A contrario sensu*, eu tenho que ler que todas as demais regras contábeis prescritas nas normas editadas pela CVM, que estavam em vigor quando da Lei 12.973, todas essas regras contábeis terão seus naturais efeitos contábeis e tributários. Aliás, Srs., só para ir encerrando mesmo, eu tive a curiosidade: só de CPCs – começa no CPC-0, estrutura conceitual da Contabilidade, e termina no CPC-46, mensuração do valor justo. Mas tem o CPC sem número, que é o PME, que é da Contabilidade para pequenas e médias empresas. Então, nós vamos ter alguns CPCs importantíssimos. O CPC-00, o CPC-01, redução do valor recuperável de ativo; o CPC-04, ativo intangível. O CPC-12, ajuste ao valor presente. O CPC-30, o CPC que vem tratar de receitas também, além da estrutura conceitual. Enfim e, além dos CPCs, nós temos também, já, as interpretações dadas para os CPCs. E as orientações dadas em razão dos CPCs. Então, nós temos um normativo contábil, hoje, imenso, que temos que conhecer. Porque sem a leitura deles eu não consigo compreender, com a abrangência que devemos, as modificações feitas pela Lei 12.973. A instrução normativa que a Receita Federal soltou até agora limitou-se a criar os padrões das subcontas contábeis, para orientar a formatação dos sistemas para efeito do preenchimento da tal ECF.

Então, em bastante e apertada síntese, Srs., e sem a graça e a leveza de minha amiga Mary Elbe, eu me despeço de vocês. Obrigado!

Valdir de Oliveira Rocha – Muito obrigado, Dr. Natanael! Muito claro, como sempre, muito firme. Passo a palavra para a Dra. Karem Jureidini.

Tributação de Resultados de Coligadas e Controladas no Exterior

Karem Jureidini Dias – Boa tarde a todos! Eu gostaria de agradecer ao convite da Dra. Maria Leonor. É sempre uma honra estar aqui no IDEPE. Cumprimento a Mesa, na pessoa do Dr. Valdir, e todos os meus amigos, grandes amigos, que estão aqui na Mesa hoje. E cumprimento todos os Srs.

O meu tema é "Tributação de Resultados de Coligadas e Controladas no Exterior". Eu tentei fazer um comparativo das três decisões do STF com a nova legislação. E trouxe também algumas decisões do CARF. Uma bem recente, até eu vi que o Natanael também estava lá. Não sei. Você assistiu?

Natanael Martins – Em parte.

Karem Jureidini Dias – Em parte. É uma bem recente, de ontem também, que já aplicou a última decisão do STJ. Bom, para a gente entender, eu acho que vale a pena, rapidamente, passar ao histórico. E eu vou procurar trazer algumas discussões que o Conselho adotou ao longo das alterações legislativas.

Nós tivemos a introdução da tributação em bases mundiais, ou seja, a tributação dos rendimentos, lucros e ganhos auferidos no Exterior a partir de 1996, com a vigência da Lei 9.249/1995. Com isso, a gente tem uma primeira discussão. Eu já peguei vários casos assim, e isso é muito importante. Quando você olha o cálculo do lucro que está sendo oferecido à tributação por uma pessoa jurídica e, agora, como se decidiu que, em algumas situações, não vigora o disposto na Medida Provisória 2.158 – e mesmo naquelas em que vigora ela não tem efeito retroativo –, eu diria que até 2011 a gente só tributava o que realmente poderia ser disponibilizado. Então, eu pergunto aos Srs.: é disponibilizável o lucro auferido sem a consideração dos prejuízos anteriores?

Alguém imagina a possibilidade de uma empresa pagar dividendo a um sócio se ela tiver prejuízo acumulado e não computá-lo? Ela pode fazer isso? Claro que não. Esse lucro não existe.

Portanto, ainda que a tributação em bases mundiais só tenha vindo a partir de 1996, tudo o que eu auferi de lucro até 1996 eu não vou tributar. Só que o prejuízo, se eu trouxer prejuízo acumulado de período anterior a 1996, eu devo computá-lo na base do lucro a ser distribuído? Entendo que devo. Se eu vou disponibilizar hoje, eu só vou disponibilizar o que tiver após a absorção do prejuízo. Então, eu não trago os lucros. Os prejuízos, eles vão acompanhando, porque eles atuam na formação do lucro passível de disponibilização.

Muito bem. Quem regulamentou a Lei 9.249 foi a Instrução Normativa 38. Ela falou: "Isso aqui não é constitucional – essa coisa de tributar em 31 de dezembro". Na época, o Secretário Everardo falou: "Eu só vou tributar no momento da efetiva disponibilização do lucro". E, aí, criou a instrução normativa, e, como ela teria diferido o momento da tributação, legalizado o momento que a lei previu, ela criou hipóteses presuntivas, do tipo emprego do valor. É uma hipótese presuntiva de distribuição de lucro, de realização desse lucro. Essas hipóteses presuntivas não podem ser contestadas, porque na instrução normativa ela estava de acordo com [*truncado na gravação*] a lei dava um momento anterior. Como a instrução normativa diferia, não se contestava, teoricamente, essas hipóteses presuntivas. Só que veio a Lei 9.532 e falou: "Não, não. A instrução normativa está certa, deixa eu legalizar. Só se pode tributar no momento em que o lucro é efetivamente disponibilizado". Só que, daí, ela mantém algumas hipóteses, algumas presunções legais de disponibilização desse lucro. Eu creio que essas hipóteses de disponibilização do lucro não são inconstitucionais. O que é ilegal é a interpretação fiscal dessas disposições legais, do tipo emprego do valor. Qualquer coisa vira emprego do valor – o que não é verdade, a gente vai ver.

Aí, depois, veio a tributação da CSLL. Antes só se tributava em bases universais pelo Imposto sobre a Renda. Não se tributava pela CSLL. Só a partir da medida provisória de 1999 é que se passou a tributar pela CSLL. Meus amigos, há dois meses, na sessão de Câmara baixa da qual eu faço parte, foi mantida uma tributação de lucro auferido no Exterior, por voto de qualidade, de CSLL de período anterior a 1999, dizendo que a medida provisória é interpretativa. Desde quando eu criei uma tributação por uma medida provisória, ela virou interpretativa, porque tudo o que se aplica ao IRPJ se aplicaria, *ipso facto*, à contribuição social. Claro que não. Bom, mas essa matéria está totalmente decidida na Câmara Superior de Recursos Fiscais, não é nada que deva preocupar.

Aí veio – são aquelas decisões fora da curva – a Lei Complementar 104/2001, que dispôs que o legislador pode atribuir o momento em que vai se caracterizar a disponibilidade. Para quê? Para legitimar a medida provisória que foi julgada pelo STF, que falou: "Você vai considerar disponibilizado o lucro em 31 de dezembro de cada ano-calendário". Quando o STF analisou esse artigo, o § 2º do art. 43 do CTN, que foi introduzido pela Lei Complementar 104, ele disse: "Ele não é inconstitucional". Por quê? Porque o § 2º, quando diz que o legislador pode prever o momento da disponibilidade, isso tem que ser feito conforme o ordenamento jurídico. É claro que o legislador não pode prever um momento em que a disponibilidade não existe. Porque, se assim ele fizer, vai estar contrariando o próprio *caput* do art. 43. Ok, então vamos dar uma interpretação conforme. Aí, então, veio a Medida Provisória 2.158, a instrução normativa que a regulamenta, e, se a gente ler toda a instrução normativa, qual é o fundamento da instrução normativa para dizer que o lucro que você está tributando em 31 de dezembro é lucro da empresa brasileira?

É o Método de Equivalência Patrimonial/ MEP. Ela diz: "No momento em que, pelo MEP, você reconhece o valor do seu investimento lá, isso se integra ao seu patrimônio. Tribute o MEP". Todo momento a instrução normativa diz: "Tribute o MEP". É isso o que ela fala, ao final. E veio, então, a nova legislação, que é a que a gente vai comparar agora, com base na decisão do STF. Eu só não sei a que horas eu comecei.

Valdir de Oliveira Rocha – Você começou as 17:30h.

Karem Jureidini Dias – Com base na decisão do STF, ela veio tentar dar um tratamento conforme a decisão do Supremo, já que parte da Medida Provisória 2.158 foi considerada inconstitucional.

Vamos falar direto da decisão do STF – o meu tempo, aqui, agora, está curto. A gente tem quatro posicionamentos. E, aí, eu vou contar com os Srs. para ver que a decisão do recurso extraordinário, que não tem repercussão geral, não faz o menor sentido. Então, na ação direta de inconstitucionalidade a gente tem uma primeira posição, que é inconstitucionalidade incondicional. Que é dos Mins. Marco Aurélio, Sepúlveda Pertence, Lewandowski e Celso de Mello. O que é que dizem eles? Que 31 de dezembro do ano-calendário não significa distribuição desse lucro. Não é ato de pagamento de lucro. Precisa de assembleia. Mesmo tendo assembleia, não necessariamente a assembleia vai determinar a distribuição desse lucro, porque pode determinar que ele fique em reserva. Pode ser necessário que ele fique em reserva. Lewandowski complementa, dizendo: "Tem um conceito constitucional de renda que deve ser observado, que está na Constituição". Celso de Mello lembra: "Precisa observar a anterioridade e a retroatividade" – que ninguém está lembrando, e o contribuinte alegou também. A CNI alegou também.

Muito bem. Quem votou no sentido diametralmente oposto, constitucionalidade incondicional – Nelson Jobim, Eros Grau, Cézar Peluso, Ayres Britto, os quatro –, foi sob que fundamento? Método de Equivalência Patrimonial/MEP. O que eles dizem? Para a pessoa física, para aqueles que estavam na vigência da Lei 9.532, você tinha regime de caixa. Eu creio que há uma confusão, aí, de incidência com regime de caixa e competência. Mas materialidade possível de incidência com regime de caixa e competência. Talvez o Natanael precise liberar um livrinho bom dele, o último de Doutorado, que coloque os conceitos contábeis no Direito, e isso tem que se resolver. Porque, para mim, a discussão, aqui, é de materialidade de incidência. Mas ali ele falou: "É um regime de caixa". Então, quando era regime de caixa, importava o fluxo financeiro. Agora, que é regime de competência, o fluxo financeiro não importa. O controle também não importa. Basta reconhecer pelo MEP que, pelo regime de competência, já integrou seu patrimônio.

Posição três – isolada –, que é a inconstitucionalidade condicional, que é da Min. Ellen Gracie, que diz: "Eu não posso obrigar quem é coligado a distribuir lucro, porque ele não consegue. Mas quem tem a maioria, quem tem a possibilidade de determinada distribuição de lucro, eu posso". Então, para as controladas a determinação é constitucional. Para as coligadas não é. E a última posição – e, aí, eu vou render uma homenagem ao Min. Joaquim Barbosa, eu não acho que ele legislou. Eu creio, de fato, que ele fez uma interpretação conforme o ordenamento jurídico. Até porque eu creio que é, de todos os Ministros, o que tinha experiência internacional importante na área. Quem assistiu ao julgamento – eu assisti todinho, assisti pela Internet, mas assisti todinho, porque eu estava na sessão do CARF nesse dia, mas eu assisti todinho o julgamento – percebe claramente que fizeram confusão de compensação de imposto com tratado; fizeram confusão de legislação do Conselho Federal de Contabilidade; de conceitos de bens e/ou [*truncado na gravação*] com conceitos de controle de empresas. E o Joaquim Barbosa não tinha essa confusão na cabeça, muito provavelmente pela sua experiência internacional. E ele falou: "Vamos dar uma interpretação conforme? Eu só posso determinar essa tributação antecipada por uma ficção efetiva jurídica. Isso só é admitido, mundialmente, em situação de legislação do CFC. Portanto, como aqui a legislação se aplica a tudo, eu vou restringir a constitucionalidade dessa lei apenas em situações em que, efetivamente, se configurarem abusivas de direito de uso de competência".

Vejam bem, eu queria colocar uma questão muito clara, até foi a minha tese de Doutorado. Eu, absolutamente, rechaço veementemente qualquer tese de abuso de direito para se criar incidência tributária. Tenho trabalhado no CARF para que nossos votos jamais saiam sob a ótica de propósito negocial e abuso de direito, pela insegurança que eu sei que isso causa no dia a dia dos julgamentos. Jamais admitiria abuso de direito nessas situações. Mas de abuso de tratado não se pode negar a aplicação. O Brasil é soberano para firmar acordo internacional. Ele firma acordo internacional, ele interna essa norma por referendo do Congresso. A partir deste momento, ele deve se curvar à forma de interpretação dessas convenções internacionais. Isso já era tratado por Kelsen, por Bobbio, como sanção internacional; se você não segue os usos e costumes dos Estados na interpretação das convenções das quais você fez parte. E abuso de direito, nesse caso, não tem nada a ver com criar incidência tributária. Ele tem relação com competência tributária. De quem é a competência para tributar? É deste Estado, Brasil? Ou é daquele Estado onde está uma empresa? Ou é daquele outro Estado onde está uma controlada indireta? De quem é a competência para tributar? Não é questão de criar incidência onde não existe. É uma questão simplesmente de delimitar a competência de ente tributante. Muito bem. É isso o que faz o Min. Joaquim Barbosa. Ele diz: "Se tiver em local de subtributação, de regime fiscal privilegiado" – e, aí, chegaram a perguntar para ele: onde está isso, na lei? E ele leu o art. 24, "a", que tinha previsão legal do subtributação, do que era regime fiscal privilegiado. E ele falou: "Se estiver nesses locais, ok, a norma é constitucional. Se não estiver, não se pode antecipar o reconhecimento dessa tributação dos lucros". Disse mais o Min. Joaquim Barbosa: "Criar facilidade de fiscalização – porque essas operações, de fato, são complexas na fiscalização – não autoriza a criação de ficções jurídicas". Ainda complementa: "Método de Equivalência Patrimonial é mera técnica contábil de reconhecimento do seu investimento. É expectativa de auferir algum acréscimo patrimonial. Não é acréscimo patrimonial auferido. E nem certamente auferível". Até porque, dentro do Método de Equivalência Patrimonial, vamos lembrar? Hoje, não tem mais variação cambial. Mas tinha. Que nem pode ser tributada. Eu não tenho compensação de imposto pago. Eu não tenho nada disso dentro do Método de Equivalência Patrimonial. Como é que eu posso entender isso como acréscimo patrimonial ou lucro próprio?

Muito bem. Ao final, conclusão dessa ação. Só vamos voltar aqui e dizer: eu tenho quatro votos dizendo que é totalmente incondicional; quatro votos dizendo que é totalmente condicional. Quem desempatou? O voto da Min. Ellen Gracie, para o lado das controladas, e o voto do Min. Joaquim Barbosa – que não tem nada a ver com controlada, que é para a questão de legislação CFC. Muito bem. Como é que isso termina? Isso termina numa situação em que nós temos uma inconstitucionalidade completa, por unanimidade, para todo o lucro auferido antes de 2002, ou seja, até 2001. Por quê? Porque eles entenderam que, como era regime de caixa, mesmo para quem votou pela constitucionalidade da lei, não podia retroagir. Então, para esses, é absolutamente inconstitucional. Como essa é uma ação direta de inconstitucionalidade, ela é mais do que repercussão geral, ela vincula toda a Administração. O próprio delegado, o próprio fiscal, deve observar. E, obviamente, o CARF também. Então, nas decisões do CARF, obviamente, todos os autos de infração que abordam lucros auferidos antes de 2002 estão sendo cancelados imediatamente. Entendo que nem recurso especial cabe dar a essa matéria, por razões óbvias. Aí foi julgado, na sequência, a COAMO. E depois foi julgado a EMBRACO. Como tenho pouco tempo, já vou direto para o quadro dos três julgamentos.

Na ação direta de inconstitucionalidade, como a gente falou, ele julgou inconstitucional para a coligada, porque a Ellen Gracie não dava coligada fora de "paraíso fiscal". Porque o Joaquim Barbosa não dava. Então, ficou seis a quatro. E julgou constitucional para a controlada – porque a Ellen Gracie dava a controlada – em "paraíso fiscal", porque o Joaquim Barbosa dava em "paraíso fiscal", dizendo que era constitucional. Também ficou seis a quatro para isso. Não se conseguiu definir mais do que isso na ação direta de inconstitucionalidade.

No caso da COAMO, que foi com repercussão geral, diz: É constitucional para controlada em "paraíso fiscal". Exatamente igual à ação direta de inconstitucionalidade. Tudo bem. E aí a gente tem o da EMBRACO – os dois primeiros estão formalizados – que não tem repercussão geral, em que se disse que era constitucional para a controlada fora de "paraíso fiscal". Ninguém sabe até hoje qual foi a razão desse voto e como é que ele vai ser formalizado. Por uma questão óbvia, quem estava fazendo esse voto contrário ao do Joaquim Barbosa, dizendo que deveria ser tributado – o Min. Teori –, o voto dele, inteirinho, é em cima do Método de Equivalência Patrimonial. No curso do julgamento eles abandonaram a questão do MEP. Todos concordaram que não podia ser tributado pelo MEP. E daí, então, não sei como vai ser formalizado. Qual vai ser o motivo pelo qual os outros Ministros – e a gente vê, na formalização da COAMO, a discussão deles, e vê que eles não conseguem resolver isso. Bom, e daí, então, a gente não tem a decisão do STF nem para a coligada em "paraíso fiscal" e nem para tratado internacional.

O que é que acontece com a legislação? A legislação observou a decisão do STF quando ela traz que para a coligada eu só vou tributar quando realmente disponibilizado o lucro. O que é que ela não observa? Eu estou falando, agora, da nova legislação, e eu me atrasei inteira. Para a coligada, ela observa a decisão do Supremo, que diz: "Só vai tributar quando efetivamente disponibilizado". O que é que ela, talvez, não observe? E eu digo "talvez" porque a gente não sabe, o STF ainda não decidiu isso. Ela equipara várias coligadas a controladas.

São essas situações que eu trago aqui, de controle comum, de parentesco comum, de ter sócios em comum. E, aí, essa equiparação, obviamente, traz um problema. E a coligada fora de "paraíso fiscal"? Porque se a coligada estiver em "paraíso fiscal", regime fiscal privilegiado ou em situação favorecida, ela também vai ter o mesmo tratamento das controladas.

Qual a diferença, então, hoje, na legislação? As coligadas, só tributo quando efetivamente disponibilizado. E compenso com o quê? Compenso com o Imposto de Renda na Fonte. Por quê? Porque, se eu estou tributando o que realmente é dividendo, então, eu só vou compensar com imposto que é devido sobre dividendo, que é o Imposto de Renda na Fonte. E nas controladas? Nas controladas – dentro e fora de "paraíso fiscal", tanto faz –, quais são as questões? Manteve a compensação integral do imposto pago no Exterior, que já existia, que não tem nada a ver com o tratado internacional. Mas manteve a questão de tributar antecipadamente, porque foi o que foi decidido no caso da EMBRACO, mesmo fora de "paraíso fiscal", e não sabemos o que isso significa. Mas trouxe ela mais próxima à tributação do que é distribuível, do que é disponibilizável. Consolido tudo.

Conversando com as auditorias, informaram-me que na maior parte das empresas é até melhor isso do que qualquer discussão, agora, de inconstitucionalidade. Por quê? Se você tem vários investimentos no Exterior, você pode consolidar tanto todos os tributos pagos no Exterior como todos os prejuízos de todas as empresas que você tem no Exterior, aqui. E também diferiu o pagamento. Apesar de o fato gerador ser 31 de dezembro de cada ano-calendário, eu tenho oito anos para pagar. No primeiro ano eu tenho um montante mínimo para pagar de 12,5%. Esse saldo remanescente eu vou pagando, à medida que eu disponibilizar. Demorei mais de oito anos para disponibilizar, desculpe – a legislação não vai considerar tudo disponibilizado até o oitavo ano. Quais são as questões para eu aproveitar tanto a consolidação quanto o diferimento de pagamento? Regra CFC. Está muito mais próxima. Essa legislação está muito boa. Não está excelente, mas eu digo que está muito boa. Está muito mais próxima do que deve ser. Ela está muito mais próxima de uma legislação CFC.

Acabei, não é? Estou acabando.

"Você pode consolidar, você pode diferir seu pagamento, sempre que você não estiver em 'paraíso fiscal', em regime fiscal privilegiado, e você tiver renda ativa". Que é uma coisa muito importante para efeito do BEPS. Renda ativa é a renda própria daquela pessoa jurídica que tem estabelecimento no Exterior. Renda própria. Que não é o dividendo, só. O dividendo não é considerado renda ativa. Então, a *Shell Co.* acabou. Então, é a renda própria. Se você tiver 80% de renda ativa, está tudo bem. Você pode aproveitar todos esses benefícios.

Não posso falar mais nada, porque o meu tempo esgotou. Eu só vou falar que a outra alteração importante foi que eu, antes, tinha a possibilidade de ter uma empresa num local de tratado internacional e outras embaixo. E eu represava o reconhecimento desse lucro na empresa de tratado internacional. Essa possibilidade acabou, com a nova legislação. Eu devo reconhecer cada uma diretamente na empresa brasileira. Mas continua a discussão dos tratados internacionais. Se a gente aplica o art. 7º ou o art. 10; se a gente aplica a isenção de lucro ou se a gente aplica o *tax credit* para pagamento de dividendos – que é o art. 10. Essa posição estava perdendo veementemente no Conselho. A gente tinha uma decisão favorável – que era da *Eagle* – e estava perdendo veementemente. E na decisão que a gente viu ontem ela ganhou, já aplicando a decisão do STJ.

A decisão do STJ – eu vou disponibilizar para os Srs. – fala do art. 27 da Convenção de Viena, dizendo: "Você não pode esvaziar o conteúdo do tratado internacional por norma interna de ficção jurídica". Fala do art. 98 do CTN, que o tratado prevalece. E diz: "Se não tiver abuso do tratado – e acusação forte e provada de abuso do tratado –, então, prevalece o tratado internacional". O que se tributa é lucro, e não dividendo. A ficção não pode valer em face do tratado. O que se tributa é lucro. Então, aplica o lucro e dá a isenção que o tratado dá. É isso o que definiu o STJ. Aplicando a decisão do STJ, a decisão do CARF em um caso – acho que foi da PETROBRÁS – deu exatamente isso. E deu, também, a coligada – por uma questão do STF, que não deixou tributar as coligadas. A única questão que ela não deu foi a CSLL, que é a discussão permanente que se tem, se os tratados internacionais preveem a isenção do Imposto de Renda da Pessoa Jurídica. Nenhum previa a CSLL, porque muitos foram assinados antes de a CSLL incidir sobre o lucro no Exterior. Eles entendiam que não se aplicava. Eu entendo que se aplica, porque o art. 2º da Convenção diz que tudo que vier depois que seja sobre a mesma base também se aplica.

São essas as considerações. Muito obrigada!

Valdir de Oliveira Rocha – Que pena que seu tempo acabou... Parabéns pela excelente palestra! Aliás, três excelentes palestras.

Recentes Alterações Legislativas e Reforma Tributária

Eurico Marcos Diniz de Santi – Boa noite a todos! Eu queria também agradecer à Leonor e fazer uma homenagem ao Geraldo Ataliba, como sempre. E dizer que eu quero fazer uma conexão com a fala de hoje, para amanhã, do Prof. Paulo de Barros Carvalho. O desafio dele de pensar uma relação jurídica na perspectiva da segurança jurídica e da certeza do Direito. Com esse panorama, com essa perspectiva da reforma tributária, eu vou ter um desafio, aqui, que é estar descrevendo, ao mesmo tempo, uma experiência internacional, que reflete o que aconteceu nos últimos 50 anos de reforma tributária. É um texto produzido pelo Richard Byrd, da Universidade de Toronto, em que ele trabalha três modelos de tributação, que ele chama Modelos 1.0, 2.0 e 3.0. E dando dicas para os Países em desenvolvimento. E, depois, vou entrelaçar quatro fotografias – que eu trabalhei com um artista, com um fotógrafo que é um artista plástico –, para tentar representar a tributação no Brasil. E a melhor parte da minha fala são as fotografias. E o conteúdo de fundo, que eu pretendo tentar expressar para vocês, é o desafio que o Direito tem e o nosso desafio de repensar o Direito – um Direito que foi construído desde os jurisconsultos romanos –, para pensar para trás. E que na nossa reflexão, dentro desse objeto, não é possível racionalidade. E um desafio de pensar a reforma tributária trazendo esse debate para os juristas e deslocando a Economia e que é a forma que eu tenho de enxergar esse problema. Só posso conseguir resolver esse problema se projetar para a frente o desafio do Direito, e construir o Direito para a frente, para o futuro, não mais para o passado.

Começando a minha fala, rapidamente aqui, o modelo básico da tributação, segundo os especialistas internacionais, o BIRD em especial, as grandes novidades nos 50 últimos anos de tributação no mundo foram a criação do IVA e a redução do Imposto de Renda, das alíquotas do Imposto sobre a Renda, em função do que o Vito Tanzi chama de *fiscal termites*, dos "cupins tributários", que decorrem, na verdade, da própria ineficácia do Direito, da incapacidade do Direito de produzir justiça distributiva. Não adianta aumentar a alíquota, que a globalização distribui esses *players* nos lugares de tributação favorecida e eu acabo contornando o Direito, de alguma forma.

Daí surgiu – e aqui está uma primeira fotografia, que é o sistema tributário brasileiro. É *Guernica*, reconstruída com 150 *frames* do filme *O Processo*, do Orson Welles, que conta a história de Kafka, do *O Processo*. Seguindo a história, surgiu o chamado Modelo 1.0. Esse modelo teve sua estruturação entre a II Guerra e a crise do petróleo, na década de 1970. Ele foi marcado, na verdade, por essa cultura dos Países desenvolvidos e que, depois, impuseram essa tradição para os Países em desenvolvimento, que acabavam de sair do regime colonial, totalmente incompatível com um regime como esse. E aí surgiu, na década de 1960, o chamado Modelo 1.0, que basicamente trabalha com a tributação do Imposto sobre a Renda, com alíquotas progressivas, tributação sobre ganho de capital e integração com o Imposto de Renda-Pessoa Jurídica. Nessa época todo esse modelo foi trabalhado nos Países de língua inglesa e tornou-se uma referência mundial. E a tributação dos entes subnacionais era ignorada.

Resultado desse Modelo 1.0 é que ele alterou muito pouco no que diz respeito à arrecadação, em relação ao PIB, nesses Países. E, aqui, uma reflexão sobre nosso sistema tributário, estão ali o Pelé e o Garrincha. A Emenda 1, de dezembro de 1965, foi a última reforma tributária que nós tivemos, de fato. Ou seja: há quase 50 anos. O ano que vem teremos 50 anos dessa Emenda, que implantou o ICMS, o IPI – na verdade, o IPI, num País fechado para o Exterior, com industrialização tardia e um governo militar que promoveu uma reforma que já estava preparada previamente por uma comissão, montada por *experts* – entre eles Rubens Gomes de Souza. Estava pronta desde 1963, e foi implantada em 1965.

O Modelo 2.0. A partir da experiência do Modelo 1.0, e com influência do Consenso de Washington, se trabalhou esse Modelo 2.0, que trabalhava basicamente o Imposto sobre o Consumo. E, aí, foi a grande criação e a grande evolução do IVA em todo o mundo. Houve a tendência da inclusão do aumento do Imposto de Importação, com alíquotas menores. O Imposto sobre a Renda continuou sendo importante, e mais atenção à tributação dos entes locais, especialmente com a construção do Mercado Comum Europeu. Atenção a alguns tributos especiais, como a folha. E uma lógica que percorreu todos os Países: quanto mais tributo, melhor. E que a tributação deve subir, sempre que possível. E, aqui, uma reconstrução histórica do Brasil, nesse movimento dos últimos 50 anos, numa frase do José Roberto Afonso que eu acho que define muito bem nosso sistema. Nós temos três níveis de administração tributária altamente eficientes. Mas, como diz o José Roberto Afonso, os agentes fiscais brasileiros aplicam cada vez melhor um sistema tributário cada vez pior. Então, eu creio que é esse, centralmente, o nosso problema. É um sistema cheio de problemas, cheio de vícios. Está aqui a carga tributária, está o crescimento do PIB do Brasil, e tem alguma coisa errada com esse sistema, que não está funcionando.

Aqui está uma comparação do Brasil em função de outros Países, em função de carga tributária e PIB. O Brasil está isolado. Todos os fundamentos que eu venho acompanhando, da Fundação Getúlio Vargas, são péssimos. Os últimos relatórios de agosto indicam que a arrecadação sobre PIS-COFINS/Faturamento está caindo; de Imposto sobre a Renda, está caindo. Isso com os regimes fiscais especiais, com o REFIS, que surgiu – os últimos REFIS, altamente generosos. Ou seja: a arrecadação está caindo, o sistema está deteriorando e a perspectiva para 2015 é péssima no que diz respeito à arrecadação e ao crescimento econômico. Enfim, é hora de pensarmos como sair desse sistema, desse jogo.

E aqui é outra imagem, que é o urubu leviatã, que eu acho que representa um pouco da nossa instituição do Brasil. Eu acho que isso retoma a história do Brasil-Colônia. Isso começou em Portugal, um Estado centralizado, um Estado patrimonialista, em que quem era dono do Estado era o rei. Foi-se o rei, e veio uma independência *fake*, veio uma República *fake*. Nós temos instituições frágeis, leis que, na prática, não funcionam. Eu acompanho este Congresso há 23 anos, e a gente vai discutindo coisas cada vez mais complexas, e, cada vez, tem menos sentido. Então, eu creio que o que a gente consegue enxergar, numa grande visão, é que nós temos um sistema que olha essencialmente para a arrecadação o tempo todo, buscando arrecadação a qualquer custo e tentando modular a lei para os seus interesses e para as suas necessidades. E nós fomos nos acomodando nesse sistema, sem tomar a dignidade e romper essa alienação sobre como esse sistema está funcionando.

E aqui, voltando à história dos modelos internacionais, surgiu, então, esse Modelo 2.0. E o que importa aqui é, de novo, voltar ao Brasil, o que vem acontecendo conosco. Novamente, tributo que é sobre o valor agregado, que é essa curva azul, vem caindo; sobre o valor adicionado, vem caindo; tributos cumulativos vêm subindo. O Brasil está ficando cada vez mais caro. Hoje em dia é mais barato produzir nos Estados Unidos, em Detroit, do que produzir no Brasil. Nossas empresas estão migrando para fora, porque as alíquotas são mais favorecidas e as condições de trabalho e investimento também. E aqui um outro problema nosso, uma outra fotografia – é uma projeção do julgamento no filme *O Processo*. Todos rindo por debaixo do pano. E é como funciona institucionalmente o nosso Estado, o nosso Estado de Direito. Eu tenho tributos sobre tributos. A ADC 18 já começou a ser julgada. Nesse sentido, uma boa sinalização do STF. Mas é um sistema que você não consegue entender. Surgiu uma lei de transparência para dar informação sobre os tributos. Ninguém consegue calcular quanto de tributo é devido. Há uma grande dificuldade de se entender essa sobreposição de tributos. E tudo se aceita como sendo constitucional, como sendo permitido, como sendo legal.

Onde estamos agora? Aqui, é um fechamento dessa percepção. Os Países estão reduzindo suas alíquotas de Imposto sobre a Renda, em função da competitividade internacional. O IVA consagrou-se como sendo um tributo que veio para ficar. É um tributo que incide sobre consumo, mas é indispensável, hoje em dia. E é uma lógica interna muito perniciosa no IVA, porque o IVA faz com que as grandes empresas, as grandes corporações, se tornem uma espécie de sócias do Governo. Porque arrecadam pelo Governo e, de alguma forma, conseguem minar a competitividade, para evitar que pequenos entrem no mercado. Então, há uma discussão interessante sobre os fundamentos do IVA. E aqui uma visão de um economista, do Bernard Appy, que é uma coisa básica, mas quando você olha de uma outra perspectiva isso é interessante. Um dado de um eletricista que tem renda de R$ 3.000,00 por mês e ele arrecada – ele tem renda de R$ 36.000,00 por ano. Se ele for um empregado em uma empresa de lucro presumido, fazendo essa mesma atividade, esse eletricista vai ter Imposto de Renda, vai ter ISS, contribuição social – enfim, paga 43,5% de carga tributária. Se ele resolve ser um empregado de uma empresa do SIMPLES, o mesmo serviço, o mesmo eletricista, trabalhando da mesma forma, fazendo o mesmo serviço, ele vai ter 23,5% de carga tributária. Se esse mesmo eletricista resolve ser dono de uma empresa do SIMPLES e fazer o mesmo serviço, faturando o mesmo valor, ele paga 10,5%, no SIMPLES. E se ele se tornar um microempreendedor individual ele paga 1,3%. Enfim, o Direito oferece as quatro opções, com cargas tributárias distintas. E quem cria essa distinção, na verdade, é o próprio Direito, através das suas formas.

E, depois, como é que eu posso pensar em igualdade nesse sistema, em que uma mesma pessoa realiza uma mesma atividade, e em relação à forma do sistema eu tenho quatro regimes de tributação, distintos? E depois eu corro o risco, ainda, de fazer a eleição por um dos regimes e haver uma desconsideração da personalidade jurídica, em razão de eu ter escolhido um regime em que a tributação era mais favorecida do que a do outro. Há alguma coisa estranha e equivocada dentro desse regime.

E aí você volta e olha para a Constituição – tem alguma coisa errada nesse sistema todo. Eu vejo ali, está no art. 150, é fundamental para nós: é vedado “instituir tratamento desigual entre contribuintes que se encontrem em situação equivalente, proibida qualquer distinção em razão de ocupação profissional ou função por eles exercida, independentemente da denominação jurídica dos rendimentos, títulos ou direitos”. Ou seja: que sistema é esse que nós estamos aceitando, em que situações idênticas têm tratamentos tão diversos perante a lei? Será que é possível aceitar essa distinção de regimes, dessa forma que nós estamos aceitando? E aqui duas pesquisas que eu comecei a fazer nessa intenção de começar a entender o Direito e como ele joga com a Economia e que desafios o direito tributário coloca. E, ao meu modo de ver, não mais desafios técnicos, mas essa relação difícil entre Direito e democracia, entre tributação e democracia.

Esta é uma pesquisa que nós fizemos sobre a contribuição previdenciária sobre a folha de pagamento. Esse novo movimento da folha começou em 2011. Então, para tentar entender e mapear legalmente como é que foi esse movimento, para compreender o que é que virá de contencioso pela frente e quais são os horizontes, as possibilidades da reforma tributária, em função desse modelo.

Primeiro pegamos a Medida Provisória 540/2011, que se converteu na Lei 12.546. Ela teve 4 meses de conversão. Nesses 4 meses foram tratados 3 temas, 12 diplomas legais foram discutidos – houve 242 emendas dentro desse período de discussão –, 89 emendas sobre desoneração e, enfim, foi produzida essa lei. Depois, veio uma outra medida provisória, novamente convertida em lei. Demorou 5 meses para converter. Tem 183 emendas que foram processadas nesses 5 meses, 38 emendas sobre desoneração. E uma série de dispositivos que tratam do tema. E depois uma outra Medida Provisória, a de n. 582, 6 meses para conversão. Nessa conversão entraram mais 61 emendas de desoneração e mais 175 emendas parlamentares.

O que é que você começa a perceber? A medida provisória acabou sendo um instrumento que o Estado encontra de fazer uma negociação em que eu coloco uma emenda, não tenho tempo de discutir essa emenda e faço com que uma série de dispositivos venham para criar desonerações, sem que eu possa discutir a qualidade dessa desoneração e sem poder outorgar qualidade a essa lei que está sendo produzida. Qual é o resultado disso? Aqui, é uma demonstração da evolução dessa complexidade desse novo tributo que está surgindo há 3 anos. Começou com 2 setores. Então, eu modulo o fato gerador do faturamento, com 2 setores. Mas depois foi evoluindo com as medidas provisórias e as conversões. Começou com 29 NCMs, depois 1 CNAE, 804 NCMs, depois 830 NCMs. Ao todo, hoje em dia, eu tenho, em termos de variáveis dessa lei, 1.308 critérios distintos, entre CNAEs, NCMs e setores. E, aí, quem é beneficiado, quem não é? Que legalidade tem esse tipo de arcabouço, de estrutura? E, para vocês terem uma noção dessa complexidade insana, de 15 setores, 46 CNAEs, 1.247 NCMs, 1 dos CNAEs – que eu vou ter que definir se esse CNAE vai ser desonerado ou não, se ele vai pagar 1% do faturamento ou vai pagar sobre a folha –, o critério que vai distinguir é o critério de CNAE. É fabricante de vestuário e acessórios de plástico, cinto, luvas etc. Couros e peles curtidas ou crus, de bovinos, incluídos os búfalos, ou de equídeos depilados, mesmo divididos, mas não preparados de outro modo. Ou seja: isso é mais ou menos o fato gerador que vai definir se o tributo é sobre o faturamento ou sobre a folha.

E aqui a dica final do BIRD, que muito pouco mudou nesses últimos 50 anos de tributação. A grande dica que ele dá, que ele chama de Modelo 3.0, é que cada País tem que se virar com sua cultura, com suas particularidades, com seus desafios. Não há soluções prontas para a reforma tributária e um remédio pronto acabado para ninguém. Ou seja: a responsabilidade é nossa. E a minha percepção é de que os economistas não têm condição de perceber os problemas que o Direito cria, em especial o direito tributário, que são problemas que estão submersos no sigilo fiscal e escondidos atrás dessas repartições, e não por problema dos auditores fiscais. Há todo um sistema que protege essas informações, mas eu tenho um contencioso bilionário no Brasil, enquanto só no CARF eu tenho 500 bilhões. As percepções são que aqui no Brasil, por baixo, é 11% do PIB, enquanto na OCDE, nos Estados Unidos, é 0,2%. Ou seja: 55, 60 vezes maior o nosso contencioso, além do custo com obrigações acessórias, adequação, consultoria, que nós temos, que é elevadíssimo. Um relatório desatualizado do *Doing Business* aponta mais 10 anos para 2.060 horas. A percepção que eu tenho sobre pesquisas nesse sentido aponta que é muito mais que 2.060 horas a adequação para cumprir as obrigações acessórias.

O recado final, terminando com essa imagem – retratando o Sérgio Buarque de Holanda, o Raimundo Faoro, os donos do poder, Celso Furtado –, essa ideia de patrimonialismo de Estado, é que o nosso desafio é reconstruir nossas instituições e pensar uma reforma tributária para a frente. Em que eu crie e tenha como grandes guias segurança jurídica, igualdade e justiça, para que nós possamos pensar e interpretar todas essas regras, todos esses sistemas que estão sendo avaliados, discutidos, atualmente. Porque sem ter essa perspectiva eu não vejo como nós possamos continuar avançando e pensando em reforma, sem ter perspectivas a longo prazo e colocar o Direito a serviço desse debate. Porque, mais do que trabalhar com dados econômicos ou tendo perspectivas de arrecadação, creio que o nosso grande desafio de hoje é saber que Brasil nós queremos, que Estado nós queremos, que tamanho de Estado nós queremos. E como nós podemos desenhar um sistema tributário que possa atender às nossas expectativas.

É isso. Muito obrigado!

Valdir de Oliveira Rocha – Bem, aqui, vamos encerrando. Cumprimento, mais uma vez, os palestrantes, pela excelência de suas apresentações. Muito obrigado e boa noite a todos!

IMPOSTOS FEDERAIS

Maria Leonor Leite Vieira – Bom dia a todos! Espero que já estejam descansados para enfrentar o longo dia de estudos de hoje. Mas, imediatamente, eu já peço desculpas em nome da Desa. Federal Cecília Marcondes, Vice-Presidente do TRF-3ª Região, que não pôde estar presente para presidir a esta Mesa. Mesa que é composta por professores já conhecidos de todos – se não conhecidos pessoal ou visivelmente, conhecidos pelas obras, pelas aulas, pelos artigos que escrevem constantemente, o que muito nos engrandece. É uma honra para o IDEPE recebê-los aqui. E esperamos também que todos os ensinamentos hoje produzam esses efeitos que o IDEPE pretende, que é provocar a todos, justamente para o aprofundamento dos estudos, para o aprofundamento dessas matérias tributárias e que, ontem, com os Presidentes do TJSP e do TRF, fomos muito instados a fazê-lo.

Ontem – Profa. Misabel – os presidentes dos dois Tribunais aqui em São Paulo provocaram muito para que os advogados bem provoquem o Poder Judiciário e o auxiliem no exercício da sua função e do aprofundamento científico também do Poder Judiciário. Nós reclamamos muitas vezes do Poder Judiciário – e eu digo sempre que sou uma de suas defensoras –, porque não é possível que deem conta de tantos assuntos, tantos processos, tanta coisa. A máquina é bastante complexa, mas pelo menos ficamos um pouco mais felizes quando somos cumprimentados, todos nós, Congressistas, nós, que organizamos isto. Provocados e cobrados de que bem o façamos. Com isso, estaremos levando ao Judiciário boas teses, boas ideias, principalmente boas soluções, não é? Seja para um lado, seja para outro, mas que sejam soluções de peso.

Contamos aqui, nesta Mesa, para discutirmos alguns problemas relativos aos impostos federais, com a Profa. Misabel Machado Derzi, que todos conhecem. Com certeza, todos já leram alguns dos magníficos trabalhos da professora. Por conta disso, eu já peço licença até para não ler o currículo, como ouvimos ontem – alguns professores até pediram para dispensar isso. Em uma das palestras aqui, ontem à tarde, acho que foi a Profa. Betina que conclamou o IDEPE a não ler o currículo de ninguém, para não falar nada de ninguém, esperar que a pessoa produza. Ser provocada pela produção. Mas nós temos também essa função de bem apresentar nossos professores. A Profa. Misabel é Titular da Universidade Federal – já estou sendo instada a dispensar. Pronto, vamos passar à nossa produção: a Profa. Misabel, o Prof. Tácio Lacerda Gama, o Prof. Marcos Vinicius Neder e o Prof. Fábio Soares de Melo. Então, com essas provocações, vamos ouvi-los – e ganhamos muito mais com isso, com certeza ganharemos muito mais com isso. Prof. Dr. Marcos Vinicius inicia os trabalhos, analisando a "Disciplina Tributária do Ágio". Logo pela manhã, Dr. Marcos, é uma ótima provocação.

Disciplina Tributária do Ágio

Marcos Vinicius Neder – Bom dia a todos. Gostaria de agradecer ao IDEPE a honra de participar por mais um ano do *Congresso Brasileiro de Direito Tributário*. Estou muito honrado também por participar de uma Mesa tão ilustre, com Professores tão conhecidos e que têm dado grande contribuição para o direito tributário. Hoje abordaremos a nova disciplina do ágio. Esse tem sido um tema bastante relevante, tanto pela jurisprudência inovadora – em certos aspectos – que o CARF vem construindo quanto pela recente alteração legislativa, que estabelece novo tratamento sobre o ágio.

Inicialmente abordaremos as novidades legislativas, e em momento subsequente faremos uma breve análise sobre a jurisprudência atual do CARF sobre o ágio.

As três principais inovações trazidas pela Lei 12.973 são as seguintes: (i) a impossibilidade de haver ágio entre partes dependentes (o chamado ágio interno); (ii) a impossibilidade de alocar 100% da mais-valia (ou seja, do montante pago superior ao valor patrimonial da ação) como rentabilidade futura; e (iii) a introdução de uma regra de transição. Nesse último ponto, a lei determina que as aquisições feitas até o final de 2015 ainda estarão sujeitas à legislação anterior (desde que a incorporação ocorra até 2017). Dessa forma, o legislador permitiu que os contribuintes pudessem realizar planejamentos dentro desse prazo.

Fazendo uma breve comparação entre a legislação anteriormente vigente (Lei 9.532) e a nova lei (Lei 12.973), é possível notar que o fato que possibilita a amortização de ágio continua sendo incorporação, fusão e cisão. O ágio também pode ser classificado, conforme a legislação anterior, de três formas distintas, sendo que uma delas é a classificação do ágio como originado em perspectiva de rentabilidade futura (o que a nova lei continua adotando).

Nesse contexto, a Lei 12.973 inovou ao determinar que não há mais uma ordem de preferência na alocação. Assim, é preciso inicialmente alocar a minha mais-valia nos bens tangíveis e intangíveis e, por fim, no ágio. Vale ainda notar que a nova lei utiliza o termo *goodwill* quando faz referência ao ágio.

Dessa forma, a Lei 12.973 alterou o disposto pelo art. 20 do Decreto-lei 1.598/1977, estabelecendo uma regra de alocação. Além disso, a nova lei criou certas formalidades, tais como a exigência de um laudo de avaliação que deve ser entregue à Receita Federal do Brasil ou cujo sumário deve ser registrado em cartório. A legislação anterior exigia apenas a existência de um estudo, não trazia exigências ou obrigações adicionais. Por outro lado, a nova lei demonstra que a Receita Federal quer ter conhecimento tanto das operações quanto do laudo de avaliação. Nesse cenário, a alocação é controlada por meio de subcontas e a aquisição não pode ser realizada entre partes dependentes.

Assim, é possível notar que a grande mudança foi a alocação. Em outras palavras: quando há operação de *goodwill*, sujeita à Lei 12.973, só é possível fazer a operação entre partes não dependentes. Uma vez feita a incorporação – que desencadeia a amortização –, as duas empresas tornam-se uma só, ou seja: o investimento não existe mais. Antes mesmo da mensuração do *goodwill*, é preciso atribuir a mais ou menos-valia aos bens tangíveis e intangíveis e, por fim, calcula-se o ágio passível de amortização (o que é feito via Livro de Apuração do Lucro Real, considerando que, contabilmente, esse ágio não pode ser amortizado, conforme a nova legislação sobre o assunto).

Anteriormente, na maioria dos casos de aquisições, todo o "excesso de pagamento" era alocado como rentabilidade futura, e a partir daí passível de amortização em cinco anos. Com a nova legislação é preciso, antes de mais nada, alocar para os bens. Como exemplo, se houve pagamento a mais porque existe um imóvel subavaliado, essa mais-valia será alocada a esse imóvel. Depois disso, os montantes residuais serão considerados como ágio passível de amortização. Assim, a nova lei reduziu muito a possibilidade de alocação de valores como ágio. Por outro lado, é possível fazer a alocação nos bens, por exemplo, e, com isso, aproveitar da depreciação; ou, então, em um bem intangível, se o bem tiver uma vida útil, e aproveitar o benefício da amortização.

No cenário anterior à Lei 12.973 era necessário comparar o preço pago ao valor patrimonial. Conforme dispõe a nova lei, a partir de agora existe ainda a figura do valor justo, que pode ser comparado ao antigo conceito de "reserva de reavaliação".

Assim, por conta da nova disposição sobre o valor justo, é necessário comparar o preço da aquisição, inicialmente, ao valor justo. O excesso decorrente dessa comparação será classificado como ágio. Se, por acaso, for menor do que o valor justo, haverá o chamado ganho por compra vantajosa (muito parecido com o antigo deságio).

Posteriormente deve ser feita a comparação do valor justo ao valor patrimonial. Então, essa mais-valia localizada nos bens será aproveitada quando houver realização do bem, através de depreciação, baixa, perda etc. No caso de uma compra a valor justo menor do que o valor do patrimônio, haverá menos-valia, que também será realizada, na medida em que o bem for realizado. Resumidamente, essa é a nova sistemática. Com isso, a grande vantagem dos planejamentos tributários que envolviam a alocação do ágio em rentabilidade futura foi bastante reduzida. Esse novo tratamento foi proposto pela própria Receita Federal, e já constava da Medida Provisória 627, que regulamentou e restringiu, em muitos aspectos, esse aproveitamento.

A nova legislação trouxe também o conceito de "partes não dependentes". Apesar de a legislação tributária já trazer previsão sobre esse conceito para fins de preço de transferência e para o IPI, não existia anteriormente dispositivo expresso sobre quais são as hipóteses de vinculação no caso de aproveitamento do ágio. Essa é a primeira vez que a legislação brasileira traz previsão nesse sentido, o que nos parece bastante positivo, por consolidar as hipóteses de ágio interno. As hipóteses de dependência são as seguintes: (i) o adquirente e o alienante são controlados, direta ou indiretamente, pela mesma parte ou partes; (ii) existência de relação de controle entre o adquirente e o alienante; (iii) o alienante ser sócio, titular, conselheiro ou administrador da pessoa jurídica adquirente; (iv) o alienante ser parente ou afim até o terceiro grau, cônjuge ou companheiro das pessoas relacionadas no inciso III; ou (v) em decorrência das outras relações não descritas nos itens anteriores ("i" a "iv") em que fique comprovada a dependência societária.

A jurisprudência administrativa já havia analisado o cenário de duas empresas originalmente independentes que contribuem em um investimento comum. Nesse caso, elas são consideradas como sócias de um investimento. Existem várias decisões do CARF adotando o entendimento de que esse ágio era considerado interno nas ocasiões em que uma empresa vendia parte para outra ou, então, faziam investimentos comuns. Nesse contexto, apesar de serem independentes, participavam conjuntamente de um investimento. Essa hipótese não consta da nova legislação. Assim, não deve ser considerada ágio interno, e poderia ocorrer na vigência da nova lei.

Inclusive, vale mencionar que existem precedentes do CARF nesse sentido. Em duas ocasiões em que a Fiscalização acusou o contribuinte de ágio interno em decorrência de investimentos comuns, a Câmara do CARF entendeu que não se tratava de caso de ágio interno. Houve ponderação no sentido de serem dois investidores que podem, inclusive, ter interesses contrapostos.

Um desses caso é o caso da *Nokia* na compra da *Gradiente*. A *Nokia* comprou, inicialmente, 49%, e o restante ficou com a empresa. Em momento subsequente adquiriu, em uma nova etapa, mais uma parcela da *Gradiente*. O próprio CARF concluiu não haver ágio interno, vez que as empresas são independentes. Assim, foi possível o aproveitamento do ágio.

A situação repetiu-se no caso *Milenia*, que traz um voto de diligência, mas sinaliza a mesma posição que foi consagrada pela Lei 12.973, ou seja: o simples fato de ser sócio de um investimento não vincula as duas empresas. Assim, não deve prevalecer o argumento de que o preço da operação foi artificial. Isso porque, as empresas envolvidas têm interesse naquele investimento, mas podem, inclusive, ter interesses contrapostos.

Existem alguns dogmas que foram sendo criados ao longo do tempo. Considerar que o ágio interno foi artificialmente criado é uma maneira que a jurisprudência encontrou, baseada na Contabilidade, por entender que o preço praticado não pode ter gerado um acréscimo patrimonial, vez que não há independência entre as partes. Além disso, existe também o argumento de que o ágio não pode ser transferido, que o uso de empresa-veículo contaminaria o aproveitamento do ágio. Essas são as principais generalizações debatidas hoje em dia no CARF. Vale ainda ressaltar que não existe uma jurisprudência pacífica sobre o tema. Aliás, a maioria dos casos não chegou à Câmara Superior do CARF (CSRF).

Atualmente o CARF é muito pulverizado, o número de Câmaras aumentou muito. Assim, a sinalização de uma jurisprudência adotada pelo CARF é demorada, vez que as Câmaras adotam entendimentos distintos sobre um mesmo tema.

O mesmo acontece com a análise do ágio interno. Considera-se como ágio interno o ágio produzido dentro de uma mesma empresa. Assim, diversos contribuintes adotaram planejamentos que envolviam empresas pertencentes ao mesmo grupo econômico de forma a utilizar uma empresa-veículo e, em momento subsequente, realizar uma incorporação às avessas. Por exemplo, se considerarmos as empresas "A", "C" e "D" como partes de um mesmo grupo econômico e uma dessas empresas do grupo detenha investimento em uma empresa operacional "B" e, posteriormente, contribua para a empresa "C", esta última (empresa "C") seria considerada empresa-veículo (que teria participação na empresa operacional). No momento seguinte, caso haja a incorporação reversa da empresa "C", que daria direito ao aproveitamento de ágio.

Muitas das operações praticadas sequer apresentavam substância econômica. Isso contribuiu para que ágio interno fosse malvisto e, atualmente, seja bastante discutido no CARF. Na verdade, as operações mais problemáticas são aquelas em que não há pagamento de ágio ou não havia efetivo desembolso. Nesse cenário, as empresas efetuavam avaliações, por meio de laudo para fazer a operação, mas não havia efetivo pagamento/desembolso envolvido.

Nesse contexto, vale dizer que a Lei 10.637/2002 (que vigorou até 2006) possibilitava a constituição de ágio sem efetivo desembolso da empresa, meramente através de avaliações. Dessa forma, a empresa "A", com investimento em uma empresa operacional, contribuía esse investimento para uma outra empresa "C". No entanto, constava do laudo de avaliação que o investimento tinha valor superior ao inicialmente registrado (por exemplo, ações que valem 100 teriam valor igual a 200, conforme o laudo). Então, surge um ganho de capital de quem entregou as ações, vez que entrega 100 e recebe 200 (e quem recebeu vai pagar por 100 e receber por 200).

Esse ganho de capital, segundo essa lei, pode ser postergado, mesmo depois da incorporação, e o ágio pode ser aproveitado.

Isso fez com que muitas operações e incorporações fossem feitas, e surgiram algumas teses aplicáveis a esses casos. São elas: o ágio pressupõe pagamento (o que não é verificado no cenário ora em comento); o ágio não poderia ser transferido (no exemplo há efetiva transferência); e o ágio deve ser obtido em operações que envolvam partes independentes. Os planejamentos da época em sua maioria faziam uso da Lei 10.637, e isso causou reação do Fisco e questionamentos posteriores.

Existe precedente entendendo que, se houve autorização da própria lei (no caso, a Lei 10.637) para que o ganho fosse diferido, ela reconhece um ganho correspondente. Dessa forma, o Fisco não poderia argumentar que esse valor é artificial, já que existe um ganho reconhecido e que teve, inclusive, seu diferimento autorizado. Então, automaticamente, o custo – que é o outro lado – deveria ser reconhecido.

A Lei 12.973 também permitiu esse diferimento. Assim, quando da avaliação pelo valor justo e entrega das ações não há tributação do ganho (da mesma forma como já previa a Lei 10.637). Avalia-se a valor justo e mantém-se, depois da incorporação, aquele valor até o momento da realização do bem.

A única diferença entre a disciplina da antiga Lei 10.637/2002 e a da nova legislação é a de que, se houve incorporação (que era o evento que desencadeia a amortização do ágio), existe a obrigatoriedade de pagamento do ganho. Assim, o diferimento ficou restrito a isso. Parece-nos que houve equilíbrio na aplicação da nova disposição. Isso porque não há tributação imediata do ajuste a valor justo, mas se houver a incorporação seguinte é necessário tributar o ganho.

Em um primeiro momento (em uma chamada "primeira fase") o CARF adotava regras muito claras e definidas, que privilegiavam a segurança jurídica. Então, os pontos do debate giravam em torno da estrita legalidade, tipicidade, rigor com os lançamentos. Havia, nessa época, uma obrigatoriedade muito mais formal nos lançamentos e muita proteção contra a irretroatividade da interpretação.

O art. 146 do CTN (que trata da aplicação da modificação de critério jurídico), inovação pelos julgadores [*Truncado na gravação*] e do lançamento eram tidos como vícios muito graves, e a jurisprudência administrativa era muito firme nesse sentido.

No entanto, tamanho formalismo criava, muitas vezes, ganhos artificiais. Com o passar do tempo o CARF passou a adotar a substância sobre a forma, tolerando, inclusive, alguns vícios de lançamento. Esses vícios são muito mais tolerados hoje em dia, vez que a jurisprudência atual é mais finalista, ou seja, julga-se o mérito sem que haja preocupação com a questão da segurança jurídica – o que, a meu ver, é questionável, eis que essa é uma garantia essencial em nosso ordenamento.

A nova Lei Comercial e Societária adota também a essência sobre a forma. Ela menciona, inclusive, a necessidade de um "subjetivismo" responsável do profissional de Contabilidade. Nesse sentido, o papel do contador é interpretar e lançar cada uma das informações, considerando suas particularidades e subjetividade. Esse novo posicionamento contábil, que considera a subjetividade como critério de análise do lançamento, certamente tem sido utilizado para suportar as alegações das autoridades fiscais com base no princípio da substância sobre a forma.

O maior impasse nesse cenário é o de que essa mudança de interpretação deveria valer para o futuro. Na verdade, criou-se uma jurisprudência administrativa – principalmente em relação ao ágio – que não se aplica só para o futuro. Se houve, por exemplo, a formação de ágio 10 anos antes, que tenha gerado amortização em 5 anos, as autoridades fiscais entendem que podem questionar também o ágio nos anos ainda não amortizados, e retroagem a investigação à data da formação do ágio. Elas podem, inclusive, questionar toda a operação de aquisição em períodos abrangidos pela decadência.

Atualmente existem processos de autuações questionando o ano de 1999 (ágio formado em 1999). Conforme o posicionamento adotado pela Dra. Misabel Abreu Machado Derzi, entendemos que essa atuação do Fisco é bastante equivocada. Isso porque uma operação acaba ficando exposta à fiscalização durante 15 anos, o que contraria a própria limitação temporal prevista no Código Tributário Nacional.

Havia uma jurisprudência do antigo Conselho de Contribuintes no sentido de que a amortização do ágio no tempo tem que ser controlada pelo Fisco em cada aproveitamento, mas sua formação está consolidada depois de cinco anos. Dessa forma, é possível questionar o aproveitamento em si, segundo as limitações trazida pelas regras vigentes, mas a formação do ágio não estaria sujeita ao mesmo tratamento. Após cinco anos a formação do ágio não poderia ser mais questionada pelo Fisco. O fato de as autoridades fiscais e o próprio

CARF analisarem a formação do ágio (mesmo sendo de períodos não mais sujeitos a questionamentos do Fisco) gerou imensa insegurança. Todo esse passado está sendo questionado sob nova perspectiva, o que gera uma insegurança jurídica muito grande.

Maria Leonor Leite Vieira – Muito obrigada, Dr. Marcos! O assunto é árido, mas o Dr. Marcos fez ficar mais suave, chamando a nossa atenção até para as paixões e para os momentos de tédio, pelos quais a gente passa, o ser humano passa. Creio que, depois de tudo isso, Dr. Marcos, nós também precisamos torcer para que, se tivermos o processo no CARF, caia nessa Câmara que vota favoravelmente ao contribuinte. Mas temos que lutar, com esses argumentos todos que o Dr. Marcos traz aqui. Passo, então, a palavra à Profa. Misabel, que cuidará do assunto "Tratamento Tributário das Subvenções".

Tratamento Tributário das Subvenções

Misabel Derzi – Quero manifestar, neste momento de minha fala, minha alegria profunda e honra por estar falando, mais uma vez, como faço há tantos anos, neste Congresso do Instituto Geraldo Ataliba-IDEPE. Geraldo Ataliba, que foi, para mim, o Mestre de todos os Mestres do direito tributário, cuja memória nós não nos cansamos de honrar – procurando honrar com a nossa atividade intensa, do dia a dia. E cujas lições imperecíveis restam aí. Se podemos falar, hoje, de direito tributário na Constituição – e, graças a Deus, essa é uma prática que tomou, na verdade, conta da Nação –, nós devemos esse trabalho a Geraldo Ataliba. Ele lutou arduamente contra o direito tributário daquela época, anterior à Constituição de 1988, que estava restrito ao direito das portarias, circulares e avisos. Então, a grande dignificação do direito tributário veio exatamente com Geraldo Ataliba. Ele não admitia mesmo que qualquer professor de bom nome da área de direito tributário fosse chamado de "tributarista". Vejam bem os Srs. Hoje essa expressão é utilizada sem nenhuma censura. Mas ele dizia: "Se alguém é tributarista apenas, não é nada. Para ser tributarista, você tem que conhecer a Constituição. Você tem que ser, antes de tudo, um jurista".

Pois bem, saúdo a todos que estão aqui nesta Mesa. Ao Prof. Neder, que coloca tão bem suas ideias, de forma suave e ao mesmo tempo profunda e sintética. Tem todas as qualidades de um bom orador. Minhas saudações aos demais, à nossa querida Presidente do Congresso, a Profa. Maria Leonor. Saúdo a todos os presentes, participantes deste Congresso maravilhoso do IDEPE, nossos parceiros dessas discussões tão importantes no campo do direito tributário.

O tema que me foi designado é amplo, trata-se do "Tratamento Tributário das Subvenções" em geral, mas vou empreender um corte e restringi-lo às subvenções para investimento. E, mais, limitando-o, desde logo, à nova lei federal – simplesmente federal, que não é uma lei de norma geral, como os Srs. sabem, portanto só obrigando a União e versando sobre os tributos federais mais relevantes, a Lei 12.973, de maio/2014. As subvenções para investimento são subvenções relativas a aportes públicos, quer na forma de aportes pecuniários, que são entregues às pessoas jurídicas, públicas ou privadas, quer por meio de renúncia tributária, ou seja, incentivo fiscal, isenção de imposto ou redução de imposto. Sob o nome "subvenção" nós não temos dúvida de que se trata de subvenção pública. Esta é uma observação que pareceres normativos antigos da Receita Federal, mas clássicos nessa área, o de n. 2/1978 e o de n. 112/1978, sempre fizeram, no sentido de que regulação das subvenções para investimento, desde o Decreto-lei 1.598/1977, refere-se às subvenções, como espécie de sinônimo de subvenções para investimento de caráter público.

Por quê? Porque, de fato, a lei assim trata a matéria, exatamente, desde o Decreto-lei 1.598 – não é uma novidade da lei recente, n. 12.973 –, para nela incluir a isenção e a redução de impostos, deixando evidente que a expressão "subvenção" se refere, de uma forma ou de outra, a despesas tributárias ou a aporte pecuniário, de subvenção pública. Esse é o tema, mas a expressão "subvenção" é uma expressão contraditória, e vem usada sem apropriação técnica. Na verdade, estamos falando de subvenções do setor público e doações – diz a Lei 12.973 – públicas, que não têm essa classificação, essa nomenclatura, na lei que regula as normas gerais para elaboração dos orçamentos públicos e balanços da União, Estados, Distrito Federal e Municípios, a Lei 4.320/1964. Ali a questão é tratada com uma terminologia diferenciada, e o termo "subvenção" leva a uma conotação muito especial, que não tem exatamente a mesma conotação constante da Lei federal 12.973. De acordo com a Lei 4.320, as subvenções, as contribuições e auxílios aos quais não há uma contrapartida direta em bens e serviços naquela operação direta são denominados de "transferências". É o caso. São transferências de recursos ao setor privado. Quando essas transferências, de acordo com sua destinação, podem ser utilizadas pelo beneficiário nas despesas ordinárias da pessoa jurídica ou despesas correntes ou de custeio, aí, sim, elas ganham o nome de "subvenção". Seria o caso, por exemplo, das subvenções sociais, destinadas às pessoas imunes, ONGs e companhia limitada.

Já, as subvenções econômicas, na mesma lei de normas gerais, são aquelas que se destinam a empresas públicas ou privadas de caráter industrial, comercial, agrícola ou pastoril. Tais transferências assim colocadas nos orçamentos dos entes estatais não se destinam a custeio, isto é, a despesas correntes ordinárias das pessoas beneficiadas, mas a investimento, ou seja, à expansão da empresa – é como se houvesse o aumento do PIB com esse tipo de transferência. Riqueza nova, criação de riqueza nova, tem o nome de "transferência de capital", porque se destina a investimento e recebe, na lei, o nome de "auxílio" ou "contribuição". Dependendo da orçamentação, se tem uma lei anterior obrigando a essa transferência ou não. A Lei 12.973 deixou essa terminologia de lado, da Lei 4.320, dando um título, "subvenções", para investimento que são, na verdade, rigorosamente, transferências de capital e, segundo a Lei 4.320, contribuições ou auxílios. E o art. 12, § 6º, dessa lei de normas gerais foi recepcionado pela Constituição de 1988, e obriga a todos os entes políticos da Federação.

Então, essa é a questão, subvenções para investimento em regime tributário que são, na verdade, transferências de capital para expansão do empreendimento – portanto, estritamente para investimento, sendo englobadas na nova lei, como já acontecia no Decreto-lei 1.598/1977, como transferências de capital.

Pois bem, em geral o regime jurídico tributário tradicional já era o que é hoje, e veio novamente contemplado nessa Lei 12.973. O Estado Brasileiro é a razão de ser de tudo isso. O Estado Brasileiro nunca foi um Estado Liberal, no sentido clássico de se inibir em face do mercado, deixar correr as coisas. Talvez isso não se apresente, em sua forma pura, no resto do Planeta. Ele sempre faz intervenções no mercado. No caso, nós estamos nos referindo a intervenções para investimento, para aumentar a produtividade nacional, para criar mais empregos, para gerar investimentos ou para prestar melhor – de forma mais eficiente – serviços públicos, através de subvenções para investimento em concessões públicas, nas parcerias público-privadas. Então, o Estado Brasileiro é um Estado que não se mantém inerte, intervém necessariamente. Sempre foi assim. De modo que o tratamento tributário tradicional, desde o Decreto-lei 1.598, foi a não incidência do Imposto de Renda – posteriormente isso repercutirá na Contribuição Social sobre o Lucro Líquido, e nas contribuições para o PIS e para a COFINS.

Esse foi o tratamento tradicional, o tratamento clássico. Desde que observadas as seguintes condições: houvesse o registro em conta de reserva de capital, naquela época – hoje, em conta de reserva de lucros ou fundo de investimento. Em segundo lugar, não pode haver quer sejam pessoas empresariais, quer sejam concessionárias de serviços públicos, como as PPPs, apropriação privada desses recursos por meio da distribuição aos sócios. E nem utilização da reserva para absorção de prejuízos ou incorporação ao capital, com restituição do capital aos sócios. Enfim, dá-se não incidência relativamente a essas subvenções para investimento, reconhecida em lei, desde que não haja apropriação privada desses recursos. A contabilização tem que ser feita à parte, mesmo que seja apenas isenção de imposto condicionada a investimento, ou redução de imposto condicionada a investimento.

Então, trata-se de antiga e mesma política. A razão, vocês vão perguntar por que, é uma opção política. Nós temos várias opções políticas. Desde a época do governo Fernando Henrique Cardoso temos a isenção no Imposto sobre a Renda das Pessoas Físicas dos dividendos e dos lucros distribuídos. Isso para atrair o capital na época das privatizações. Na mesma época adveio a dedução dos juros sobre capital próprio. Igualmente, a política da dedução do ágio, tudo no contexto das privatizações. São as circunstâncias. Não obstante, a política de ajuda do Estado ao desenvolvimento e a não incidência desses tributos são mais antigas, muito anteriores. Observem o consistente tratamento tributário do Decreto-lei 1.080, anterior ao Decreto-lei 1.598.

Do ponto de vista das pessoas beneficiadas, há que fazer uma diferenciação, ou seja: as pessoas beneficiadas – por meio dessas subvenções para investimento – podem ser concessionárias de serviço público. Ou podem ser simplesmente empreendedores privados que recebem recursos públicos ou são beneficiados por créditos presumidos, isenção ou outro benefício, um favor fiscal qualquer, com vistas ao desenvolvimento.

Exatamente em relação às PPPs, concessionárias de serviço público, existe entre nós um preconceito estranho. Elas foram incrementadas pelos Governos anteriores, e no Estado de Minas Gerais, há 12 anos com o PSDB, o programa das PPPs foi premiado. Mas há um preconceito do ponto de vista do legislador e do ponto de vista dos Fiscos. Na verdade, os aportes de recursos para investimentos nos empreendimentos privados empresariais, que não são concessionários do serviço público, têm um tratamento totalmente privilegiado pela lei.

Ora, na concessionária de serviço público, componente de uma PPP, a subvenção recebida para investimento é destinada obrigatoriamente à construção de infraestrutura pública, reversível, que pertence ao próprio Estado. São bens públicos que vão ser devolvidos ao Estado e sobre os quais não pode haver apropriação privada. A questão seria, mesmo, de imunidade de tais aportes.

Os Srs. sabem que a PPP se caracteriza por ser uma concessão especial com a seguinte característica: nela, além da remuneração do serviço ordinariamente prestado, ou por meio de tarifa cobrada diretamente dos usuários ou por meio de preço público pago pelo poder concedente, quando o próprio poder concedente é usuário do serviço são obrigatórios os investimentos em infraestrutura, financiados por uma parcela chamada aporte fixo ou contraprestação pecuniária. Tais aportes, feitos pelo parceiro público, destinam-se a investimentos em bens públicos que devem retornar ao Estado. Por isso mesmo, essas parcelas não devem ser tributadas, e sustentamos, mesmo, a imunidade dessas parcelas em face do dos demais entes estatais. Não é esse, erroneamente, o tratamento concedido pelas leis.

Voltando ao tema das subvenções econômicas para investimento nas empresas em geral, sabemos que, na verdade, no Brasil, tradicionalmente, mesmo na jurisprudência do CARF, antes da regulação da Lei 12.973, se concebia não haver incidência do Imposto de Renda, nem tampouco incidência do PIS e da COFINS. O entendimento era de que, na verdade, quando uma empresa privada, concessionária ou não, recebe recursos relativamente aos quais ela não tem domínio algum, esses recursos entram condicionados à expansão da atividade empresarial, esses recursos não podem ser distribuídos a título de lucro. Não configuram receita propriamente dita da empresa. O Imposto sobre a Renda é aquele que incide sobre o aumento do patrimônio líquido que seja apropriável pelo próprio investidor, que seja apropriável a título de lucro, de resultado da atividade econômica. Não é o caso. Por isso mesmo, não é propriamente receita da empresa, muito menos faturamento. Com essa justificativa o CARF vem afastando a incidência do PIS, da COFINS, sobre esse tipo de subvenções. Dá-se uma não incidência.

E a pergunta que eu lhes faço é esta: nas PPPs, se a receita não pertence ao parceiro privado, pertence a quem? A resposta é só uma: pertence ao ente estatal que faz o aporte. Para ser aplicado em bens públicos, e, pois, devem ser devolvidos, se houver sobra, ao final da concessão, ao próprio ente estatal parceiro. Daí a tese da imunidade. Do ponto de vista das empresas privadas a questão é não incidência, reconhecida em lei. Os Srs. podem chamar até de isenção. Na minha avaliação pessoal é uma não incidência. Não poderia haver, de qualquer forma, a incidência do Imposto sobre a Renda e das contribuições de custeio da Seguridade Social. Mas hoje temos um reconhecimento legal dessa não incidência na Lei 12.973/2014.

No caso das PPPs, em regra, o parceiro privado faz antes, com recursos próprios, as obras de infraestrutura. Depois de feitos os investimentos, os aportes públicos chegam *a posteriori*. O parceiro privado tem que bancar, primeiro, o investimento, para depois receber o aporte respectivo. A lei prevê fundo específico garantidor de tais aportes e penalidades para o não cumprimento das obrigações do parceiro público. Mas há dificuldades no recebimento e a pretensão de tributação de outros entes estatais, por exemplo a União almejando, por meio do Imposto sobre a Renda e das contribuições, decepar parte desses recursos, a rigor imunes. Então, esses parceiros privados que atenderam ao chamado público para um grande investimento em serviços e obras públicas reversíveis sentem sua confiança traída. Outro exemplo desse fenômeno: no ISS que incide sobre os serviços prestados por concessionárias a base de cálculo deve se limitar ao valor da prestação ou da tarifa ou de preço recebido, mas alguns Municípios não se conformam com isso. Pretendem eles que o valor dos aportes públicos integre a base de cálculo como se fosse preço do serviço. Ou seja: daí surge evidente a imunidade, para que outros entes políticos da Federação se abstenham de tributar, já que proibidos pela Constituição.

Muito obrigada aos Srs.!

Maria Leonor Leite Vieira – Obrigada, Professora. Vejam que os assuntos pareciam árduos, mas com essa leveza – ou com essa força – pelo menos são apresentados de forma muito mais simpática, para que a gente possa bem examiná-los. Obrigada! Dr. Tácio, por favor, com a palavra, por 20 minutos.

IOF sobre Operações de Mútuo e Conta Corrente entre Empresas do Mesmo Grupo Econômico e *Holdings*

Tácio Lacerda Gama – Caros amigos, bom dia! Enquanto o material que escrevi não está disponível, falarei sobre meu tema, deixando, depois, dados mais precisos de legislação e jurisprudência para todos. Profa. Maria Leonor Leite Vieira, nossa dileta Presidente, agradeço o convite com intensidade. Gosto muito de vir a este *Congresso Brasileiro de Direito Tributário*. Obrigado por me permitir compartilhar meus estudos e ideias com esta que é uma das mais seletas assistências no País! Além de tudo, é motivo de honra e enorme satisfação estar ao lado dos Profs. Misabel Derzi, Fábio Soares de Melo e Marcos Vinicius Neder, queridos amigos pelos quais mantenho intensa admiração. Queridos amigos do Auditório.

O tema reservado a mim é a incidência, ou não, de IOF sobre operações de mútuo e conta corrente quando celebrados entre empresas do mesmo grupo econômico. O tema é técnico e específico, despertando interesse apenas entre aqueles que já lidaram com o problema na vida real. Por isso mesmo é objeto de poucos trabalhos acadêmicos. Se é assim na academia, não podemos falar o mesmo no âmbito da jurisdição administrativa. Há na jurisprudência recente do CARF julgados reiterados que evidenciam alguns padrões de decisão que selecionei e pretendo expor de forma racional com o propósito de responder à seguinte pergunta: em que circunstâncias a transferência de recursos monetários entre empresas do mesmo grupo configura mútuo sujeito à incidência do IOF e em que casos, mesmo havendo a transferência de dinheiro, não há falar no dever de pagar este tributo?.

Os fundamentos para responder objetivamente a esta pergunta serão dispostos em duas grandes perspectivas. Na primeira delas as atenções serão voltadas para os dados mais objetivos e técnicos da legislação e das decisões que usaram esta legislação como seu fundamento. Na segunda a estratégia será olhar para o tema de forma ampla, buscando inserir os argumentos numa conversação maior, de estratégia argumentativa, com vistas a perceber a natureza destes argumentos, se mais conceituais ou factuais. É a partir desta segunda perspectiva que buscaremos atender às necessidades daqueles que estejam aqui por buscarem ideias a respeito no direito tributário contemporâneo, muito embora sem maiores preocupações com o IOF sobre mútuo.

Dito isso, podemos imaginar que este tema se desdobra em duas perguntas essenciais. A primeira delas é: a Lei 9.779/1999 é inconstitucional por estender a incidência do IOF a operações de mútuo entre empresas que não são instituições financeiras?

Não podemos esquecer, neste ponto, que o texto constitucional não utiliza a locução "Imposto sobre Operações Financeiras". A legislação federal fez isso ao ser instituída em 1966 (Lei 5.143). Mas já na sua redação posterior, da Lei 9.779/1999, ampliava a definição do âmbito de incidência deste tributo ao retirar a menção restritiva às instituições financeiras. Cabe perguntar, então: ampliar a incidência do IOF quando o próprio texto constitucional fala em operações de crédito é constitucional ou é inconstitucional?

A segunda pergunta decorre de se considerar a primeira superada. Uma vez sendo constitucional e tendo em vista, hoje, a vigência da Súmula 2 do CARF, onde argumentos de inconstitucionalidade sequer podem ser apreciados no âmbito do Tribunal Administrativo Federal, em que circunstâncias há e em que outras não está configurado um contrato de mútuo para fins de se exigir ou não o IOF?

Essas seriam as duas questões fundamentais, e retornarei a elas do meio para o final da minha exposição.

Num primeiro momento a reflexão que eu gostaria de estender aos Srs. decorre de três conversas que tive em momentos diferentes com a Profa. Misabel, com o Prof. Fábio e com o Prof. Marcos Neder.

Meus amigos, compreender o nosso tempo é um desafio incessante. Vivemos num mundo complexo, mutante e multifacetado. Como diria Caetano Veloso: *a vida é real e de viés*. Ela não se apresenta da forma como nós idealizamos. Assim, se a vida é real e de viés, oblíqua por natureza, compreender algo assim complexo exige reiteradas interpretações e reinterpretações. Mas, se isso é uma necessidade permanente, não deve ser vista com assombro. Interpretar é reinterpretar sempre. E este fato me lembra a conversa que tive ontem com o Prof. Fábio Soares de Melo. Disse-me ele que, por força de inúmeros elementos, que não nos cabe teorizar aqui, houve uma mudança cultural nos tribunais administrativos. Esta mudança permitiria afirmar que só argumentos factuais, construídos com base na análise de provas portanto, teriam chances prováveis de vitórias. Discussão de teses, elementos meramente conceituais ou abstratos que reverberam sobre a legalidade ou a constitucionalidade das leis têm chances muito remotas de vitória. Concordo com a análise, e já havia me ajustado a este modo de agir, ainda que não tivesse feito isso de forma consciente.

Isso é ruim? É bom? O adjetivo "bom" ou "ruim" depende de quem está analisando. Isso é um fato cuja perspectiva impõe uma mudança de atitude. E, aí, eu chamo a atenção para o comentário do Prof. Marcos Neder. Ele gosta da ideia do pêndulo. Só que o pêndulo tem o lado "A" e o lado "B". O que observo é que nosso pêndulo com a Administração Pública é lado "A", lado "A" e lado "AAAA". Não vem para o lado de cá. Ou, pelo menos, eu não peguei essa fase, não tive a felicidade de advogar na década de 1990, onde, de fato, o pêndulo estaria bem do lado de cá. Hoje é do pior para o "mais pior". O melhor tem vindo pouco. Esse é um modo de perceber a realidade.

Outro modo de perceber a mesmíssima realidade é aquilo que a Profa. Misabel colocou em uma conversa que nós tivemos indo do hotel onde estava sendo realizado o congresso da Profa. Betina, em Curitiba, e que vem de uma conversa dela com a Profa. Karem Jureidini Dias sobre o que aconteceu no âmbito do CARF. E isso me parece algo sensacional. A Profa. Misabel é uma grande "frasista", e esta frase ficou ecoando no meu ouvido durante muito tempo. Calma, que chego lá. A frase consistia fundamentalmente no quê? Qual era a discussão que existia ali?

A Profa. Karem, no dia a dia das questões do CARF, comentando que talvez a Administração Pública tivesse conseguido implementar, sem a publicação de uma lei ordinária que desse concretude ao § 1º do art. 116, uma norma geral antielisiva – ou seja: foram incorporados, sem alteração legislativa, dispositivos como a "substância sobre a forma". É necessário ir à substância dos atos, em detrimento da sua forma jurídica. Eu me lembro sempre do Prof. Paulo de Barros Carvalho chamando a atenção para o irracional dessa fase. Ela tem racionalidade do ponto de vista contábil, porque o contabilista, diante da mesma circunstância, pode optar por uma linguagem jurídica formal ou pode utilizar outros elementos que tenham que ver com a disponibilidade sobre os meios de produção para tentar traduzir para a linguagem contábil algo que reflita melhor a realidade econômica. Do ponto de vista jurídico essa ideia é uma fraude, é absolutamente incompatível com a racionalidade jurídica. E eu explico por que. A frase da Profa. Misabel já vem. A irracionalidade desta frase reside no seguinte: para o Direito não importa a substância econômica, mas a prova da substância econômica. Porque uma operação pode ter toda a substância econômica do mundo; se ela não for adequadamente inserida num processo ela será absolutamente irrelevante. Então, estamos falando de substância econômica sobre forma jurídica ou de forma jurídica sobre forma jurídica mais consistente? A nossa discussão é sobre substância econômica sobre forma jurídica ou sobre qualidade de prova?

Contabilmente, há substância econômica sobre forma jurídica. Juridicamente, há melhor prova sobre pior prova. E, aí, entra a frase da Profa. Misabel Derzi. Se houve alguma mudança no CARF, não foi mudança para "substância sobre a forma", foi mudança na qualidade da análise da prova. A Administração Pública se preparou para melhor analisar a prova. É ou não é, Professora? Muito bem.

Nosso tempo exige uma melhor análise da prova. E, dentro dessa perspectiva, aquilo que seria ruim – que é a Administração Pública não poder controlar constitucionalidade – fica bom, porque saneia a discussão e deixa os argumentos relacionados à inconstitucionalidade para a esfera judicial, em que também se pode analisar prova com uma vantagem muito intensa sobre a Administração Pública, sobre a análise que é feita nos tribunais administrativos. Afinal, existe ali a possibilidade de se chamar um perito para produzir, em nome do juízo, uma análise técnica de uma relação econômica que o juiz não dispõe de linguagem suficiente para compreender. Com uma vantagem: o juiz não dispõe dessa linguagem sabendo disso. Porque há uma presunção – isso de fato acontece com alguns, mas não com todos – de que o julgador administrativo conheça mais as circunstâncias de fato, conheça melhor e tenha melhor capacidade de análise de prova. E, dentro dessa perspectiva, sim, discutir prova no CARF, no TIT, no Tribunal Municipal, é muito melhor. Ordinariamente.

A ciência ou a autoconsciência e a humildade do que se sabe não saber permite ao juiz do âmbito judicial chamar um perito autorizado para produzir uma prova e uma análise de prova, a partir de perguntas objetivas – que é muito diferente da arrogância de quem pressupõe saber, sem saber. Ou, o que é muito pior, saber e se utilizar da má-fé para distorcer o que sabe.

Estas reflexões, meus amigos, chamam a atenção para a importância de compreender o tempo em que a gente vive. Que é um tempo de uma análise muito mais sofisticada das circunstâncias de fato e dos elementos trazidos ao processo do que era o passado. E, dentro dessa perspectiva do passado – e aí eu volto à conversa do Prof. Marcos Neder –, em que havia um pêndulo, discussões exclusivamente conceituais tinham possibilidade de vencer. Hoje, discussões exclusivamente conceituais, se vencerem, será no âmbito do STJ ou do STF. Praticamente não há mais tese no TIT ou no CARF.

Com isso em mente, o que nós podemos falar sobre incidência de IOF sobre operações de mútuo e conta corrente entre empresas do mesmo grupo e *holdings*? As duas perguntas essenciais que eu havia colocado para os Srs. sintetizam as duas abordagens possíveis para esse tema. A primeira delas diz respeito à inconstitucionalidade da incidência do IOF em operações praticadas por empresas que não são financeiras e em que medida seria legítima uma lei que busca equiparar essas entidades. Isso seria possível?

A grande questão é que, sob o signo IOF, o texto constitucional fez referência a uma série de materialidades possíveis, como diria o Prof. Roque Carrazza – e, aqui, eu aproveito para cumprimentar a Profa. Beth –, não temos um só tributo, mas muitos tributos, reunidos sob o signo "IOF", sendo que o texto constitucional não condiciona a instituição de cada uma dessas espécies tributárias a ter entre os praticantes do fato jurídico tributário uma entidade financeira. Até porque uma seguradora teria uma natureza distinta. Então, o que temos aqui? Operações de crédito, câmbio, seguro, relativas a títulos e valores mobiliários. Temos um imposto de operações de crédito, um imposto de operações de câmbio, um imposto de operações de seguro, um imposto relativo a títulos e um imposto relativo a valores mobiliários. São muitas espécies de impostos reunidos sob o mesmo signo.

E, aí, a primeira lei, de certa forma até justifica nosso senso comum, porque ela restringia às seguradoras e entidades financeiras as pessoas que poderiam praticar o fato alcançado pela tributação. Porém, em 1999 o que aconteceu? Uma ampliação da hipótese de incidência, que consistiu em que operações de crédito correspondentes ao mútuo de recursos financeiros, entre pessoas jurídicas ou entre pessoa jurídica e pessoa física, passassem a se sujeitar à incidência do IOF, segundo as mesmas normas aplicadas às operações de financiamento e empréstimos praticados por instituições financeiras. Em um primeiro momento, então, nós olharíamos e falaríamos: "Como pode um imposto sobre operações financeiras incidir em relação a pessoas que não têm essa natureza jurídica?". Acontece que não temos no texto constitucional um condicionante para a instituição desse tributo a entidades financeiras.

A matéria está em plena discussão há mais de 11 anos no Poder Judiciário, e hoje está com repercussão geral reconhecida no âmbito do STF, o que por si só indica que por pelo menos outros 10 anos pode continuar a ser discutida. E os argumentos fundamentais dessa discussão consistiriam, em primeiro lugar, em identificar no IOF um tributo extrafiscal. E, por conta dessa extrafiscalidade, o que faria o IOF? Ele seria um tributo que condicionaria o comportamento dos contribuintes, de acordo com valores previamente escolhidos. Mas essa extrafiscalidade seria setorial. Apenas as entidades financeiras estariam sujeitas, portanto, ao seu pagamento. É um argumento que, de certa forma, não me convence no todo, mas a questão está posta aí.

Um outro argumento – este, um pouco mais sofisticado – tem que ver com o seguinte: a legislação estabeleceria uma ampliação do número de sujeitos alcançados pelo IOF, colocando em situação equiparada aqueles que realizam operação de crédito e os que realizam outras operações que envolvam disponibilização de recursos, como, por exemplo, o contrato de conta corrente. Isso foi feito pela Instrução Normativa 907/2009, que condicionaria o julgamento de Delegacias Regionais e outros entes públicos, muito embora haja diversos julgados do CARF proferidos após sua edição que fazem muito bem a distinção entre uma coisa e outra. Então, teríamos, em determinado momento, uma instrução normativa estabelecendo uma equiparação entre duas situações distintas e decisões administrativas proferidas pelo CARF reconhecendo a distinção entre duas situações que não se confundem.

Essa primeira modalidade de questionamento do IOF sobre operações de crédito que envolvam pessoas não financeiras equivaleria àquela modalidade que nós discutimos há pouco como sendo exclusivamente conceituais. A compreensão do nosso tempo não nos impõe que abandonemos esse tipo de discussão. Mas quantas fichas vamos apostar nela? Não é por acaso que, ao longo dos últimos 10, 12 anos, o CARF reiteradamente entendeu serem passíveis de incidência de IOF as operações entre entidades não financeiras, pessoas físicas ou pessoas jurídicas. Por quê? Porque a discussão vinha sendo feita de maneira exclusivamente conceitual. Tampouco é melhor a sorte no âmbito do Poder Judiciário. Há uma série de julgados reiterados aqui, do TRF-3ª Região, do TRF-4ª Região, do TRF-1ª Região, no sentido de que não há que se falar em inconstitucionalidade desse tributo. O que houve foi simples ampliação do rol de sujeitos passivos, não vedada pelo texto constitucional. Daí não se falar em inconstitucionalidade ou qualquer outro tipo de ilícito na criação dessa lei.

Porém, nosso tempo demanda outro tipo de análise nossa. Uma análise mais fundada na consistência das provas. E, dentro dessa perspectiva, em 25.4.2012, em um voto vencedor – e ele acabou sendo escolhido como Relator – do Prof. Domingo, que participa deste Congresso há muitos anos, reconheceu-se a possibilidade de se identificar em uma situação de conta corrente uma atividade que não poderia ser considerada mútuo. E aí é que está o tipo de análise que nós devemos fazer com ênfase para conseguirmos vitórias diante do contexto que nós temos hoje: as análises fundadas em provas.

De fato, o Código Civil tipifica como contratos, como negócios jurídicos de natureza distinta, o mútuo e o contrato de conta corrente. Ou, por exemplo, um outro tipo de aporte de recursos que não se confunde com o mútuo, que seria o adiantamento para futuro aumento de capital. Por quê? Porque no contrato de mútuo há um empréstimo de coisa fungível, em que se restitui o montante recebido em coisa de mesmo gênero, quantidade ou qualidade.

Se nós vamos fazer uma análise mais sofisticada, é necessário levar na impugnação e na produção das provas determinados elementos que demonstrem que, no caso concreto, não há a figura tipificada no art. 586 do CC. Não se ajustaria, portanto, àquilo que Pontes de Miranda chamou de "obrigação de restituir, na integralidade, o que foi entregue". No contrato de conta corrente, por meio do qual uma empresa do grupo se responsabiliza pela gestão de caixa das outras empresas, é necessário demonstrar também que existem negócios que, embora não sejam usuais, são novos e não são, por conta disso, ilícitos. Se os Srs. acompanharem a vida de qualquer construtora no Brasil verão que é muito comum a divisão do negócio em uma série de outras empresas. Não temos mais construtoras gigantes. São construtoras gigantes mas que se dividiram em muitas outras empresas. E, em muitas circunstâncias, ter uma empresa que gerencia o caixa para dar mais eficiência econômica entre uma empresa e outra, naquilo que se chama contrato de conta corrente, não configura mútuo. Por quê? Porque a mesma pessoa jurídica pode ser devedora e credora simultaneamente. Se você tivesse que apurar alguma base de cálculo, deveria ser por dia e a partir do desconto do que é pago e do que é devido. E isso não é feito.

O modo como a Administração Pública consegue analisar os contratos de conta corrente é apurando, ao final de cada mês, todos os créditos atribuídos a uma determinada pessoa, sendo ela beneficiária de juros ou não. Não se pode, no entanto, fazer isso, porque em muitas circunstâncias a pessoa recebe dinheiro e devolve dinheiro. Se ela está recebendo e devolvendo dinheiro sem prazo certo e sem valor certo, não temos configurado, no caso concreto, o mútuo. Temos configurado um contrato de conta corrente, que não foi alcançado pela legislação. Mas isso não é feito do ponto de vista exclusivamente conceitual, isso é feito do ponto de vista de prova, de demonstração contábil, de demonstração de que a realidade dos fatos é diversa daquela presumida conceitualmente pela autoridade fazendária.

E isso também vale para a autoridade fazendária. Na hora de demonstrar que existe, no caso concreto, um fato sujeito à incidência do IOF, não basta argumentar, pura e simplesmente, a existência do mútuo. É necessário demonstrar que, no caso concreto, todos os elementos previstos na legislação e na jurisprudência reiterada estavam atendidos, ou seja: existia a disponibilidade de montante a ser devolvido no futuro, com ou sem incidência de juros.

Com esses esclarecimentos, eu junto aqui a instrução normativa que deu fundamento a esse tipo de interpretação, mas coloco também uma decisão recente onde se argumentou a impossibilidade de um ato infralegal prever uma equiparação não autorizada por lei, que seria considerar todos os tipos de contrato onde há cessão de disponibilidade de recursos equivalentes ao mútuo, para fins do que prevê a legislação tributária. Esse tipo de argumento já foi, em mais de uma circunstância, vitorioso no CARF. E é por conta disso que eu me sinto muito à vontade de chamar a atenção para o que é da circunstância do nosso tempo, um tipo de argumentação muito mais sofisticada do que a exclusivamente conceitual. Sem análise de prova as nossas chances de bom êxito, hoje, são muito menores.

Agradeço muitíssimo a atenção dos Srs.! Eu falo que é sempre uma satisfação estar do lado de vocês, e me coloco à disposição para posteriores debates. Muito obrigado!

Maria Leonor Leite Vieira – Muito bem, Dr. Tácio, muito obrigada pelas suas ponderações, que nos provocam, mais uma vez, para análise de tudo isso. Mas passo imediatamente a palavra ao Dr. Fábio Soares de Melo, que vai falar sobre "Ocultação e Interposição Fraudulenta no Comércio Exterior". A palavra é sua, Dr. Fábio, por 20 minutos.

Ocultação e Interposição Fraudulenta no Comércio Exterior

Fábio Soares de Melo – Aproveito a oportunidade para apontar aqui, curiosamente, que este é o meu 10º Congresso do IDEPE, do Instituto Geraldo Ataliba. Sem dúvida nenhuma, a "turmalina paraíba" dos congressos de direito tributário no País. E não poderia deixar de passar esse ato simbólico do 10º ano para agradecer, primeiro, à Profa. Maria Leonor, Presidente do IDEPE, amiga – eu já posso dizer, acho, que de longa data –, que me proporcionou o ingresso no Mestrado e me recebeu de braços abertos quando tive oportunidade de compor o TIT aqui, na Secretaria da Fazenda do Estado de São Paulo.

Agradeço também à Profa. Misabel, por todas as lições compreendidas nas suas obras jurídicas e nas suas palestras. A nossa diva do direito tributário brasileiro. Prof. Neder, que me mostrou a possibilidade de acreditar no agente da Administração Pública enquanto exercia sua função de julgador administrativo e revelando, também, um advogado parecerista brilhante agora, no exercício de sua atividade profissional como advogado.

Prof. Tácio, que tive a honra de poder contar com sua presença na minha Banca Examinadora de Mestrado. Profa. Maria Rita, colega da Diretoria do IDEPE e que foi a minha primeira professora nos cursos de especialização *lato sensu*, salvo engano na disciplina "Tributos em Espécie". Prof. Estevão Horvath, aqui presente, nosso Vice-Presidente no Instituto Geraldo Ataliba-IDEPE, e que também tive a honra de poder ser o orientador da minha dissertação de Mestrado. Sempre muito paciente, atencioso, e com o qual eu tenho oportunidade de conviver, ao menos nos nossos encontros acadêmicos. Prof. Paulo Ayres, que não está presente. Profa. Fabiana Del Padre Tomé, também colega da Diretoria do IDEPE. E, por fim, mas não com menos importância, Profa. Beth Carrazza, a melhor professora que já tive no Mestrado e que a Profa. Beth não é a esposa do Prof. Roque: o Prof. Roque é que é o marido da Profa. Beth. Sempre com muito carinho, com muito cuidado, com muita atenção, emprestou os ouvidos e teve paciência pelas minhas colocações impertinentes.

A minha tarefa é extremamente delicada, com duas questões básicas. A primeira, por falar depois desta Mesa galáctica, estrelada e de oradores de longa data. Segundo, porque o tema que me foi passado é um tema intrincado, porém empolgante e desafiador, além de ser um tema da atualidade no âmbito da Receita Federal do Brasil. Atualidade não que se desconhecia ou da sua existência, mas, sim, em razão da atividade da Administração Pública, especialmente no que concerne aos lançamentos de ofício em virtude da ocultação de pessoas jurídicas na figura da interposição fraudulenta de terceiros.

O primeiro ponto que nós precisamos abordar é a questão da Administração Pública e da política fazendária. Conforme dados da própria Receita Federal do Brasil, existem aproximadamente 7.000 agentes fiscais federais. Desses 7.000 agentes fiscais federais, aproximadamente 3.000 se encontram no Estado de São Paulo. E esses 3.000 têm a competência para fiscalizar, controlar e promover o lançamento de ofício de todas as espécies tributárias federais. Então, pensamos no IRPJ, na CSLL, nas contribuições ao PIS, à COFINS, à SID, o INSS, Imposto de Importação, Imposto de Exportação, o IPI, o IPR, todas as espécies de natureza tributária, para apenas 3.000 agentes fiscais federais. Multiplique-se esse número de espécies tributárias pelo número de CNPJs e também considerem o número de CPFs. Com esse contingente humano é praticamente impossível que a Administração Pública exerça seu papel sem que tenha uma política fazendária, uma política de administração pública. Em razão dessa necessidade, a Administração Pública vem há alguns anos, ou há algumas décadas – número um –, investindo em formação profissional de seus agentes, investindo em cursos internos, externos. E cada vez mais é usual encontrarmos colegas da Administração Pública nas nossas salas de pós-graduação, de forma que esse investimento faça com que os autos de infração sejam lavrados com maior perfeição e com menor chance de serem derrubados, tanto na esfera administrativa quando na esfera judicial.

O segundo aspecto dentro da política fazendária é a criação de órgãos especializados, de departamentos. Exemplo disso no âmbito federal é a própria Delegacia das Instituições Financeiras/DEINF. No âmbito do Estado de São Paulo, ao olhar para a CAT, nós vemos, abaixo da CAT, a DEAT, a Consultoria Tributária, todas com órgãos específicos. A DEAT/Combustíveis, a DEAT/Alimentos, a DEAT/Comércio Exterior, a DEAT/Telecomunicações. Além disso, o Fisco, também dentro dessa ideia de política fazendária, estratégia da Administração, realiza operações específicas e direcionadas. Acho até que existe dentro da Receita Federal do Brasil algum funcionário público cuja sua função seja exclusivamente dar apelidos às operações. Eu joguei no *Google*, outro dia, nomes de operações da Polícia Federal com a Receita Federal do Brasil. E tem por ano o nome. Todas têm um apelido, todas têm, obrigatoriamente, um apelido. E, aí, temos operações brilhantes onde nós, advogados ou agentes da Administração Pública, temos que "tirar o chapéu". Cruzamento dos gastos com cartão de crédito e a informação de rendimentos – *Operação Cartão Vermelho*. As operações que são realizadas no Estado de São Paulo, *Olho na Bomba*, que vai desde a plantação da cana até o posto de gasolina, verificando eventual identificação de dolo, fraude, simulação, nessas operações. E várias outras.

E o quarto ponto, ligado à Administração Pública e à política fazendária, é o alto investimento em Tecnologia da Informação. Esses quatro pontos vêm suprir um contingente de 7.000 agentes fiscais federais. E cada vez mais sentimos a transferência da Administração Pública aos contribuintes para o cumprimento das obrigações acessórias. Há uma transferência aos contribuintes da prestação de informações de dados e preenchimento de documentos, facilitando e otimizando o exercício da Administração Pública e da Administração Tributária. Vamos deixar esses aspectos, então, de lado, e daqui a pouco retomaremos – e isso fará maior sentido.

Paralelamente a esse pensamento fazendário, no âmbito especificamente aduaneiro foi criada a figura da *interposição fraudulenta de terceiros*, em razão da ocultação de pessoas jurídicas participantes da operação de importação e também no fornecimento errôneo, equivocado ou até omissivo, com a prática de dolo e de fraude e de simulação nos negócios do comércio exterior. O Decreto-lei 1.455/1976, há aproximadamente quatro décadas, dizia o seguinte, no seu art. 23: "Consideram-se dano ao Erário as infrações relativas às mercadorias: (...) V – estrangeiras ou nacionais, na importação ou na exportação, na hipótese de ocultação do sujeito passivo, do real vendedor, comprador ou de responsável pela operação, mediante fraude ou simulação, inclusive a interposição fraudulenta de terceiros". E o § 2º diz, com as alterações introduzidas pela Lei 10.637/2002: "Presume-se interposição fraudulenta na operação de comércio exterior a não comprovação da origem, da disponibilidade e transferência dos recursos empregados." Portanto, podemos conceituar a figura, o instituto da interposição fraudulenta de terceiros, nos atos que consistem na ocultação de pessoas que participam da operação de importação em razão da atuação eivada de vícios no negócio jurídico, consubstanciada em fraude ou simulação, com a intenção de: um, obter vantagens fiscais; dois, recolher a menor ou deixar de recolher tributos nas operações de importação; três, burlar as regras dos preços de transferência, de forma a praticar subfaturamento ou superfaturamento nessas operações de importação; e quatro, a prática da "lavagem" de dinheiro.

Houve no decorrer dos anos uma evolução no controle da fiscalização aduaneira do comércio exterior. O incremento do volume das importações acabou por exigir, do âmbito administrativo, maior eficiência no desenvolvimento de suas tarefas aduaneiras, maior investimento em informatização e sistemas e aplicação de sanções nos casos de falsidade, informações prestadas inveridicamente, incorreções e sonegação fiscal.

E, aí, fazendo um *link* com o contingente da Administração Pública e a necessidade de investimento em sistemas operacionais no âmbito da Receita, foi criado o SISCOMEX, que é o Sistema Integrado do Comércio Exterior, e também o sistema do RADAR, que é o Registro e Rastreamento da Atuação dos Intervenientes Aduaneiros. O Fisco, então, com um pequeno contingente aduaneiro – e, aí, eu observo um ponto da interposição fraudulenta, que ela não é uma matéria exclusivamente tributária. Muito pelo contrário, ela compreende matéria interdisciplinar, porque parte do estudo das questões aduaneiros de um direito aduaneiro, as questões que são consequências na esfera do direito tributário e, também, na esfera criminal, na esfera penal. No que tange ao RADAR, as mercadorias objeto de importação, após registro no SISCOMEX, se submetem a alguns canais; 90% aproximadamente das operações de importação acabam por transcorrer no canal verde, onde há um prévio exame e gerenciamento de fraude e a liberação da mercadoria, por intermédio do despacho aduaneiro; 8% aproximadamente das operações de importação se submetem ao canal amarelo, onde se determina que um agente fiscal examine única e exclusivamente as questões documentais referentes àquela operação de importação; 1% aproximadamente das operações de importação caem ou se submetem ao canal vermelho, onde a Declaração de Importação é examinada pelo agente fiscal, pelo agente administrativo, não só no que diz respeito às questões documentais, mas também ao exame físico das mercadorias, onde há abertura do contêiner, há abertura das caixas e um confronto entre documentos e realidade fática em bem ou mercadoria importado.

Após o SISCOMEX e o RADAR, a Administração Pública eventualmente contata alguns órgãos anuentes, dependendo do bem importado. Então, esses órgãos anuentes seriam o INMETRO, o Ministério da Justiça, por intermédio do Exército Brasileiro, dependendo de uma arma, de um automóvel blindado, enfim. Ou do Meio Ambiente. Ou seja: temos órgãos anuentes responsáveis por cada produto ou bem. E, aí, o ato subsequente é medir a aplicação ou não de medidas de defesa, especialmente tratando-se de importação, a aplicação ou não de regras relativas ao *antidumping*. Posteriormente se verifica a incidência dos tributos na importação e, eventualmente, uma alteração, uma aplicação do valor aduaneiro desses produtos e bens importados.

Nas operações de importação nós temos três modalidades. A importação direta, realizada pelo próprio contribuinte, dentro da sua estrutura operacional; as operações por conta e ordem de terceiros, onde um contribuinte, não tendo a possibilidade, a capacidade e até a competência para realizar operações, pode se fazer valer de uma empresa comercial exportadora, uma *trading company* – e, até, é justificável que o faça, ou louvável que o faça, para que não incorra na prática de atos em descompasso à legislação de regência. E a terceira modalidade é a operação sob encomenda, onde o importador, a comercial importadora, a *trading company*, com recursos próprios, adquire bem ou mercadoria no Exterior, para revenda, ainda que com comprador predeterminado. Mas não há a transferência de recursos e nem a figura de um contrato previamente registrado entre esses dois *players* da operação.

Nesse contexto das modalidades de operações de importação é que se identifica a eventual caracterização de ocultação de pessoas jurídicas envolvidas e da interposição fraudulenta. E quais são as circunstâncias que acabam implicando a caracterização da interposição fraudulenta de terceiros? A primeira delas, não há comprovação de origem, disponibilidade, transferência dos recursos. E esse é um caso clássico, onde as autoridades administrativas verificam documentalmente que aquela pessoa jurídica está agindo em nome de um terceiro ou de alguém, ou dela mesma, que não tenha recursos financeiros suficientes, em razão do valor dos volumes dos bens importados. E, aí, vêm algumas questões muito curiosas. Quer dizer que, se eu não tenho recurso, patrimônio, caixa suficiente para lastrear minhas operações de importação, eu não posso realizar operações de importação, porque instruções normativas da Receita Federal do Brasil impõem a necessidade de um compasso entre a possibilidade financeira de importar em razão dos volumes importados. Caso contrário você está importando com dinheiro de terceiro, você está praticando "lavagem", é uma das figuras caracterizadoras da interposição fraudulenta. E vedar a possibilidade de que alguém que não tenha capital social ou patrimônio ou caixa suficiente para realizar as operações, sem dúvida nenhuma, acaba por ferir princípios constitucionais, como o direito à propriedade, à liberdade operacional do contribuinte e à liberdade do exercício da sua atividade econômica.

A segunda questão ou segundo ponto que justifica a caracterização da interposição fraudulenta de terceiros é a ocultação de pessoas jurídicas envolvidas na importação, com fraude e/ou simulação, e a legislação referente à interposição fraudulenta permite – e isso me causa total espanto e irritação – a possibilidade das presunções. Eu posso presumir a interposição fraudulenta. E não há uma necessidade, em um primeiro momento, pela lei, de qualquer comprovação da prática de atos de dolo, de fraude ou de simulação. Isso é o que a lei prevê. Embora a jurisprudência dos tribunais administrativos – do tribunal administrativo, enfim; eu digo "dos" porque é uma jurisprudência do extinto Conselho de Contribuintes, atual Conselho Administrativo de Recursos Fiscais –, pela sua corrente majoritária, venha mantendo autuações relativas a essa questão, há sempre decisões no sentido de que dolo e fraude não se presumem – se provam e se comprovam.

A terceira questão é a ocorrência de dano ao Erário, devidamente comprovado. A quarta, sonegação fiscal na importação; e a quinta, reitero aqui, os erros e omissões nas informações prestadas à Administração Pública.

E, identificando qualquer uma dessas cinco hipóteses que caracterizam a interposição fraudulenta, a Administração Pública aplica sanções tanto ao real e efetivo importador quanto à pessoa jurídica interposta. E são basicamente duas as sanções, dependendo do caso. A pena de perdimento da mercadoria e aplicação de multa de 10% sobre o valor aduaneiro. A aplicação de pena de perdimento cabe, primeiro, nessa ausência, adulteração ou falsificação de documentos relativos à operação de importação, à falta de pagamento ou pagamento a menor dos tributos incidentes na operação de importação, e pode ser substituída por 100% do valor aduaneiro. Eu posso não perder o meu bem, não sofrer este confisco da minha propriedade na operação de importação, solicitando a substituição pela aplicação da multa de 100%. E, aí, vem uma outra questão, que também é objeto de vários questionamentos: é aquela que se dá no momento da retenção da mercadoria antes da aplicação da pena de perdimento.

A Administração Pública não tem condição de apreender, de reter, todo e qualquer bem ou mercadoria nas operações de importação, por falta de estrutura física, mesmo. Então, em uma operação de combustível – e, aí, também uso o exemplo do Prof. Tácio, que falou sobre o tema no ano passado, em um congresso de Recife –, as importações de nafta, não há possibilidade de se armazenar isso. Há um caso recente em que me deparei pela segunda vez com a questão: são as importações de cavalos de salto para a prática de hipismo no Brasil, em que se verificou que quase a totalidade dos recursos aplicados nessas operações de importação é decorrente de prestação de serviços sem a emissão de notas fiscais e que os valores importados por intermédio de uma comercial importadora *trading company* são subfaturados. Cavalos de 200 mil Euros, 300 mil Euros, estão, hoje, todos retidos em 6 cocheiras que se encontram localizadas no Aeroporto de Viracopos. Uma situação extremamente curiosa.

Nessas seis cocheiras eu tive oportunidade de ir, por conta de um caso específico, e verificar que o tratamento é superior ao tratamento de muitas hípicas. Então, tem gente que até gostaria que os cavalos ficassem retidos e sendo tratados ao custo da Administração Pública e retirando esses animais, na qualidade de fiéis depositários, para saltar determinados concursos e provas, e imediatamente devolvendo à Administração Pública, para que ela continue mantendo. Isso se se pensar que o custo de um cavalo, hoje, para se manter na Sociedade Hípica Paulista ou no Clube Hípico Santo Amaro, é correspondente a 5.000, 5.500 Reais. Então, que a Administração Pública, de alguma forma, promova essa contrapartida à sua atividade financeira do Estado como uma subvenção, Profa. Misabel.

Pois bem, a multa de 10% sobre o valor aduaneiro é aplicada na falta de comprovação de origem, disponibilidade e transferência de recursos. Uma das questões atualmente discutidas no âmbito do processo administrativo tributário, na esfera administrativa de tributação e também na esfera judicial, é a questão da responsabilidade relativa ao adimplemento tanto dos impostos, dos tributos incidentes na importação, como das sanções aplicadas. E me parece tratar-se de uma questão de responsabilidade por solidariedade entre essas pessoas. Porque as duas comungam de um benefício próprio relacionado a esse ato, a essa operação de importar.

Sob o ponto de vista prático, em complemento a esse exemplo da importação dos equinos, eu gostaria de mencionar – e, aí, também lendo, aqui, dois exemplos muito bem trabalhados pelo Prof. Tácio e comprovando que toda operação tem um nome e deve ter esse agente dentro da Receita, apelidando as operações –, a *Operação Narciso*, que o Prof. Tácio trabalhou muito bem, se declinou sobre o assunto, e eu, quando tive a oportunidade de compor o TIT, tive a possibilidade de apreciar e julgar essa matéria. A *Operação Narciso*, apenas para lembrar, era relativa às questões de importação praticadas pela *Daslu*, ou seja, venda sem nota no mercado interno, transferência dos recursos via cabo para o Exterior, para uma *offshore*, e essa *offshore* adquiria o produto no Exterior, da *Gucci*, *Prada*, *Lanvin*, *Louboutin* etc., pelo preço realmente de venda desse produto lá fora, e depois essa *offshore* contratava uma *trading*, ou a *Daslu* contratava uma *trading*, para que realizasse a operação de importação desta *offshore*, e ali se trabalhava o preço mais conveniente e oportuno – obviamente, com subfaturamento, para o pagamento dos tributos de forma parcial, em razão das reduções ilegais da base de cálculo dos tributos incidentes na importação. O Prof. Tácio também estudou a questão da *Operação Dilúvio*, as feiras clandestinas de produtos digitais da China.

Participante (não identificado) – Prof. Fábio, posso só fazer um aparte? Antes que termine. Na *Operação Daslu* eu falei: "Eu vou fazer uma defesa, aqui, da *Daslu*".

As acusações foram essas. Ao fim, não se provou tudo isso. Só por isso.

Fábio Soares de Melo – Curiosamente, eu, aqui, não estou defendendo a *Daslu*, não. Quero que a *Daslu* fique aberta. Acho que é o único lugar em que a gente pode comprar, aí ...

Participante (não identificado) – Não, não é o único, tem um monte. Não, Doutor. Não, Dr. Tácio, nós estamos em tempo de social, não é, Dra. Misabel? E podemos comprar em vários outros lugares. Mas só por isso, porque as acusações não se comprovaram todas.

Fábio Soares de Melo – Embora não tenham se comprovado, embora a *Daslu* tenha – eu estou aqui fazendo o papel, parece que eu sou agente fiscal estadual...

Participante (não identificado) – Está parecendo, está parecendo.

Fábio Soares de Melo – Eu sugeri o cancelamento das exigências, até porque os autos careciam de liquidez e certeza e de falta de comprovação documental. Mas, curiosamente, a *Daslu* aderiu a programas de incentivo de parcelamento especial e, talvez, reconheça sua culpa.

Participante (não identificado) – E o ônus da prova era do Fisco. É só enquanto o Dr. Fábio está terminando. Porque ele está terminando, eu tenho certeza.

Fábio Soares de Melo – E, por fim, a operação atual, do *Pouso Forçado*, onde a Receita, a Administração Pública, a Polícia Federal, Receita Federal do Brasil e os agentes alfandegários identificaram uma série de prefixos de aeronaves no País cuja propriedade era de *offshores*. E, indo atrás dessa questão, viram que várias estavam em hangares dos aeroportos brasileiros e não se comprovava ou não se identificava quem eram os reais proprietários dessas aeronaves. E o Fisco, em uma ação conjunta, verificou que quase a totalidade dessas aeronaves era de propriedade de *offshores*, ações ao portador, e, pelos controles de voo, identificaram quais eram os empresários que sempre se utilizavam dessas aeronaves. Com base em uma presunção, identificaram quem eram as pessoas físicas ou jurídicas, nacionais, que tinham remetido valores, quer via cabo, quer fechando o câmbio, e pautados pela legalidade, para o Exterior, para que essas empresas adquirissem as mercadorias lá fora e viessem voar única e exclusivamente dentro do território nacional. O Fisco, com essa presunção, então, começou a proceder ao sequestro desses bens sob alegação de que realmente essas aeronaves deveriam ser nacionalizadas e, por via de consequência lógica e jurídica, submetidas à tributação por todos os tributos incidentes na operação de importação, alegando também a ocultação de pessoa jurídica e a figura da interposição fraudulenta. Essas aeronaves chegavam ao Brasil, obtinham um regime de admissão temporária, para permanecer por aqui por 45 dias, pediam uma recondução por mais 15 dias, uma renovação, obtinham. Depois de 60 dias, quando vencia esse prazo da admissão temporária, a aeronave decolava e aterrissava em Punta Del Este, em Montevidéu, em Buenos Aires. A Dra. Maria Leonor está louca para falar sobre todos os temas, aqui. Temas práticos é com ela.

Participante (não identificado) – Não, eu acho que vai fazer concurso para fiscal agora, Dr. Tácio. Ou então nós não seremos contratados para fazer todas as provas contrárias.

Fábio Soares de Melo – Eu estou em um processo de espiritualização; então, eu não vou "meter o pau" em ninguém. Eu estou tentando me recompor com a Administração Pública. Tendo participado do CARF, do TIT e do Conselho, eu agora estou em um momento, aqui, de paz e amor, não é? [*truncado na gravação*].

E, aí, essas aeronaves davam um pulo fora do território nacional e obtinham, depois, um novo regime de admissão temporária por 45 dias e mais 15 dias, não é? Maria Leonor, eu estou fazendo o papel inverso ao Neder. O Neder veio para os escritórios, eu estou pretendendo ir para a Receita. Estou precisando de estabilidade. E o Fisco, então, apreendeu essas mercadorias. Os empresários, em um primeiro momento, as pessoas jurídicas, as pessoas físicas, que eram as proprietárias dessas aeronaves sofreram questionamentos na esfera da tributação, por intermédio da lavratura de auto de infração e imposição de multa e, também, questionamentos na esfera criminal, não é? E, em um segundo momento, entenderam que era melhor nem discutir a questão, porque, caso eles fossem vencidos nesses questionamentos, o valor para pagamento dos 100% sobre o valor aduaneiro é extremamente superior à aquisição de uma nova aeronave, muito mais moderna e já não obsoleta como essas que foram objeto de apreensão. Então, esse é um tema que ainda está pendente de julgamento na segunda instância da esfera administrativa federal, do CARF. Ao menos eu não tenho conhecimento de nenhum julgamento definitivo. E, também, da esfera judicial. Há uma série de jurisprudência administrativa e judicial acerca de toda a matéria abordada nessa exposição.

E eu agradeço mais uma vez à Profa. Leonor, presidente do IDEPE-Instituto Geraldo Ataliba, pela oportunidade – por mais uma oportunidade, na minha vida profissional e acadêmica –, cumprimentando aos demais, especialmente a vocês, Congressistas, aos patrocinadores, que fazem com que, a cada ano, se renovem o nosso interesse e a nossa esperança no que diz respeito à solução dos conflitos mantidos entre o Fisco e o contribuinte. Muito obrigado!

PROCESSO TRIBUTÁRIO

Maria Rita Lunardelli – Muito bom dia a todos! Nós vamos dar início à próxima Mesa, cujo tema é "Processo Tributário". Em primeiro lugar, eu quero agradecer à Diretoria do IDEPE, na pessoa da Dra. Maria Leonor, pelo honroso convite que me foi formulado para presidir esta Mesa. E honra maior ainda por estar ao lado de colegas e professores por quem eu nutro uma admiração muito grande: a Dra. Maria Rita Ferragut, a Dra. Juliana Costa, o Dr. Robson e o Dr. Nelton, e desde já agradeço a presença de todos. Como todos já sabem, a Dra. Maria Rita é Livre-Docente em Direito Tributário pela USP, Mestre e Doutora em Direito Tributário pela PUC/SP, autora dos livros *Responsabilidade Tributária e o Código Civil de 2002* e *Presunções no Direito Tributário*. Professora da PUC-COGEAE, FGV, Insper e IBET e Advogada em São Paulo. Muito obrigada! Passo a palavra imediatamente.

Grupo Econômico e Responsabilidade Tributária

Maria Rita Ferragut – Caríssima Presidente, Dra. Maria Rita Lunardelli; Exmo. Desembargador, Dr. Nelton dos Santos; caros Profs. Juliana Costa e Robson Maia Lins, é um prazer compor, mais uma vez, uma Mesa com vocês. Sras. e Srs., bom dia! O meu tema é "Grupo Econômico e Responsabilidade Tributária". Tema fascinante. As pessoas aqui presentes, que trabalham com direito tributário, devem concordar comigo que grupo econômico, hoje, é um dos temas mais discutidos da atualidade, seja em função de uma tendência global de agrupamento das empresas, seja por conta de diversas situações que foram identificadas na pragmática, de dilapidação patrimonial, de criação de *holdings* patrimoniais, de interposição de pessoas. Em função desse contexto, a Procuradoria passou a requerer a inclusão de outras pessoas como corresponsáveis pelo crédito tributário. O Judiciário, em regra, vem deferindo essas inclusões. E o contribuinte se encontra em uma situação em que a primeira forma de defesa, que é a exceção de pré-executividade, é muito restrita, em função de todas as nuanças que envolvem o tema.

Para que possamos entendê-lo e estudá-lo, é necessário que adentremos a legislação comercial, direito societário; entendamos a estratégia das empresas que, alegadamente, compõem o mesmo grupo econômico, entendamos o seu negócio. Então, a matéria é muito rica, é fascinante. Na minha visão, ela é sedutora, não é?

Mas nós também temos o outro lado, que é o fato de que a expressão "grupo econômico" passou a ser mágica. Basta que a Procuradoria alegue formação de grupo econômico, que o Judiciário defere a inclusão de corresponsáveis na lide. Se a alegação for de que há um grupo econômico – a tal expressão mágica – aliada à confusão patrimonial, então, não há a mínima possibilidade de a inclusão não ser deferida. E aqui não me refiro a situações em que a corresponsabilidade está autorizada por lei, em que existe a prova efetiva de um grupo econômico e há, na situação concreta, dilapidação patrimonial, emprego da personalidade jurídica com fins distintos daqueles previstos em lei, no seu objetivo social, a fraude. É claro que nessas situações há necessidade de o Direito lutar contra a fraude. Ele propicia instrumentos para que essa corresponsabilização seja efetivamente implantada. Mas não é a essa situação que me refiro. Eu me refiro a uma infinidade de casos em que a estratégia, hoje, é incluir 3, 4, 5, 10 empresas no polo passivo de uma execução. A produção probatória é riquíssima com relação a uma ou duas dessas empresas, e todas as demais são meramente referidas na petição que requer o reconhecimento do grupo econômico. E o Judiciário reconhece, como se tudo fosse uma coisa só, a formação do grupo e a inclusão de todas elas no polo passivo. Diante dessa situação, o que é que resta ao contribuinte? A exceção de pré-executividade. Agora, protocolo uma exceção de pré-executividade e não tenho meus argumentos analisados, em função, como eu falei para vocês, da precariedade dessa via processual. A dilação probatória não é permitida em sede de exceção. Mas, se eu não posso produzir provas para a minha exclusão, o mínimo que deve existir, segundo a minha avaliação, é prova consistente, aparentemente convincente, de que há fraude e há formação de grupo econômico para todas as envolvidas. Então, o que vejo é a inclusão açodada, apressada, de várias empresas. Produzo prova em relação a uma ou duas empresas, mas cito na minha petição 5, 6, 10 outras, e o despacho que reconhece o grupo aplica-se a todas essas pessoas jurídicas. O contribuinte, hoje, vive uma situação de mitigação da ampla defesa. E essa minha afirmação não é retórica, não é "vamos alegar cerceamento de defesa", não é isso. Mas tenho casos em que eu sou acusada de uma forma desprovida de provas, eu tenho uma acusação robusta, consistente, com relação a uma ou duas empresas, mas não aquela que eu defendo, não aquele determinado contribuinte. E o Judiciário, seja primeira instância ou tribunal, se vê impedido de analisar as minhas razões, por conta da exceção de pré-executividade e da impossibilidade de análise probatória. A via, então, é qual? Embargos à execução fiscal, extremamente onerosa e demorada, como vocês sabem. Esse é um primeiro ponto para o qual eu gostaria de chamar a atenção de vocês. É óbvio que o Direito protege o credor, ele protege o Fisco, ele tem que proteger o Fisco nas situações em que a formação de um grupo econômico for efetivamente demonstrada e – dois –, uma vez demonstrada a configuração do grupo, as hipóteses legais que permitem a corresponsabilidade se encontrem presentes.

O Direito requer esses dois estágios da análise. Grupo econômico é o primeiro, e é muito complexo, porque a legislação comercial e societária não é satisfatória no que diz respeito à previsão de todos os tipos de grupo econômico, tal como o de fato. Nós temos, como vocês sabem, na legislação comercial os grupos de direito e os grupos econômicos de fato. Os grupos de direito são muito raros no Brasil, são os consórcios. Os grupos de fato são os normalmente presentes. Mas a legislação societária traz duas hipóteses, somente: as coligadas e as controladas. O que há é uma construção jurisprudencial no sentido de que, havendo fraude, indício de confusão patrimonial, deve ser reconhecida a existência de grupo econômico. Não há base legal para essa conclusão, e é aí que residem o grande perigo e a incerteza da aplicação da legislação que hoje temos. Não se sabe quando o Judiciário reconhecerá a formação do grupo e qual será o efeito que ele dará a uma decisão que eventualmente venha a reconhecer.

Portanto, inicio com vocês com esse conceito de grupo econômico, que é um conceito amplamente divulgado na doutrina, que entende que grupo econômico é o conjunto de sociedades empresárias que atuam em sincronia. É necessário que eu identifique mais de uma sociedade com patrimônio e personalidade jurídica distintos e que, a partir dessa identificação – então, esse é o meu primeiro passo –, eu passe ao segundo passo. Uma vez identificado o grupo econômico, a corresponsabilidade é autorizada pelo direito positivo atual. Então, para responder à primeira questão, quando eu tenho um grupo econômico? Quando há esse conjunto de sociedades que atuam em sincronia.

A Lei 6.404/1976 prevê duas situações. No Capítulo XX, grupo econômico de fato, sociedades ligadas, controladas e controladoras. Decorrem de exercício de administração ou de poder de controle. O Prof. Fábio Konder Comparato faz a distinção entre controle e administração. A legislação societária previu as duas formas. O controle se dá normalmente por maioria do capital social. Se detenho essa maioria, 50% mais 1, presumidamente detenho o poder de gestão e de decisão com relação às demais sociedades envolvidas. Ou uma forte dependência externa. Então, não há essa participação societária majoritária. Entretanto, são empresas de um mesmo grupo, em que existe participação societária – minoritária, mas existe –, mas esta sociedade minoritária presta serviços ou industrializa, ou comercializa, exclusivamente ou majoritariamente, para a sociedade-mãe. Essa dependência externa da controladora, da controlada, é um indício de formação de grupo econômico. Ou dispersão dos demais acionistas, em que pese a não haver a maioria do capital social, os demais acionistas não representam um poder de gestão, de decisão, nas assembleias. O minoritário é identificado como o real controlador daquele caso. Para que eu identifique essas situações, obviamente, a linguagem probatória é fundamental. Não basta que se alegue participação social, e, sim, esse poder de controle com relação aos demais envolvidos. E a segunda situação é direção unitária, nas situações em que eu tenho coligadas eu não tenho o controle, mas tenho a administração, que não há subordinação entre as empresas, mas uma harmonização entre as decisões que são tomadas em todas as sociedades do alegado grupo.

E o Capítulo XXI traz os grupos de direito, que dizem respeito a situações em que as empresas envolvidas decidem, em assembleia, constituir uma nova sociedade que terá como participação no capital social todas as envolvidas no grupo ou parte daquelas envolvidas no grupo. Existe uma decisão prévia, tomada em assembleia, para a constituição de uma nova sociedade, que é o caso dos consórcios. Quando nós tratamos de responsabilidade tributária de grupo econômico, o grupo econômico de direito perde um pouco de importância, em função de ser raro, não é? Temos uma grande maioria de sociedades com patrimônio independente, sociedades limitadas, sociedades por ações, e não consórcios constituídos na forma do art. 265 da Lei 6.404/1976. Esses grupos formalizados, portanto, não apresentam muito interesse para estas reflexões. O que eu gostaria de tratar com vocês é da dificuldade de identificação do grupo econômico de fato, que possui na legislação societária a definição das coligadas e das controladas e uma legislação infralegal na esfera tributária, que é a Instrução Normativa 971/2009. A legislação trabalhista é muito mais antiga, é de 1943, que define o grupo econômico como sendo a união de duas ou mais empresas sob a mesma direção, controle ou administração. Então, toda vez que eu tiver direção, controle ou administração independentemente de participação no capital social tenho grupo econômico de fato. O Prof. Fábio Ulhôa define o grupo econômico de fato como sendo o composto por coligadas e controladas.

A doutrina brasileira de direito comercial e a Lei das S/A consideram que o grupo econômico de fato existe quando houver coligadas e controladas. Essa é a realidade jurisprudencial hoje? Não. Nós temos essa situação aliada a uma segunda corrente, em que o grupo econômico de fato é demonstrado a partir da identificação de interesse comum e subordinação. Se houver interesse comum, seja lá o que isso signifique, eu tenho um grupo econômico. E vocês ouviram o Prof. Tácio falando, anteriormente, da importância da produção probatória. E, aqui, eu reitero. Sem prova não há materialidade, não há fato gerador, não há acusação e não há defesa. Prova de interesse comum, de subordinação de grupo econômico, é fundamental. E a contraprova idem. Como eu demonstro que há interesse comum, que há fraude, que há subordinação, se o direito positivo, na minha visão, não autoriza que, com base na identificação de uma simulação, por exemplo, eu reconheça grupo econômico? O que eu quero dizer com isso? Em grande parte das situações em que há alegação de grupo econômico não se trata de grupo econômico em si, e sim de sucessão empresarial. Outra parte, na simulação, não é grupo econômico. Os autos de infração deveriam ser lavrados com base no art. 149 do CTN. O art. 149 é que legitimaria a inclusão de um terceiro no polo passivo daquele auto de infração, e não a alegação de grupo econômico. Mas por que as pessoas insistem tanto em grupo econômico – seja Fisco, o auditor fiscal, seja a Procuradoria? Porque a nossa tendência, hoje, é deferir a inclusão dessas pessoas. É muito mais complexo eu ter que demonstrar que houve uma simulação, em um caso concreto, do que eu dizer que presumidamente há a formação de um grupo. Então, o que se tem muito é sucessão empresarial, é simulação – art. 149 do CTN –, e não grupo econômico. No grupo econômico preciso comprovar haver uma controlada, uma coligada. Fiz isso? Ok, tenho demonstrado no caso concreto. A jurisprudência, hoje, considera que, além disso, ou apesar disso, se houver confusão patrimonial eu também tenho grupo econômico. O que eu considero que é muito relevante dentro desse contexto? Uma vez identificada a existência desse grupo, quais são as duas hipóteses em que a corresponsabilidade é legal? São duas situações: interesse comum e art. 50 do CC.

Quando falamos em interesse comum, Srs. e Sras., nós caíamos em um problema muito grande para quem acusa. Porque, hoje, a jurisprudência judicial é consolidada no STJ no sentido de que o interesse comum que autoriza o redirecionamento é o interesse jurídico, não o interesse econômico. O que se tem na pragmática é a aplicação do interesse comum com o interesse econômico. Se tenho participação societária em uma empresa e recebo dividendos, posso ser corresponsabilizada. Isso é um erro. O que deve haver é interesse comum, art. 124 do CTN, ausência de interesses jurídicos opostos na situação que configure fato gerador e realização conjunta do fato gerador.

Cito aqui para vocês uma decisão do Min. Luiz Fux, quando ainda estava no STJ. O que precisamos ter é interesse jurídico. Ambas as sociedades praticando o fato gerador. E, aí, a Dra. Juliana fala: "Lindo, Maria Rita. Só que isso não ocorre. Eu não tenho duas sociedades importando conjuntamente, circulando mercadoria, industrializando". Concordo, Dra. Juliana. Só que a legislação traz um limite semântico. Ou eu a desprezo, ou eu sigo o que está na lei. Se eu não realizei fato jurídico conjuntamente, não há que se falar em interesse comum para fins de responsabilidade tributária. O que eu posso, sim – e, aí, eu concordo –, é corresponsabilizar, em função de um ilícito, de uma fraude. Mas não é o interesse comum o argumento adequado. Esses autos de infração deveriam ser anulados. Essas empresas que são acusadas com base no art. 124 em execuções fiscais deveriam ser excluídas em exceção de pré-executividade. Porque a prova é complexa – Dr. Nelton –, ela é complexa. Mas a acusação também não pode ser apressada. Preciso levar elementos ao julgador para que ele se convença de uma aparente fraude em que as empresas participaram. Isso estando presente há, obviamente, que se manter as sociedades no polo passivo da execução fiscal.

A segunda situação que temos não é mais de interesse comum, tem uma aplicação extremamente restrita, embora todo mundo use, não é? Mas imagino que essas acusações, quando chegarem ao STJ, serão canceladas, e o que nós podemos é utilizar o art. 50 do CC, que trata da desconsideração da personalidade jurídica em caso de abuso da personalidade jurídica. A lei, aqui, também é clara. Quando eu posso desconsiderar a personalidade jurídica? No caso de abuso. Desconsideração não é extinção da personalidade jurídica. Ela continua existindo para todos os fins que não aquele específico. O que se tem, no caso concreto, é uma mitigação temporária da autonomia patrimonial e da limitação da responsabilidade dos sócios.

Presentes confusão patrimonial ou desvio de finalidade, o Judiciário pode autorizar a desconsideração da personalidade jurídica para aquela situação, não para todas as situações. Embora exista também o argumento sedutor de que, poxa, é injusto, porque eu sou corresponsável no débito, mas no aproveitamento do prejuízo fiscal eu não posso. Então, eu sou um grupo só na hora de pagar, mas não sou um grupo na hora de me aproveitar de um prejuízo, de uma base de cálculo negativa, por exemplo. É razoável, porém não é legal. O art. 50 não autoriza essa interpretação. E, se nós queremos seguir o que está na lei, devemos seguir para aquilo que nos ajuda e aquilo que nos prejudica – no que favorece e no que prejudica.

O art. 50 trata do abuso de personalidade diante de desvio de finalidade ou confusão patrimonial. Confusão patrimonial, Srs., não é qualquer coisa. Eu me utilizo de um termo extremamente vago para que eu possa redirecionar. Isso é ilegal. Confusão patrimonial possui um conteúdo construído ao longo de muitos anos pela jurisprudência e pela doutrina. É impossibilidade de fixação de limite entre patrimônios de duas ou mais pessoas envolvidas. Dilapidação patrimonial não é confusão patrimonial. Diminuir a atividade de uma empresa e iniciar outra não é confusão patrimonial. É preciso tomar cuidado, porque a confusão patrimonial, assim como o grupo econômico, está sendo empregada, hoje, de maneira totalmente técnica. Preciso de um argumento – confusão patrimonial. Aqui é um "guarda-chuva" em que cabe absolutamente tudo. Não é, não pode ser aplicado dessa forma. Confusão patrimonial é impossibilidade de fixação de limite entre os patrimônios.

E desvio de finalidade? Aí, sim, a abrangência é maior. Eu tenho o desvio de finalidade sempre que eu empregar a minha pessoa jurídica para fins lesivos, considerando a lei e os objetivos sociais. Se eu, deliberadamente, fraudo o Fisco – e essa sucessão de atos ou este ato pode ser demonstrado por meio de provas diretas e presunções, a produção probatória é ampla e tem que ser acatada. Se demonstro o desvio de finalidade na utilização da minha pessoa jurídica, sim, eu tenho uma hipótese prevista no art. 50 do CC que autoriza essa desconsideração da personalidade jurídica. O problema que existe na aplicação do art. 50 é que a desconsideração existe mediante autorização judicial. Na esfera administrativa, quando, por exemplo, a Receita Federal do Brasil pretende incluir um terceiro no polo passivo do auto de infração, se ela fundar essa corresponsabilidade no art. 50, obviamente esse auto será anulado, porque não há uma autorização judicial prévia. Então, ela se utiliza do art. 124 – raramente do art. 149 – do CTN. Há uma dificuldade, na esfera administrativa, na aplicação dessa regra. Particularmente, eu não vejo problema nenhum de a Procuradoria entrar com uma ação judicial para que haja reconhecimento do grupo econômico e, mediante uma liminar judicial, essa pessoa ser incluída no auto de infração. Esses casos que envolvem a corresponsabilidade normalmente envolvem muito dinheiro. Ademais, não há nenhum impeditivo processual ou prático de interesse em que haja uma ação judicial prévia de reconhecimento para que, depois, haja a inclusão no auto de infração. Mas eu nunca vi isso, não sei se já foi feito alguma vez. O que eu noto é o art. 124 do CTN, para fugir dessa necessidade imposta pelo art. 50 do CC.

Essas são as duas questões que coloco aqui como problemas. O primeiro, autorização judicial, e o segundo, que eu não poderia deixar de falar rapidamente, é no sentido de que o art. 50 não se aplica, para alguns, à responsabilidade tributária, tendo em vista o art. 146 da CF, inciso III, que prescreve a necessidade de lei complementar para dispor sobre sujeição passiva. Para mim, esse entendimento, que vem sendo bem divulgado na doutrina, é incorreto, porque ao desconsiderar a personalidade jurídica para fins de corresponsabilização eu não estou incluindo um terceiro no meu processo, e sim uma mesma pessoa, o mesmo devedor, naquele caso. A responsabilidade é apenas patrimonial, e não se trata de litisconsórcio e responsabilidade de terceiros. Eu desconstituo a personalidade para aqueles fins, então não trago um terceiro para a lide, não tenho uma sujeição passiva composta por dois sujeitos. Tenho, juridicamente, uma desconsideração daquele que é incluído posteriormente, ou que não é o devedor originário. Nessa medida, não precisaria de lei complementar, a lei ordinária basta, porque não há uma hipótese de solidariedade entre duas pessoas que praticam junto o fato gerador, por exemplo – porque, aí, eu precisaria de lei complementar. Aqui, não. Aqui é uma desconsideração, então eu não trago um terceiro. Eu desconstituo a personalidade dele para que ele venha junto com o devedor originário. E não há, por consequência desse meu entendimento, prazo prescricional para essa inclusão. A prescrição deveria existir no caso de eu trazer uma outra pessoa jurídica. Se esse for o entendimento, de que não é, não há que se falar também em prazo prescricional para essa corresponsabilidade.

E, por fim, eu rapidamente gostaria de expor aqui para vocês três situações curiosas e que refletem muito a posição, hoje, no Judiciário, de reconhecimento e corresponsabilidade dos grupos econômicos. São três processos, um é da Justiça Federal de Vitória, um de São Paulo e outro de Campinas. Para que vocês tenham uma ideia de como é complexa essa produção probatória, alegação de grupo, de confusão patrimonial.

No primeiro deles foi demonstrado o esvaziamento patrimonial da devedora. Isso é fraude? É, obviamente. Agora, o fato de ser fraude leva à conclusão de que eu tenho um grupo econômico? Leva à conclusão de que eu não preciso respeitar prazo prescricional? Porque essa é uma grande consequência, na minha visão, de ser grupo econômico. Porque, se for fraude, eu tenho o art. 149 do CTN, preciso respeitar prescrição. Aqui, esvaziamento patrimonial da devedora, sócios retiram-se e outros entram. A interposição fraudulenta foi demonstrada, no caso. Os ex-sócios constituem novas sociedades diretamente e outras com familiares. Há empregados comuns, reclamações trabalhistas, mesmos advogados, PBX, imóveis. É correto o reconhecimento? Na minha visão, não. Justiça Federal de São Paulo, sim, o reconhecimento foi correto e a corresponsabilidade também. Diversas pessoas administradas pela mesma *holding* patrimonial. Então, havia poder de controle. Endereço do CNPJ é o mesmo, verificação *in loco* de que o endereço diz respeito a um pequeno escritório – então, demonstra a fraude.

Eu tenho receita bruta crescente da executada originária e, de repente, uma abrupta diminuição. O que será que ocorreu? Porque ela vinha em uma ascensão e, de repente, houve uma abrupta redução. Essa abrupta redução foi acompanhada da criação de uma nova sociedade com atividade similar, que passou a faturar bastante. Nesse contexto, é possível eu concluir que havia, de fato, toda uma engenharia para burlar o Fisco. Instalações da executada utilizadas por outra empresa, com base em contrato de arrendamento, e não havia pagamento dos primeiros 10 anos. Tem contribuinte que é arrojado, não é? Além de fazer tudo isso, ele prevê um contrato de arrendamento, em que não há remuneração. Isso é inconcebível em relações normais, em relações comuns. A produção probatória, aqui, foi muito consistente.

Indicação da pessoa física – e, aqui, um divórcio, para concluir. As pessoas se divorciaram, e se interpõe o "laranja", no caso. Elas se divorciaram. Aí, você teve a transferência dos bens dele para a ex-mulher de quem tinha, antes, a sociedade da empresa. Então, o que é que se fez? Vendeu para o "laranja". Aí, o proprietário antigo se divorciou da mulher, o "laranja" pagou, a título de dívida, para essa ex-mulher, com todo o patrimônio que ele adquiriu para comprar essa sociedade. Houve, efetivamente, a demonstração de transferência do patrimônio para devolver aquele dinheiro que, a princípio, foi dado para o "laranja", para que ele tivesse pelo menos capacidade econômica de adquirir a empresa. E, por fim, o caso da Justiça Federal de Campinas, em que há participação societária e administração comum, utilização dos mesmos empregados, sem que haja um rateio de despesas entre as sociedades – porque pode haver esse rateio de despesas sem problema nenhum. É grupo econômico, mas eu não posso ter corresponsabilidade no débito. Agora, se eu não faço dessa forma, sim, a confusão patrimonial começa a aparecer. Empresas do grupo detinham o poder de movimentação de contas correntes e reconhecimento da existência de grupo econômico pela Justiça do Trabalho, que, sem dúvida alguma, é uma forma extremamente valiosa de se demonstrar o grupo econômico e a fraude.

Portanto, são três casos que considerei relevante trazer ao conhecimento deste seleto público, para que vocês conseguissem avaliar a complexidade que este tema traz, hoje, para o direito tributário.

Agradeço a atenção de todos e fico à disposição para eventuais esclarecimentos depois. Muito obrigada!

Maria Rita Lunardelli – Imediatamente, eu vou passar a palavra para a Dra. Juliana Costa, Doutora em Direito Tributário pela PUC; Procuradora da Fazenda Nacional; Chefe da Divisão de Defesa em Segunda Instância da Procuradoria Regional da Fazenda Nacional, 3ª Região; Professora de Direito Tributário do Mestrado Profissional do Direito-GV e dos cursos de Pós-Graduação do IBET, PUC-COGEAE e GV-*Law*. A Dra. Juliana vai tratar do tema "Atuação da PGFN e da SRFB diante da Jurisprudência Pacificada das Cortes Superiores: Perspectivas Diante da Lei 12.844/2013". Com a palavra.

Atuação da PGFN e da SRFB diante da Jurisprudência Pacificada das Cortes Superiores: Perspectivas Diante da Lei 12.844/2013

Juliana Furtado Costa Araújo – Bom dia a todos! Eu gostaria de agradecer o convite feito pelo IDEPE. É um prazer enorme estar aqui mais um ano. Gostaria de cumprimentar os ilustres Professores que compõem esta Mesa e toda a plateia aqui presente. O tema que abordarei mostra uma atuação proativa da Fazenda Nacional diante da jurisprudência pacificada do STJ e do STF e quais as perspectivas diante da Lei 12.844/2013. É muito bom e me dá muita satisfação falar de um tema que mostra uma tentativa da Procuradoria da Fazenda Nacional e da Secretaria da Receita Federal de se adaptarem à jurisprudência dominante nas nossas Cortes Superiores. Penso que, hoje, a questão da uniformização do entendimento dos tribunais, STF e STJ, é algo que é necessário. E é importante analisar os impactos disso sobre a atuação da Fazenda, seja na constituição, seja na cobrança e defesa dos créditos em juízo.

Importante deixar claro que, quando há um julgado em sede de recurso repetitivo e repercussão geral, há uma vinculação, ainda que mediata, do próprio Poder Judiciário àquelas decisões dadas pelo STF e pelo STJ. Mas não existe, realmente, uma vinculação às partes dos processos. Então, nada impede que o contribuinte ou a Fazenda continuem a demandar o Judiciário. É claro que existe a possibilidade de haver multa, de terem algumas sanções para inibir esse tipo de ação. Mas, realmente, não há na legislação, no Código de Processo Civil, na Constituição Federal – que também foi alterada para se adaptar a essa uniformização da jurisprudência –, nada que impeça que o contribuinte ou a Fazenda continuem recorrendo ao Judiciário mesmo já havendo uma decisão uniformizada em relação a um tema específico.

Mas eu penso que a Fazenda não poderia ficar de braços cruzados vendo toda essa realidade, e não se curvar a ela. E creio que é bem isso que tem acontecido com uma série de atos normativos internos, que culminaram na Lei 12.844/2013, demonstrando a necessidade, hoje, de a Fazenda Federal se submeter, sim, aos entendimentos do STF e do STJ. E isso vai bem contra aquela ideia de que – eu acho que todos os Srs. aqui, em algum momento, pensaram e pensam – a Fazenda recorre de tudo. Então, hoje, nós temos dados e temos lei tentando impedir isso. Estamos no começo de grandes mudanças, que virão aí pela frente. Mas é assim que se consegue ter resultados positivos no futuro.

A partir de 2010 houve a expedição da Portaria PGFN-294, que vincula apenas a Procuradoria da Fazenda Nacional e estabelece uma série de situações em que a Fazenda não deve apresentar recursos e contestações nos processos judiciais. E essas hipóteses contempladas por meio dessa portaria trazem como novidade as questões já julgadas pelo STF e pelo STJ em sede de repercussão geral e recurso repetitivo. Algumas situações em que a Procuradoria já não recorria foram também contempladas, como os casos de súmula vinculante, julgamento em sede de controle concentrado de constitucionalidade, com efeito *erga omnes*, quando há ato declaratório da PGFN, súmula ou parecer da AGU ou parecer da própria PGFN. Isso não era nenhuma novidade. A grande novidade foi, realmente, a questão dos julgados em sede de repercussão geral e recursos repetitivos, desde que não haja nenhum caso excepcionado, que são aquelas situações em que a Procuradoria entende que ela pode, efetivamente, vir a modificar esse entendimento, e, portanto, continuar discutindo. Eu falo, desde já, que essas situações excepcionais são poucas se comparadas com a quantidade de repetitivos e repercussão geral que nós temos hoje, já resolvidos e transitados em julgado, em sede de apreciação do STF e do STJ e não mais objeto de recurso.

Bom, e por que a tomada dessa posição por parte do Fisco Federal? Primeiro, porque se entende que o julgado em sede de repercussão geral apresenta uma força persuasiva especial e diferenciada. E por quê? Porque o rito para a construção daquela decisão é diferenciado. É preciso que se tenha uma discussão prévia nos tribunais a respeito do tema; haja uma posição formada, que vai ser confirmada quando do julgamento do repetitivo ou da repercussão geral. É claro que às vezes isso não acontece. Mas a regra seria essa. É, ao mesmo tempo, a razão pela qual foi criado o sistema do recurso repetitivo e da repercussão geral. Na verdade, nós temos essa uniformização da jurisprudência visando diminuir a quantidade de processos no Supremo e no STJ, sem dúvida nenhuma. Mas também há o objetivo de uniformizar a jurisprudência. Então, é necessário que a Fazenda, como uma das grandes litigantes perante o Poder Judiciário, passe também a se curvar àquilo que está sendo decidido.

E, por conta disso, nós também temos nessa Portaria 294, no seu art. 2º, a possibilidade de não serem apresentados recursos – e, aí, só em sede dos STJ e STF – que envolvam matérias que não foram submetidas ao rito da repercussão geral e do repetitivo, mas que já estão pacificadas nessas Cortes, e, portanto, não seria conveniente insistir na discussão. A Procuradoria disponibiliza listas, que ficam na Internet, que apresentam mais de 100 temas onde Fazenda Nacional já não recorre mais.

Acontece que nós tínhamos aí um certo "limbo", porque a Procuradoria não recorria, mas a Receita Federal continuava autuando e a própria Procuradoria continuava inscrevendo em Dívida Ativa e cobrando tributos cuja decisão das nossas Cortes superiores já era em sentido contrário àquela exigência. Então, em 2011 veio o Parecer PGFN-2.025, tentando estender à esfera administrativa de cobrança e administração do crédito tributário essas dispensas. Considerando que não há mais a possibilidade do recurso na esfera judicial, não tem muito sentido que se continue exigindo aquele tributo, autuando, lavrando autos de infração e, ao mesmo tempo, cobrando. Assim, a partir de 2011 foram estendidas à atividade de instituição e cobrança do crédito as dispensas presentes no art. 1º da Portaria 294/2010, a que eu me referi anteriormente.

Ocorre que isto trouxe alguns problemas, porque esse último parecer citado não reconhecia a adesão da Fazenda à lide que estava sendo discutida. Na verdade, a Procuradoria e a Receita reconheciam que, por uma série de princípios constitucionais, como os da eficiência, da legalidade (compreendido como a necessidade de se atender à finalidade da lei) e proporcionalidade, a opção adotada era não recorrer, mas não se estava aderindo ao pedido do contribuinte. Só que isso traz consequências, porque, se eu não adiro ao pedido do contribuinte, eu não posso, por exemplo, reconhecer um crédito para fins de compensação. As Delegacias da Receita Federal do Brasil de Julgamento, por exemplo, não podem julgar de acordo com o entendimento do STJ e do STF, porque elas estariam concordando com o pedido, e o parecer, que é vinculativo a esses julgadores, dizia em sentido contrário, que não poderia haver essa concordância. Dessa forma, seria necessário fazer mais alterações – e isto efetivamente ocorreu.

Ainda que se enfrentassem problemas dessa natureza, alguns avanços nitidamente poderiam ser vistos. Dentre estes citamos a possibilidade de a Receita Federal não iniciar ação fiscal envolvendo temas já resolvidos em sede de repercussão geral e repetitivo e não efetuar o lançamento de ofício. A PFN poderia não mais cobrar créditos que se enquadrassem em discussões já pacificadas nas Cortes Superiores, ainda que já estivessem inscritos em Dívida Ativa. Não mais inscrevia o nome desses devedores em cadastros como o CADIN, e também não poderia causar empecilhos à concessão de Certidão Negativa de Débitos.

Só que, como eu disse, isso não atendia a todas as expectativas que estavam surgindo; e dentre essas novas demandas apareceram basicamente três, que eram: Seria possível, diante de uma jurisprudência pacificada, em sede de repercussão geral e repetitivo, que a Receita revisse lançamentos que já foram efetuados? E a devolução de valores, com base nesses julgados, pela via da restituição e da compensação? E como ficaria a postura das autoridades julgadoras nas DRJs? .

Em 2013 essas questões foram solucionadas com a edição do Parecer PGFN-396. Por meio desse parecer a Procuradoria da Fazenda Nacional reconheceu, também aplicando princípios constitucionais, a possibilidade de o Fisco adimplir ao entendimento do contribuinte. Ou seja: acatar aquilo que nossos Tribunais Superiores entenderam em sentido contrário aos interesses fazendários, reconhecendo a tese a favor do contribuinte. Isso traz, com certeza, reflexos importantíssimos. Um desses reflexos – e talvez o mais importante – é a possibilidade de aquele contribuinte que, por exemplo, pagou indevidamente um tributo, ao identificar que o STF julgou que o tributo é indevido, em sede de repercussão geral, e não havendo nenhuma ressalva a essa discussão feita pela Procuradoria da Fazenda, pedir a devolução desses valores administrativamente, e seu pedido há de ser deferido pela Receita Federal.

Vejam que isso tudo é possível diante de uma mudança de orientação do Fisco. E, com base nos arts. 100 e 146 do CTN, é necessário que sejam expedidos atos normativos admitindo essa mudança de orientação e, portanto, autorizando que esses direitos dos contribuintes sejam reconhecidos. E, aí, muito se questionou, quando saiu esse parecer, que esses atos não iriam sair e que, portanto, toda essa previsão aqui não teria todo esse impacto que estava se imaginando no seio da Secretaria da Receita Federal. Não é o que acontece.

Como eu já afirmei, nós temos aqui uma evolução do entendimento. No começo da palestra eu coloquei que a ideia da diminuição da litigiosidade começou, primeiro, no seio da Procuradoria, com a não apresentação de recursos. Depois foi estendida à Receita Federal, que passou a não efetuar lançamentos. Agora nós já temos a possibilidade de o próprio pedido do contribuinte ser reconhecido. Tudo isto, porém, por meio de atos infralegais.

A grande novidade do ano de 2013 foi a condensação e a colocação de todo o acima explanado na Lei 12.844.

Com a Lei 12.844/2013 tivemos, efetivamente, a colocação de tudo isso que eu acabei de falar em um instrumento legislativo. Alterou-se a Lei 10.522, e hoje está descrito e prescrito na lei que as matérias decididas de modo desfavorável pelo STF e pelo STJ em sede de repetitivo e repercussão geral não serão objeto de recurso pela Procuradoria. E a própria lei, de forma bastante inovadora, incluiu a Receita Federal aqui, dizendo, no § 4º de seu art. 19, que a Secretaria da Receita Federal não irá constituir créditos tributários relativos a essas matérias que já foram pacificadas pelas nossas Cortes Superiores, após manifestação da Procuradoria da Fazenda, que, obviamente, é quem pode dar essa orientação, porque é o órgão de representação judicial.

E há no § 5º uma inovação também muito grande, que é a possibilidade de a Receita Federal, nas suas decisões em processos administrativos, reconhecer o entendimento adotado nas decisões do STF e do STF, nos termos dos arts. 543-B e 543-C, do CPC.

Hoje é plenamente possível que o contribuinte, por exemplo, retifique declarações e a Secretaria da Receita Federal reveja lançamentos diante da jurisprudência pacificada de nossas Cortes Superiores. Há a possibilidade de reconhecimento de eventuais créditos para fins de restituição, tudo conforme a jurisprudência do STF e do STJ em sede de repercussão geral e repetitivo.

Vejam que é uma atuação conjunta da Procuradoria e da Receita, analisando o que os nossos Tribunais têm decidido em sede de repercussão geral e repetitivo, verificando a possibilidade de adesão a esse entendimento; e no momento em que há essa adesão é plenamente possível que tudo isso que eu falei seja aplicado, seja pela Receita, seja pela Procuradoria – a Receita na constituição do crédito e a Procuradoria na cobrança.

Em 2014 veio a primeira portaria conjunta Receita/Procuradoria, que é a de n. 1, exatamente estabelecendo o procedimento para essa troca de informações entre os órgãos. Esse procedimento se dá, hoje, da seguinte forma: toda vez que um tema é eleito como repetitivo ou repercussão geral, a Procuradoria informa a Receita Federal, que estuda o impacto daquilo em todos os contribuintes. Quando há decisão definitiva do STF ou do STJ, a Procuradoria encaminha para a Receita uma nota explicativa, dizendo se aquele tema foi efetivamente encampado pela Procuradoria como um tema que não será mais objeto de recurso. A Receita tem um prazo para se manifestar e colocar seus argumentos, se ela concorda ou não com aquela opção da Procuradoria. Mas o que importa é que, após essa submissão, esses temas são disponibilizados na Internet, e fica a Receita Federal já autorizada a não constituir, e todas as outras consequências que eu coloquei aqui. E a Procuradoria, a não recorrer. Hoje, no *site* da Receita é possível identificar uma série de situações que já estão ali colocadas nos termos desta Portaria Conjunta 1/2014.

Agora, claro, vejam, isso tudo é muito novo, vem de 2010 para cá, e muitos daqui devem estar se perguntando: "Mas eu nunca vi a Receita reconhecer um julgado do STJ ou do STF e deixar de me autuar". Eu vejo que, aí, há um papel muito importante do próprio contribuinte, fazendo valer a aplicação desses instrumentos, que são vinculativos. E, ao mesmo tempo, verificar o seguinte: tem muita coisa que está pendente, recursos que foram apresentados quando ainda não existiam essas dispensas. Autos de infração que foram lançados quando também ainda não havia todo esse instrumental normativo autorizando a postura do fiscal e do procurador. Afinal de contas, não podemos esquecer que estamos diante de créditos públicos, indisponíveis. Então, realmente, sem todas essas autorizações não é possível que o Fisco aja proativamente, como eu estou colocando.

Aqui na 3ª Região – e já encerrando – temos números bem significativos de aplicação desses instrumentos. Só no ano de 2013 mais de 6.000 recursos não foram apresentados perante o TRF envolvendo questões já pacificadas pelo STJ e pelo STF. E, em relação ao passivo, que seriam recursos pendentes de apreciação, em dois anos já se conseguiu fazer um trabalho onde mais de 2.000 desistências foram apresentadas perante a Vice-Presidência do TRF-3ª Região. Realmente, esse é um trabalho bem interessante. Como eu falei, está no começo, mas é a tendência, de forma que espero que daqui a uns dois anos possa voltar aqui trazendo resultados melhores.

Finalizando, vejo que a condensação de tudo isso na lei é muito importante para dar mais segurança ao fiscal e mais segurança ao procurador na hora de desistir da cobrança e da constituição de um crédito tributário.

Mais uma vez, gostaria de agradecer a atenção de todos, colocando-me disponível para as perguntas. Muito obrigada!

Maria Rita Lunardelli – Vou passar a palavra para o Dr. Robson Maia Lins, que tratará do tema "Imunidades Tributárias e as Recentes Manifestações do STF".

Imunidades Tributárias e as Recentes Manifestações do STF

Robson Maia Lins – Boa tarde a todos! Eu queria, em nome da Presidência, Dra. Maria Rita Lunardelli, cumprimentar a meus Colegas de Mesa, Des. Nelton dos Santos, Maria Rita Ferragut e a Dra. Juliana. Em nome da Dra. Leonor Leite Vieira, aqui presente, cumprimentar a todos os integrantes do IDEPE. Não sem antes mandar um abraço especial para um dos Presidentes de Honra, o Dr. Aires Barreto, e também para o nosso amigo Paulo Ayres Barreto. Um abraço apertado nos dois.

O tema que me foi confiado, "Imunidades Tributárias e as Recentes Manifestações do STF", diz de perto com a evolução jurisprudencial do Supremo em matéria de imunidades tributárias. E tem a ver, de alguma forma, com a exposição que a Profa. Juliana acaba de fazer. Se nós fôssemos observar todo o histórico pós-1988 das manifestações do STF em matéria de imunidade e fôssemos, Profa. Juliana, observar o que temos hoje na repercussão geral no STF, toda matéria já estaria pacificada. Nós tivemos pelo menos 82 vezes o tema *imunidade tributária*, pelo menos a do art. 150, VI, "a", "b", "c" e "d", CF, enfrentado pelo STF. Mas, todas as vezes em que enfrentada, por motivos diferentes a questão volta a se renovar perante o STF.

Eu tenho uma dúvida, Profa. Juliana, se daqui a dois anos V. Exa. vai voltar com essa certeza toda. Porque os temas começam a ser revisitados pelo STF, ora os recursos pincelados para julgamento nessa sistemática não abrangem a matéria toda, e quando abrangem os votos são colhidos pela conclusão, e não pelos fundamentos. E, aí, nós temos um risco pelo menos de mais 10, 15 anos, para uma estabilização em matéria tributária e também – por que não dizer? – em matéria das imunidades tributárias. Então, eu vou tratar – vai soar como uma exposição de certa forma linear, eu não peguei uma imunidade específica para tratar – das quatro imunidades, vou deixar a Emenda 75 de fora, vou tratar do patrimônio, renda e serviços longe dos outros e das mudanças no que se refere às imunidades dos templos de qualquer culto, bem como envolverei aqui a questão dos cemitérios, ligados ou não à religião, que é uma questão interessante para ser debatida. Também a alínea "c", patrimônio, renda e serviços dos partidos políticos, das entidades sindicais dos trabalhadores e das instituições de educação e assistência social sem fins lucrativos, atendidos os requisitos de lei.

Aqui, eu vou fazer ligação com o art. 195, § 7º, CF, que trata das imunidades referentes às contribuições para a Seguridade Social, contribuições sociais para a Seguridade Social. E fazendo a relação dessa lei exigida pela alínea "c" com a lei exigida pelo art. 195, § 7º, da CF. E mostrar por que o STF analisou esta lei aqui, exigida pela alínea "c", analisou de certa forma, mas apenas como questão incidental, a lei exigida pelo 195, § 7º, CF, mas nós não temos uma pacificação do entendimento, seja pela modificação da composição da Corte, seja pela riqueza de motivos que são analisados pelos votos dos Ministros, embora nós saibamos que a matéria de fato não chegue ao STJ e ao STF – o que é um grande equívoco, porque toda a argumentação tecida pelos Ministros, uma hora ou outra, entra na matéria de fato, até como razão de justificação do voto. O problema é saber o que é que entra como matéria de fato, como razão da decisão, e o que entra apenas como questão incidental, como questão apenas incidental, e que, portanto, não compõe a razão da decisão. E, por último, vou tratar um pouquinho dos livros, jornais e periódicos e do papel para a sua impressão.

Começo, portanto, dizendo que quanto à matéria de imunidades tributárias – e, aqui, é uma linha recorrente, desde 1967 até hoje – nós temos sempre o STF analisando por uma via finalística, sempre observando a que valor a imunidade serve, que valor jurídico a imunidade constitucional prestigia, sempre fazendo referência – e, agora, já trago para pós-1988 – ao art. 150, VI, e suas alíneas, com os arts. 5º, 6º e 7º da CF, mostrando qual o valor constitucional que aquela imunidade prestigia e, de certa forma, concedendo uma interpretação finalística sempre – pelo menos a maioria das vezes, não vou dizer sempre, porque há alguns retrocessos recentemente –, prestigiando um valor que está inserto nos arts. 5º, 6º e 7º da CF. Assim tem sido a tônica. Isso não é uma matéria dissonante. Se pegarmos todos os votos, de 1969 para cá, todos os votos fazem essa referência, sempre voltando para os direitos e garantias fundamentais, para os direitos políticos, para os direitos sociais. É uma tônica. Até quem discorda, às vezes, da conclusão do Plenário do STF recorre a esse expediente.

Um outro dado importante – e, aqui, já entro na primeira hipótese de imunidade: patrimônio, renda e serviços uns dos outros – é unânime. Você não vai achar dissonância nos votos dos ministros do STF, pode pegar 30, 40 anos atrás, o prestígio que esse dispositivo tem – a alínea "a" do art. 150, VI, da CF, em relação à questão da Federação. Sempre aparece esse tópico: vamos prestigiar, aqui o constituinte prestigia a Federação e a autonomia das pessoas políticas de direito constitucional interno. Todos concordam com esse tema.

A questão passa por uma outra dimensão, neste ponto específico, primeiro, quando nós entramos para as empresas públicas e sociedades de economia mista, que prestem serviços públicos. Aí, a desavença começa. Começa por duas razões. Não sei se vocês lembram, eu faço um pequeno retrospecto aqui, mas passamos, depois da Constituição de 1967, com a Emenda 1/1969, por uma reformulação do Estado Brasileiro. Quem não lembra das principais autarquias que surgiram àquela época? O Poder Público, a Administração direta, foi se desfazendo de alguns serviços públicos, ora recorrendo ao expediente da autarquia – e, aí, nós temos o regime jurídico autarquia pública, aquela que presta realmente um serviço público por uma delegação específica. E logo em seguida, já na década de 1970, nós tivemos a fundação das principais empresas públicas e sociedades de economia mista. Quer dizer: a União percebeu – eu falo da União, mas os

Estados também, e alguns Municípios – que poderia prestar aqueles serviços públicos em que, inicialmente, a competência seria a ela conferida, pelas empresas públicas e pelas sociedades de economia mista, seja para facilitar o regime de contratação dos servidores, seja para facilitar o regime de licitação. Por "n" razões, nós tivemos um excesso de empresas públicas e sociedades de economia mista. Aí, nós começamos a ter problemas com funcionalismo público, a disputa entre funcionário celetista e funcionário estatutário, nós começamos a ter problemas com licitação e nós começamos a ter os problemas relacionados às imunidades tributárias.

Até que ponto essas pessoas privadas, porém prestadoras de serviços públicos, teriam direito à imunidade? E, aí, me parece que o STF caminhou bem, nós temos aqui que render homenagens também aos estudos feitos pelo Prof. Roque Antonio Carrazza, pelo Prof. Eros Roberto Grau, pelo Prof. Celso Antônio Bandeira de Mello. Caminhou bem, dizendo o seguinte: "Essas empresas públicas podem ser prestadoras de serviços públicos". Ótimo. Quando elas são prestadoras de serviços públicos, eu tenho que ver qual é a competência para esses serviços públicos. Se a empresa pública, a sociedade de economia mista, for estadual e a competência para o serviço público for também do Estado, nós temos uma delegação desses serviços públicos. Aí, nós temos a imunidade tributária.

Agora, se essa pessoa política, se essa pessoa jurídica de direito privado, empresa pública e sociedade de economia mista, presta um serviço público mas não é um serviço público de competência do ente que a criou – portanto, não é do Estado, eu tenho uma empresa, vamos supor, aqui, do Estado de São Paulo, que presta um serviço público de competência da União –, então, aí, nós temos uma concessão ou uma permissão de serviços públicos, e, portanto, nós não teríamos direito à imunidade. Nós temos aqui não uma delegação de serviço público, é uma concessão ou uma permissão, e, portanto, entraria no regime de direito privado, específico. Então, tem que ter a mesma hierarquia e tem que prestar o serviço público do qual foi encarregada a pessoa política de direito constitucional que, originalmente, teria a competência para executar.

Não é qualquer serviço público. Essa questão apareceu bastante nas decisões dos Correios, nas decisões envolvendo agora o caso da SABESP, aqui de São Paulo. A SABESP tem um componente diferente, que depois eu vou explicar. Então, esse ponto tem que ser observado. O problema é que as pessoas jurídicas, essas pessoas privadas, exercem, muitas vezes, a prestação de serviços públicos da própria entidade que as criou – do Estado, do Município, da União – e exercem outros serviços de outras pessoas de direito público. Às vezes, da União. Às vezes, um serviço cadastral da União. Às vezes, uma questão específica do Município onde estão inseridas. Às vezes é serviço público mas você tem uma permissão ou uma concessão e, aí, sai do regime – a juízo do STF – de delegação do serviço público. Se sair do regime de delegação do serviço público e passar a ser concessão ou permissão, nós teríamos o regime de direito privado, e, portanto, sairia da hipótese de imunidade.

Há uma crítica nessa posição do STF, que está sendo bem exacerbada no caso da SABESP, que está para julgamento, nós temos que os contribuintes perdem de três a zero, do ponto de vista de um dos Ministros – acho que Teori Zavascki, que pediu vista. Mas essa questão de direito administrativo tem que ser examinada. Os tributaristas esquecem um pouquinho dessa formação do Estado Brasileiro. Hoje, já há uma migração – veja só: em função dessa instabilidade relacionada a servidores, à questão tributária e à questão da licitação nas empresas públicas e sociedades de economia mista, já há um movimento para a criação de autarquias, voltando ao regime de autarquias. Nós temos aqui quatro ou cinco projetos de lei no Estado de São Paulo criando autarquias que, antigamente, eram empresas públicas do Estado de São Paulo – que são empresas públicas e sociedades de economia mista. Voltando, portanto, ao invés da descentralização, à concentração do Estado Brasileiro. É assim no Rio de Janeiro, em Minas Gerais também há dois projetos concentrando, criando autarquia, para sair dessa instabilidade da jurisprudência do STF.

Este ponto, portanto, está para ser decidido. Uma outra questão: eu sei que os Correios ganharam o direito à imunidade, percebendo que há uma delegação de serviço público, serviço público prestado com exclusividade pelos Correios. Agora, o que entra em jogo no STF no caso da SABESP, que o Supremo analisa – pelo menos há três votos contrários à concessão da imunidade –, é pensando em questões posteriores. O recurso, eu até posso passar o número. Pensando em questões tais como: Há ações com os fundadores, há cotas ou ações negociadas em Bolsas? Há cotas e ações com os presidentes, diretores, que recebiam como incentivo para a fundação da empresa, da sociedade de economia mista, no caso? Eles estão de posse, eles recebem dividendos por essas ações? Porque, aí, é uma distribuição de lucros. E, aí, nós saímos do art. 14, II, do CTN, e teríamos, portanto, uma desconfiguração da imunidade, mas por questões específicas. Mas veja que o STF está julgando questão de fato. O Supremo está julgando questão de fato. Se não for questão de fato, no mínimo é questão infraconstitucional, é questão afeta ao art. 14 do CTN. Não é questão afeta ao art. 150, VI, "a", da CF. Mas ele está julgando. Todos os votos dos Ministros, para concordar ou discordar, é examinando questão de fato.

Vamos voltar – e aqui vai um alerta –, Profa. Maria Rita Ferragut, à questão da prova. Aqueles requisitos do art. 14 do CTN: não distribuir o lucro ou patrimônio; aplicar integralmente no Brasil. Então, tem que aplicar, tem que ser integralmente, no Brasil. Já vem o problema da Bolsa de Valores. Quando você compra uma ação específica, muitas vezes você está comprando, ou um fundo específico, ações de um fundo, você está aplicando, às vezes, em uma empresa que tem ação lá fora. Como é que vai ficar isso? Eu estou comprando ação que eu não sei de onde vem. Eu não sei qual é – às vezes, a empresa, de uma hora para outra, passa a ter uma composição diferente. Então, será que, nesse caso específico, essas empresas públicas, sociedades de economia mista, não têm que tomar esse cuidado ao aplicar na Bolsa? Será que não têm que aplicar apenas nas empresas brasileiras? Porque, se eu seguir a literalidade do dispositivo, eu não teria como comprar ação de um fundo de mútuo e mercado. E, portanto, perderia o direito à imunidade.

Então, tem que aplicar no País e nas suas finalidades essenciais. Que finalidades? Não pode ser qualquer finalidade. Muitas vezes nos estatutos da empresa aparecem finalidades que não são essenciais para fins de imunidade. Então, "eu estou aplicando conforme o estatuto". Eu digo: "Ótimo, está aplicando conforme o estatuto, mas o estatuto tem uma cláusula que não corresponde à finalidade constitucionalmente protegida". Aí é um problema mais de legalidade ou de prova, não é um problema de inconstitucionalidade. Mas aparecem muitos diretores dizendo: "Eu não tenho culpa nenhuma, eu estou aplicando" – e, realmente, está aplicando nos objetivos. Mas os objetivos já estão desatualizados, muitos objetivos, as empresas não fizeram a revisão de acordo com a Constituição de 1988. Se pegarmos a REFESA, antigamente, o "Metrô" de São Paulo, se pegarmos o Banco do Brasil, que teve a parte securitária atualizada, nós temos estatutos anteriores à Constituição de 1988, e muitas daquelas finalidades não são mais serviços públicos, e, portanto, não podem mais ser direcionadas, não podem ter mais aquele tipo de atividade imune. Ele pode concorrer no regime de livre iniciativa. Porque, se assim não for, nós temos absolutamente o aniquilamento da livre concorrência – que é um outro perigo.

Então, além de aplicar – voltando aos requisitos do art. 14 –, tem que aplicar no Brasil, integralmente no Brasil. E – três – tem que se documentar, tem que deixar a documentação. E aqui aparece a importância da Contabilidade. Tem que deixar registrado pela origem e pelo destino. A Contabilidade de uma pessoa jurídica imune é um tema importantíssimo. Resolve-se a questão da imunidade no STF, mas o problema fático permanece. Nós vamos permanecer com as discussões aqui, o tempo todo, sobre se a empresa está bem documentada ou está mal documentada. E por que isso? Por duas razões. Primeiro, para saber se a origem dos recursos corresponde à atividade do serviço público desenvolvido. E, segundo, como ela destina os recursos.

O STF tem – e, aqui, examinando essas quatro hipóteses de imunidade –, insistentemente, mantido a imunidade dessas pessoas privadas, considerando a finalidade da destinação de seus recursos. A destinação do recurso tem que ser provada, você tem que ter uma Contabilidade muito bem feita para provar que a destinação dos recursos foi exatamente para suas finalidades essenciais. Há um descuido muito grande dessas sociedades de economia mista na Contabilidade, principalmente na questão da destinação. O STF tem insistentemente prestigiado a destinação desses recursos. Se forem para as finalidades essenciais, ok, mantém-se a imunidade. Como é que eu vou provar isso? Pela Contabilidade. E, aí, nós temos um problema sério, porque essas empresas muitas vezes têm comandos políticos. Quando muda a gestão política, um presidente é indicado pelo novo Chefe do Executivo, e, aí, nós temos um descasamento entre a Contabilidade privada daquela sociedade de economia mista ou aquela empresa pública com a Contabilidade pública do Município, do Estado, da União. É incrível como há um descasamento total dessa Contabilidade. E isso coloca essas empresas em uma situação deficitária em relação à documentação. Eles atendem a muitos requisitos da Contabilidade pública e não atendem aos requisitos da Contabilidade privada. O fiscal chega lá, fiscaliza, e, com razão, vai suspender a imunidade e, depois, autuar.

Esta é a primeira questão – já está esgotando o tempo, não vai dar tempo de tratar de todas. A segunda diz respeito ao patrimônio, a templos de qualquer culto. Aqui, há uma decisão interessantíssima do STF ligando a questão dos cemitérios religiosos e cemitérios não religiosos, estendendo a imunidade para os cemitérios religiosos, aqueles que são ligados a algum tipo de culto. Aqueles que não são ligados a qualquer tipo de culto – e, portanto, passa a ser uma espécie de atividade econômica – não têm direito à imunidade tributária. Mais uma vez vem o problema da Contabilidade, do regime jurídico desses cemitérios. O STF deixou muito clara essa separação. Há algumas religiões que, agora, começam a implementar esse tipo de cemitério. Não vou fazer referência a algum aqui, mas começam a vislumbrar essa questão dos cemitérios como uma fonte de renda expressiva. São áreas caríssimas, mas as religiões "A", "B" e "C" começam agora a olhar para essa decisão do Supremo e a criar cemitérios como forma de atividade econômica.

Patrimônio, renda e serviços – a alínea "c" – dos partidos políticos, inclusive suas fundações, suas entidades sindicais dos trabalhadores, instituições de educação e de assistência social sem fins lucrativos, atendidos os requisitos de lei. Aqui, eu vou terminar neste ponto: requisitos de lei. Vários livros de direito constitucional tributário apontam como pacificada essa questão, como sendo uma lei complementar, obedecendo ao art. 146, II, da CF, que diz que as limitações constitucionais ao poder de tributar devem ser reguladas por meio de lei complementar. Realmente, em 1998, na ADI 1.802-DF, Sepúlveda Pertence examinou essa questão, teve uma votação – acho que foi nove a um no STF –, examinando essa questão específica, em relação ao 150, VI, "c", da CF. Agora, examinava em relação à Lei 9.532/1997. Não era em relação ao art. 55 da Lei 8.212, que já é revogado hoje, mas é que está em discussão no STF. Quando essa lei foi revogada, perdeu-se o objeto. Foi concedida a cautelar, o mérito nunca foi julgado. Realmente, exigindo lei complementar para a imunidade dos impostos do art. 150, VI, "c", da CF. Portanto, aplicável o art. 16 do CTN.

Depois veio uma outra ação direta de inconstitucionalidade, a de n. 2.028-DF, em que novamente a questão foi ventilada. Mas não se falou do art. 55 da Lei 8.212, o objeto do pedido – veja só –, o problema do pedido, era a declaração de inconstitucionalidade da lei que emendava o art. 55. Essa lei foi realmente declarada inconstitucional, porque precisaria de lei complementar. Agora, o artigo da Lei 8.212 nunca foi objeto direto de um confronto no STF como é agora. Nós temos, agora, neste recurso, n. 56.622, do Rio Grande do Sul, quatro votos favoráveis à exigência de lei complementar. Precisamente agora, para o art. 195, § 7º, da CF, por quatro votos, com pedido de vista, acho que do Teori Zavascki. Nós temos o voto do Min. Marco Aurélio, um voto muito bem feito, exigindo diretamente para o art. 195, § 7º, da CF a lei complementar tributária, e, portanto, mandando aplicar o art. 14 do CTN.

Agora, nós temos o objeto, é um recurso com repercussão geral. Nós temos, agora, uma certa segurança em relação ao 195, § 7º, da CF. Em relação ao 150, VI, "c", da CF nós já temos a definição há dois, três anos atrás. O Supremo realmente exigiu lei complementar. Em relação ao art. 195 da CF, agora é que nós temos esse recurso, com pauta para o próximo mês. Foi pedida pauta para o próximo mês para ser julgado, e espero que tenha o término dele ainda este ano. Aí nós teremos, portanto, a derrubada, a revisitação do tema lei complementar/lei ordinária e, me parece, sepultando de vez a discussão em relação à exigência de lei complementar sempre que for para regular matéria de imunidade. Regular a imunidade em si. A criação e o funcionamento da entidade de educação, de assistência social, continuam por lei ordinária. Portanto, essa é a perspectiva do STF nessa matéria. Vou deixar de examinar os dois outros requisitos, por absoluta falta de tempo.

Eu agradeço a todos, e me coloco à disposição.

Maria Rita Lunardelli – O Dr. Nelton dos Santos, Desembargador Federal, tem um tema extremamente importante, extremamente relevante, que toca diretamente o dia a dia das empresas. Ele vai tratar de "Suspensão da Exigibilidade, Certidão de Regularidade Fiscal e Efeitos dos Recursos". O Dr. Nelton dos Santos é Desembargador Federal do TRF aqui, da 3ª Região; Vice-Diretor da Escola de Magistrados da Justiça Federal da 3ª Região; Mestre em Direito Processual pela USP. Com a palavra.

Suspensão da Exigibilidade, Certidão de Regularidade Fiscal e Efeitos dos Recursos

Nelton dos Santos – Inicialmente, cumprimento nossa Presidente, Maria Rita Lunardelli. É uma satisfação e uma honra contar com a sua presidência. Cumprimento, na sequência, meus companheiros de Mesa, pela magnitude das exposições. A Profa. Maria Rita, a Profa. Juliana e o Prof. Robson. Cumprimento e agradeço à Profa. Maria Leonor Leite Vieira pelo sempre generoso e gentil convite que me foi formulado. Para mim, é uma felicidade muito grande mais uma vez acorrer a este importante evento. Ninguém ignora, ninguém questiona, a importância de uma decisão de suspensão da exigibilidade ou o valor de uma Certidão Negativa de Débitos, ou Positiva com efeitos negativos.

Ao tempo em que eu integrava a 1ª Seção do nosso TRF – e isso se deu até dezembro último – a minha atuação se dava muito mais em matéria criminal, e em temas tributários eu mais ouvia, vindas lá, da 2ª Seção, as verdades que eram tantas vezes repetidas, dentre elas a de que o rol do art. 151 do CTN é taxativo, de que a sentença contra a Fazenda Pública só produz efeitos depois do reexame necessário e de que, afora as exceções expressamente previstas na lei, o recurso de apelação deve ser recebido em ambos os efeitos. Mas de dezembro para cá, vivenciando o cotidiano da 2ª Seção, passei a me deparar com algumas situações que me deixaram, no mínimo, intrigado, à luz dessas ditas verdades. E eu gostaria, então, de compartilhar essas minhas aflições com vocês, nestes minutos que me foram confiados.

Para tanto, eu trago ao exame três situações práticas. A primeira delas é a de uma exceção de pré-executividade acolhida integralmente para o fim de extinguir a execução fiscal. A Fazenda apela, e essa apelação é recebida em ambos os efeitos. Diante desse quadro, cogito: se a apelação da Fazenda neutraliza os efeitos da sentença de extinção, então, é possível requerer a formação de autos suplementares e, enquanto tramitar a apelação, a execução prosseguir. Afinal, a suspensão não é da execução, mas é do cumprimento da sentença. Seria isso possível? Num raciocínio formal singelo, sim. Mas, ainda que seja também verdade que uma apelação recebida em ambos os efeitos impede efetivamente a produção dos efeitos naturais da sentença – sejam eles declaratórios, constitutivos, condenatórios –, também é verdade que a interposição de uma apelação, ainda que recebida no duplo efeito, não impede a incidência do art. 463 do CPC, que é traduzido pela doutrina como aquele que produz a interrupção da instância.

Não estou falando, aqui – repito e friso –, dos efeitos declaratórios, constitutivos e condenatórios, mas desse efeito que a sentença tem segundo o qual, uma vez proferida, o juiz cumpre e esgota seu ofício jurisdicional, e só pode inovar no processo mediante autorização legal ou depois que a sentença for desconstituída pelo tribunal. De sorte que, mesmo que a apelação seja recebida no duplo efeito, essa execução não poderá prosseguir. E, a par de não poder prosseguir – talvez aqui é que esteja o aspecto mais interessante –, a meu juízo, uma sentença nesses moldes, que extingue a execução por acolhimento de uma exceção de pré-executividade, ainda que impugnada por uma apelação da Fazenda no duplo efeito e sem embargo de eventual reexame necessário, ela produz, ela resulta, *ipso facto*, na suspensão da exigibilidade do crédito.

Já vi caso em que a Fazenda sustentou que, como sua apelação fora recebida no duplo efeito, lhe era dado, permitido, recusar o fornecimento da Certidão Positiva com efeitos de Negativa. Isso chega a ser curioso, porque o contribuinte, vendo de fora essa situação, sem conhecimento técnico-jurídico, pensa: "Eu fui a juízo, o juiz me deu razão, e só porque a Fazenda recorreu, obteve um efeito suspensivo automático e, por força disso, eu não tenho a Certidão? Se eu tivesse uma liminar, que é muito menos do que uma sentença, eu teria essa Certidão. E agora, mesmo com a sentença, não a tenho?". É algo que não soa bem.

Pois bem Vamos relembrar a própria noção de exigibilidade. Carnelutti ensinava, em uma lição magistral a respeito da liquidez, certeza e exigibilidade, que a obrigação é certa quando não há dúvida a respeito de sua existência, é líquida quando não há dúvida a respeito do seu objeto e é exigível quando não há dúvida a respeito de sua atualidade. Então eu lhes pergunto: se o Fisco, se a Fazenda, não pode prosseguir na execução por força da interrupção da instância, se ela não pode demandar a prática de atos de execução, como é que eu posso admitir que a exigibilidade da obrigação seja atual? É um crédito exigível, mas que a Fazenda não pode cobrar? Se ela não pode cobrar, esse crédito não pode ser exigível.

Há um julgado muito interessante, da 3ª Turma do nosso Tribunal, já de alguns anos, tem seis anos pelo menos, segundo o qual é possível ao contribuinte obter uma tutela antecipada em uma exceção de pré-

-executividade. Opõe-se a exceção de pré--executividade e, nela, pede-se uma liminar ou uma tutela antecipada para suspender a exigibilidade. Diz esse acórdão – é a AMS 000186180.2006.4036114 – que o inciso V do art. 151 do CTN alude genericamente a "outras espécies de ação judicial", de modo que é possível, então, obter uma liminar ou uma tutela antecipada no bojo de uma exceção de pré-executividade. Ora, se eu posso obter a suspensão da exigibilidade por meio de uma liminar ou tutela antecipada *inaudita altera parte*, proferida mediante cognição sumária, com muito mais razão eu devo obtê-la se houver uma sentença favorável, prolatada após o contraditório devidamente instalado e mediante cognição mais completa.

A segunda situação, parecida, é a de embargos à execução recebidos sem efeito suspensivo – como geralmente o são –, mas com sentença de procedência, acarretando a extinção da execução fiscal. A apelação da Fazenda é recebida em ambos os efeitos, e a Fazenda pede ao juiz que pegue uma tesourinha, corte o cordão de apensamento e separe a execução dos embargos, enviando estes para o tribunal e mantendo a execução em primeiro grau, prosseguindo.

A situação é muito parecida com a primeira, e o raciocínio é o mesmo do exemplo anterior. Ainda que processados os embargos em apenso, ainda que não se trate de formar autos suplementares ou de subir a apelação nos próprios autos, como na exceção de pré-executividade, os embargos, uma vez acolhidos, também interrompem a instância da execução. O juiz acolheu os embargos, fulminou o crédito, fulminou o título e extinguiu a execução. É claro que eu não estou falando, aqui, de embargos, por exemplo, contra a penhora, simplesmente. Lembro de lição de Liebman ensinando que há embargos de mérito, que atacam o crédito ou fulminam de vez o título; e embargos de forma, que se voltam contra os atos da execução. Estamos, aqui, a tratar dos embargos de mérito. Pois bem. Se vingasse o entendimento de que é possível prosseguir a execução e se se desse interpretação literal ao art. 587 do CPC, essa execução não seria provisória, ela seria definitiva. Então, mesmo havendo uma sentença de procedência dos embargos, o simples fato de a Fazenda ter apelado e obtido o duplo efeito ensejaria o prosseguimento da execução; e, mais, esse prosseguimento dar-se-ia em caráter definitivo? É algo que também não soa bem. Se os embargos foram acolhidos e interrompeu-se a instância executiva, isso não resta abalado pelo recurso de apelação fazendário.

E a terceira situação, que talvez seja a mais complexa, porque envolve uma pluralidade maior de aspectos a considerar, é a da demanda de conhecimento, ação declaratória de inexistência da relação jurídica tributária, que tramita em primeiro grau sem antecipação de tutela, mas com sentença favorável ao contribuinte. Ele não conseguiu a tutela antecipada, mas a sentença de procedência declarou a inexistência da relação jurídica. A Fazenda apela, a apelação é recebida no duplo efeito, e a Fazenda faz o que acha que deve: inscreve o crédito em Dívida Ativa, negativa o contribuinte no cadastro de inadimplentes, recusa o fornecimento de certidão de regularidade e encomenda uma missa para o contribuinte. O argumento dela é lógico, formalmente perfeito: minha apelação foi recebida no duplo efeito, e isso não me impede de prosseguir na prática desses atos de cobrança ou correlatos à cobrança.

Qual é a solução usualmente dada para esses casos? O contribuinte ajuíza uma ação cautelar no tribunal, diretamente, com base no art. 800, parágrafo único, do CPC. Na verdade, não se trata propriamente de uma medida cautelar, mas de uma antecipação dos efeitos do acórdão. O contribuinte aposta no desprovimento da apelação do Fisco, alega que corre o risco de sofrer um dano na pendência da apelação, e pede ao tribunal que suspenda a exigibilidade do crédito. Julgamos, recentemente, na 6ª Turma, uma cautelar dessas, nos autos 0031107-57.2011.4.03.0000. O Relator foi o Des. Johonson Di Salvo. A Turma julgou procedente o pedido com base na sentença e no risco que é inerente a uma obrigação tributária sem suspensão de exigibilidade. Apenas não se condenou a União ao pagamento de verba honorária por não se tratar propriamente de uma ação, mas quase de um incidente processual. O risco de se adotar a via da cautelar é, como já vi em outros órgãos do Tribunal, o de se entender que você não pode simplesmente ajuizar uma ação cautelar no Tribunal. Você teria que pedir e obter junto ao juiz de primeiro grau o recebimento da apelação da União somente no efeito devolutivo; e, se você não agrava da decisão que recebeu a apelação da Fazenda no duplo efeito, ocorre preclusão. Isso é complicado, porque para agravar você tem prazo. Para a cautelar você não tem um prazo angusto, rígido. Então, se você optar por aforar a cautelar, você corre o risco de, daqui a um tempo, o tribunal dizer: "Você deveria ter agravado da decisão". Felizmente, no mais das vezes o Tribunal tem admitido essas cautelares como via processual adequada.

De qualquer modo, não me agrada essa solução usual, que é de se valer de uma cautelar proposta diretamente no tribunal. Não me agrada porque parece estranho que, para obter um efeito desse, eu tenha que ir ao tribunal. A apelação ainda nem chegou ao tribunal e eu preciso ajuizar, lá, uma ação, ou seja o que for, um incidente, uma cautelar, para conseguir um efeito suspensivo? Será que o juiz de primeiro grau não pode receber a apelação do Fisco só no efeito devolutivo? Vocês diriam: "Aprendi na Graduação que o art. 520 do CPC tem um rol exaustivo, eu não posso fugir dali, a regra é a do duplo efeito" .

Observo, porém, que muito depois de o art. 520 existir e de receber essa interpretação o CPC recebeu uma inovação. Numa das reformas por que passou, o art. 558 do Código recebeu um parágrafo do qual resulta que o relator, no tribunal, pode flexibilizar o efeito do recurso nos casos do art. 520. Ora, se o tribunal pode, é impossível sustentar que o juiz não possa. Se o tribunal pode é porque o juiz já podia ter feito. O juiz pode, sim, receber a apelação só no efeito devolutivo. E, se ele não o fizer, você, advogado do contribuinte, pode, além de agravar – segundo Cássio Scarpinella e Nelson Nery Jr. –, nas contrarrazões, pedir que o juiz reexamine essa questão antes de mandar os autos para o tribunal. Qual é o fundamento? É o art. 518 do CPC, que diz que, antes de mandar os autos para o tribunal, já com as contrarrazões, o juiz deve renovar o juízo de admissibilidade, aí compreendidos os efeitos do recurso. Essa parte final, "aí compreendidos os efeitos", consta da lição doutrinária dos dois professores que eu mencionei há pouco. Hoje, então, nós temos, em relação aos efeitos da apelação, mais um sistema *ope judice* do que um sistema *ope legis*. O juiz tem um papel muito ativo – o tribunal também, é claro –, mas é possível ao primeiro imprimir esse efeito meramente devolutivo à apelação.

A par daquela solução usual e a par dessa, que é possível também, há uma terceira solução – que, essa, sim, eu diria ser até recomendável: é a de, antes da sentença, você, que é advogado ou autor, pedir que o juiz, na sentença, conceda a tutela antecipada. Muitas vezes o autor já pediu na petição inicial, mas seu pleito foi indeferido e o tribunal confirmou. Essa recusa, esse indeferimento, pode ter sido pautado, por exemplo, na ideia de que se precisava de prévio contraditório ou de instrução. Então, se esse foi o fundamento, você pode, antes da sentença, dizer: "Agora já temos o contraditório, já houve instrução, e por isso eu quero que, na sentença, se defira a tutela antecipada". Nesse caso, a apelação vai ter só o efeito devolutivo, por força do art. 520, VII, do CPC, segundo o qual a sentença que confirma a tutela antecipada dá ensejo a uma apelação só no efeito devolutivo. O Prof. José Rogério Cruz e Tucci, examinando esse inciso, ensina: não só a sentença que confirma, mas também a que concede e a sentença que revoga. Isso, aliás, vai estar no novo Código de Processo Civil, no art.

1.012. Essas três situações vão dar ensejo a apelações só no efeito devolutivo.

Por fim, eu diria que o melhor, mesmo, o melhor dos mundos – nem a solução usual, nem a possível e nem esta aqui, recomendável –, a solução ideal, seria a de se ver no art. 151 do CTN algo que deveria estar lá por lógica, por análise sistemática, por todos os argumentos que nós possamos encontrar – e não está –, que é a suspensão da exigibilidade decorrente da sentença favorável de primeiro grau, ainda que recorrível ou já impugnada por recurso. Já na redação original do CTN o inciso IV do art. 151 aludia a liminar em mandado de segurança. Não se referia à sentença no mandado de segurança porque a Lei do Mandado de Segurança desde 1951 já dizia que a sentença em mandado de segurança é cumprida imediatamente mesmo que impugnada por recurso. Então, o Código Tributário Nacional não precisava falar em sentença. Quando a Lei Complementar 104/2001 quis deixar claro que não só a liminar em mandado de segurança, mas outras modalidades de liminar ou de tutela poderiam também suspender a exigibilidade do crédito, o legislador esqueceu que as sentenças nos feitos comuns, de rito ordinário, dão ensejo a apelação no duplo efeito. É, porém, absolutamente insustentável, nos planos lógico e sistemático, que se tenha a suspensão da exigibilidade por força de uma liminar, construída com base em juízo de cognição sumária, com provisoriedade, muitas vezes sem o contraditório, *inaudita altera parte*, e negar esse mesmo efeito a uma sentença, baseada em juízo de cognição exauriente, proferida após o contraditório pleno e com vocação para a definitividade. Na tutela antecipada você tem um juízo de probabilidade. Na sentença o juízo é de segurança ou, para alguns, até de certeza. Mesmo assim, nós costumamos negar para a sentença um efeito que damos dá para a liminar. Alguém diria: "Sim, mas para a sentença não se precisa de urgência". E eu digo: "Quem duvida da urgência de se ter uma suspensão da exigibilidade do crédito no mundo e nos tempos de hoje?".

Então, eu diria que o ideal seria que sobreviesse uma explicitação legislativa. Porque o tributarista é pior do que São Tomé, não é? São Tomé precisava ver para crer, e o tributarista precisa ler para crer. É difícil construir e intuir, tudo tem que estar ali, na mão e aos olhos dele. Certa feita fui a uma missa em Curitiba, na Paróquia das Mercês. A lição do Padre era justamente sobre São Tomé. Lá, paralelamente à missa, há uma escolinha destinada às crianças onde uma professora explica, em linguagem voltada para os pequenos, a mesma mensagem da missa. No fim da celebração as crianças entram na igreja e o padre as chama ao altar e conversa com algumas. No dia a que me refiro o Sacerdote perguntou para um menininho: "– Como é o seu nome?". "– Felipe." "– Felipe, o que você aprendeu hoje, lá, na escolinha?" "– Ah, eu aprendi que eu tenho que ver para crer." Diante da resposta, o Padre objetou: "Não, Felipe, é o contrário. Não precisa ser como São Tomé, você não precisa ver para crer. Você tem que acreditar sem ver". Felipe redarguiu: "Não, eu preciso ver para crer". O Padre não se deu por vencido, e disse: "– Então, eu vou lhe fazer uma pergunta: você acredita que existe ar aqui, na igreja?". "– Sim", respondeu o menino. "– Mas você está vendo o ar?" "– Não, mas eu estou sentindo um vento..." Eu creio que esse vento já existe aqui, no art. 151 do CTN. Mas, por via das dúvidas, uma proposta legislativa nesse sentido viria bem a calhar e convencer até mesmo a São Tomé.

Muito obrigado!

Maria Rita Lunardelli – Eu quero mais uma vez agradecer a presença de todos, principalmente aos palestrantes, Dra. Maria Rita Ferragut, Dra. Juliana Costa, Dr. Robson Maia Lins, Dr. Nelton dos Santos. E, mais uma vez, agradecer também à Dra. Maria Leonor pelo honroso convite para que eu presidisse esta Mesa. Agradeço a presença de todos e dou por encerrados os trabalhos desta manhã.

Muito obrigada!

OFICINA: PROCESSO ADMINISTRATIVO TRIBUTÁRIO

Karem Jureidini Dias – Boa tarde a todos! Em primeiro lugar eu queria agradecer a presença dos Srs. Agradecer o convite, a organização – sempre tão bem feita pela Dra. Maria Leonor – deste Congresso do IDEPE. É sempre uma honra muito grande para todos nós estar aqui. Meu nome é Karem Jureidini Dias, eu tenho a honra de coordenar esta Mesa. Vou fazer uma apresentação muito breve dos componentes da Mesa. Aqui ao meu lado eu tenho – vou começar pelas mulheres, está bom, Paulo?

Paulo Campilongo – Eu estou em minoria ...

Karem Jureidini Dias – Estamos em maioria. Aqui ao meu lado eu tenho a Dra. Eliana Bertachini, que foi, por muito tempo, Procuradora do Estado. Coordenou a Escola Superior da Procuradoria-Geral do Estado e foi Presidente do Tribunal de Impostos e Taxas/TIT, na época que eu trabalhava com ela, até.

Paulo Campilongo – Eu também.

Karem Jureidini Dias – Também, não é? Trabalhamos com ela. E, agora, é Advogada. Eu até brinquei, falei que eu quero julgar um processo dela como advogada e ser tão brava como ela era na época do TIT. Ao lado da Eliana nós temos a Dra. Nélida Cristina dos Santos, que é Mestre e Doutora em Direito pela PUC/SP; é Professora de várias Faculdades e Advogada. Temos a Dra. Fabiana Lopes Pinto, que também é Mestre e Doutora pela PUC/SP, Professora da FAAP, de Direito Tributário, e Advogada. E temos o Dr. Paulo Campilongo, que também é Mestre e Doutor pela PUC/SP, ex-Juiz do TIT e continua como Auditor da Fazenda do Estado de São Paulo.

Então, vejam que a maioria aqui é muito vinculada aos tributos estaduais. Sobrou-me fazer um contraponto, como Conselheira do CARF, do processo administrativo fiscal federal. Obviamente que isso é uma Oficina; então, nós não temos tempo de palestras. Nós vamos, aqui, responder às questões dos Srs., fazer debate absolutamente aberto. E quem tiver questão, por favor, levante a mão. Vamos iniciar os debates. Se ninguém levantar, eu começo aqui, formulando questões para os meus pares.

Então, eu vou iniciar as questões de processo. Começo aqui com uma pergunta para o Dr. Paulo Campilongo, uma questão bastante voltada ao nosso dia a dia dos tribunais administrativos. Eu vejo isso acontecer muito no âmbito do Tribunal Estadual e do Federal. Talvez até pelo pouco tempo de existência, eu vejo acontecer menos no âmbito municipal, no Conselho Municipal de Tributos. Mas imagine o seguinte: o fiscal lavra um auto de infração. Nesse auto de infração ele motiva o lançamento sob determinado fundamento e determinada capitulação legal. Esse processo, antes de ser julgado pelo CARF ou pelo TIT, é julgado pela Delegacia de Julgamento. Quando a Delegacia de Julgamento aprecia, ela vê que aquele motivo do fiscal não é suficiente ou não é cabível. E isso pode fazer uma diferença, o motivo não ser suficiente ou não ser cabível. Ela dá outro motivo para manter o lançamento. Quando ela dá outro motivo, esse outro motivo pode não alterar a capitulação legal. Pode ser a mesma capitulação legal. Mas ela dá outro motivo para o lançamento. Muitas vezes ela até fala: "O valor seria até maior, mas eu não posso agravar". Ou "o valor seria menor", e ela diminui um pouco o valor. Isto torna viciado o lançamento, ou eu posso julgar no Conselho e no TIT, a partir do que fez a DRJ? Ou seja: é possível, é aceitável, essa alteração de fundamentação por órgãos julgadores? Essa pergunta também se estende para quando o TIT ou o Conselho fazem isso.

Paulo Campilongo – Boa tarde a todos! Queria agradecer à Direção do IDEPE por mais este convite, e cumprimentar todos os integrantes da Mesa. São todos amigos de muito tempo. As Dras. Eliana e Karem foram minhas contemporâneas no TIT; a Dra. Nélida foi minha colega na Especialização em Direito Tributário na PUC-COGEAE há mais de 20 anos. Por último, a Dra. Fabiana, que foi minha colega de turma no Doutorado. Todas amigas muito queridas e muito competentes. A questão que me foi feita pela Dra. Karem diz respeito à possibilidade de as autoridades de julgamento, no processo administrativo tributário, promoverem revisão do lançamento após a impugnação do particular.

Karem Jureidini Dias – Isso. Exatamente isso.

Paulo Campilongo – Essa é uma questão bastante complexa, e pode ser examinada por diversos e distintos ângulos. Eu fui julgador, por muitos anos, no TIT, e esse tema sempre me incomodou. Tanto é verdade que acabou sendo objeto de meu estudo no Doutorado e culminou com a publicação de obra de minha autoria pela Editora Saraiva, sob o título *Processo Penal e Processo Administrativo Tributário: Correlação entre Fato e Decisão*. Olhando para o CTN – que é a norma competente para tratar da revisão do lançamento –, vemos os arts. 145, 146 e 149, designados pelo Prof. Eurico Marcos Diniz de Santi de "regra -matriz da revisão do lançamento". Nesses dispositivos não se vislumbra qualquer impedimento material para que seja promovida a revisão do ato administrativo. O art. 145 diz o seguinte: "O lançamento regularmente notificado ao sujeito passivo só pode ser alterado em virtude de: I – impugnação do sujeito passivo; (...)". Vale dizer que, feita a impugnação pelo contribuinte, o lançamento pode ser alterado. De outro lado, o art. 149 é expresso no seguinte sentido: "O lançamento é efetuado e revisto de ofício pela autoridade administrativa, nos seguintes casos: (...)" – e vou me deter apenas ao inciso I – "quando a lei assim o determine; (...)". Ou seja: a lei complementar delegou a integração dessa norma no sistema jurídico à lei ordinária; a lei ordinária está autorizada a regular a questão da revisão do lançamento. É o que efetivamente se observa. Tomemos como exemplo a lei ordinária que regula o processo administrativo tributário paulista. Provavelmente no contencioso desenvolvido junto ao CARF deva haver disposição semelhante, permitindo que o lançamento seja revisto nos casos de erro de fato ou no erro de capitulação de penalidade. No contencioso administrativo paulista isto está expresso no art. 13 da lei.

Mas isso, como eu disse inicialmente, sempre me incomodou, pois existem algumas situações em que a revisão do lançamento configuraria verdadeiro novo lançamento e – pior – exercido não pelas autoridades administrativas de lançamento, mas, sim, pelas autoridades de julgamento. Todavia, como já adiantei, não há no Código Tributário Nacional nenhum impedimento de ordem material para que haja a revisão do lançamento durante o curso do contencioso administrativo. Pelo menos eu não consigo construir esse entendimento na leitura dos dispositivos que tratam da revisão. A doutrina e a jurisprudência de nossos Tribunais Superiores invocam o art. 146 como um impedimento para a revisão do lançamento por erro de direito. Ou seja: o erro de fato poderia ser corrigido, mas o erro de direito, não. Lendo o art. 146 não consigo construir essa interpretação. Vou pedir licença para ler o art. 146. O Código Tributário Nacional é pródigo em redações vagas e ambíguas. Mas, se me fosse dado o direito de eleger o dispositivo mais obscuro do CTN, sem dúvida elegeria o art. 146, que diz o seguinte:: "A modificação introduzida, de ofício ou em consequência de decisão administrativa ou judicial, nos critérios jurídicos adotados pela autoridade administrativa no exercício do lançamento somente pode ser efetivada, em relação a um mesmo sujeito passivo, quanto a fato gerador ocorrido posteriormente à sua introdução". A doutrina e a jurisprudência têm interpretado que modificação de critério jurídico seria uma espécie de erro de direito, e só poderia ser feita em relação ao mesmo sujeito passivo, somente no futuro. Com o devido respeito, não é essa a minha interpretação desse dispositivo. Escrevi a respeito do assunto no meu livro. Na pesquisa que fiz a respeito do tema, a interpretação que mais se aproxima daquilo que penso é aquela promovida pelo Prof. Alberto Xavier. O referido Professor faz uma distinção entre o erro de direito em concreto e o erro de direito em abstrato. O erro de direito em concreto seria aquele que ocorreria no próprio lançamento, ou seja, nos enunciados do Auto de Infração e Imposição de Multa. Já, o erro de direito em abstrato seria um erro na interpretação da norma. Para clarear esses conceitos, vou procurar trazer exemplos do erro *in abstracto*. A revogação de uma resposta da Consultoria Tributária em matéria de direito. Esse seria um exemplo típico de modificação de critério jurídico ou de erro de direito em abstrato. A Consultoria Tributária responde a determinado contribuinte que suas operações estão amparadas pela isenção. Tempos depois, examinando a mesma legislação, entende que a interpretação exarada na consulta estava equivocada. Nesse caso, notifica o contribuinte da revogação da consulta; mas tal modificação só pode valer para o futuro.

Outro exemplo de erro em abstrato que pode ser lembrado ocorre quando os Tribunais Superiores modificam a jurisprudência sedimentada da Corte. Vou dar um exemplo da jurisprudência do STF. O Supremo decidiu durante anos a fio matéria relacionada com o crédito do ICMS. A jurisprudência era pacífica no sentido de que os créditos de ICMS deveriam ser mantidos integralmente no caso de saídas futuras das mesmas mercadorias amparadas com redução de base de cálculo. O entendimento era no sentido de que redução de base de cálculo não poderia ser confundida com isenção parcial.

Depois de anos – acho que foi um voto da Min. Ellen Gracie – houve a modificação completa do entendimento de nossa Corte Superior. A Ministra teve voto vencedor sufragado pelos seus pares no sentido de que a redução de base de cálculo seria, sim, uma modalidade de isenção parcial. Desse modo, o contribuinte deveria fazer o estorno proporcional do crédito. Isso, para mim, é uma modificação do critério jurídico em abstrato. A lei permaneceu a mesma, só que a interpretação construída em função de uma decisão judicial, como fala o art. 146 do CTN, provocou uma mudança de entendimento. E, segundo esse artigo – acho que é um artigo que promove segurança jurídica para o contribuinte –, a modificação de critério jurídico somente poderia ser utilizada para fatos geradores futuros. Portanto, a modificação de critério jurídico é uma figura que não se confunde com o erro de direito.

Assim, aqueles fatos praticados na vigência da interpretação predominante do STF não poderiam ser afetados. E posteriormente a essa mudança os critérios deveriam ser modificados. Essa questão foi discutida no processo administrativo. Havia – a Dra. Eliana vai lembrar – entre as primeiras cinco súmulas vinculantes do TIT uma que tratava justamente dessa matéria: "Redução de base de cálculo não é isenção parcial e o contribuinte não precisa estornar o crédito" Diante da modificação de critério jurídico produzida pelo STF, a representação fiscal, que tinha represado uma série de processos sobre esse tema, entrou com um pedido de revogação da súmula. Na época eu fazia parte do Plenário do Tribunal. Pedi preferência no pedido de revogação da súmula e invoquei o art. 146. Acolhi o pedido de revogação com efeitos *ex nunc*, ou seja, somente para o futuro. Com relação aos casos passados, ou pendentes de julgamento, continuaria aplicar a súmula revogada. Esse entendimento foi sufragado. Alguns dias depois a representação fiscal pautou diversos processos sobre o tema. Todavia, as Câmaras Reunidas do TIT mantiveram o cancelamento das autuações justamente com base nesse art. 146 do CTN.

A súmula continuou a ser aplicada, porque a modificação de critério jurídico somente poderia ser aplicada para casos futuros. Portanto, penso que seja equivocada a interpretação que confunde o art. 146 com uma vedação da correção de erro de direito. O erro de direito é aquele que sempre ocorre na norma individual e concreta, ou seja, é um erro internormativo, um erro de subsunção. O Fisco descreve nos enunciados do auto de infração determinada conduta que não se subsome a norma por ele eleita.

Mas esse tema continuou me incomodando. Se eu não tenho um impedimento de ordem material, que impedimento seria esse? Foi aí que tentei aprofundar meus estudos sobre o assunto. E o que eu fiz? Eu fui comparar o processo penal com o processo administrativo tributário. No processo penal, os Srs. sabem, existem as figuras da *emendatio libelli* e da *mutatio libelli*, que muitos julgadores no TIT invocavam de forma subsidiária para aplicar no processo administrativo e promover a revisão do lançamento. Não sou processualista, mas fui verificar principalmente em que momento o chamado "fato jurídico penal" ingressaria no sistema jurídico e qual a autoridade competente para sua inserção.

A CF, no art. 5º, LXV, que trata do contraditório e da ampla defesa, me deu a primeira pista Diz esse dispositivo: "aos *litigantes*, em processo judicial ou administrativo, e aos *acusados* em geral são assegurados o contraditório e a ampla defesa, com os meios e recursos a ela inerentes". Aqui, nesse dispositivo – e quem trabalha com processo penal sublinha essa distinção –, não existem *litigantes*, mas, sim, *acusados*. Portanto, em nosso sistema convivem dois modelos de processo. O modelo litigioso e o modelo acusatório. No processo civil e no processo administrativo tributário vigora o modelo litigioso. No processo penal vigora o processo acusatório.

Os penalistas entendem que essa é uma característica particular dos processos penais, algo de que, com a devida licença, discordo. Para justificar minha discordância vou invocar modelos de processos administrativos onde exista a figura de acusados, tal qual no processo penal. O processo, por exemplo, que se desenvolve na Justiça Desportiva. Existe um Procurador do STJD que verifica súmulas ou cenas dos jogos de futebol e promove a acusação de algum jogador que tenha cometido uma infração. Ele promove uma acusação. É uma proposta. É a mesma coisa que ocorre no processo penal. O Ministério Público, ou o querelante, apresenta uma proposta. Não se tem – e isso que é importante sublinhar – nessa modalidade de processo o fato jurídico já posto no sistema jurídico pela autoridade competente. Ainda não existe fato jurídico. No processo penal a autoridade competente para colocar o fato jurídico no sistema é o juiz de direito. Somente com a sentença judicial é que se insere o fato jurídico penal no sistema jurídico.

A liberdade do julgador nesse tipo de processo é muito maior. Como o juiz de direito é a autoridade competente para inserir no sistema o fato jurídico penal, ao promover sua decisão e formar sua convicção, tem a liberdade ampla de, examinando as provas, olhar para o sistema jurídico como um todo e construir o fato jurídico penal sem ficar vinculado aos termos da denúncia. O juiz é a autoridade competente para construir o fato jurídico penal.

O mesmo ocorre na Justiça Desportiva e no Conselho Administrativo de Defesa Econômica/CADE. O CADE julga, administrativamente, questões anticoncorrenciais ou de formação de cartel. O modelo desse processo também é acusatório. A Superintendência-Geral do CADE tem a competência para receber denúncias, investigar, promover diligências etc. Caso entenda que há provas de atos lesivos à concorrência, apresenta denúncia ao Conselho. Da mesma forma que ocorre no processo penal, a denúncia do Superintendente pode ser acolhida ou não pelos conselheiros, pois a atribuição ou a competência para inserir no sistema jurídico o fato jurídico concorrencial é dos conselheiros. O julgador, nesse caso, tem uma liberdade imensa.

Todavia, o que ocorre no processo administrativo tributário é totalmente distinto. A autoridade competente para colocar o fato jurídico tributário no sistema é a autoridade de lançamento, ou seja, o auditor fiscal. Desse modo, o processo já se inicia com um fato jurídico posto no sistema pela autoridade competente. O julgador administrativo, para mim, não é autoridade competente para lançar ou inserir no sistema o fato jurídico tributário.

Apesar de não haver uma restrição de direito material – não consigo visualizar no Código Tributário Nacional uma vedação para revisão do lançamento, seja por erro de fato ou por erro de direito –, porém quer parecer que essa vedação seria de ordem adjetiva ou processual, em razão da espécie de demanda que se está julgando. Como já adiantei, existem processos que já se iniciam com o fato jurídico posto no sistema e outros em que o fato jurídico vai ser construído pela autoridade de julgamento.

Fazendo um exercício de imaginação, não consigo imaginar uma situação em que não ocorra cerceamento do direito de defesa quando o julgador altera/revisa o lançamento por ocasião da sua decisão. Alguém se defende de uma acusação de um fato "A", se defende e pede anulação do lançamento. E o julgador verifica a ocorrência de erro de fato ou erro de direito no lançamento examinado. Isto é: acolhe o argumento da defesa. "Este lançamento não é o correto; portanto vou revisar o lançamento, vou recapitular a infração, vou corrigir a base de cálculo, vou alterar a alíquota aplicada." Na verdade, o julgador está construindo uma nova norma, um novo fato jurídico, do qual o contribuinte não terá mais defesa.

O contribuinte acaba sendo acusado do fato "A" e condenado pelo fato "B". Isso configura um julgamento *extra petita*, *infra petita* ou *ultra petita*. Nessa modalidade de demanda que se inicia com um fato jurídico já posto a liberdade do julgador não é a mesma que ocorre nos processos de modelo acusatório, como processo penal, onde a competência para inserção do fato no sistema é do próprio julgador.

São duas modalidades de demanda distintas, onde a competência e os limites dos julgadores são igualmente distintos. Imaginem uma situação em que as partes estão discutindo a rescisão de um contrato. O julgador está diante de uma norma individual e concreta posta no sistema. O juiz não tem competência para dizer que vai construir outro contrato ao invés de rescindir o existente. A parte litigante está pedindo a rescisão do contrato, e não que o juiz as substitua e crie novo contrato. Guardadas as proporções entre o público e o privado, é a mesma coisa que ocorre no processo administrativo tributário. A impugnação pede a anulação do ato administrativo, e não a construção de um novo ato pelo julgador. Nessa espécie de demanda o Direito se fecha operacionalmente e se restringe a aplicação de um dos lados do código binário do Direito: ou o contrato é licito, ou o contrato é ilícito, com exclusão de terceiras opções. Nesses casos o processo não pode servir de braço para o meio ambiente circundante ao sistema jurídico. Não cabe ao julgador ir ao sistema social colher novos fatos e criar nova norma. Não é de sua competência.

Existem duas teorias clássicas a respeito da demanda: (i) a teoria da individuação da demanda e (ii) a teoria da substanciação da demanda. A teoria da individuação da demanda é aquela que ocorre no processo penal. O julgador tem a liberdade de olhar para os fatos e provas produzidas e para o direito invocado pelas partes e a partir de sua convicção construir a norma e inserir o fato jurídico no sistema. Por isso, dizem que no processo penal ou nos processos de modelo acusatório o réu se defende dos fatos, e não da capitulação legal proposta, pois é competência do julgador construir o fato jurídico. Na individuação da demanda o juiz olha para o processo, para os fatos que lhe são trazidos, e tem a liberdade de construir o fato jurídico. Isso ocorre no processo penal. No processo administrativo que se desenvolve no CADE, na Justiça Desportiva e em todos os processos de modelo acusatório.

De outro lado, em processos que se iniciam com uma norma jurídica já posta no sistema pela autoridade competente prevalece a teoria da substanciação da demanda. Por essa teoria a liberdade do julgador é muito menor. Nesses casos cabe ao julgador verificar qual é o pedido e qual a causa de pedir das partes e aplicar um dos lados do código binário do Direito. O pedido é procedente ou improcedente. É licito ou ilícito.

Não é da competência do julgador, nessa modalidade de demanda, construir o fato jurídico. Nesses casos o limite do julgador se restringe a verificar se o fato jurídico já posto no sistema está em acordo ou desacordo com a ordem jurídica, sob pena de nulidade da decisão.

Karem Jureidini Dias – Eu fiz a pergunta para a pessoa certa, como vocês podem ver. E eu concordo em gênero, número e grau. Na verdade, a gente deveria ter conversado antes da entrega dos trabalhos. Mas eu também tive essa dificuldade. No Conselho, quando há uma alteração de fundamento pela DRJ ou por alguma Câmara do Conselho e o processo sobe com recurso especial para a Câmara Superior, muitas vezes se aplica, realmente, como disse o Dr. Campilongo, o art. 146 do CTN, para dizer que não pode haver alteração de critério jurídico. Eu também tenho a mesma dificuldade que ele para aplicar o art. 146, nesse caso. Eu entendo claramente a aplicação do art. 146 nos casos de alteração de resposta a consulta. Houve uma alteração de resposta a consulta, não podem retroagir os efeitos, nem para cobrar só o principal sem multa e juros – que isso seria o art. 100. Não. Não pode. Uma alteração de cunho jurisprudencial, como a que ele mencionou, eventualmente, de redução de bases de cálculo, se é uma isenção ou não, se daria ou não direito à manutenção do crédito, eu creio que, no limite, isso tem sido muito discutido quando o Conselho altera sua jurisprudência sedimentada – e uma jurisprudência sedimentada pela Administração Pública –, tem-se discutido muito se se manteria a multa ou não, pela aplicação do art. 100. E nunca pela aplicação do art. 146 do CTN.

Mas eu também escrevi sobre revisão pela Fiscalização dos lançamentos, em uma toada muito menos processualista que a do Dr. Campilongo. Mas veja bem: eu encontro fundamento, assim como ele, no princípio da ampla defesa e do contraditório. E eu menciono para os Srs. o seguinte: a gente tem uma dificuldade enorme, como advogados, em juntar provas posteriormente ao protocolo da impugnação. Portanto, eu estaria, sim, sendo cerceada no direito de defesa. Mais uma questão: eu creio que o fundamento que impede essa alteração de critério para o lançamento é um fundamento constitucional de competência. E, aí, é outorga de competência conferida pela Constituição Federal. Ela confere a competência de autuar, ainda que por delegação de competência, para um fiscal naquele cargo. Se o fiscal não está naquele cargo, mas num cargo de julgador, ele não detém a competência de autuar, como o fiscal que está no cargo de lançar não detém a competência para julgar. São competências absolutamente distintas.

Paulo Campilongo – Está numa função ativa.

Karem Jureidini Dias – Isso. E no Código Tributário Nacional encontraria fundamento no artigo da decadência. Para mim, seria uma questão de decadência. Agora, o que é que eu coloquei claro – pode debater – na minha tese? Eu distingui uma situação de erro de fato, de erro de Direito e de incoerência intranormativa. Erro de fato, que é uma correção de uma digitalização errada, por exemplo, não vejo nenhum problema, porque isso não é uma alteração de subsunção de fato à norma, não é uma alteração de prova. Não é nenhuma das alterações que constituem, que têm relação com a materialidade do lançamento. Não impedem o bom exercício, também, do direito de defesa. No caso de desalinho intranormativo, eu vou dar um exemplo no seguinte sentido – eu gosto de dar exemplo federal, porque, aí, eu tenho um monte, não é? Daí, é mais fácil para mim: o pressuposto de fato do lançamento é depósito bancário de origem não identificada. As milhares de autuações por depósito bancário que a gente tem, depósito bancário de origem não identificada. Foi lá, autuou todos os depósitos bancários do cara. E a consequência é considerar tudo aquilo como receita. É assim que diz a presunção legal. Ok. Ele não errou, o fiscal.

No momento do julgamento, eu estou julgando o caso, eu vejo que aquela empresa que foi autuada por depósito bancário é uma agência de viagem. E que vários daqueles depósitos são repasses para as empresas aéreas. Eu retiro esses repasses do lançamento. Eu estou alinhando o pressuposto fático com a consequência, com o montante tributário. É em razão da prova. Isto não é nenhuma alteração. Para mim a alteração ocorre na substância material, na materialidade que acontece, do que o fiscal utiliza, se ele diz que aquilo é uma venda ou aquilo é um material "x" ou um material "y". Se ele mudar isso ou se ele mudar o critério de subsunção com a hipótese de incidência, isso ele não pode fazer. Porque é isso que está sujeito ao prazo decadencial. É isso que está sujeito ao art. 142. É isso o que está dentro da competência dele, exclusivamente, e não da competência do julgador.

Essas eram as breves considerações que eu ia fazer sobre os comentários do Dr. Campilongo.

Paulo Campilongo – Eu também quero fazer algumas ...

Karem Jureidini Dias – Não. Eu vou te passar ...

Paulo Campilongo – Sobre este assunto.

Karem Jureidini Dias – Eu vou até dar o exemplo ...

Paulo Campilongo – E depois me devolve a palavra.

Karem Jureidini Dias – Na hipótese de redução de base de cálculo, por exemplo, que aplicou a decisão que foi proferida pelo STF, até modificando a súmula, a gente, por exemplo, no Conselho, dava sempre a decadência pelo art. 150, § 4º, se não houvesse dolo. Jamais a gente olhou se tinha pagamento ou não. E eu realmente acho um absurdo, sinceramente, esse posicionamento. Para mim, o que se homologa é a apuração. Já que tributo confessado, ainda que não pago, vai para a Dívida Ativa. Não é objeto de lançamento. Então, o que eu homologo é a apuração, não é pagamento. Mas nós tivemos que mudar nosso posicionamento. E o nosso posicionamento foi mudado imediatamente. Nem seguimos a linha do Dr. Campilongo. Você vê que eu fui mais radical que você. E eu passei a aplicar a decisão do STF imediatamente. E não entendo que isso é uma alteração de critério jurídico. Porque eu não mudo em nada a capitulação legal da autuação, muito menos o fundamento legal. Continua sendo a mesma acusação. O Direito está sendo divergentemente aplicado. E, aí, não teria a restrição à alteração. É simplesmente uma divergência na aplicação do Direito.

Paulo Campilongo – Eu não vejo isso como alteração. Eu vejo isso em função da prova – uma redução, em função da prova pedida. O lançamento continua o mesmo.

Karem Jureidini Dias – Exatamente. Até pegando esse gancho, eu vou passar a palavra para a Dra. Eliana fazer os comentários dela e continuar no nosso debate, já que a gente falou de alteração da jurisprudência. Queria que ela comentasse, até como ex-Procuradora e ex-Presidente do TIT, seu posicionamento sobre a atual sistemática dos repetitivos e de repercussão geral, a gente tem as decisões do STJ e do STF sobre inúmeras matérias, a exemplo da matéria da decadência que eu acabei de mencionar, e que são decididas em repetitivo e em repercussão geral. No CARF, por exemplo, nós somos obrigados a aplicar. E nós temos uma dificuldade enorme de aplicar. Por quê? Eu não acredito na tese, mas eu aplico. Estou submetida ao Regimento, óbvio que eu vou aplicar. Mas quando o STJ diz que, se tiver pagamento, eu aplico o art. 150 e, se não tiver, eu aplico o art. 173, a compensação é considerada uma forma de quitação, então eu aplico o art. 150? Porque no IRPJ eu não tenho, várias vezes, compensação. Mas eu tenho pagamento. E a antecipação? E o IR/Fonte? Não é um pagamento antecipado? Nós estamos considerando tudo isso para aplicar o art. 150 sempre, em todas as hipóteses. E, para a gente, se é crédito indevido ou não, não faz a menor diferença. Eu aplico o art. 150. O TIT, a despeito do repetitivo, continua aplicando o art. 173 no caso de crédito indevido. E ignorando também se o contribuinte tem saldo credor, que é uma das razões de minha revolta. Mas tudo bem.

Paulo Campilongo – Bom, aí posso falar em relação ao art. 150? É outro. Bom, tá ...

Karem Jureidini Dias – Pode. Aí, agora, eu estou passando a palavra. Quem quiser falar, pode falar.

Participante (não identificado) – Pode responder ...

Paulo Campilongo – Em relação ao art. 150? Só da decadência, então. Bom, em relação ao art. 150, o TIT tem aplicado – nos casos de crédito indevido, ele acha que não pode aplicar o art. 150, em função de que o art. 150 fala de cinco anos a contar do fato gerador. Como não se tem fato gerador na entrada – eu não estou dizendo se está certo ou não ...

Karem Jureidini Dias – Mas você cobra imposto. Se cobra imposto, tem o fato gerador. É a tese pela qual você devia estar lutando.

Paulo Campilongo – Não, não, não. Eu estou dizendo o que o TIT decide. Ele decide nessa linha. Não tem fato gerador na entrada, então eu não aplico o art. 150 e vou para o art. 173. É, não cobra o imposto.

Karem Jureidini Dias – Não cobra o imposto, cobra a multa. Ou cobra a multa, porque não tem fato gerador, ou considera o saldo credor e cobra o imposto, não é?

Eliana Barbieri Bertachini – Com a minha idade eu já aprendi a não me meter em briga de cachorro grande. Eu não vou entrar na história do art. 150, até porque minha posição sobre o art. 150, o art. 173, o Dr. Campilongo e a Dra. Karem sabem muito bem que é uma interpretação diferente da dos dois. E que eu apliquei, tem até votos extensos da época em que eu fui Juíza do TIT – não Presidente, mas Juíza –, sobre esse assunto.

Agora, eu quero retomar a discussão sobre a modificação do auto de infração. É uma coisa muito interessante. E é um assunto que eu gostaria até, mas é muito difícil para eu poder resumir. Porque é uma coisa muito complexa. Quando nós falamos na revisão de um auto de infração nós estamos lidando com o princípio constitucional de revisão dos atos administrativos, com base no princípio da legalidade. Todo administrador tem por dever rever seus próprios atos, dentro do princípio da legalidade. Isto é uma primeira colocação. Isso levaria, então, em consideração: a alteração de um auto de infração, com alteração de capitulação, estaria irremediavelmente atrelada a uma devolução de prazo de impugnação. Porque seria um novo auto de infração. Seria uma nova causa de estar exigindo aquele imposto. Então, o princípio da legalidade, que daria à Administração o direito de rever seu próprio ato de autuação, estaria irremediavelmente comprometido com a devolução do prazo de impugnação – não recurso. Começa-se um novo processo, uma nova autuação.

Isto será, então, e definitivamente, comprometido – como bem colocaram o Dr. Campilongo e também a Dra. Karem – pelo princípio da estrita competência do agente administrativo. O julgador realmente não está ali para autuar, ele está para julgar. Eu tenho uma autuação, eu vou fazer um controle de legalidade, eu vou dizer se aquilo está certo ou se está errado. Se quem está certo é o agente que autuou e está exigindo o imposto, ou se aquela impugnação apresentada é procedente. E, então, no caso, eu vou cancelar. Se eu não me engano – e os Srs. me desculpem, até pelo tempo e pela idade, mas vários casos se passaram no TIT em que a autuação era cancelada e se devolvia o processo à Fiscalização, para que revisse seu ato e, então, sob um novo enfoque ou sob um novo exame, achando uma nova causa, fizesse uma nova autuação, sob nova capitulação. Comprometimento deste ato, tem, com a decadência. Porque, as vezes, demora tanto tempo a chegar no julgador que, no retornar, aquele fato já está irremediavelmente comprometido. E aí, também não há como fugir da aplicação da lei e da decadência para o fato.

Os Srs. veem que a questão de poder, ou não, rever o auto de infração é muito complexa. Faço justa homenagem ao trabalho dos dois, Dr. Campilongo e Dra. Karem, que se debruçaram sobre isso nos seus respectivos trabalhos acadêmicos. Eu vejo uma situação diferente – porque eu acho que ainda é assim, eu estou dizendo que eu acho que ainda é assim, porque já se vão aí alguns anos que eu deixei o TIT, apesar de ter sido por 12 anos Juíza e 2 anos Presidente do Tribunal. Mas, para que o auto fosse submetido à apreciação do próprio contribuinte, fosse notificado, nós tínhamos um juízo de avaliação dentro da própria Administração. Ainda é assim. Passa do agente fiscal para um superior, um delegado, um controle de qualidade. Neste momento pode haver qualquer alteração, porque ainda não está notificado o contribuinte. Portanto, eu não tenho aquele ato como um fato jurídico. Ele ainda está sob estudo. Então, aí, todos esses problemas seriam resolvidos.

Eu creio que, resumindo toda essa questão, que é muito imbricada, é muito complicada, o que nos leva a decidir se pode ou não pode, aqui, neste ou naquele caso, é justamente a competência. A competência de quem está alterando e o que está alterando. Se for uma alteração de capitulação, realmente tem que voltar para trás; e, se for o julgador, nada mais poderá fazer, senão acolher ou não a defesa. E não lhe compete alterar a capitulação. Diferentemente de valores. "Não, essas notas fiscais não entram no cálculo ou a base de cálculo não era essa, ou foi alterada." Isso é outra coisa. O fato, em si, está indene – neste caso, fica indene. É aquele fato corrido e aquela capitulação. O resto, o que vai acontecer, pode até cair multa, juros, diminuição de multa e juros por programas de favor, de incentivo fiscal ou de favor fiscal, ou qualquer benefício que seja dado por uma lei posterior. Eu creio que este caso só se resolve mesmo pela competência, materialidade e competência para o ato. Não se pode mesmo, de qualquer forma, esquecer que a Administração está, sim, adstrita ao princípio da legalidade, da revisão de seus próprios atos, para que eles sejam aperfeiçoados, nos termos da lei. Só que, aí, o auto de infração cai. Agora, pode perguntar.

A segunda questão é muito mais complicada, principalmente para a minha análise. Eu tenho um grande não sei se é defeito ou uma qualidade, sei lá, um benefício que eu tive, que eu sou formada só há 46 anos. E, quando eu fui alfabetizada em Direito, as decisões, principalmente do Supremo Tribunal, do Tribunal Superior, eram mais do que uma lei para nós mesmos. O Tribunal falava, nós aplicávamos imediatamente. Por quê? Porque aquilo não mudava. Naquela época – e lembrando as palestras que foram dadas no dia de ontem – a segurança jurídica e a certeza do Direito eram uma coisa realmente existente. Hoje a aplicação das decisões, tanto por repercussão geral quanto nos recursos repetitivos, me causa muita preocupação. Antes de chegarmos no estágio em que estamos atualmente, do posicionamento do Poder Judiciário – sem nenhuma crítica, estou fazendo uma análise crítica ideológica, e não uma análise crítica destrutiva –, primeiro, há um bom tempo atrás, o que dizia o Tribunal Superior, o Supremo Tribunal, era lei.

Depois tivemos um tempo em que os tribunais, o Supremo Tribunal e o Tribunal Superior, começaram a ter divergências entre suas próprias Turmas. Então, eu dizia assim – sem nenhum intuito de crítica: "O Superior Tribunal de Justiça, terças e quintas de manhã, julga aquele caso em tal sentido. Segundas e quartas, à tarde, em sentido oposto. Sexta-feira, depende ou do humor ou do estresse, ou do programa seguinte que terão os Ministros". Porque você pegava os mesmos casos e as decisões eram as mais diversas possíveis. Dessa situação, quer dizer, da primeira, que era uma segurança total, para uma situação de "vamos rever nossos próprios pensamentos" – e já diz o pensador que quem não revê sua própria posição é um imbecil, que não consegue continuar pensando –, nós passamos, agora, por uma situação de: "Tudo vai ser assim, até que se mude a composição do Tribunal". Então, aplicar imediatamente e irrestritamente uma posição, hoje, pode ser o maior motivo de uma aplicação de injustiça amanhã. Porque, amanhã, esse mesmo caso pode ser julgado diferente.

Eu falo com a maior tranquilidade, porque, enquanto Procuradora do Estado, participei do estudo para a interposição de uma ação direta de inconstitucionalidade – o Dr. Campilongo sabe bem disso, porque toda a Secretaria da Fazenda acompanha – relativamente à devolução dos valores na substituição tributária quando a operação seguinte é considerada – no meu sentido – realizada por um valor menor que a base de cálculo estabelecida. Essa ação direta de inconstitucionalidade foi proposta em cima, com base, literalmente, na transcrição da decisão do STF numa ação direta de inconstitucionalidade em que julgou um recurso do Estado do Ceará. Não só para a minha surpresa – e os Srs. imaginam o tamanho da minha surpresa, que eu fui parar no pronto-socorro quando acompanhei o julgamento. Eu falei: "Agora eu vou enfartar" –, na hora de julgar a ação direta de inconstitucionalidade que nós tínhamos proposto com base no entendimento do STF, o ilustre Ministro falou: "Temos uma composição diferente, acho que vamos rever a posição do STF". Então, se isto acontece – e olha o drama que isto gerou... Esta ação é de 2002, nós estamos em 2014. Ela está no STF, empatada, cinco a cinco. E ninguém decidiu, até hoje.

Então, decidir em cima do que um tribunal hoje decide, quando se tem o pensamento de que a mudança da composição do tribunal pode mudar a interpretação daquela mesma lei, absolutamente fundamentada numa decisão anterior, é muito complicado. Está errado decidir um processo administrativo com base numa decisão proferida pelo Supremo ou pelo Superior em repercussão geral? Não estaria. É a interpretação da lei, e deveriam então, as Administrações estar submetidas a ela. Em primeiro lugar, eu acho que isso deve estar previsto expressamente na lei que disciplina o respectivo processo administrativo. Seja ele no âmbito municipal, estadual ou federal. Sem autorização da lei eu creio que não há como validar essa interpretação.

Segundo, acho cabível, mas sofrível. Porque nós, hoje, podemos terminar, por exemplo, com 2.000 autuações em cima de uma posição tomada pelo Superior ou pelo Supremo e corremos o risco de daqui a dois meses, mudando a composição, alguém falar: "Eu acho que o meu entendimento é outro". E os casos julgados não poderão ser retomados. Ao lado disso, também acho que súmula, repercussão geral e recursos repetitivos devem ser sempre analisados tomando-se por base uma análise muito profunda do caso presente. Porque, ainda que se fale que "tudo é aplicação de juros em aplicação financeira", nem todo juro aplicado é igual e nem toda aplicação financeira é igual. Essa história de falar: "Não, isso aqui o que é que é? É revisão do auto de infração. Não, não, pode cancelar, porque o Supremo, agora, entende tal coisa", não, não é bem assim. Qual foi a revisão? Qual foi o fato?

A aplicação da súmula vinculante me preocupa muito. Porque nós não estamos falando, como falávamos antigamente, de 100 ou 200 casos. Hoje, quando se aplica uma decisão, você pode estar correndo o risco de aplicar para 10 mil, 20 mil processos. É uma coisa que todo mundo sabe. É preocupante. Pode ser feita, mas eu vejo essa insegurança, esse prejuízo, pela falta de segurança jurídica que hoje nós temos. Eu creio que é essa a posição que eu tenho, quer seja na minha posição antiga, como Procuradora – porque, agora, eu estou revendo algumas posições minhas. Não, não estou revendo, não. As minhas posições sempre foram as mesmas. Antes eu era obrigada a defender o Estado. Hoje eu estou como advogada de particulares. Mas é isso o que eu penso sobre o tema.

Karem Jureidini Dias – Eu tenho posição bem oposta, para falar a verdade. Eu também acho muito sofrível a alteração constante de posicionamento, salvo quando a favor do contribuinte. Eu estou brincando. Mas acho sofrível essa alteração constante de posicionamento, seja do STJ, seja do STF e, principalmente, do CARF. Do CARF, então, Nossa Senhora! Eu fico muito brava quando a Câmara Superior... Porque eu entendo que Câmaras baixas julguem diferente porque, justamente, há divergência na Câmara Superior. E quando a gente teve a alteração de composição drástica na Câmara Superior – que aconteceu o ano passado –, foram revistos vários posicionamentos. E eu fico muito chateada, porque é uma posição da Administração sedimentada há anos, e o contribuinte confiava nela. Eu creio que é ruim para todos os lados. É ruim para a Fazenda, que poderia estar deixando de recorrer – ou deixou e, depois, está com problema. Quer dizer, é ruim de todos os lados. A insegurança jurídica é ruim até para a arrecadação. Que é melhor não [*truncado na gravação*] certas questões que estavam sedimentadas, mas ter vários investidores no Brasil e que confiam na política brasileira, do que você ter um País com absoluta insegurança jurídica – e que advém dos seus órgãos administrativos.

Eliana Barbieri Bertachini – Você me permite um pequeno aparte? É uma coisa muito complicada. Veja, até como Procuradora do Estado – eu fui Procuradora do Estado, há 30 anos, e tive que me aposentar –, enquanto Procuradora do Estado, eu fiz inúmeros cursos de Especialização, de Mestrado, estou preparando o meu ingresso no Doutorado. Minha posição como estudante, como acadêmica, é uma. Minha posição como Procuradora era outra. Eu tenho que defender o Estado. Então, eu não posso pretender alçar um cargo, quer dizer, entrar no CARF ou no TIT e falar: "Não, não, não. A posição de vocês é essa, mas a minha é outra". Não. Você não está falando por você. Você está dentro de uma instituição. Calma, vamos ver seus pensamentos. Eu cansei de escrever ressalvando a minha posição. Certo? Agora, se a cada momento – e, veja, nos últimos oito anos, quais as alterações que tivemos no STF? Quantas? –, se a cada seis meses, nós vamos mudar o posicionamento ...

Karem Jureidini Dias – Mas, a meu ver, um problema não justifica o outro.

Eliana Barbieri Bertachini – Mas o CARF, o Supremo, estão lá para quê? Para falar: "A orientação é esta. Agora, a orientação é ... Espere um pouquinho. Hoje, é esta". Então, não dá para aplicar.

Karem Jureidini Dias – Mas essa questão de uniformização de jurisprudência é uma tendência mundial, que tende a trazer segurança jurídica. Nós não sabemos usar, ainda. Este é um outro problema. Nós não sabemos usar, ainda. Nós não sabemos imprimir segurança jurídica. Nós somos muito mais casuísticos – essa é uma verdade –, muito mais casuísticos e muito mais voltados ao posicionamento individual de cada um do que à revelação de, muitas vezes, seu posicionamento individual pela manutenção de segurança jurídica. Isso tudo é um problema de um País que não está acostumado com um Direito que observa a jurisprudência. Ponto. Isso é uma coisa.

Uma outra coisa é dizer: a gente precisa começar a imprimir segurança jurídica e a imprimir agilidade. Parece-me que uma das providências é o Tribunal Administrativo, porque, na verdade, nossa jurisdição é una. A última palavra é do Poder Judiciário. Se houvesse concomitância, quem decidiria seria o Poder Judiciário. Portanto, se o Poder Judiciário falou sobre um determinado tema em repercussão geral ou em repetitivo, parece-me que deve ser observado. É conveniente que conste do Regimento e que deve ser observado pelos tribunais administrativos. Não digo decisões isoladas. Mas repetitivo e repercussão geral entendo que sim. Tenho observado, independentemente do meu posicionamento pessoal, em inúmeros casos. Agora, o que não se pode é, simplesmente, pegar um repetitivo e adaptar. Pega uma súmula, copia e cola no julgamento. Isto a gente não pode fazer. Porque nossos tribunais também ainda não sabem julgar em repercussão geral. Eles julgam repercussão geral, e quando se julga uma repercussão geral no mundo inteiro, ao se avaliar um caso de repercussão geral, eu deixo de julgar aquele caso concreto. A parte dispositiva é daquele caso concreto. A *ratio decidendi* não é.

Ontem eu fiz uma palestra aqui, no IDEPE, sobre lucro no Exterior. E eu justamente contei sobre a problemática que teve no julgamento do lucro no Exterior. E eu diria que estavam ali julgando uma ação direta de inconstitucionalidade, uma ação de repercussão geral e uma ação de caso concreto. Aí, demorou – o Joaquim Barbosa, que é mais afeito ao Direito Internacional, e a essa experiência internacional, é que conseguiu mostrar: "Vamos pontuar as razões de decidir. Vamos pontuar que tem casos que é assim, tem casos que é assado". Porque você tem que dar nortes daquilo que você está decidindo. Tem que saber interpretar o que se está decidindo, porque aquela decisão não se aplica, *ipso facto*, a todos os casos. É exatamente o que eu estou falando do art. 150. "Ah, tem pagamento." Aí, o pessoal entendia: "Ah, não tem pagamento, é o art. 173". "Não, filhão. O Supremo não viu compensação – do 150 ou 173." Então, ela se equipara a uma quitação. Como pagamento, é uma quitação. Vamos aplicar o art. 150. Só que demorou. Precisou de várias sessões para discutir isso. Esse trabalho já deveria ter vindo da decisão em repercussão geral do STF.

Eliana Barbieri Bertachini – Mas é assim?

Karem Jureidini Dias – Não, não é. Mas tem que ser. Sim, entendo. Um problema é um problema, e outro problema é outro problema. E agora, para a gente parar de brigar, vamos mudar o tema. Se ninguém levantar a mão, eu vou continuar fazendo perguntas para a Mesa.

Eliana Barbieri Bertachini – Espere um pouco. Eu só quero relatar para os Srs. uma ação direta de inconstitucionalidade que eu não sei se os Srs. acompanharam. Uma decisão em uma ação direta de inconstitucionalidade de guerra fiscal. Não vou citar nem o nome dos Estados interessados, muito menos do Ministro. A decisão foi dele, em uma ação direta de inconstitucionalidade. A ação é procedente. Em uma ação direta de inconstitucionalidade a ação é procedente, a norma é inconstitucional. Entretanto, deixo de caçar os efeitos da norma, que passa a valer por mais 12 meses. Isto se aplicaria indiscriminadamente a qualquer caso? De inconstitucionalidade? É isso mesmo que você ouviu. Deixo de suspender a norma – que ele acabou de dizer que é inconstitucional –, garantindo sua validade por mais 12 meses.

Karem Jureidini Dias – Está garantida a validade. Para aquela norma, está garantida a validade. Não pode nem glosar o crédito.

Eliana Barbieri Bertachini – Não. Agora, eu pergunto: a inconstitucionalidade é antes, mais ou menos, ou depois?

Karem Jureidini Dias – É só depois dos 12 meses. É só depois dos 12 meses. Decidiram assim. Não pode nem glosar o crédito. Só deu a eficácia posterior.

Bom, agora eu vou mudar o nosso tema, aqui. Vou fazer uma pergunta para a Profa. Fabiana. É questão, agora, muito mais de informação digital, nota fiscal eletrônica etc. E, depois, eu vou pegar o gancho dela e falar no federal também. No caso de tributos cumulativos, se o contribuinte envia uma informação digital, de forma individualizada, antecipadamente, ele faz, então, uma declaração e não quita o tributo. Isso vai para a Dívida Ativa, independentemente de processo administrativo fiscal, ou não? Quais as discussões que a gente teria, nessa seara?

Fabiana Lopes Pinto – Bom, boa tarde a todos! Boa tarde e muito obrigada à coordenação do IDEPE, Profa. Maria Leonor, Karem, Eliane, Paulo, Nélida! Muito obrigada a todos aqui presentes! Essa discussão é, na verdade, muito nova, recente. A nota fiscal eletrônica foi muito estudada por mim na tese de Doutorado. E foi a partir daí que a gente teve a ideia de discutir, nesta Mesa, até mais para que vocês nos digam o que acham de tudo isso, como julgadores. E eu vou, primeiro, colocar algumas premissas dessa pergunta, para que a gente consiga contextualizar.

Bom, a partir da emissão da nota fiscal eletrônica a gente tem uma necessidade de pré-validação da nota fiscal emitida, no momento antes até da ocorrência do próprio fato gerador. Ou seja: para que haja uma circulação de mercadoria, ou para que haja uma prestação de serviço, eu tenho a emissão da nota fiscal eletrônica. Ela é encaminhada para a Secretaria de Estado da Fazenda, para o computador da SEFAZ. Essa nota fiscal eletrônica é pré-validada ou rejeitada ou entra em situação de contingência ou é denegada. E, se autorizada, aí, sim, pode haver uma circulação de mercadoria, pode haver, de fato, a emissão do DANFE para a circulação da mercadoria. A questão, Karem, é muito interessante, porque ela tem a ver com o fato jurídico. Segundo o Prof. Paulo de Barros Carvalho – a gente estuda bastante a teoria dele –, para que haja um fato jurídico é necessário que o fato seja transformado em linguagem competente. Esta linguagem competente sempre ocorria após a ocorrência do fato gerador. Quando seguidos fatos geradores aconteciam, havia lá a modalidade de lançamento, nós informávamos ao Fisco, a partir do lançamento, a ocorrência desses fatos geradores. E aí, sim, surgia e era constituído o fato jurídico tributário. Com a nota fiscal eletrônica há o envio de uma nota fiscal eletrônica para pré-validação, para o computador da Secretaria de Estado da Fazenda, e, automaticamente, há um envio de uma cópia dessa nota fiscal eletrônica para a Receita Federal, correto? E, aí, nós podemos, sim, falar um pouco sobre tributos federais, principalmente os cumulativos, Karem.

Porque o que acontece? Por exemplo, suponhamos que uma empresa emita uma nota fiscal por dia. A cada nota fiscal que ela emitir, nasce um fato jurídico. Fato jurídico tributário? Não necessariamente. Mas um fato jurídico nasce, porque foi enviado para a Secretaria de Estado da Fazenda e foi enviada para a Receita Federal a informação contida na nota fiscal eletrônica. Se eu estiver diante de um tributo sujeito ao princípio da não cumulatividade, essa informação é apenas parte da informação necessária para se formar o fato jurídico tributário como um todo. Mas, se eu estiver diante de um tributo sujeito à cumulatividade, pode ser que na nota fiscal eletrônica eu tenha todos os elementos necessários à constituição do fato jurídico. Inclusive o fato jurídico tributário.

Suponhamos a nota fiscal eletrônica do ISS. Eu tenho ali, na nota fiscal eletrônica do ISS, todos os elementos necessários à formação do fato jurídico tributário. E, aí, cabe a pergunta: havendo feito as notas fiscais eletrônicas e não tendo sido feito um lançamento, também não tendo sido feito o pagamento, poderiam esses fatos jurídicos ocorridos ao longo do mês ser considerados fatos jurídicos tributários, para fins de inscrição direta em Dívida Ativa? Acredito eu, Karem, por ser defensora do processo administrativo tributário, que não. Mas gostaria que todos nós estivéssemos de olhos muito abertos e parássemos para estudar um pouco isso. Por quê? Porque pode, sim, haver uma evolução nesse sentido. Por quê? Porque, se eu considerar que pode haver um fato individualizado, um fato jurídico individualizado, a cada nota fiscal eletrônica emitida, talvez eu não precise mais da modalidade do lançamento para formar o fato jurídico tributário mensal. E eu posso ter, de repente, um fato jurídico tributário diário. E, aí, a evolução desse raciocínio pode se estender um pouco mais. Poderia haver, então, a supressão desse processo administrativo tributário, nesses casos? Pergunto: poderia haver a discussão, quem sabe, pensando um pouco mais para a frente, da decadência diária? Como é que ficaria essa questão?

Se eu considero, então, que cada nota fiscal eletrônica emitida pode constituir um fato jurídico necessário à formalização, em linguagem competente, daquele tributo, e se o Fisco entende que isso é suficiente para ele, que eu confessei a ocorrência daquele fato, poderia, então, haver isso daí? Acredito que sim, que possa haver uma evolução nesse sentido. Não que eu seja favorável a isto, certo? Então, gostaria, até para incentivar um pouco os debates – eu conversei muito com o Prof. Paulo Campilongo –, dos seus comentários, Prof. Paulo, sobre essas inovações da nota fiscal eletrônica, do fato jurídico, desse fato jurídico individualizado, dessa decadência diária. E como ficaria esta questão, inclusive da prova no processo administrativo tributário. Prova, essa, oriunda de notas fiscais eletrônicas emitidas ao longo de determinado mês.

Paulo Campilongo – Bom, Fabiana, realmente nós conversamos a respeito dessa questão. Em sua opinião o Serviço Público de Escrituração Digital/SPED e a nota fiscal eletrônica podem alterar o panorama jurídico existente, criando, por exemplo, uma nova fixação de *dies a quo* para a contagem de prazo decadencial. Não parei para estudar essa matéria, mas, a princípio, não consigo visualizar nenhuma diferença nesse sentido. O critério temporal da regra de incidência dos tributos parece que não vai ser alterado. O fato gerador do ICMS, do ISS, do IR, do IPI, permanecerá o mesmo. A nota fiscal eletrônica e a prestação de informações contábeis e fiscais por meio digital apenas vão substituir a forma anterior, onde as informações eram prestadas no papel. Apenas se alterou a forma de apresentação e cumprimento das obrigações acessórias. Não vejo como essa alteração possa afetar o contencioso administrativo fiscal. O Fisco apenas terá muito mas agilidade para receber e processar as informações contábeis e fiscais do contribuinte. O cruzamento de dados será muito mais eficiente e rápido. Todavia, constatadas irregularidades fiscais ou contábeis, os Fiscos deverão proceder à lavratura de auto de infração e abrir o contencioso administrativo ou judicial. Apesar de o contribuinte ter prestado suas informações por meio digital e a Fazenda ter validado o recebimento dessas informações, não significa que a constituição do crédito esteja homologada. Pode ser até que eu esteja enganado, mas não estou conseguindo visualizar uma alteração profunda em relação à ocorrência do fato jurídico tributário. No caso de ICMS, que eu até já havia falado para você, vamos continuar a ter aquelas hipóteses do tributo declarado e não pago. O Fisco continuará inscrever o débito na Dívida Ativa, independentemente de lavratura do auto de infração. Mas nada impede, por exemplo, que, cruzando informações referentes ao período declarado e não pago, se apurem outras diferenças e se faça o lançamento de oficio, contando-se os prazos decadenciais da mesma forma que se faz hoje em dia.

Sua preocupação parece válida. Mas sem aprofundar o estudo não consigo alcançar qualquer modificação em relação ao que já ocorre hoje em dia.

Karem Jureidini Dias – Parece-me que é muito mais uma questão de prova, que o Fisco vai ter na mão, do que uma questão de supressão do lançamento. A única forma de suprir lançamento – isso aconteceu no âmbito federal, com as declarações de compensação – é você considerar que determinado documento constitua confissão de dívida. E, aí, se vem uma norma e diz: "Aquilo lá é veículo hábil, é confissão de dívida", ok. Se é confissão de dívida, se aquilo é considerado confissão de dívida, não existe mais problema em você enviar diretamente para a Dívida Ativa. Então, por exemplo, antigamente, quando o contribuinte formulava um pedido de compensação, ele tinha direito a todo um processo administrativo anterior, para depois considerar aquilo confissão de dívida. Agora, não. O Fisco tinha que lançar. Se o Fisco não lançasse, dava prazo decadencial. Agora, não. Agora, quando ele faz um PER/DComp, ele está com uma confissão de dívida. Não se fala em decadência. Ele tem direito a um processo administrativo, apesar de estar suprimido o lançamento, porque não se pode perder de vista que ele tem que ter, em algum momento, direito à discussão de uma negativa do seu pedido. Mas esse pedido administrativo, esse direito de discussão administrativa, não implica que tenha necessidade de lançamento. Está suprimida a necessidade de lançamento. Mas eu quero dar um outro exemplo, que é um exemplo que vai muito ao encontro do que você está falando, mas aí é um pouquinho diferente.

No âmbito federal, a DCTF é um instrumento de confissão de dívida. A DCTF e a DComp – a Declaração de Compensação e DCTF. Então, o contribuinte faz uma DCTF. Você tem uma previsão de que ele pode fazer uma DCTF retificadora. E que a retificadora espontânea substitui integralmente o retificado. Então, ele foi lá, fez uma retificadora e disse: "Devo 10, pago 10, zerei". Aí, ele faz uma retificadora: "Devo 7, calculei errado, eu não devia 10. Devo 7, paguei 10, eu tenho direito a restituição". Ele faz essa DCTF retificadora justamente para lhe dar o direito de restituição e posterior compensação. Existe uma norma que diz que o Fisco pode rever e não aceitar, não homologar, a DCTF retificadora, por meio de uma notificação ao contribuinte. Olhe que coisa louca: têm vindo despachos da Delegacia dizendo que não aceita a retificadora, não lavra auto de infração e coloca um valor que também não é da retificada, é maior que o da retificada.

Então, por meio de uma auditoria interna na sua confissão de dívida, ele lhe imputa um valor maior, sem lançamento. Isso é um perigo desses procedimentos automatizados e da falta, me parece, até de instrução da Fiscalização. Porque é óbvio que isso deveria estar submetido a um processo administrativo, e é óbvio que isso deveria estar com a exigibilidade suspensa e com direito a ampla defesa, no âmbito do processo administrativo fiscal. Então, isso, de fato, é um risco. À medida que isso acontece, qualquer coisa pode acontecer. Mas é um risco. E, aí, o contribuinte não consegue nem recorrer para o Administrativo, porque o débito vai direto para a Dívida Ativa. Ele precisa ir para o Judiciário para dizer que ele deveria ter tido direito ao processo administrativo. Aí, chegando no Administrativo, vai dizer que tem concomitância com o Poder Judiciário.

Fabiana Lopes Pinto – A minha preocupação se estende um pouco mais na questão do conceito de lançamento e definição do que é lançamento ou não. E, gente, todos nós aqui estamos cansados de discutir, de pensar, o que é o lançamento, se é um ato, se é um procedimento, e tudo mais. Mas, considerando que seja ato ou seja procedimento, seria possível, então, o Fisco começar a considerar – ou, mesmo, uma legislação – a nota fiscal eletrônica, por se tratar de um ato de entrega de informações, contendo todos os elementos da regra-matriz de incidência para o Fisco, de forma eletrônica, um ato de lançamento? Se isso acontecer, eu poderia dizer, então, que cada nota fiscal eletrônica constituiria um crédito tributário? Que seria um lançamento, constituiria o fato jurídico, o crédito tributário, a obrigação, e tudo mais? Poderíamos evoluir, talvez, para uma doutrina nesse sentido? E, se isso acontece, na verdade, nós estamos trabalhando com toda a essência do direito tributário. Tem toda uma série de fatos novos que estão acontecendo, que precisam ser estudados a fundo. E é essa a grande argumentação, agora. O que vai, de fato, ser alterado com as formas tecnológicas atreladas à fiscalização de tributos? Está certo? O que é que vocês acham?

Eliana Barbieri Bertachini – Posso? Ao menos atualmente – não sei, precisaria fazer um estudo sobre qualquer outro tributo, a partir do lançamento de uma nota fiscal eletrônica –, mas quanto ao ICMS creio que não há esse perigo. Porque o ICMS é um imposto que é calculado mensalmente, ou quinzenalmente que seja, para algumas coisas especiais. Porque há a necessidade – uma coisa é o documento fiscal, outra coisa é a apuração do crédito tributário. E, falando em ICMS, deve haver o lançamento das entradas e das saídas, até dos créditos. Sei lá, aproveitamento de crédito acumulado, tem uma série de procedimentos que se fazem, a partir do lançamento da nota fiscal, quer eletrônica, quer em papel, até a apuração, efetivamente, do imposto devido. Então, ao menos na sistemática atual não sei se isso pode mudar. Mas, tratando-se de ICMS, que é um imposto não cumulativo, submetido a procedimento de débito e creditamento de valores anteriormente recolhidos, eu não vejo, no sistema que nós temos hoje estruturado, como considerar a própria nota fiscal já como o início de um lançamento ou de declaração de dívida. Porque ela não é. Ela é só um documento fiscal de declaração de um movimento realizado. Até porque mesmo a nota fiscal eletrônica pode, eventualmente, em determinadas condições estabelecidas na lei, ser cancelada por uma ou outra situação consignada em lei. Então, ela, realmente, mesmo mandada eletronicamente e distribuída, não vai gerar esse efeito de, por si só, ser considerada lançamento de crédito tributário. Porque a apuração é muito mais complexa do que uma nota fiscal.

Eu creio que a coisa pode complicar, sim, a partir de algumas ideias que se tem de informatização de tudo; por exemplo, eu não sei se os Srs. têm conhecimento da ideia de – como é que chama? – porto eletrônico, acho que é isso. Agora, não me lembro. Mas eu tive a oportunidade de ver a proposta do Governo, em nível federal, lá na COTEP. Qual é a ideia? Que o caminhão, quando sai com a carga, para agilizar nossos portos, todos os documentos que ele tem já são transmitidos para todas as Secretarias – não só do Estado, estadual, federal, municipal –, todos os elementos da carga que ele tem. Carga, peso, preço – enfim, todos os documentos que ele tem que apresentar na hora de chegar no porto já serão emitidos eletronicamente e passados para as respectivas Receitas. Para que finalidade? Na hora em que o caminhão chegar no porto, aquilo tudo já estará analisado. Então, se estiver ok, ele entra. Se não estiver, ele é colocado de lado ou, até, ele já recebe a comunicação, também eletronicamente, do que está faltando. Para evitar filas, para evitar ... Gente, é uma tonelada, eu não sabia também, mas cada caminhão é uma tonelada de documentos que tem que apresentar. Então, isso já vai sendo agilizado.

Então, aí, eu não sei se tem alguma incidência que é imediata. Mas, de qualquer maneira, mesmo que seja, eu creio que não dá para transformar um documento fiscal em auto de infração – isso no meu entender, tentando responder de pronto à colocação feita. Creio que merece alguma consideração de preocupação com o que está sendo inventado, e para ser trazido para os contribuintes. Mas até agora não vejo como transformar um documento fiscal em auto de infração, dentro das condições estabelecidas pelo Código Tributário Nacional. Mas essa é a minha posição.

Karem Jureidini Dias – Só poderia se tivesse nele contida a apuração, e não simplesmente a operação, de forma isolada. E, aí, para a gente finalizar – que, daqui a pouco, vai dar o nosso tempo –, eu queria tratar de mais algumas questões de processo. E os Srs., por favor, se quiserem fazer questionamentos, é só levantar a mão.

Queria falar um pouquinho de ônus da prova. Creio que, se a gente está na Mesa de Processo, a gente precisa tratar um pouquinho da verdade material. Como é que funciona a verdade material? É possível, eu deveria entender isso como realidade efetiva dos fatos, como um formalismo moderado? Esse formalismo moderado é a diferença grande que existe entre contencioso administrativo e contencioso judicial? E esse estreitamento para a juntada de provas apenas na impugnação deve ser rigorosamente observado pelos julgadores, ou não? Queria direcionar a pergunta para a Profa. Nélida, que ainda não se pronunciou hoje.

Nélida Cristina Santos – Bom, boa tarde a todos! Eu cumprimento a Mesa, na pessoa da Dra. Karem Jureidini. Também parabenizo a todos os Congressistas, que atentamente tem prestigiado este *XXVIII Congresso Brasileiro de Direito Tributário*. E, a partir de uma abordagem, digamos assim, mais focada em um aspecto constitucional – e eu vou acabar trazendo um pouco das minhas reflexões, pautadas na questão do princípio do devido processo legal. Então, no meu modo de ver, o princípio do devido processo legal tem um nascedouro constitucional influenciador, tanto no âmbito processual administrativo quanto processual tributário.

Nesse aspecto, a partir das reflexões que foram feitas aqui na Mesa, logo no início, quando se aborda a questão da revisão do lançamento e até que momento essas provas devem ser apresentadas, as inconsistências devem ser apresentadas, por parte do contribuinte, em relação ao Fisco – e, aqui, eu uso um pouco das palavras do Prof. Dr. Bottallo –, o momento de apresentação das provas deve se reportar até a decisão, e não até a impugnação. É óbvio que durante o correr processual não é fácil quebrar essa oportunidade de apresentação de provas, se não pautadas no espírito da verdade material. E, aí, estudando um pouquinho o tema, Moacyr Amaral Santos diz que a busca da certeza apurada no processo é que configura a verdade material. Então, nesse sentido, deve-se trabalhar, tanto o Fisco quanto o contribuinte, na busca da melhor configuração jurídica. Não sei se isso acontece, ou não, na prática com o espírito, pelo menos, que o contribuinte aguarda. Mas, na medida do possível, a apresentação das provas tem esse perfil de atacar o ponto da inconsistência e levantar informações mais precisas acerca daquela capitulação e de um eventual cancelamento daquela configuração tipificada.

Também poderia refletir um pouquinho acerca do ônus da inversão da prova. A quem caberia? O contribuinte parte do pressuposto de que o que o Fisco fala é uma verdade, por ter sua atuação pautada na imposição, por ter a legitimidade em mãos. Mas o contribuinte, quando afere essa oportunidade de quebrar sua argumentação, demonstrando que aquela imputação não deve prevalecer, ele vai se prender a fatos. Enquanto a Administração Pública deverá se prender a demonstrações mais voltadas para o aspecto subjetivo da conduta do contribuinte. E, aí, surge a figura do indício ou da presunção, que vão tentar desmistificar ou "desmoralizar" – entre aspas, "desmoralizar" talvez não seja a palavra mais certa, mas descaracterizar – a conduta do contribuinte, para que perdure essa determinação da imposição tributária.

Eu não sei se a essa oportunidade da inversão do ônus da prova ou, mesmo, se no curso do processo administrativo não se devam aplicar alguns princípios constitucionais que se leva para o processo judicial. E, aí, o julgador vai ter aquela atribuição um pouco magnânima que a Constituição Federal lhe entrega e, também, uma certa cautela para decidir de maneira parelhada. E penso eu que o julgador administrativo tem esse senso de responsabilidade cada dia mais aflorado. Já assisti a alguns congressos, alguns painéis, e alguns dos vários julgadores que compõem tantas bancas de apresentação de trabalhos, com uma sutileza, com uma seriedade, com uma formação técnica muito amparada no conteúdo e, também, no aspecto filosófico até, da sua atitude ética de julgador, sabendo que sua decisão não só vai causar um resultado prático, mas, também, muitas vezes, um prejuízo social um tanto quanto acentuado. Não que deva ser o papel do julgador analisar esse aspecto sociológico, o social, mas hoje em dia faz parte, principalmente no âmbito tributário. E me parece que a minha argumentação caminha nesse sentido, Dra. Karem.

Karem Jureidini Dias – A minha também é convergente, e a gente tem que fazer uma distinção do processo administrativo para o judicial. No processo administrativo a gente vai ter uma informalidade maior. A gente vai ter, sim, o princípio do que é da conveniência – não é nem um princípio, é um fator conveniência e fator interesse da Administração Pública. Fator conveniência, porque ela dita seus atos por conveniência interna, mesmo. Então, por exemplo, no âmbito do Judiciário tem súmula, está mais do que sedimentado que vale a legislação processual imediatamente à data da decisão – não é nem da interposição do recurso. Então, teve uma decisão, dessa decisão vai ter em recurso especial, certo? Vale a data da decisão, e nunca do recurso ou do julgamento desse recurso. A aplicação imediata da norma processual. Isso, no processo judicial.

No processo administrativo, por exemplo, se a Administração Pública diz: "O recurso de ofício é necessário para um débito até 500 mil", depois diz: "Recurso de ofício, que é aquele contra a exoneração do crédito tributário, é necessário para débito acima de 1 milhão", se ela diz "é necessário para débito acima de 1 milhão", ele vai ser aplicável imediatamente, para aquilo que já está em recurso. Não importa que quando a Procuradoria interpôs recurso, quando foi proferida a decisão, o limite recursal era suficiente para aceitar o recurso. Quando eu estou julgando, não é mais. Eu deixo de apreciar. Apesar de toda a doutrina e a jurisprudência serem diferentes no âmbito do Poder Judiciário. Por quê? Porque no âmbito do processo administrativo o que vale é a conveniência. É a Administração Pública que está dizendo: "Não quero mais perder tempo com débito pequeno. Eu quero perder tempo com débito que eu considero grande. Para mim, abaixo de 1 milhão [*que é o limite de alçada, hoje, do Federal*] é pequeno. Não vou perder tempo com isso. Vou focar a minha Procuradoria naquilo que é grande".

Essa mesma questão também vigora para o princípio da verdade material. É muito mais uma questão procedimental de flexibilidade no conhecimento das provas. Eu creio – desculpe o termo – que chega até às raias da imoralidade a Procuradoria recorrer de um processo que o contribuinte ganhou, após um controle de legalidade pelo tribunal administrativo, porque a prova não deveria ser reconhecida. Ela está jogando contra ela mesma. Vocês vão me desculpar. Porque o contribuinte está com uma adesão do Tribunal Administrativo técnico dizendo o que é que está certo, o que é que está errado. Ele vai para o Judiciário, vai onerar a Administração Pública. É óbvio que ele não vai ser louco de pagar aquele débito.

Então, o que é que acontece no âmbito do processo administrativo fiscal? O que acontece é que o interesse da Administração Pública ... A Administração, vamos lembrar, está gastando com o Tribunal Administrativo. No Conselho ela está pagando passagem, hotel, estadia. Ela está pagando salário de auditor, e lá no Conselho o auditor é exclusivo. Ele só fica por conta disso. Não é um *plus* que ele faz. No TIT ela também está gastando. Você já foi Presidente do TIT, não é barato manter um tribunal administrativo. Se ela mantém é porque a Administração tem interesse no controle de legalidade dos seus próprios atos. Então, é óbvio que ela tem que flexibilizar o conhecimento de provas.

Aonde eu entendo que esse conhecimento de provas não deve ser aceito? Já recusei, inclusive, em julgados, um conhecimento de provas. Quando, notoriamente, é para tumultuar o processo, notoriamente é de forma injustificada, quando a juntada da prova se mostra desnecessária, sem relação com o fim colimado ou com a causa que se está a apreciar. Nesses casos ela deve ser recusada. E outras coisas ficam dentro da preclusão. Mas a preclusão que se opera no processo administrativo fiscal é muito menor. A preclusão que se opera é, no âmbito maior, na Câmara Superior, porque a Câmara Superior, seja no TIT, seja no CMT, no Conselho Municipal, ou seja no CARF, é para dirimir divergência jurisprudencial. Ela não é uma terceira via recursal. Ela não está mais fazendo controle de legalidade. Ela está lá ditando jurisprudência. Então, é muito diferente a função – ali, a preclusão se opera mais. E embaixo, nas Câmaras baixas dos tribunais, nas delegacias, não. A preclusão, nesse ponto, não opera.

Uma outra coisa: a preclusão não opera, a meu ver, quanto à matéria de direito. Se alguém tiver alguma coisa contra, que se manifeste, mas foi uma discussão enorme que a gente teve na Câmara Superior. Eu travei essa discussão, eu fiquei louca com essa discussão. A gente passou seis meses nessa discussão. Enquanto não saísse vencedora nessa questão, porque é uma questão que me parece muito importante. A preclusão não opera quanto à matéria de Direito. A preclusão opera quanto ao item recorrido.

Por exemplo, o contribuinte recorreu da multa. O recurso especial foi conhecido quanto à multa. Eu posso retirar a multa, por uma razão que eu entenda aplicável. Que nem sempre é a razão de direito que o contribuinte alegou para a subida do recurso especial dele. Mas eu retiro a multa por outra razão. Por quê? Porque o que faz preclusão é o recurso quanto ao item, e não o recurso quanto à matéria. Então, a Procuradoria tem recorrido, muitas vezes, dizendo que o contribuinte ganhou na Câmara Baixa, quando ele não recorreu daquilo. Você vai olhar, ele recorreu. Ele disse que a multa era confiscatória. E eu tirei a qualificação de dolo. Ele disse que ela era confiscatória e eu não tirei porque ela é confiscatória. Eu tirei porque não tinha dolo. A minha razão de decidir não era aquela pela qual ele argumentou nas razões de mérito dele. Mas não faz preclusão. Eu estou dentro do controle de legalidade. Aquela matéria foi impugnada. E isso também é diferente do processo judicial, que me parece que lá a gente teria um julgamento mais *ultra petita*.

Alguém da Plateia – É um assunto anterior, para a Karem, por favor. É com relação à retificação da DCTF. A minha dúvida é relativa ao prazo decadencial para o Fisco constituir a diferença do tributo – teve uma decisão no STJ dizendo que é a partir do que foi retificada da DCTF. Não da integralidade do documento retificador. Por exemplo, a DCTF é mensal. E ela retifica, ela lança, lá, vários tributos, certo? E eu só retifiquei um determinado tributo em que houve, por exemplo, um erro material com relação ao valor daquele tributo, daquele mês específico. Daí, eu queria saber qual é o posicionamento de vocês com relação a essa questão da decadência.

Karem Jureidini Dias – Se você considerar que a decadência, você está contando do art. 150, a decadência vai sempre se reportar ao fato gerador, e não à sua declaração. Então, não haveria que se falar em reabertura do prazo decadencial. Esse é o meu posicionamento. A gente ainda não julgou essa matéria, que eu saiba, na Câmara Superior. Mas o meu posicionamento – eu já discuti com os meus pares isso –, me parece que o art. 150 fala em fato gerador. E o fato de existir a declaração, ou não, não alteraria isso. O art. 173, não. Aí, sim, eu tenho uma diferença. E, aí, eu teria a reabertura do prazo decadencial com a minha retificadora. Do quê? Só do montante retificado. Não é nem do tributo. É do montante retificado. Eu teria a reabertura do prazo decadencial. E veja que, se eles estão dizendo que na retificadora correria o prazo decadencial para você alterar o montante retificado, é porque o Tribunal Superior está entendendo que precisa de lançamento. E que, portanto, não poderia simplesmente ser feita uma revisão de DCTF retificadora para, imediatamente, ser levado a Dívida Ativa.

É que, hoje, você tem uma previsão de revisão de DCTF retificadora. Só que há uma decisão importante do Juiz e Professor [*truncado na gravação*] que diz: "A gente não pode fazer a ditadura dos meios eletrônicos". Então, essas inovações todas não podem superar o bom Direito. Parece-me que você teria, aí, uma situação nítida e clara de, minimamente, se ter uma abertura do processo administrativo fiscal.

Essa mesma pauta tem sido muito debatida no âmbito da Câmara Superior e de todas as Câmaras da 1ª Sessão do Conselho, a questão de quando o Fisco revisa várias apurações suas, ao revisar determinada compensação. Então, você fez uma compensação e usou um saldo de imposto a maior. Ele vai olhar e aquele seu saldo não existe, porque ele encontrou omissão de receita, porque ele encontrou despesa que ele não aceita. É a mesma coisa que você pedir uma restituição de crédito e ele começa a olhar um monte de coisas. Esse monte de coisas que ele começa a olhar, o que é que você vai fazer? Você vai me negar a restituição do crédito ou você vai me autuar? Essa é uma grande discussão que se tem. E se tem entendido que não precisa autuar. Pode só negar. E, daí, você não vai ter um lançamento, você pode fazer isso por despacho. Desde que no prazo decadencial, porque ele estaria sujeito à constituição de um crédito tributário, ainda que por meio daquele despacho. Desde que no prazo decadencial, e desde que se promova o direito à ampla defesa, o contraditório, com suspensão da exigibilidade, pelo Decreto 70.235, no curso do processo administrativo ou fiscal.

Gente, eu acho que vão me chamar a atenção, não é? Estão fazendo um monte de sinais. É para eu encerrar. É, 16h. Alguém tem mais uma pergunta, rapidinho? É? A última, tá? Então, vamos lá.

Participante (não identificado) – [*Truncado na gravação*].

Karem Jureidini Dias – Não. Essa norma acabou. Não existe mais a regra de sobrestamento. Existia no Regimento Interno. A gente sobrestava. Só que tem a regra do sigilo bancário. E, aí, que a maior parte dos nossos lançamentos da 1ª Seção de Imposto sobre a Renda, seja Pessoa Física, seja Jurídica, muitos vieram de depósito bancário. É como você pega a interposição de pessoas, é como você pega empresas-fantasmas. É muito fácil para o sigilo bancário, para quebra de sigilo. Então, a fiscalização lançou mão, muito, de sigilo bancário, quebra de sigilo bancário. E foi julgado, teoricamente, inconstitucional pelo STF – eu digo "teoricamente" porque, até agora, ninguém sabe se a repercussão geral é válida para pessoa jurídica, se não é, se o julgamento é considerado em repercussão geral ou não. O fato é que você tem um recurso afetado com repercussão geral que não está julgado. E outro, que está julgado, que estão dizendo que já foi afetado com repercussão geral, mas que não consta como afetado com repercussão geral. De qualquer forma, a gente sobrestou sei lá quantos casos. Tinha sessão em que você chegava lá e não tinha o que votar. Entendeu-se que isso não fazia sentido. Essa norma saiu do Regimento. E, agora, a gente só tem no Regimento, realmente, a determinação para observar as decisões proferidas em última estância, ou seja, sem cabimento de recursos, pelo STJ e pelo STF, em sede de repetitivo ou repercussão geral.

Participante (não identificado) – E, nesse caso, digamos que o Superior determine que não há direito a créditos desses outros insumos. Algum processo no CARF que tenha laudo comprovando a importância, a necessidade desse insumo, para gerar receita?

Karem Jureidini Dias – Você está falando de PIS e COFINS?

Participante (não identificado) – É.

Karem Jureidini Dias – Olha só, não vai dar para ter a repercussão geral tranquilamente aplicável nesse tema. Porque o que se tem definido – e, aí, a matéria deixa de ser processual – sobre crédito de PIS e COFINS é que é um critério muito mais subjetivo. Não tem nada a ver com critério de ICMS, não tem nada a ver com critério de IPI. É um critério altamente subjetivo e de funcionalidade, essencialidade e inerência. Não é um critério físico, não é um critério financeiro. Então, como ele é de funcionalidade, essencialidade e inerência, ele é totalmente subjetivo e ligado, caso a caso, àquela operação. Eu creio que o que a repercussão geral poderá definir é o critério, mas não o insumo. Jamais o insumo.

Participante (não identificado) – Perfeito. Obrigada!

Karem Jureidini Dias – Ela quer que eu pergunte sobre a prescrição intercorrente.

Eliana Barbieri Bertachini – Não, eu não falei nada.

Karem Jureidini Dias – Não, agora você falou. Agora, você fala da prescrição intercorrente, para a gente encerrar.

Eliana Barbieri Bertachini – Você não tem fundamento para suspender o julgamento do processo administrativo com base na suspensão dos processos para repercussão geral, porque poderia até dar prescrição intercorrente no administrativo.

Karem Jureidini Dias – A gente já brigou por causa disso. Porque não tem prescrição intercorrente no processo administrativo.

Eliana Barbieri Bertachini – Depende.

Karem Jureidini Dias – Antes de a gente brigar, eu vou dar por encerrada a nossa Mesa. Muito obrigada pela participação dos Srs.!

OFICINA: PROCESSO JUDICIAL TRIBUTÁRIO

Carla de Lourdes Gonçalves – Em primeiro lugar, boa tarde a todos! É um prazer novamente estarmos aqui reunidos, nesta tarde, para a nossa "Oficina de Processo Judicial Tributário". Eu agradeço, primeiramente ao IDEPE, na pessoa de sua Presidente, a Profa. Maria Leonor, e à sua Diretoria. Por mais uma vez ter o prazer de estar aqui nesta Oficina e debater com V. Sas. os temas da atualidade do processo judicial tributário. Nessa tarde eu estou super bem acompanhada da Profa. Camila Vergueiro, que é Mestre e Doutoranda pela PUC/SP. É extremamente ativa nos assuntos envolvendo processo judicial tributário, nas obras coletivas; minha colega de estudos, junto com o Paulo Conrado. À minha direita, o Prof. Márcio Marques, que é Mestre e Doutor pela PUC/SP e também advogado superatuante na área do processo judicial tributário. Temos o prazer de nos conhecer, não podemos falar nem há quantos anos, não é? Porque vai denotar a nossa idade.

A Profa. Maria Ângela, que é Mestre pela PUC/SP, também de Direito Tributário, integrante da *Barros Carvalho*, Advogada superatuante, trabalha com o Prof. Paulo de Barros Carvalho na USP. E a Profa. Olívia Tonello, que é Mestre pela PUC/SP de São Paulo, Advogada também atuante. Então, estamos aqui, nesta tarde, todos reunidos, todas as pessoas que, além de gostarem do processo judicial tributário, têm esse veio de estar no dia a dia, atuando e vendo os desdobramentos que nós temos nos mais diversos temas.

Como nós estamos diante de uma Oficina, por gentileza, V. Sas. sintam-se super à vontade para fazer questionamentos. Aliás, a nossa Oficina é movida pelos questionamentos que vêm do nosso público. Nós vamos ter alguém à disposição para coletar as perguntas. Ela está lá em cima, não é? Então, por favor, quem desejar fazer uma pergunta o faça por escrito, entregue à nossa representante, que ela vai trazer à Mesa, para que nós possamos debater.

Enquanto não vem nenhuma pergunta da plateia – e nós estamos aguardando que ela venha o mais breve possível –, a gente vai colocar em debate, para todos nós aqui, algumas reflexões – sabemos que a diferença da Oficina é que não há uma palestra com formato fechado, mas cada um dos professores dá sua visão, livremente, trazendo sua experiência e debatendo com V. Sas.

Nosso primeiro tema, a gente até pensou rapidamente na nossa conversa aqui, um pouquinho antes dos nossos trabalhos iniciarem, diz respeito à questão do ajuizamento da ação rescisória, a questão envolvendo a possibilidade, ou não, de a Fazenda lavrar o lançamento diante do ajuizamento de uma ação rescisória – e até a própria decisão de ontem do STF, que asseverou que é incabível a ação rescisória, diante de uma nova interpretação do próprio Supremo sobre uma mesma matéria. É dizer: se o STF havia decidido – e o caso concreto da decisão de ontem, que ainda não tem acórdão disponível, diz respeito à questão do creditamento, do IPI, alíquota zero, enfim, insumos. E essa decisão era algo absolutamente pacifico e vigente no Supremo entre 1998 e 2004, quando houve uma nova decisão dizendo que não se podia mais aproveitar esses créditos. E, a partir daí, os contribuintes passaram a sofrer autuações em decorrência de algum posicionamento que tinha sido adotado. A própria Fazenda também ajuizou ações rescisórias contra as decisões que esses contribuintes já tinham, de forma transitada em julgado. E essa questão foi levada ao Supremo, para ser decidida.

Pessoalmente, fiquei feliz com o resultado do Supremo. Foi algo que eu sempre defendi, essa impossibilidade da ação rescisória. Eu entendo que dentro do nosso próprio sistema, dentro da própria construção jurisprudencial que nós temos nesses dias, não seria cabível esta nova ação rescisória. Mas também gostaria de colocar à reflexão dos nossos Colegas de Mesa, para que eles pudessem exarar suas opiniões e a gente pudesse instaurar o debate. Vou passar a palavra, primeiramente para a Profa. Maria Ângela, e depois todos da Mesa, que tiverem outras considerações, vão dando seguimento ao debate, ok? Profa. Maria Ângela ...

Maria Ângela Lopes Paulino – Boa tarde a todos os Congressistas! Cumprimento meus colegas de Mesa, Dra. Olívia, Dr. Márcio, Dra. Carla e Dra. Camila. Antes de tudo, eu gostaria de agradecer o convite da Profa. Maria Leonor para participar do *XXVIII Congresso* promovido pelo Instituto Geraldo Ataliba. Eu estava comentando com os meus colegas de Mesa que eu já participei muitas vezes do Congresso do IDEPE, e hoje é a minha primeira vez como palestrante. E não só é uma honra estar aqui, hoje, como palestrante, mas uma honra muito maior poder discutir sobre diversos temas com Colegas muito gabaritados e conhecedores do processo tributário.

São várias as questões que a gente pensou em pautar, justamente para enriquecer o debate. E um dos pontos que eu acho bastante interessante, em virtude das experiências advindas da Advocacia tributária, é o cabimento da ação rescisória e, principalmente, ainda que cabível a ação rescisória, a possibilidade de o Fisco efetuar o lançamento no decorrer da ação rescisória, inclusive alcançando os cinco anos anteriores ao ajuizamento da ação rescisória. Como se sabe, a ação rescisória serve para rescindir um trânsito em julgado, sendo que a decisão transitada em julgado, segundo o art. 156 do CTN, é uma causa extintiva do crédito tributário. Então, a meu ver, enquanto não há uma nova sentença, uma nova decisão passada em julgado, que expulse essa decisão anterior, extintiva do crédito tributário, não é possível que o Fisco lance o tributo. Por quê? Porque quando se fala em causa extintiva do crédito tributário significa justamente a extinção do direito de constituir o crédito, a extinção do direito de efetuar o lançamento. As causas extintivas não se confundem com as causas suspensivas da exigibilidade. Nas causas suspensivas da exigibilidade remanesce o direito de lançar. Porém, fica suspensa a exigibilidade. Eu, Fisco, não posso exigir, não posso cobrar, mas posso efetuar o lançamento, evitando a decadência. Já, no caso da ação rescisória, uma liminar nela proferida não pode ter o condão de autorizar o lançamento, pois um juízo provisório não se sobrepõe a um trânsito em julgado que extinguiu o crédito tributário, que extinguiu o direito. A meu ver, ainda que a lei processual autorize liminar para suspender os efeitos da decisão que se quer rescindir, no âmbito do direito tributário o conteúdo jurisdicional dessa decisão encontra limites no próprio Código Tributário Nacional, na medida em que o legislador complementar estabeleceu que a decisão passada em julgado extingue o crédito tributário. Daí por que um mero juízo provisório nos autos da ação rescisória não teria a aptidão de autorizar o lançamento, pois somente após uma nova decisão definitiva, de igual hierarquia, rescindindo a anterior será possível admitir o direito de lançar. A situação é mais absurda quando, diante de uma liminar deferida em ação rescisória, o Fisco efetua o lançamento relativamente aos cinco anos anteriores ao ajuizamento da ação rescisória e – pior – exige os encargos moratórios. Ora, se eu não posso constituir as multas e os juros de mora quando eu tenho uma causa suspensiva vigente antes do vencimento, com muito maior razão eu não vou poder lançar os encargos moratórios quando eu tenho uma causa extintiva vigente decorrente de uma decisão passada em julgado. Enfim, este é um ponto que eu acho interessante quando se discute o cabimento da ação rescisória em matéria tributária. Inclusive, em um caso em que atuei levantei essa questão no Tribunal de Justiça, e alguns desembargadores entenderam justamente no sentido de que não seria possível lançar. Não é possível lançar enquanto ainda não se tem uma nova decisão que rescinda esse julgado que extinguiu o crédito tributário. Enfim, essas eram as minhas considerações quanto à possibilidade do lançamento.

Quanto à decisão de ontem do Supremo, que envolveu a aplicação da Súmula 343 do STF – e a própria Profa. Carla acabou já contextualizando a situação –, eu creio que foi um passo muito importante. Isso porque, antes, a jurisprudência do STF entendia que essa Súmula 343 não seria aplicável nos casos em que se discute matéria constitucional, o que acabava, obviamente, gerando uma insegurança jurídica. Agora, com essa nova decisão, em sede de repercussão geral, entendeu-se que quando se tem uma mera alteração jurisprudencial eu não posso entrar com uma ação rescisória. Especificamente sobre esse assunto, passo a palavra aos demais Colegas da Mesa, pois não quero, aqui, polarizar a discussão sobre a ação rescisória.

Obrigada!

Carla de Lourdes Gonçalves – Obrigada, Profa. Maria Ângela, pelas precisas considerações. E eu gostaria de saber qual dos nossos colegas ... A Profa. Olívia gostaria de fazer novas ponderações.

Olívia Tonello – Agradeço, na figura da Presidente, Dra. Maria Leonor Leite Vieira, o convite para participar desse debate, na companhia dos meus ilustres Colegas, Profs. Maria Ângela Lopes Paulino, Márcio Severo Marques, Camila Catunda Vergueiro e Carla de Lourdes Gonçalves. Espero poder colaborar com as discussões.

Em relação à decisão de ontem (proferida pelo STF nos autos do RE 590.809) acerca da aplicação da Súmula 343 do STF, ainda que a discussão dos autos envolva matéria constitucional, eu acredito que foi uma decisão muito acertada do Supremo. Afinal, a rescisória não pode ser utilizada como instrumento de uniformização jurisprudencial – que era, em suma, o que estava acontecendo. O Min. Marco Aurélio, Relator do recurso extraordinário julgado ontem, pontuou muito bem essa questão em seu voto. Mas, aí, surge uma outra questão. Como é que vai ficar o daqui para a frente no caso de mudança da jurisprudência? Se não cabe ação rescisória, o que está julgado está protegido pela coisa julgada. Mas e as situações futuras? Como devem ser tratadas?

Bom, no meu entender, a partir do momento em que o STF alterou a jurisprudência e declarou, por exemplo, constitucional uma norma que, incidentalmente, havia sido declarada inconstitucional – ou vice-versa –, a partir do momento em que aquela norma entrou no sistema, ela modificou o sistema jurídico. E, portanto, a gente entraria em uma daquelas possibilidades da ação revisional do art. 471, I, do CPC. E, aí, eu faço uma consideração em relação ao Parecer da PGFN 492. Salvo engano, em 2011 a Procuradoria da Fazenda Nacional editou esse parecer visando a orientar os Procuradores e a própria Receita sobre como agir nesses casos em que o STF muda o posicionamento. Pois bem. A orientação da Procuradoria foi no sentido de que, a partir do momento em que houvesse decisão do Supremo proferida em controle concentrado ou em controle difuso, na sistemática da repercussão geral ou, ainda, em controle difuso sem repercussão geral, mas que tenha sido proferida pelo Plenário do STF e que tenha sido reiterada em outras oportunidades, então, a partir desse momento, aquela decisão poderia ser aplicada imediatamente, tanto para o Fisco quanto para o contribuinte.

Ou seja: se o contribuinte tinha que arcar com um tributo, ele não mais precisaria pagar o tributo. E o Fisco também. Se, antes, o contribuinte estava exonerado daquele tributo, a partir daquela decisão que entendeu que o tributo era devido o Fisco já poderia, automaticamente, efetuar os lançamentos. Pois bem. Eu não consigo enxergar essa facilidade que a Fazenda enxergou de modificar automaticamente esse posicionamento. Por quê? Porque nessa hipótese estamos diante de uma decisão proferida sob o manto da coisa julgada, que se torna um limite para a própria eficácia da decisão do STF. Isso não quer dizer, todavia, que aquela situação jurídica, resguardada pela coisa julgada, será imutável para sempre.

A decisão transitada em julgado tomou por base aqueles fatos concretos discutidos no respectivo processo e o Direito então vigente. Assim, a partir do momento em que o Supremo mudou o posicionamento, a ordem jurídica foi alterada. No entanto, essa alteração precisa ser reconhecida pelo sujeito competente para tanto, que não é a Fazenda nem o contribuinte, mas o juiz da causa, a quem caberá realizar esse exame por meio da competente ação revisional, prevista no art. 471, I. do CPC. Tal medida objetiva garantir a ampla defesa a todas as partes envolvidas, bem como a segurança jurídica, de modo a garantir que a situação acobertada pela coisa julgada efetivamente deve ser regulada de forma diversa.

Nesse sentido, se o Fisco, por exemplo, entender que o novo posicionamento do Supremo teria o condão de modificar o entendimento então consolidado por decisão transitada em julgado para justificar determinada tributação, ele deve ajuizar a competente ação revisional pedindo a revisão daquele julgado à luz dos novos fundamentos jurídicos. Da mesma forma o contribuinte.

Talvez uma exceção a essa regra seria a hipótese em que o STF, em controle concentrado, declare inconstitucional uma norma que serviu de fundamento para a decisão transitada em julgado. Nesse caso, a decisão proferida no controle concentrado vai expurgar aquela norma do ordenamento jurídico. Então, efetivamente, a norma não mais faria parte do sistema para regular aquelas condutas. Mas ainda assim eu creio que, por conta da segurança jurídica, da ampla defesa e do contraditório, o mais correto seria a o ajuizamento da ação revisional do art. 471, I.

São essas as considerações que eu tinha para fazer sobre o tema. Agradeço!

Carla de Lourdes Gonçalves – Obrigada, Profa. Olívia! Realmente, lúcidas considerações. Eu concordo com esses pontos envolvendo o Parecer 492, em que, a meu ver, eu não consigo encontrar pontos favoráveis – desde a sua edição – ao contribuinte. E, depois, com as mudanças perpetradas pelo Parecer 396/2013, algumas situações se encaixaram. Mas essa questão da rescisória, realmente, lá não está considerada. A Profa. Camila também gostaria de fazer algumas considerações sobre o tema. Então, eu vou passar a palavra para a Profa. Camila.

Camila Catunda Vergueiro – Boa tarde a todos! Antes de mais nada, eu agradeço o convite formulado pela Coordenação, pela Direção do IDEPE, para que eu pudesse novamente participar da Mesa de "Processo Judicial Tributário". É a segunda vez que eu tenho a oportunidade de estar aqui, com a Carla. E, antes de começar a minha fala – que vai ser um pouco chocante, não em defesa do parecer, mas para a gente refletir, oxigenar um pouco o cérebro sobre essa questão de rescisão de coisa julgada –, eu gostaria de trazer ao conhecimento de vocês que é extremamente honroso, para mim, hoje, estar aqui na Mesa, sentada ao lado da Carla, que foi a minha primeira professora de seminário no Curso de Especialização do IBET e que, certamente, fez toda a diferença para que eu mantivesse a minha opção pelo ramo do direito tributário. Também gostaria de trazer ao conhecimento do Prof. Márcio a grande influência que ele exerceu sobre mim, intelectualmente falando, sobre a minha visão, sobre a classificação constitucional dos tributos, por causa do livro – que tem o mesmo nome – que ele produziu à época, se não me engano, a título de dissertação de Mestrado. Realmente, sugiro a leitura para quem está iniciando a respeito do assunto.

Gostaria também de dizer que me sinto muito honrada de estar nessa Mesa com a Mary Angel – Maria Ângela, para vocês –, que foi minha colega durante um ano no Doutorado e com quem eu tive a oportunidade de essa convivência ser o fruto de uma grande amizade. Afinal de contas, agora ela mora na frente da minha casa. E, intelectualmente, a gente quase se matava ali, nas discussões, e isso foi muito engrandecedor para mim. E também gostaria de agradecer poder estar aqui ao lado da Olívia, que, por uma coincidência inusitada da vida, é uma grande amiga da minha cunhada, que é uma pessoa que eu respeito demais. E também porque acho que ela foi uma das primeiras pessoas que enfrentou, com a profundidade devida, a questão do efeito suspensivo nos embargos à execução fiscal.

Tecidas essas considerações, a respeito da ação rescisória eu vou tocar em um ponto que, para mim, é nevrálgico para a gente tratar a respeito. "Ah não, pode relativizar, não pode relativizar; tem que entrar com a ação rescisória, não precisa da ação rescisória." Não estou aqui na defesa do parecer. Não é isso. Mas acho que ele tem pontos muito bons. E eu vou dar um passo para trás. Eu vou falar, aqui, de valores. E, aí, a gente toca em um problema – não é, Lucas? Bem subjetivo. Mas, para mim, no fundo, no fundo, a grande discussão sobre se cabe ação rescisória, se tem que relativizar, se a Fazenda pode lançar para trás, não dali para a frente, nós estamos, no fundo, no fundo, discutindo o que é segurança jurídica no nosso sistema. Eu acredito que nos últimos anos – e eu não estou falando de quatro, cinco anos, eu não estou falando de transformações e da insegurança jurídica da nossa jurisprudência, eu estou falando de alterações legislativas que vêm dando um indício, no meu sentir, de que a segurança jurídica hoje, no contexto do ordenamento jurídico positivado, não é só a existência da coisa julgada. Segurança jurídica, hoje, dentro do meu entendimento, é a aplicação do princípio da isonomia. Segurança jurídica, para mim, não é só existir uma coisa julgada valendo para você, beneficiando você individualmente, permitindo que você não faça o recolhimento do tributo.

Desde 1996, quando o Código de Processo Civil começou a internalizar a possibilidade de, monocraticamente, os tribunais julgarem questões baseados em precedentes de jurisprudência, até o cenário que a gente tem hoje – após a Emenda Constitucional 45/2004, em que nós temos a repercussão geral, nós temos o recurso repetitivo, nós temos a súmula vinculante –, nós vimos um cenário em que a isonomia assumiu a condição de verdadeiro sobreprincípio constitucional – ou seja: nós temos uma lei, uma interpretação que é dada por essa lei, pelos Tribunais Superiores, que deve ser aplicada a todos os sujeitos que estarão submetidos a essa lei. E, para mim, a ideia desses institutos é que essa lei seja aplicada isonomicamente a todos aqueles sujeitos que estão dentro das categorias previstas ali, dos critérios que estão previstos na regra – no nosso caso, na regra-matriz de incidência tributária. Desta forma, para mim, seria totalmente irrelevante eu me apoiar no escudo da coisa julgada e falar: "Não. A segurança jurídica, hoje, é a decisão transitada em julgado, que eu tenho para mim". Eu não vejo dessa forma. Porque reputo que desde as primeiras reformas do Código de Processo Civil há um caminhar do legislador em busca da segurança jurídica, mediante a aplicação do princípio da isonomia. Diríamos assim, é uma ideia. É uma forma nova de enxergar um assunto que é extremamente delicado. Por quê? Porque, bem, em um sistema como o nosso, a cada dia a jurisprudência muda – apesar de eu ter súmula vinculante, no dia seguinte a Turma não aplica a súmula vinculante, porque para aquele caso concreto ela não é aplicável –, o casuísmo prepondera, em detrimento da isonomia na aplicação da lei. Apesar de criar categorias abstratas, aí, eu tenho o casuísmo.

Nós temos um problema operacional do dia a dia, da pragmática. Mas as soluções dessas categorias, se nós trabalharmos com essa ideia principiológica de aplicação, no meu sentir, a todos aqueles que se sujeitam àquela lei, da mesma norma – para utilizar a diferença entre texto e norma jurídica, proposta por vários autores, dentre os quais o Prof. Paulo de Barros Carvalho –, eu acredito que seria irrelevante ou desnecessária, até, a propositura de uma ação rescisória ou de uma medida judicial para mudar a coisa julgada. É que eu sei que a insegurança jurídica que a gente tem, na forma como isso se opera no nosso dia a dia, não permite tratar o assunto com certa tranquilidade. Porque eu sei que cada dia a jurisprudência vai se pronunciando num sentido, não havendo um certo compromisso com o entendimento anterior. Então, talvez nós tenhamos que rever como nós vamos começar a confiar nessas nossas instituições, na interpretação que elas dão. E como isso vai ser conduzido no contexto do Poder Judiciário. Mas eu, honestamente, creio que hoje há uma mudança de valores que dão a base para essa ideia de relativização da coisa julgada – que é como se chama o instituto, sei lá, eu não sei nem o que é isso, chama-se relativização da coisa julgada. Eu creio que, se a gente começar a olhar que a segurança jurídica, que a tábua de salvação do nosso sistema, não é mais a coisa julgada, e sim a isonomia, talvez comecemos a pensar um pouco diferente sobre a questão.

Muito obrigada, Profa. Carla!

Carla de Lourdes Gonçalves – Eu agradeço à Profa. Camila. E as reflexões dela são reflexões muito interessantes – às vezes, como ela até disse no começo, um pouco chocantes. Eu devo pontuar, pessoalmente, algumas questões. Eu sempre fui radicalmente contra a relativização da coisa julgada e, inclusive, já escrevi sobre isso. Creio que o nosso sistema positivo, hoje, não permite a relativização da coisa julgada. É dizer: a única forma que eu tenho de rever alguma coisa julgada é por intermédio de ação rescisória. Dois anos e, a partir daí, infelizmente sendo bom ou ruim, para o contribuinte ou para o Fisco – e, aqui, sempre na paridade das armas –, eu creio que não há a possibilidade de mudança da coisa julgada. O que nós vivemos hoje em dia – e eu tenho me dedicado um pouco ao estudo dessa questão, até para um novo projeto acadêmico – é um modelo de transição no nosso sistema. É dizer: há um descompasso entre a nossa base legal, a nossa base normativa, com o que se propõe a colocar em prática. Então, ao mesmo tempo em que eu tenho um Código de Processo Civil que não permite ... E até me lembro, certa feita, que o Prof. Carmona, neste mesmo Congresso, falando sobre a questão do efeito suspensivo aos embargos, dizia assim: "Se o Fisco não está contente, passe um *e-mail* para o seu deputado favorito, para que a lei seja mudada. Mas, com o sistema que temos, não é possível aplicar dessa forma". E eu sempre concordei com essa assertiva.

Mas o que se tem visto – e, seja pela evolução da súmula vinculante, seja pela evolução da repercussão geral, do repetitivo e os pareceres da Procuradoria, esse Parecer 492, muito discutido, se se aplica ou se não se aplica, o próprio STJ não chegou a qualquer conclusão efetiva, há algumas decisões pela constitucionalidade e aplicabilidade do parecer, mas nenhuma ainda em grau de repetitivo – é que nós temos um sistema que, hoje em dia, permite essa total relativização e uma aceitabilidade disso, na perspectiva da PGFN e de uma formação jurisprudencial, mas que não encontra respaldo no sistema legal.

O novo Projeto do Código de Processo Civil, até onde eu conheça, também não vai resolver essa questão de forma definitiva. Ou seja: nós pretendemos, aqui, ter uma celeridade de sistema americano com a burocratização do sistema brasileiro. E isso eu acho que é algo nem em 300 anos nós vamos conseguir resolver. O Supremo pretende ter 300 casos, só na Suprema Corte. Mas tem uma necessidade de processo de base que é para 300 milhões de casos. A gente cada vez mais multiplica os recursos, não simplifica. A exigência de prequestionamento, a exigência da prova dessa repercussão geral, nos conduz a esses temas. Então, eu creio que vai demorar muito para que a gente consiga encontrar um meio-termo que seja propício e que tenha um fundamento, tanto legal, quanto jurisprudencial e doutrinário, para que a gente possa chegar nesse ponto de convergência. Mas, sem dúvida, é um tema extremamente interessante, e muito me agrada discuti-lo.

O Prof. Márcio gostaria de fazer, ainda, algumas ponderações sobre o tema.

Márcio Severo Marques – Boa tarde a todos! Em primeiro lugar, eu gostaria de agradecer ao IDEPE pelo convite, na pessoa da Presidente, Maria Leonor Leite Vieira. Gostaria de cumprimentar meus colegas, Profa. Olívia, Profa. Carla, Profa. Camila e Profa. Ângela. Gostaria de só fazer um comentário, que me chamou a atenção: a frase da Profa. Camila no sentido de que segurança jurídica se perfaz mediante a isonomia. Parece-me que nesse julgamento de ontem o STF prestigiou a segurança jurídica em detrimento, até, de uma possível situação anti-isonômica. Quer dizer: para aceitar uma rescisória, para rescindir uma coisa julgada em matéria tributária, para admitir essa rescisória, eu prestigiaria o princípio da igualdade, para que determinado contribuinte, que está em uma situação especial com coisa julgada, não tenha um tratamento diferenciado em relação aos outros. Mas, ao prestigiar a isonomia, neste caso, eu estaria desprestigiando, a meu ver, a segurança jurídica desse contribuinte, que tem alguma coisa julgada material. Então, me parece que em determinadas circunstâncias, como nesse julgado do Supremo, houve um antagonismo entre o princípio da segurança jurídica, por um lado, e o princípio da igualdade, por outro. E foi necessário sopesar valores para verificar, diante do caso concreto, qual seria o valor – e, portanto, o princípio subjacente – que deveria prevalecer. Eu gostaria de ouvir um pouco mais a Profa. Camila, para entender em que sentido essa segurança jurídica se perfaz por meio da isonomia, porque me parece que há um antagonismo no julgamento do STF.

Carla de Lourdes Gonçalves – Profa. Camila, para as suas considerações. Depois, a Profa. Maria Ângela.

Camila Catunda Vergueiro – Sim. Sem dúvida, esse precedente do Supremo, na verdade, prestigiou a segurança jurídica na tábua da salvação da coisa julgada. Aqui eu não estou nem questionando isso. Realmente, digamos assim, eu estou indo no sentido contrário ao pronunciamento do Supremo. Mas a minha ideia é fazer uma reflexão sobre se, realmente, hoje, ter segurança jurídica é ter coisa julgada. E, aí, assim, rapidamente: por que é que me fez pensar nessa questão? Foi uma notícia que eu li – e eu vou ler bem brevemente essa notícia – que me fez parar para pensar: "Puxa, mas a gente sempre está pensando em prazo e não admitindo uma ação rescisória. Ali, não tem nada a ver com o direito tributário, mas tem a ver com a questão da ação rescisória". É uma notícia de 2013: "Juiz decide que homem vivo permanecerá morto para sempre. O cidadão de Arcadia, Donald Muller, legalmente morto desde 1994, ficou em pé diante do Juiz Alan Davis, para ouvir a sentença. Não tem mais direito à vida. Aos olhos da lei, Muller, de 61 anos, permanecerá morto enquanto viver. Ele perdeu o prazo para requerer a revogação de sua morte. 'A lei é clara', explicou o juiz de um Tribunal de Fostória, onde o morto vive agora".

Parece até desenho animado do *Shrek*. "O prazo para requerer a reversão de uma decisão de morte é de três anos – o prazo de ação rescisória. Ele demorou muito mais do que isso para fazê-lo, por isso não pode recuperar seu *status* de ente vivo, agora. O Juiz Alan Davis não teve qualquer dúvida sobre isso. Afinal, ele mesmo assinou a decisão que declarou Muller morto, em 1994 – oito anos depois que ele havia desaparecido, observados os prazos regulamentares. Não se pode peticionar nada fora do prazo. Muller não pode tirar carteira de motorista, que também serve como identidade. Nem pode recuperar seu registro no *Social Security*, a Previdência dos Estados Unidos. Órgãos públicos não emitem documentos para mortos, depois que a certidão de óbito é expedida. Também não pode ter emprego fixo, não pode abrir conta em banco, porque não tem documentos. Não tem direito aos privilégios dos vivos. E, a propósito, vive ilegalmente em Fostória, porque a sua certidão de nascimento, que atesta a sua cidadania americana, perdeu a validade há anos."

Em contrapartida, ele escapa de certos problemas dos vivos – eu já estou acabando. "Nenhum juiz pode, por exemplo, mandar prender Muller por sua dívida, estimada em 26 mil Dólares, em pensão alimentícia não paga à ex-mulher e aos filhos. Mortos não são condenados à prisão. De acordo com o *The Courrier* e a agência *UPI*, Muller contou – com sua voz nada tenebrosa, portanto – o que aconteceu. A culpa foi da cachaça americana. Por causa do alcoolismo, perdeu a vida, perdeu a família, o emprego, os amigos e o que mais tinha. Saiu andando pelo mundo, sem eira nem beira. Parou de beber por um motivo muito bem conhecido dos vivos: falta de dinheiro. Retornou para Arcádia, passou na casa de seus pais e tomou conhecimento de que ele estava legalmente morto desde 1994. O arcadiano" – e essa é a melhor parte da história – "tentou engajar sua ex-mulher na luta por sua vida, mas não conseguiu. Ao contrário, Robin Muller lutou pela validade da certidão de óbito. Ela teria, por exemplo, que devolver todos os benefícios que recebeu do *Social Security*, desde a morte do ex-marido. Isso, se sua vida fosse restaurada pela Justiça. Mas ela manifestou a pretensão de receber a pensão alimentícia que ele ficou devendo. Isso não vai acontecer. Mortos não pagam suas dívidas".

Esse caso é que me fez parar para pensar. Não tem nada a ver com direito tributário. Mas se, aqui, a gente acha completamente bizarro não ter sido admitida uma rescisão, por que, quando o Supremo diz que uma norma é constitucional ou é inconstitucional em relação a matéria tributária, também não podemos achar bizarro?

Era essa a minha consideração. Mas é só para refletir.

Carla de Lourdes Gonçalves – Profa. Maria Ângela ...

Maria Ângela Lopes Paulino – Eu queria fazer uma consideração. Até já nem lembro mais, depois da história. Mas era em relação às considerações da Profa. Camila. Ela disse que ia "apimentar" a discussão, e acabou apimentando. Mas, em relação à relativização da coisa julgada, não é que eu seja contra – ou seja a favor de que a coisa julgada deva permanecer *ad aeternum* e independentemente de o Supremo alterar sua jurisprudência, dando um novo contexto, até jurídico, em relação àquela determinada situação. Mas, a meu ver, ainda que haja o critério da isonomia, é preciso que a pessoa interessada, a partir desse novo entendimento jurisprudencial, se valha dos instrumentos que o direito positivo fornece. Precisa ter esses instrumentos. Primeiro, porque a aplicação imediata de uma decisão jurisprudencial é bastante complicada, porque ela também está submetida a interpretações. E a parte vai interpretar segundo seus interesses. Então, eu acho necessário que haja um instrumento, seja por meio da revisão – que a Profa. Olívia comentou –, seja por meio da ação rescisória. Mas tem que ter esse instrumento, tem que ter a ampla defesa, tem que ter o contraditório. E, assim, a gente privilegia a segurança jurídica, a certeza do Direito, que foi muito bem colocada pelo Prof. Paulo, na abertura, aqui, deste Congresso, na sua conferência.

Essas eram as minhas considerações.

Carla de Lourdes Gonçalves – Obrigada, Profa. Ângela! Esse tema realmente é provocativo, a gente vai colocando outros desdobramentos, ainda que inconscientemente. A gente passou pela segurança jurídica, passamos pela questão da rescisória em si. Nossa própria questão da *Civil Law* e *Common Law*, que a gente pode – o Brasil quer ter uma *Common Law*, mas sendo uma *Civil Law* absolutamente burocrática. Percebo que todos fizeram lúcidas considerações. E, se a gente perpetuar aqui, nas discussões, podemos passar o resto do nosso tempo falando sobre o tema. Chega uma pergunta aqui – que eu coloco à reflexão da nossa Mesa –, da nossa plateia, que diz: "Qual o alcance da expressão 'decisão passado em julgado', do art. 156 do CTN? Abrange as decisões sobre o fundamento do art. 267 e incisos do CPC?".

Ou seja: entendo eu que quem formulou essa pergunta gostaria de saber se esse trânsito em julgado, como causa extintiva da obrigação tributária, vai albergar também as hipóteses do art. 267 do CPC – que são aquelas hipóteses de extinção do processo sem julgamento de mérito. Eu vejo aqui um ponto interessante para nós colocarmos sobre o tema, e é, exatamente, sobre qual o alcance da coisa julgada. Então, isso está relacionado com a ideia de coisa julgada. É coisa julgada material, coisa julgada formal. O art. 267 vai versar regras sobre hipóteses de coisa julgada formal. Exceto quando a gente discute a litispendência, a perempção, que, aí, há um entendimento sobre essa questão.

Ao meu ver, quando a gente fala em decisão passada em julgado – e, aí, se tem que olhar exatamente para que fim, se é sobre extinção do crédito tributário –, entendo eu que só alberga hipóteses de coisa julgada material – e não formal. Estando dentro do prazo prescricional para uma nova discussão, não há nada que impeça, quer seja o Fisco, de cobrar o seu crédito, quer seja o contribuinte de, uma vez sanados os problemas que originaram a hipótese de extinção do processo sem julgamento de mérito, que o venha a fazer novamente. Mas eu gostaria de saber quem dos colegas ... A Profa. Olívia manifesta interesse em falar sobre o tema, também.

Olívia Tonello – Eu queria fazer só uma ponderação, Carla. Eu também entendo que a questão, no caso da rescisória, só alberga coisa julgada material. Mas eu vejo uma situação, em específico, em que a gente poderia falar em rescisória de coisa julgada formal. E seria o caso do art. 267, V, que fala "quando o juiz acolher alegação de perempção, litispendência ou de coisa julgada". O que acontece? Via de regra, quando a gente fala em extinção do processo sem julgamento de mérito com base no art. 267, a parte pode intentar outra ação judicial, conforme prevê o art. 268. Só que o que é que acontece? O art. 268 exclui dessa possibilidade o ajuizamento de nova ação, justamente aquelas previsões do art. 267, V, que é quando o juiz reconhece a alegação de perempção, litispendência ou de coisa julgada. Então, nesse caso, especificamente, se verificado, claro, um dos requisitos para ajuizamento de ação rescisória, eu entendo que haveria, sim, possibilidade de se ajuizar uma rescisória, não com base nesse dispositivo, mas uma forma de o contribuinte poder voltar a discutir aquela questão que, efetivamente, lhe foi impedida – às vezes, vamos supor, um erro de fato, por exemplo, alguma coisa nesse sentido. Justificaria, então, o cabimento da rescisória, no meu ponto de vista.

Carla de Lourdes Gonçalves – Ou seja: em uma das hipóteses excepcionais, que a gente sempre permite essa flexibilização. Eu concordo, nesse ponto, com a Profa. Olívia.

Alguém mais gostaria de fazer alguma ponderação aqui, na Mesa? A próxima pergunta que chega – me perdoe se eu errar algum dos termos da pergunta, que diz o seguinte: "Gostaria de saber se há, de fato, relativização da coisa julgada em que há declaração de constitucionalidade pelo STF, especialmente. Isso porque mudou o quadro jurídico. *Rebus sic stantibus*, fica como?". Se, até, a pessoa que fez a pergunta quiser prestar algum esclarecimento ... Pois não, por favor.

Participante (não identificado) – Boa tarde! O espaço era tão pequenininho, que eu não consegui me explicar direito. Na verdade, eu queria saber se, realmente, há a relativização da coisa julgada em que há declaração de inconstitucionalidade de uma lei pelo STF. Porque, no caso, houve a alteração do sistema jurídico. Há uma nova norma jurídica. Então, como mudou o quadro jurídico, para mim – é claro, eu tenho que refletir um pouquinho mais – não há relativização da coisa julgada. Porque coisa julgada só há quando permanece o quadro fático e jurídico. No caso, como houve a alteração do quadro jurídico, eu não consigo ver se é realmente, aí, uma relativização.

Carla de Lourdes Gonçalves – Ou seja: se a gente está diante, depois de uma mudança legal sobre o mesmo tema, a despeito da declaração de inconstitucionalidade, correto?

Participante (não identificado) – Exatamente isso.

Carla de Lourdes Gonçalves – A Profa. Camila vai começar com suas considerações. E, aí, os demais membros da Mesa sintam-se à vontade para também fazer suas considerações.

Camila Catunda Vergueiro – Eu, primeiro, faria a seguinte pergunta: quadro legal para quem? Porque, quando o Supremo se pronuncia pela primeira vez a respeito do conteúdo semântico – ele dá o sentido da norma, vamos dizer assim, é constitucional ou é inconstitucional –, você vai falar de mudança de quadro jurídico se você tiver algo, para você, individualmente, diferente. Porque para todos os outros, que não têm, o quadro jurídico vai permanecer aquele. Então, eu poderia fazer essa primeira separação. O quadro jurídico não é alterado. Porque o Supremo vai lá, é a primeira vez que ele se pronuncia, é naquele sentido. Eu vou considerar alguma alteração se algo, em um processo individual, for diferente, certo? Para as outras pessoas não haveria modificação nenhuma.

Poderia vislumbrar uma mudança do cenário jurídico, quando eu não tenho uma ação individual para mim, se o próprio Supremo muda de opinião. Por exemplo, na questão do depósito de 30%, que num momento histórico ele disse que era constitucional e depois afirmou ser inconstitucional. Aí, poderíamos pensar que para qualquer pessoa que não discutiu aquela questão teria uma mudança de cenário jurídico. E, na minha opinião, eu concordo com sua ponderação. Eu não teria a relativização da coisa julgada se eu não tenho coisa julgada para mim. Mas eu creio que essa expressão é voltada para essas pessoas que tiveram suas ações, defenderam individualmente a constitucionalidade ou a inconstitucionalidade da norma e tiveram um pronunciamento que, hoje, é diferente do que o STF está atribuindo para aquela norma – que vai valer para todos, menos para você. O problema no sentido dessa expressão, no meu modo de ver, depende da forma como se enxerga o pronunciamento do Supremo. Não sei se ficou claro.

Participante (não identificado) – É, eu acho que ... Desculpe.

Márcio Severo Marques – Vamos imaginar que ela tenha uma decisão transitada em julgado, mas também tenha uma decisão anterior do Supremo, e depois o Supremo alterou o entendimento. Aí, nesse caso, haveria uma relativização da coisa julgada ou seria um novo ordenamento jurídico, porque o Supremo mudou de posição? Eu creio que é essa a colocação dela. O Supremo se manifestou duas vezes.

Camila Catunda Vergueiro – Duas vezes, em sentidos diferentes.

Márcio Severo Marques – E eu tenho uma coisa julgada, de acordo com o primeiro entendimento do STF.

Carla de Lourdes Gonçalves – Você poderia falar da rescisória ...

Camila Catunda Vergueiro – Você poderia falar assim, "relativização da coisa julgada". Sim, caberia essa expressão.

Márcio Severo Marques – E uma forma de sustentar que não teria relativização da coisa julgada seria a interpretação que ela está colocando, de dizer que houve uma alteração no ordenamento jurídico, porque o STF mudou de opinião.

Camila Catunda Vergueiro – Não. Pode falar, Mary Angel.

Maria Ângela Lopes Paulino – Esse caso é justamente a decisão de ontem relativa ao creditamento de IPI na aquisição de insumos isentos. Num primeiro momento, para o STF era possível o creditamento, e a decisão que se queria rescindir também admitiu o creditamento, com base nesse entendimento do Supremo. Posteriormente, o Supremo mudou seu posicionamento e disse: "Agora não cabe mais creditamento". E se ajuizou essa ação rescisória. Diante dessa conjuntura, decidiu-se ontem naquela Corte que a mera alternância jurisprudencial não ensejaria o cabimento da ação rescisória, mesmo que em matéria constitucional, em prol da estabilidade das relações jurídicas. O que ainda não ficou claro é se essa decisão, que foi em sede de controle difuso, estaria também abrangendo casos de ação direta de inconstitucionalidade e ação declaratória de constitucionalidade. Teremos que aguardar a íntegra do acórdão.

Carla de Lourdes Gonçalves – Não saiu. É. Não saiu. A gente fica na dúvida. A gente, na verdade, se baseou na notícia que saiu, até veiculada pelo próprio *site* do Supremo. Foi até um ponto que nós discutimos, sobre a diferença do que é que tem – hoje em dia, nós não temos mais dois sistemas. É algo que eu venho defendendo há um bom tempo. Ou seja: eu tenho a forma de fazer subir um recurso, de maneira distinta. Ou sobe de forma difusa ou concentrada. Ou eu tenho uma ação direta de inconstitucionalidade, uma ação declaratória de constitucionalidade, ou eu tenho um recurso extraordinário. Mas, quando ele é recepcionado como representativo da controvérsia – ou seja, no sistema da repercussão geral –, a decisão que é proferida é vinculativa. O que se pode discutir, eventualmente, é que na ação direta de inconstitucionalidade ela tenha um efeito *erga omnes* absoluto, para todas as situações, e se com base no recurso na repercussão geral seria somente para aqueles que estão discutindo os casos.

O que a PGFN vem impingindo é que isso seria irrestrito. Porque, de acordo com o próprio Parecer 396/2013, quando eu tenho algo declarado, por exemplo, inconstitucional, ainda que eu esteja parcelando o débito, exemplificativamente, eu posso deixar de pagar, dali para a frente, do trânsito em julgado para a frente, e posso pedir a restituição do que eu paguei nos cinco anos para trás. Então, é uma regra – e ele coloca na mesma situação ação direta de inconstitucionalidade, ação declaratória de constitucionalidade, art. 543-B, que é a repercussão geral, e art. 543-C, que é recurso repetitivo. E, até, colocando um pouco de "pimenta" nessa discussão, eu acho que tem um exemplo prático, que é quando o art. 13 da Lei 8.620/1993 foi declarado inconstitucional. Ou seja: esse artigo dizia o quê? Que podiam ser incluídos no polo passivo das execuções também os sócios – daquelas em que se discutiu as contribuições destinadas ao custeio da Seguridade Social –, que a responsabilidade era solidária. O STF estava julgando essa matéria quando veio a Lei 11.941 e revogou esse dispositivo. Tentando fazer com que isso só fosse aplicado daquele momento em diante. Assim, a revogação não reensejaria efeitos retroativos. Mas o Supremo acabou declarando a inconstitucionalidade desse dispositivo, e, aí, ele pode ser aplicado em sede geral. Então, para todos – na verdade, não só daquele momento para a frente, na revogação da lei, mas de forma *erga omnes* e pegando todas as execuções daquelas pessoas que estavam discutindo realmente o tema e as execuções vindouras, por certo.

Camila Catunda Vergueiro – Só para complementar, tendo em vista a ponderação do Prof. Márcio. Na verdade, assim, eu vou ter uma mudança do cenário jurídico com essa alteração de pronunciamento do Supremo. Só que eu também entendo que o pronunciamento do Supremo só pode produzir efeitos dali para a frente, *ex nunc*. Hoje, eu creio que, no final das contas, acabamos tendo um problema do sistema, porque o controle de constitucionalidade opera pelo sistema norte-americano, que é o da declaração de nulidade da norma, que é a lei natimorta, efeitos *ex tunc*. Ela entra no sistema morta. E, aí, tem a questão da modulação do efeitos etc. E que o Supremo pode definir se vai ter efeito *ex nunc*, forma de controle de constitucionalidade trazida do sistema austríaco-alemão.

O que temos é o controle concreto abstrativizado. Eu acho que a ponderação que a Carla fez no começo da exposição, de que a gente está em um momento de transição, é essencial. A gente está em um momento de crise. A gente está vivendo um sistema esquizofrênico. Por isso, precisamos oxigenar e refletir. O que é que o legislador, como valor, está buscando, hoje? Por isso essa minha sugestão de aplicação do princípio da isonomia. Mas era só isso.

Carla de Lourdes Gonçalves – Perfeito. Chegaram, agora, várias perguntas. Eu vou tentar discutir todas. Vou começar por uma pergunta que já está bem no esteio do que a gente está discutindo aqui, da ação rescisória. Um dos nossos Congressistas coloca que a Municipalidade de São Paulo ingressou com ação rescisória para desconstituir acórdão transitado em julgado, em mandado de segurança coletivo, que reconheceu a inconstitucionalidade da Taxa de Resíduos Sólidos de Saúde/TRSS. Atualmente encontra-se pendente de embargos infringentes contra acórdão que desconstituiu a coisa julgada, materializada por intermédio do acórdão proferido naquele mandado de segurança coletivo. Em face da decisão de ontem, no STF, como fica a questão?

Então, nós temos um mandado de segurança coletivo; nós temos uma decisão não unânime; e, para caber embargos infringentes, tem que ter revertida a decisão de primeira instância. Apesar de ser mandado de segurança, está difícil admitir os embargos infringentes, que não são admitidos. Tem até súmula. Não cabe.

Camila Catunda Vergueiro – A Lei 12.016/2009, hoje, veda o cabimento de embargos infringentes.

Carla de Lourdes Gonçalves – Exatamente. Ou seja: nem sei se foram recebidos ou não, em face da decisão de ontem. Quem gostaria de começar com as ponderações? Bom, ninguém, então. Na verdade, o que eu entendo aqui é o seguinte: se eu tenho, na verdade, uma declaração de inconstitucionalidade da Taxa de Resíduos Sólidos, eu entendo que, exatamente, a gente tem que seguir o posicionamento – e que foi o que eu sempre segui – da decisão de ontem. É dizer: a mera alternância de posicionamento do STF sobre o tema não pode conduzir a uma instabilidade para o contribuinte. Ou seja: o trânsito em julgado, a coisa julgada, a coisa julgada material, esse manto, ele tem que ser imutável. Ou seja: a ideia de ação rescisória é uma ideia que eu tenho que usar em um caso excepcionalíssimo. Tanto que há aquela clássica pergunta: como é que eu conto o prazo? Como é que eu conto o trânsito em julgado? É naquele prazo quando com trânsito em julgado, ou com o passar do tempo da ação rescisória? Para mim, a ação rescisória é absolutamente extremada. Então, a gente vai olhar para as hipóteses do art. 485 do CPC, para ter uma ação rescisória, em regra, na esfera tributária, a gente vai usar o inciso V. Ou seja: diante da inconstitucionalidade da lei, da interpretação da inconstitucionalidade da lei. E aqui, então, sempre tem que respeitar esse balizamento. Uma vez que ele é desrespeitado, nós não podemos admitir essa mudança. Agora, aqui há algumas questões processuais prévias. Essa questão dos embargos infringentes em mandado de segurança, que não são cabíveis. Então, há outras questões a serem discutidas no caso concreto, aqui, que nós podemos levantar.

Olívia Tonello – Carla, posso fazer uma consideração, aqui?

Carla de Lourdes Gonçalves – Sim.

Olívia Tonello – Esse julgamento do STF de ontem chama atenção para um problema muito sério, que é a insegurança jurídica, manifestada pela constante mudança de posicionamento do Supremo e do STJ. Hoje em dia não conseguimos mais ter aquela certeza, aquela previsibilidade, de como o Tribunal vai decidir determinada matéria, ainda que ele já tenha jurisprudência consolidada em um ou outro sentido. Isto porque a todo momento o entendimento das Cortes Superiores tem sido alterado. Até ontem, por exemplo, se a questão era constitucional, não se aplicava a Súmula 343 do STF. Agora, aplica-se a Súmula independentemente de a matéria em debate ser constitucional ou não. E, aí, vendo a decisão de ontem, eu me questiono se caberá ação rescisória das ações rescisórias que foram ajuizadas quando o entendimento do Supremo era no sentido de que não se aplicava a Súmula 343. Como ficam aquelas pessoas que possuíam decisão transitada em julgado, que posteriormente foi alterada por ação rescisória, agora tida por incabível? Caberá uma ação rescisória da ação rescisória por violação à lei?

Carla de Lourdes Gonçalves – E, provavelmente, a gente vai ter um novo posicionamento, porque nos próximos quatro anos vão mudar cinco Ministros.

Olívia Tonello – Provavelmente vão começar a surgir outras questões, agora.

Carla de Lourdes Gonçalves – A gente vai ter outro posicionamento.

Camila Catunda Vergueiro – Posso?

Carla de Lourdes Gonçalves – Camila...

Camila Catunda Vergueiro – Com relação à questão, o voto não unânime, aqui, a minoria, é que tem razão, não é? Seguindo a jurisprudência do STF, a ação rescisória, aqui, não poderia ser proposta, porque mudou a orientação do Supremo a respeito do assunto ou porque o Supremo declarou constitucional a Taxa de Resíduos Sólidos. Mas, só para comentar, completar o pensamento da Profa. Olívia, que eu acho que é um denominador comum aqui nesta Mesa. Nosso problema é a insegurança que os operadores do Direito, hoje, estão colocando dentro de um sistema que deveria ser estabilizado pela própria jurisprudência.

A gente não confia na decisão deles. Eles mesmos não confiam, porque, depois, eles mudam o sentido – sei lá, podemos falar dessa forma. A Fazenda Pública não confia, ela fica recorrendo. Quando ela edita o ato, significa que ela para de recorrer. A Profa. Carla falou: "Nós estamos burocratizando". E hoje até comentei com eles, antes de começar a Mesa do Prof. Nelton, eu estava ali, conversando com ele sobre essa questão da jurisprudência. E ele me contou uma história, permitam-me contar aqui. Hoje eu estou muito *Forrest Gump*, mas eu acho que vale a pena, porque tem a ver com o contexto do assunto que estamos debatendo. Ele falou que o Prof. Luiz Davi Araújo contou para ele que ele foi para os Estados Unidos; quando ele foi pagar a conta do hotel dele, estava mais barata do que ele tinha acertado. Daí ele falou para a mocinha, a atendente: "Está mais barato. Você está me cobrando a menos do que o devido". Ela prontamente respondeu: "Não, não estou lhe cobrando a menos. É porque esta semana a Corte Suprema do Tribunal deu uma decisão e mandou excluir uma determinada taxa. E eu já estou excluindo". Não houve burocracia nenhuma. Há estabilização. É essa a segurança jurídica que a gente quer alcançar? Ou queremos continuar com a segurança jurídica dessa – como eu usei a palavra – esquizofrenia da jurisprudência?

Carla de Lourdes Gonçalves – É a *Common Law* em ação. A próxima questão que a gente tem, a gente está aqui, redundando – eu acho que o tema é tão interessante que a gente está redundando, aqui, no tema. E tem alguma coisa relacionada, que diz o seguinte: o princípio da isonomia prevê o tratamento igual para aqueles que se encontram em situação idêntica. Sendo assim, quem tem um trânsito em julgado favorável não pode ser tratado de forma igual àquele que não tem. Na minha opinião, a situação desse contribuinte só poderá mudar com a alteração da lei.

Eu acho que aqui isso me lembra – depois os colegas vão, obviamente, fazer as suas considerações – um dos tópicos que envolveu o Parecer 492/2011, que quis pegar uma situação específica e concreta, que é a famosa história do *Pão de Açúcar*, que tem trânsito em julgado.

Camila Catunda Vergueiro – Inclusive, na semana passada, teve decisão no CARF, do *Pão de Açúcar*. Contribuição Social sobre o Lucro.

Carla de Lourdes Gonçalves – Isso, exatamente. Então, esse era um caso que tem decisão transitada em julgado, enquanto ninguém tem. Ou seja: há – entre aspas – uma discrepância de contribuintes. E o Parecer 492 diz o seguinte: "Eu posso autorizar essa quebra, vamos chamar assim, desse trânsito em julgado, quando eu coloco dois contribuintes em situação econômica díspar". Obviamente, a despeito da isonomia que se coloca aqui, a meu ver, a gente tem que olhar para a própria questão dos valores, ou seja, para essa própria teoria de valores. O que deve prevalecer: o valor da isonomia ou o valor da coisa julgada? Diante dessa situação, obviamente a gente entra em um campo subjetivo bastante movediço, aqui. Cada um vai ter uma opinião. A minha, pessoal, a despeito do muito da isonomia, que eu respeito, a mim, a coisa julgada não pode ser mudada. Infelizmente, se há – e, aí, não se há de perquirir quais os motivos, perda de prazo pela Fazenda ou assim por diante –, a gente tem que prevalecer com a coisa julgada. Mas é claro que eu coloco à discussão de nossos colegas de Mesa, para que cada um dê sua opinião sobre o tema.

Maria Ângela Lopes Paulino – Eu vou reforçar, aqui, em relação a esse ponto. Acredito que podemos harmonizar a isonomia com a segurança jurídica. Sinceramente, não dá para perdurar situações como essa, relativas a obrigações de trato sucessivo, em que um contribuinte paga e o outro não paga. Realmente, isso é complicado. Não acho que essa situação possa permanecer, sob pena de ferir a isonomia tributária. Por outro lado, com o fim de garantirmos a segurança jurídica, o Fisco tem que se valer de algum instrumento processual. Não basta simplesmente aplicar o parecer da Procuradoria, porque o contribuinte planeja seus negócios segundo aquela decisão passada em julgado. Sem contar que as interpretações do Fisco e do contribuinte podem ser divergentes.

Nesse contexto, e com o novo entendimento do STF no sentido de que não cabe a ação rescisória, é muito bem-vinda a ponderação feita pela Profa. Olívia quanto ao cabimento da revisão da sentença judicial, prevista no art. 471 do CPC. Segundo o art. 471, nenhum juiz decidirá novamente as questões já decididas relativas à mesma lide, salvo se, tratando-se de relação jurídica continuativa, sobreveio modificação no estado de fato ou de direito, caso em que poderá a parte pedir a revisão do que foi estatuído na sentença. Ou seja: quando um novo entendimento jurisprudencial em sede de ação direta de inconstitucionalidade, ação declaratória de constitucionalidade, recurso repetitivo, repercussão geral, implique alteração, como a Congressista falou, no quadro jurídico de obrigações de trato continuativo; nesse caso, o instrumento do art. 471 seria um meio de consagrar a isonomia e a segurança jurídica.

Essas eram as minhas considerações.

Carla de Lourdes Gonçalves – Profa. Olívia ...

Olívia Tonello – Bom, como eu já falei, eu vou na mesma linha da Ângela, no sentido de que haveria, sim, uma alteração no Direito em relação àquela pessoa que tem a decisão transitada em julgado. Mas, ainda em relação à questão da isonomia, eu creio que o próprio sistema constitucional, a própria previsão constitucional de duplo controle de constitucionalidade, dá margem a que o sistema produza decisões diferentes. Então, quando o sistema jurídico prevê controle difuso de constitucionalidade, abre-se margem para que situações idênticas sejam julgadas de forma diferente. Se não fosse esse o desejo do legislador, que se tivesse só o controle concentrado, por exemplo, e o Supremo desse a palavra final, e pronto. Mas não. Nosso sistema permite – por mais assustador que isso possa parecer – a existência de decisões distintas para casos semelhantes. Aliás, eu creio que todo mundo, aqui, que advoga já se viu à volta de situações assim.

Então, eu entendo que seria mais importante você preservar aquela segurança do jurisdicionado, de uma forma que ele saiba, tenha previsibilidade do que vai acontecer, de que aquelas decisões que ficaram no passado estão resguardadas, do que, eventualmente, se revisar cada caso de forma a tentar unificar todos esses posicionamentos. A ação rescisória não pode ser utilizada como uma forma de unificação, de uniformização jurisprudencial. Inclusive, nosso ordenamento jurídico atribui essa função ao recurso especial, e não à rescisória.

Camila Catunda Vergueiro – Olívia, eu gostaria até de considerar, é justamente o que eu estava pensando. O nosso sistema atribui essa função ao STJ, por meio do recurso especial de uniformização. Porque a gente tem um monte de tribunais decidindo a respeito de lei federal. O problema é que não está funcionando. E a culpa é de quem? É do próprio STJ.

Olívia Tonello – Do próprio STJ.

Camila Catunda Vergueiro – Então, assim, voltamos para o problema. O operador do Direito, sei lá, não está fazendo a função ele. Mas nós temos lei. Temos, hoje, no Projeto do Código de Processo Civil, o incidente de uniformização de jurisprudência. Eu acho que talvez para tentar salvar o mundo. Mas, honestamente, eu não sei.

Carla de Lourdes Gonçalves – Eu não sei se vai dar certo, também. Da forma como ele está colocado no novo Projeto, eu não sei se vai dar certo. Bom, a gente tem uma outra pergunta, muito boa. Vem do nosso ilustre Colega de Academia, o Prof. Lucas Galvão de Brito. Está todo mundo preparado, aqui, já, para a resposta. Ele pergunta o seguinte: "Qual o alcance da expressão 'trânsito em julgado' no art. 170-A do CTN? Supondo que a situação em litígio já instalado seja idêntica ao decidido em recurso extraordinário, com o regime do art. 543-B – repercussão geral –, ainda assim, teria o contribuinte que esperar o trânsito em julgado e, consequentemente, até mesmo a decisão da remessa necessária, antes de compensar o crédito?". Eu vou abrir para os Colegas, também, a discussão. Mas minha posição pessoal é que não. Que não teria que aguardar, porque o art. 170-A, quando fala que eu tenho que esperar o trânsito em julgado de uma decisão, ele quer fazer o quê? Para eu ter uma compensação, eu preciso ter, a meu ver, os requisitos da liquidez e certeza do crédito tributário. Então, antes do trânsito em julgado de uma decisão eu não tenho o requisito da certeza, ainda que a liquidez, hoje em dia, no plano federal, a gente discuta que ela fica lá para a Receita Federal, com o nosso glorioso processo de habilitação de crédito. Mas isso é um segundo passo.

Agora, a certeza eu só posso ter com o trânsito em julgado. Então, por mais que eu gostaria de dizer, como cidadã, que a gente poderia compensar a qualquer tempo, exatamente como era o nosso sistema antigo, o art. 66 da Lei 8.383 e assim por diante, eu creio que no sistema que a gente tem hoje em dia nós temos que aguardar o trânsito em julgado. Quando o Supremo, a despeito de todas as oscilações jurisprudenciais – que a gente já discutiu aqui, hoje –, dá uma decisão, no rito do art. 543-B, que é dizer repercussão geral, efeito *erga omnes*, a Fazenda manda aplicar – se bem que a gente tem que esperar a burocracia, o trânsito em julgado dessa decisão, e assim por diante –, em tese, eu não tenho como fazer subir – apesar de que sempre se arruma um jeito, não é? Eu não teria como fazer subir um outro recurso idêntico, discutindo a mesma matéria, e ser reconhecida a repercussão geral, ainda se eu tenho a mesma formação. Então, a partir do momento em que o Supremo está me dando aquela certeza, ou seja, que é o órgão máximo para decidir aquele assunto, por que não, no curso do meu processo, ser reconhecido e, obviamente, aí por diante? Agora, o que é interessante é que o nosso sistema processual, que tem por objetivo desentulhar os tribunais, só permite que eu sobreste os recursos etc. quando eu estou chegando a subir o especial ou extraordinário. Ou seja: na primeira instância ele tem decisão, no tribunal ele tem decisão.

Camila Catunda Vergueiro – Juízo natural, não está vinculado.

Carla de Lourdes Gonçalves – E, aí, então, ou bem eu tenho um sistema vinculativo, ou bem eu tenho um sistema de livre convicção motivada. E nós continuamos na mesma toada. Mas eu entendo que essa é uma hipótese excepcional à aplicabilidade do art. 170. Porque a certeza vem da decisão do Supremo. Nossos Colegas, aqui ...

Márcio Severo Marques – Eu queria fazer uma consideração. Quando esse art. 170-A foi escrito eu tive oportunidade de estudar e escrever um artigo sobre ele. Eu creio que existe uma impropriedade técnica, porque, de acordo com a própria linguagem do Código Tributário Nacional, a compensação é a forma de extinção do crédito tributário. Dentre as hipóteses do art. 156, a compensação é forma de extinção do crédito tributário e o trânsito em julgado também é forma de extinção do crédito tributário. Então, uma liminar, tecnicamente, jamais poderia autorizar uma compensação, porque, daí, ela estaria autorizando a extinção do crédito tributário. O que ela pode autorizar é a suspensão da exigibilidade do crédito tributário, correspondente às parcelas vincendas de determinado tributo, até o montante do crédito que o contribuinte tenha. Parece-me que esse art. 170-A, na verdade, seria absolutamente desnecessário, porque já se não poderia conceder nem tutela antecipada e nem medida liminar para a compensação, apenas para a suspensão da exigibilidade do crédito tributário.

Mas, interpretando dessa forma e havendo uma decisão do STF julgando inconstitucional, parece-me que faria sentido eu poder suspender a exigibilidade do crédito tributário de prestações vincendas de determinado tributo, até o montante do crédito que eu, contribuinte, tenha. Porque já existe, pelo menos, uma certeza em relação a essa decisão e o entendimento do Supremo a respeito da inconstitucionalidade desse tributo. Então, poderia permanecer suspensa a exigibilidade até que ele fosse efetivamente apreciado pelas autoridades competentes. Só essa observação.

Carla de Lourdes Gonçalves – Perfeito. Até, na esteira do Prof. Márcio, sobre a compensação, eu também tenho essa posição de que a compensação suspende a exigibilidade do crédito tributário. Ela nunca pode extinguir. Exatamente, ela suspende a exigibilidade do crédito tributário, e não extinção. Eu dividi essas hipóteses extintivas da obrigação tributária quando eu fiz a minha tese de Doutoramento. E exatamente, para mim, a compensação só vai se extinguir a partir do momento em que eu tiver uma linguagem competente. Ou seja: ou é a fluência do prazo de cinco anos ou é a análise pela autoridade administrativa. Mas nunca naquele momento inicial. Até porque ele diz que é sob condição resolutória. Como é que eu vou extinguir algo que eu posso reverter? Que extinção provisória seria essa? Mas isso é só um adendo. Profa. Camila ...

Camila Catunda Vergueiro – Eu fiquei superfeliz de ouvir isso a respeito da Lei Complementar 104, do art. 170-A, porque, na verdade, precisou editar a lei e colocar isso, porque estava toda a Magistratura dando liminar extinguindo o crédito tributário. Então, a culpa é do operador. Novamente, voltamos para o que a gente está falando o tempo inteiro. Agora, especificamente sobre essa aplicabilidade da orientação do Supremo, com repercussão geral – ou seja, vale para todo mundo –, quando eu estou discutindo a ação, ou não tem ação nenhuma – há o reconhecimento de um indébito tributário – e eu vou promover a minha compensação, a minha opinião seria que, se nós efetivamente "aplicássemos" – que é a expressão que está caindo na boca do povo, o vulgar, o que a gente está usando – a orientação do STF eu não precisaria de nenhum ato – eu precisaria apenas da linguagem, falando: "Eu tenho este crédito, este débito e estou compensando".

Agora, a questão toda é que, operacionalmente, hoje, o contribuinte pode fazer dessa forma? Não. Porque esse mundo dos sonhos que a gente quer viver com esse precedente do Supremo que tem, hoje, essa audácia de dizer como nós temos que nos conduzir – não podemos fazer isso, porque nós temos um sistema burocrático e, dependente, por exemplo, de a Fazenda editar uma portaria para dizer: "O Fisco não vai poder lançar, o Fisco não vai poder recorrer". Então, o nosso problema – voltamos – é a operação. Mas o ideal, para mim, seria no sentido do que a Profa. Carla comentou, a possibilidade de eu utilizar aquele precedente porque a minha situação fática e a lei que se aplica a ela são coincidentes. Isonomicamente, eu vou lá e promovo a compensação. Não preciso ficar discutindo, rediscutindo. Nós continuamos alimentando o sistema com discussões que são estéreis, porque, se o Supremo já fixou, com repercussão geral da matéria, eu não veria problema nenhum em ser promovida a compensação. Mas é que, no final das contas, a realidade não é bem essa. Seu cliente pode querer que você resguarde ele. Então, você vai entrar com mandado de segurança, pedir uma liminar para suspender a exigibilidade, nos termos do que foi sugerido aqui. Mas não deveria ser essencial, deveria ser como a moça do hotel dos Estados Unidos: "A Suprema Corte falou e eu, aqui, estou aplicando o entendimento". Mas aqui a gente interpreta o que foi interpretado, interpreta e fica todo mundo interpretando. É isso aí, é a insegurança jurídica.

Maria Ângela Lopes Paulino – Só um pequeno complemento. A partir do momento em que é necessário um parecer autorizando a Procuradoria e o auditor fiscal a agirem de outro modo, é porque nosso sistema é distinto, você tem a vinculabilidade da Administração. Se não tiver esse parecer, essa autorização, eles vão continuar realizando a mesma conduta, pois estão vinculados aos termos da lei. É um problema que a gente tem que resolver, mesmo. Então, Camila, é uma boa ponderação. Estamos "engessados". Alguma coisa tem que ser feita.

Camila Catunda Vergueiro – Cultura. A gente está querendo trazer uma cultura.

Maria Ângela Lopes Paulino – Mais que isso, não é? Alterar o sistema.

Carla de Lourdes Gonçalves – E no Fisco, nessas hipóteses, eles invocam acho que o art. 104 da Lei 9.430. Esta semana mesmo eu estive no CARF, na terça-feira, e o julgamento envolvia a questão de lucros no Exterior, o próprio representante fiscal invocando que ele não podia descumprir esse artigo, que, então, ele deveria fazer sua aplicação.

Camila Catunda Vergueiro – E assim seguimos.

Carla de Lourdes Gonçalves – E assim seguimos, não é?

Camila Catunda Vergueiro – Desculpe, vou fazer um comentário aqui, nada jurídico. Mas graças a Deus é assim. Somos todos tributaristas. E vamos viver do quê, não é? Se a gente pensar por esse lado ...

Carla de Lourdes Gonçalves – Sem dúvida.

Camila Catunda Vergueiro – Não teria mais congressos, não teria mais contencioso tributário. Eu não sei.

Carla de Lourdes Gonçalves – Sem dúvida, não é? Bom, veio mais uma pergunta, da nossa congressista Andreia Abraão, que se refere ao seguinte: "O Prof. Luís Roberto Barroso, atual Ministro do Supremo, tem um artigo sobre modulação dos efeitos das decisões dos Tribunais Superiores na hipótese de alteração de entendimento jurisprudencial pacificado. Talvez a própria modulação dos efeitos da decisão seja um mecanismo para se garantir tanto o princípio da segurança jurídica como o da isonomia. Qual o posicionamento da Banca palestrante?". Eu acho que é um exemplo – eu não sei, eu desconheço, eu não li, sei que esse artigo existe, mas não conheço seu teor – talvez o Prof. Barroso tenha sido motivado pela famosa discussão da COFINS das sociedades profissionais. Nós tínhamos uma súmula do STJ – apesar de que, eu, pessoalmente, sempre achei que aquela tese não "emplacava", que não passava no Supremo, sempre desaconselhei essa discussão. Mas houve.

Márcio Severo Marques – Sempre paguei COFINS, não é?

Carla de Lourdes Gonçalves – Sempre paguei COFINS, nunca discuti. Mas, obviamente, há quem identificasse como oportunidade. Com o advento da súmula do STJ não se há de negar que alguma coisa ... Então, exatamente, o STF não modulou os efeitos nesse caso. Ou seja: eu tive a súmula, no julgamento do Supremo não houve a modulação dos efeitos. Eu creio que esse é um exemplo – pelo menos é um exemplo clássico que eu conheço, dessa situação, onde eu tenho uma total insegurança jurídica. Se eu vou olhar para o STJ, que é o guardião da legalidade aqui, no nosso País, nós teríamos, realmente, uma insegurança jurídica e uma hipótese, em tese, autorizativa de modulação dos efeitos. E, de outra ponta, nós temos o outro exemplo, que diz respeito à questão do prazo prescricional e decadencial para a discussão das contribuições previdenciárias, não é? Vocês lembram bem, lá, que o art. 45 da Lei 8.212 previa os 10 anos, e quando o Supremo declarou inconstitucional ele modulou os efeitos, porque só restringindo àqueles que já estavam discutindo a situação, quer seja para não pagar, quer seja para repetir. Então, eu creio que a gente tem esses dois exemplos aí, ponderando. Os nossos colegas querem faze algumas observações ...

Camila Catunda Vergueiro – Na verdade, nesse precedente que a Carla mencionou, da Lei 8.212, eu me lembro muito bem, quando houve a modulação – e a modulação foi para impedir a repetição; então, quem não tinha proposto ação não poderia entrar com a ação –, que o Min. Marco Aurélio "esperneou". Na verdade, não vi se ele "pulou", mas, pela leitura do texto, a interpretação que eu fiz foi exatamente essa. Ele "esperneou", dizendo: "Mas quando é do interesse do Fisco, a gente modula favoravelmente". Mencionando, porque, se eu não me engano, primeiro veio a questão das sociedades uniprofissionais, e depois veio a questão da declaração de constitucionalidade da Lei 8.212. Ele comentou, ele falou: "Mas quando é bom para o Fisco, a gente modula. E as outras situações?". Então, é um problema. É o operador. Se é para ser bom para o Fisco, a gente modula; quando é ruim para o Fisco, não modula. E não foi um critério jurídico, ali, naquela situação. E que foi constatado por esse "esperneio" que eu deduzi da leitura do texto do voto do Min. Marco Aurélio.

Olívia Tonello – Só fazendo uma complementação em relação à questão da modulação. O Min. Marco Aurélio, salvo engano, é sempre voto vencido na questão da modulação, porque ele é contrário à própria modulação.

Carla de Lourdes Gonçalves – Não só de modulação.

Olívia Tonello – É, ele é contrário, ele fala que não pode modular. Nessa questão, até fazendo menção ao artigo do Min. Barroso, eu não tenho certeza se o artigo decorreu desse caso da COFINS (cobrança de COFINS de sociedades uniprofissionais – RE 377.457), mas eu lembro que nesse caso específico ele patrocinou embargos de declaração pelo CESA, salvo engano. E a discussão que foi travada nos autos – e um dos motivos que levou à rejeição da modulação – foi no sentido de que o art. 27 da lei da ação declaratória de constitucionalidade e da ação direta de inconstitucionalidade estabeleceu a modulação para os casos de declaração de inconstitucionalidade. Como, naquele caso específico, seria uma declaração de constitucionalidade, ele não poderia ser aplicado. O Min. Barroso, à época advogado, suscitou uma questão interessante para ser tratada. Por que na hipótese de declaração de inconstitucionalidade se pode modular se e somente se obtiver o quórum de 2/3? Está se prestigiando um valor em detrimento de outro? No caso da declaração de inconstitucionalidade não poderia? O Min. Barroso levantou a questão no sentido de que a modulação não se daria com fundamento no art. 27, mas no próprio princípio da segurança jurídica, e que, nesse sentido, o quórum de 2/3 era totalmente desnecessário, bastaria a maioria absoluta. No caso, teve um empate de cinco a cinco. Cinco votaram a favor da modulação e cinco não. A Min. Ellen não estava no dia do julgamento, e não votou. E até hoje estão pendentes esses embargos de declaração, pugnando pela manifestação da Min. Ellen – hoje em dia, não mais ela, mas a Min. Rosa – acerca da possibilidade de modulação, com a consequente aplicação do entendimento que ficou assentado em razão dos votos da maioria. Eu, particularmente, concordo plenamente com isso. Aliás, o simples fato de haver essa divergência de posicionamento em relação à modulação já é um sinal de que, efetivamente, a questão merecia, talvez, ser olhada com mais atenção.

Camila Catunda Vergueiro – E, veja só, no recurso extraordinário da Lei 8.212 eles modularam. Não podia aplicar. Uma das discussões na época da modulação, foi: é controle abstrato. Então, voltamos ao problema. Na hora em que é conveniente, uso esse argumento. Quando não é mais, aquela categoria muda, ela se transforma para se adequar.

Olívia Tonello – A Dra. Maria Leonor costuma brincar que hoje em dia tem o princípio da salvabilidade do crédito tributário: vale tudo para salvar o crédito tributário.

Carla de Lourdes Gonçalves – Eu vejo que esses casos são casos em que houve, realmente, muita discussão. E nessas questões, até como vieram basicamente na mesma época da mudança da lei processual, na época em que veio a questão de ordem da aplicabilidade, a gente vê muita insegurança. Por exemplo, na semana passada nós vimos o julgamento da exclusão do ICMS da base de cálculo do PIS-COFINS. Ótimo, há uma decisão favorável aos contribuintes. Ao tempo em que havia outra formação no Supremo e sem efeito vinculante. E aí, o que será, agora? Nós temos a ação declaratória de constitucionalidade em curso, nós temos o recurso extraordinário em curso. Obviamente, a gente até vê o próprio *site Migalhas* tem uma tabelinha lá, fazendo com um "xizinho": "Votou este aqui". Agora, de quantos votos eu vou precisar? E todo mundo já está fazendo uma loteria. Quem é que vai, quem é que pode votar contra, a favor. Alguns Ministros a gente já sabe que têm um posicionamento mais pró-Fisco, outros mais pró-contribuinte.

Camila Catunda Vergueiro – Então, vão continuar mudando a lei.

Márcio Severo Marques – E o contribuinte ainda fica inseguro, porque ele não sabe se vão modular os efeitos da ação ou não, e se ele deve entrar com ação ou não.

Carla de Lourdes Gonçalves – Exatamente.

Márcio Severo Marques – Ele fica – gera uma insegurança.

Camila Catunda Vergueiro – Mas daí, se entrar com ação, a desculpa vai ser: "Não, mas vai ser da data do julgamento". Não é? Porque, daí, retroage. Não é da publicação do acórdão. A gente não está resolvendo o problema.

Carla de Lourdes Gonçalves – Esta semana, o CONFAZ queria ...

Camila Catunda Vergueiro – Criam-se vários mecanismos para uniformizar, mas não está resolvendo o problema. Tem alguma coisa errada.

Carla de Lourdes Gonçalves – Eu recebi várias consultas nesse sentido. “O que eu devo fazer agora, diante dessa decisão?” E eu falei: “Ou você espera – excluir você não pode, se você não estiver discutindo. Agora, se você esperar, você pode ter um risco. Ou você entra com a ação”. E você pode dizer: “Ah, a ação foi inócua, porque vai ter uma decisão”. Que a gente não sabe quando, como e com publicação de acórdão. Ou você pode ter exatamente esse risco da modulação dos efeitos. Todo mundo correu quando a gente teve aquela tese do cinco mais cinco. No dia 8.6.2010 todo mundo passou horas e horas na fila da distribuição, esperando; foi uma loucura. Ou seja: era o risco da modulação. Nesse caso, infelizmente, não teve. E esse caso também é um caso típico que a gente tem de um precedente, na verdade, que não abarcava uma situação que fosse *erga omnes*. Ele foi julgado procedente, todo mundo comemorou. Só que o caso era anterior à lei complementar. Então, eu entendo que essa é uma questão bem importante para a gente discutir.

Olívia Tonello – E eles chegaram até a comentar, não é? A suscitar a possibilidade de se aplicar, de transferir a repercussão geral para esse julgamento. Porque, às vezes, eles fazem isso. Eles julgam um processo e falam: “Vamos puxar a repercussão geral para esse caso e aplicá-la”.

Carla de Lourdes Gonçalves – Exatamente.

Olívia Tonello – Mas, na hora, eles falaram: “Não, não. Vamos deixar para a ação declaratória de constitucionalidade, jogar para outro ...”.

Carla de Lourdes Gonçalves – Exatamente.

Camila Catunda Vergueiro – Eu acho que eles estão começando a usar a Física Quântica, a matéria sai daqui e está aqui ao mesmo tempo. Então, como é que é isso? Eu transporto? Eu não sei.

Olívia Tonello – E isso vai justamente pelo que a Camila falou. A gente está em uma fase de muita insegurança, porque o aplicador do Direito, o Tribunal, não nos passa segurança alguma. Da mesma forma que teve essa decisão agora, de exclusão de ICMS, daqui a uns dias eles podem julgar completamente diferente. Esse é o problema maior. Se eles tivessem um posicionamento mais certeiro, fossem mais firmes, mantivessem a tradição da Corte, muitos problemas que a gente tem hoje em dia certamente seriam resolvidos.

Carla de Lourdes Gonçalves – Bem, eu vou passar a palavra a cada um dos nossos Professores integrantes da Mesa, para as nossas considerações finais. E, aí, depois das considerações de cada um, vamos dar por encerrados os nossos trabalhos de hoje. Então, vamos começar com a Profa. Olívia.

Olívia Tonello – Eu acho que é muito interessante o debate dessas questões. O processo é um tema fascinante, que está sempre envolvido no nosso dia a dia, seja para quem é advogado do contribuinte, seja para quem advoga para a Fazenda Pública. E suscita questões muito interessantes.

Espero ter colaborado com este debate de hoje. E agradeço, mais uma vez, a enorme honra, a oportunidade, de ter participado desse painel. Muito obrigada!

Carla de Lourdes Gonçalves – Profa. Ângela ...

Maria Ângela Lopes Paulino – Eu também gostaria de agradecer a atenção de todos, e novamente registrar meu sincero agradecimento à Profa. Maria Leonor pelo convite. Aliás, deixei de comentar aqui, no início, que a Dra. Camila também foi minha primeira Professora no IBET. Todos os alunos comentavam que ela era uma excelente e empolgante Professora, teciam-lhe elogios. Fiquei muito triste quando soube que ela teria que nos deixar por causa de seus compromissos acadêmicos e profissionais. Uma pena ...

Camila Catunda Vergueiro – Quando você era do seminário, não é?

Maria Ângela Lopes Paulino – Exatamente, foi a minha primeira professora de seminário. E, em função dos seus compromissos, ela não pôde mais dar aula. E por isso foi triste, porque a Profa. Camila sempre enriquece a discussão, ela empolga o aluno. O que é muito importante, em especial para o aluno que está iniciando seus estudos na área do direito tributário – no meu caso, foi importante, porque ela me empolgou. E, hoje, eu estou aqui e, com certeza, a contribuição dela foi importante. Obrigada, Profa. Camila!

Carla de Lourdes Gonçalves – Prof. Márcio ...

Márcio Severo Marques – Queria agradecer a todos os Congressistas, agradecer à Mesa, ao IDEPE, pelo convite. E só fazer uma ponderação. Neste nosso debate, aqui, todas as nossas questões transitaram por dois princípios principais, que são justamente segurança jurídica e isonomia e igualdade. Sempre essas questões processuais acabam envolvendo o sopesamento desses dois princípios. E isso é muito interessante.

Carla de Lourdes Gonçalves – Profa. Camila ...

Camila Catunda Vergueiro – Mary Angel, obrigada! Emocionaram-me as suas palavras. Eu queria agradecer também a vocês ouvintes de nossa Mesa. Sem vocês nós não poderíamos ter tido todo o fervor que tivemos a respeito da questão. Praticamente em torno de uma questão. A presença de vocês aqui foi essencial, muito obrigada! Agradeço, em nome da Profa. Carla, novamente, o convite formulado pela Profa. Maria Leonor, para participar, para estar aqui, com vocês. Eu me sinto muito honrada. Profa. Carla, a "batuta" é sua.

Carla de Lourdes Gonçalves – Eu queria agradecer a presença de todos os Professores desta Mesa, sobretudo, além de Professores extremamente qualificados, amigos queridos, amigos pessoais, com quem eu tenho a grande felicidade de compartilhar a vida acadêmica, esses debates de alto nível. O Prof. Márcio, que há tempo nos conhecemos, desde os bancos de Mestrado – que a gente não pode publicar a data de quando foi. A Profa. Camila, que hoje me surpreendeu, que foi a primeira professora. Por favor. Eu nem pensava em fazer Direito, ainda. E ficamos muito felizes, e a gente espera que nos próximos anos essa formação se repita, da chegada da Profa. Ângela e da Profa. Olívia, que vieram, com toda sua cultura, seu gabarito, seu conhecimento, enriquecer mais os nossos debates. Sobretudo a vocês, Congressistas, que todos os anos fazem a nossa plateia, a nossa audiência. E provam que, durante a decorrência de um único tema – e este ano a gente foi, realmente, no processo tributário, a gente discutiu questões processuais, não questões materiais que permeiam desdobramentos processuais. Eu estou aqui, nesta Oficina, já faz uns oito ou nove anos. E eu acho que é o primeiro ano que eu vejo em torno de um único debate processual a gente conseguir desdobrar. E um tema que até muito me agrada discutir. Então, obrigada aos meus Colegas, obrigada à audiência! Agradeço, mais uma vez, ao IDEPE a oportunidade de estar aqui, neste tradicionalíssimo Congresso, que todos esperamos nesta data. E esperamos vê-los, nos encontrarmos e encontrarmos vocês na nossa próxima edição do *Congresso Brasileiro de Direito Tributário*.

Declaro encerrada a nossa sessão de hoje. Obrigada!

QUESTÕES TRIBUTÁRIAS NO STF E NO STJ

José Eduardo Tellini Toledo – Bem-vindos ao terceiro e, infelizmente, último dia do nosso Congresso. Eu queria agradecer a presença de todos. Eu tenho certeza de que vai ser uma sexta-feira fantástica, bastante proveitosa. Temos palestras extremamente interessantes, e eu tive a honra de começar a nossa sexta-feira com esses galácticos, aqui, do direito tributário – uma responsabilidade enorme de me darem a Presidência desta Mesa. Eu queria começar apresentando o nosso honrado e querido, ilustre, que bem merece tanta apresentação, porque o próprio nome já fala por si, Dr. Eduardo Bottallo, que é Vice-Presidente do IDEPE. O Prof. Bottallo tem um currículo enorme. Eu vou até pedir licença para citar só alguns detalhes, porque, se não, nós vamos só falar, o dia inteiro, do currículo, o que nem é necessário. É um Advogado militante, extremamente conhecido, livros extremamente respeitados no mercado jurídico. Nosso Professor, Professor de praticamente todos, aqui. E acho que, ouso dizer, talvez, um dos juristas que participou do I até o *XXVIII Congresso de Direito Tributário*. Nas 28 edições ele está aqui, conosco, sempre nos honrando, sempre nos trazendo temas importantes. Ao lado esquerdo, aqui, eu tenho o Dr. Osvaldo, que é Coordenador Adjunto da CAT aqui de São Paulo. O Dr. Osvaldo também dispensa apresentação, mas é Mestre e Doutor em Direito do Estado pela PUC/SP, autor de diversos livros, tem uma experiência profissional fantástica. É Professor do COGEAE, do IBET, da GV-*Law*. Começou como Fiscal de Rendas, foi nosso colega do TIT, e hoje é nosso Chefe lá, a quem devemos um grande aprendizado. Lançou recentemente um livro brilhantíssimo, que eu recomendo que todos corram, depois, até a livraria e comprem – porque é fantástico o livro dele.

E ao meu lado direito o Dr. Paulo César Conrado, que também dispensa grandes apresentações. É Juiz Federal, é Mestre também e Doutor pela PUC/SP. Tem colaborado conosco aqui, no IDEPE, em vários Congressos. E todos com a responsabilidade muito grande de trazer para vocês, hoje, para falarmos um pouco sobre as questões tributárias no âmbito do STF e do STJ. Todos nós sabemos que no final do dia, depois de várias discussões, quem vai dar a última palavra é o STJ e o STF, e como isso tem influenciado o nosso dia a dia.

Sem mais prorrogação, Prof. Bottallo, o Sr. tem a palavra. Por favor ...

IPI e sua Incidência na Primeira Saída de Produtos Importados por Comerciante

Eduardo Domingos Bottallo – Bom dia a todos! Eu agradeço, mais uma vez, à organização deste Congresso pela honra que me deu de participar de uma de suas Mesas. O caro Presidente, ao fazer a apresentação dos componentes da presente Mesa, fez uma série de referências elogiosas, algumas das quais ditadas pelo seu cavalheirismo. Mas ele disse uma coisa que realmente eu me sinto muito honrado em confirmar: o fato de ter participado presentemente dos 28 Congressos Nacionais de Direito Tributário patrocinados pelo IDEPE. Eu diria que esses 28 anos representam uma grande parte da minha vida como professor; e, mais do que isso, eles representam, talvez, o maior privilégio que o Magistério conseguiu me dar. Participar desses 28 Congressos faz de mim, na verdade, uma pessoa especial, porque eu me lembro, desde o seu nascimento, ainda com a presença pujante e sempre querida do Prof. Geraldo Ataliba, até o presente momento, em que, ao olhar para a plateia e, mesmo, ao olhar para os meus companheiros de Mesa, eu me sinto assim como se fosse um grande avô. Já não é mais a minha geração que continua, de uma forma ímpar em nosso País, dando sequência a esses Congressos, todos muito importantes. De modo que eu deixo, mais uma vez, consignados os meus agradecimentos. E espero apenas estar ao nível dos Professores que me anteciparam e dos outros que ainda estarão com vocês ao longo do dia.

O meu tema é a respeito das possibilidades de tributação pelo IPI de operações praticadas por quem não seja contribuinte desse tributo. O que nos leva, então, a fazer – evidentemente, com as limitações de tempo que todos nós temos – uma breve retrospectiva das principais características desse imposto. Estruturalmente, o IPI, como será dito ao longo da exposição, pressupõe uma atuação específica por parte do contribuinte, qual seja: a industrialização de bens, acompanhada de um ato jurídico que possibilite a transferência da propriedade ou da posse do produto industrializado.

Ele é um imposto que tem algumas características muito próprias, inclusive algumas de caráter histórico, por assim dizer, pois é o primeiro imposto não cumulativo que, ao longo dos tempos, foi utilizado pelo nosso sistema jurídico, bem antes do advento da Constituição de 1988.

Mas é um imposto que também tem importantíssima função extrafiscal, uma vez que ele está muito preso às modificações de ordem social, econômicas e políticas que acontecem no País. Isso, inclusive, tem sido demonstrado em tempos recentes, porque é um dos impostos mais manipulados pelo Governo Federal quando se trata de promover vantagens aos empresários, caracterizadas por desonerações tributárias. Até hoje, efetivamente, verifica-se que, toda vez que algum setor industrial ou todos os setores do seu contexto começam a demandar algum tipo de apoio desoneratório, surge a presença do IPI. E ele, portanto, é um imposto que está muito próximo, muito preso às modificações de caráter social e econômico por que o País passa.

Em tese, o contribuinte do IPI é a pessoa que pratica os atos de industrialização dos bens. Mas, por uma questão ligada a essas funções extrafiscais que ele se propõe a atender, constata-se a presença muito importante do chamado contribuinte de fato, que em outros tributos até sequer faz parte da relação jurídica tributária. Mas, no que diz respeito ao IPI, ele tem uma participação importante, inclusive no tocante à repetição de indébito, uma vez que a legitimidade ativa para pedir essa restituição é destinada àquele que efetivamente acaba por assumir o valor econômico do tributo. E este, geralmente, não é o contribuinte de direito, aquele que executa os atos de industrialização, mas, sim, o próprio contribuinte de fato.

Outra característica bastante importante é que nosso sistema jurídico, mais especificamente o Código Tributário Nacional, ao tratar do IPI, na verdade, conjuga, sob essa denominação, uma série de tributos diferentes, entre os quais aquele que diz respeito à sua incidência sobre a importação de produtos industrializados no Exterior e trazidos ao País pelos encarregados da sua – não industrialização, evidentemente – distribuição no mercado. Daí por que se pode afirmar que o IPI, nessas circunstâncias, o IPI a cargo dos importadores não industriais, é uma modalidade muito peculiar do Imposto de Importação – característica que foi levantada pela primeira vez pelo nosso querido colega, Presidente de Honra do IDEPE, Prof. Barros Carvalho. Demonstrou ele que, tanto no que diz respeito à natureza do contribuinte como no que diz respeito à base sobre a qual incide, esse tributo, quando a cargo de importadores não industriais, é uma modalidade do IPI. O que nos leva, objetivamente, a estar diante da figura do *bis in idem*. Ou seja: quando se trata de uma importação, de qualquer importação que tenha por objeto produtos industrializados no Exterior, quer promovida por contribuinte, quer promovida por não contribuinte, nós estamos diante de uma variante do Imposto de Importação, que é cobrado conjuntamente com o Imposto de Importação propriamente dito.

Essa circunstância fez com que parte da doutrina se colocasse em posição contrária à sua incidência nessa modalidade peculiar, o imposto a cargo dos não contribuintes, a cargo de comerciantes, quando, na verdade, isso não é bem assim. Embora se trate, como dito, de uma forma específica de *bis in idem*, esse é um *bis in idem* adotado, aceito, assimilado pelo nosso sistema tributário, uma vez que quando o Código Tributário Nacional fala dos contribuintes do IPI ele se refere à figura do industrial ou o equiparado a industrial, que, nesse caso, seriam os contribuintes não industriais.

De modo que quando se trata do ingresso no território nacional promovido por contribuintes do IPI tendo por objeto produtos industrializados no Exterior através de atos a cargo de não contribuintes, isso tem sido aceito como válido, tanto à luz do Código Tributário Nacional como à luz da própria jurisprudência dos Tribunais Superiores a respeito do assunto.

No conjunto das fichas que eu preparei a respeito do assunto, eu indico o conteúdo de uma decisão do STJ que trata do assunto sob essa ótica. E posso dizer que é uma situação, naquele Tribunal, que não tem proposto qualquer modificação. A validade da tributação quando incidente sobre a nacionalização por não contribuintes de produtos industrializados no Exterior. O fenômeno jurídico que autoriza essa tributação é a chamada *equiparação*, que é um mecanismo pelo qual situações que se identificam em alguns aspectos, principalmente em seus aspectos essenciais, podem ser submetidas ao mesmo tratamento tributário, ainda que outros aspectos sejam discordantes.

Pois bem, o problema que se põe com relação a essa temática diz respeito à possibilidade, ou não, de incidência quando se trata de atos promovidos por não contribuintes já no território nacional, cujo objeto é colocar esses bens em circulação no mercado interno. Explico melhor. Um não contribuinte – digamos, um comerciante – promove a importação de produtos industrializados no Exterior. Diante desse fenômeno, é possível a tributação como se ele fosse o próprio autor dessa industrialização externa, o que se justifica em função do critério da equiparação, conforme acabei de mencionar.

Agora, quando se trata de produto já ingressado no território nacional com essa incidência que acabei de mencionar, ele sofre uma segunda movimentação jurídica, feita pelo não contribuinte, que é aquela que consiste em colocar o produto já nacionalizado no mercado brasileiro. Para esse tipo de ato existe a tendência da Receita Federal, dos órgãos governamentais, de pretender nova incidência do IPI, entendendo que, nesse caso, a justificativa seria o princípio da igualdade, em função dos produtos fabricados no País. Já que quando o produto é fabricado localmente seu ingresso no mercado é sujeito ao pagamento do IPI, entende-se que, em atendimento ao princípio da igualdade, deveria haver a mesma incidência quando se trata de produtos importados, embora a nacionalização desses produtos já tenha sido objeto da incidência fiscal.

Nesse caso, eu entendo, como a maioria da doutrina, a impossibilidade de haver nova cobrança do IPI. Porque não se trata mais de uma questão de equiparação, mas, sim, de uma questão tecnicamente definida como de ficção, ou seja: duas situações efetivamente diferentes, e diferentes no que diz respeito à estrutura, diferentes no que significa aos seus elementos essenciais, mas sujeitas ao mesmo tratamento jurídico por uma determinação da entidade fazendária.

Eu não discuto a possibilidade de a ficção, em alguns casos, poder resultar na incidência fiscal. Mas não entendo que essa possibilidade se faz presente no caso que estamos examinando. Em primeiro lugar, porque já teria havido a incidência do tributo por ocasião do desembaraço aduaneiro, ainda que quando feito por não contribuinte do IPI. E, em segundo lugar, porque essa situação de nova tributação já dentro do mercado interno nem estrutural nem finalisticamente atende aos requisitos constitucionais e legais próprios e específicos do IPI. De modo que a minha visão a respeito do tema que nós estamos tratando é exatamente essa. Pode haver a incidência ao não contribuinte, mas na nacionalização do produto, na colocação no mercado interno do produto industrializado no Exterior e que na sua nacionalização já se submeteu ao tributo. É uma ficção, que, como tal, não encontra fundamento seja na Constituição, seja no Código Tributário Nacional.

Existe uma outra visão do IPI, colocada pelo art. 46 do CTN, que trata da arrematação em leilão de produtos industrializados e que foram abandonados. Essa hipótese, entretanto, embora teoricamente compreendida no campo do IPI, não deve merecer maior atenção de nossa parte, porque ela não chegou a ser posta em vigor através de uma lei brasileira. Ou seja: embora o contribuinte seja investido de poderes que lhe permitam criar essa terceira incidência do IPI ao lado da industrialização interna de bens e ao lado da industrialização de produtos estrangeiros, essa terceira hipótese – a aquisição, em leilão, de produtos abandonados – não se converteu em lei, e, portanto, está fora do campo de incidência do tributo.

Em suma, eu gostaria de reiterar que, em essência, duas são as possibilidades de contribuição do IPI em nosso sistema. A primeira delas, que é a de frequência mais comum, mais ordinária, é a produção interna de produtos industrializados – portanto, produtos que se destinem a atender a algum interesse, alguma finalidade própria do consumidor final; industrialização, essa, acompanhada de um ato de transferência da propriedade ou da posse desses mesmos produtos. A possibilidade de haver a incidência quando se trata da mera transferência da posse é autorizada no nosso CTN pelo art. 26, III. E a segunda hipótese de incidência do tributo é aquela, vista aqui já, da importação por contribuinte ou não contribuinte de imposto de bens industrializados no Exterior, quando se destinam a consumo próprio do importador ou sua colocação por não contribuinte no mercado interno, sendo, portanto, afastada, por não encontrar fundamentos nesse mesmo sistema, a eventual tentativa de nova tributação dos produtos a cargo de não contribuintes do IPI que já pagaram o tributo na nacionalização e que, em um segundo momento, queiram colocar o produto no mercado interno. Isso se dá porque essa situação, comparada com as características estruturais do tributo, corresponde à ideia de ficção – ideia, essa, que não autoriza a criação de novos tributos dentro do sistema jurídico brasileiro, pelo menos no que diz respeito ao IPI.

São essas, portanto, Professor Presidente, as informações que eu teria a dar a respeito desse tema. E também gostaria de aditar que, atendendo a uma iniciativa bastante própria da Organização do Congresso, eu elaborei uma série de pranchas a respeito do tema, que poderão eventualmente auxiliar a compreensão por parte dos presentes.

Eu agradeço, novamente, à Organização do Congresso pela oportunidade que me deu de dele participar mais uma vez. E, se for o caso, eu me coloco à disposição para o esclarecimento de quaisquer dúvidas.

Muito obrigado!

José Eduardo Tellini Toledo – Eu queria convidar o nosso querido Dr. Paulo César Conrado, autor de vários livros em direito tributário, também encontrados em livrarias. Depois, eu preciso "rachar" este *merchandising* aqui com o Dr. Osvaldo e o Dr. Paulo Conrado. Eu estou fazendo a propaganda do livro deles aqui, eu preciso ganhar uma porcentagem. Ninguém ouviu isso ... Mas eu queria convidar o Dr. Paulo César Conrado, que também vai tratar, agora, dos reais efeitos das decisões proferidas pelo STJ e pelo STF, seja em recurso representativos ou em repercussão geral. Dr. Paulo, por favor, o Sr. tem a palavra.

Os "Reais" Efeitos das Decisões Proferidas em Recursos Representativos de Controvérsias (STJ) e em Repercussão Geral (STF)

Paulo César Conrado – Bom dia a todos! É uma satisfação muito grande poder estar aqui com os Srs. mais este ano. Eu agradeço ao Prof. Toledo pela gentil apresentação. É uma honra poder figurar em uma Mesa com o Sr., Prof. Toledo, com o Prof. Osvaldo e com o Prof. Bottallo!

Eu recebi da Dra. Maria Leonor, Presidente do IGA, uma incumbência que é bastante curiosa. Eu, em princípio, quero lhes dizer que não tenho a mínima condição de falar sobre "Os 'Reais' Efeitos das Decisões Proferidas em Recursos Representativos de Controvérsia (STJ) e em Repercussão Geral (STF)". Embora o "reais" tenha sido grafado entre aspas, eu não sei exatamente o que significam essas aspas, e tampouco sei o que significam os "reais" efeitos dessas decisões. De modo que o que sobra, muito mais do que supostamente enfrentar esse tema, é dividir alguma experiência (muito mais na condição de julgador do que de professor) a respeito do contexto com o qual vimos sendo obrigados a conviver, já há alguns anos, desde quando instituída essa nova metodologia de julgamento dos recursos extremos.

Eu não quero que, obviamente, tomem esta introdução que faço como crítica ou o que quer que seja, senão apenas como uma advertência: vou falar sobre aquilo que efetivamente posso falar.

Eu não vejo outra possibilidade senão – colocando os pés no chão, vendo-me, e a todos os outros, como operador (há quem não goste dessa palavra, mas, enfim, à falta de outra, é a que vou usar) – que devemos nos posicionar. Deixemos de falar, ao menos um pouco, a respeito da posição do STF e do STJ diante dessas questões que lhes são submetidas através das figuras da repercussão geral e do especial representativo de controvérsia. Nós – e eu me coloco, aqui, dentro desse contexto e, insisto, na condição de julgador de primeiro grau – lidamos com problemas concretos, práticos. Eu não vou repetir a palavra "real". Nós lidamos com o mundo como ele se apresenta. E eu devo lhes dizer, lidando academicamente com o processo tributário – coisa que venho fazendo já há alguns anos –, cada vez mais sinto a necessidade de largar mão um pouco dos discursos abstratos, herméticos, que se fecham nesse universo que não se toca. Eu gasto parte significativa do tempo da minha vida lidando, insisto, com problemas concretos, práticos. Ontem eu tinha que vir para cá à tarde e não consegui vir, porque caiu na minha cabeça um problema prático, concreto, na Vara em que judico. Havia um advogado, do outro lado, que estava me esperando. E ele não queria saber se a norma era constitucional ou inconstitucional. Ele não queria saber da norma geral e abstrata frente à individual e concreta. O que ele queria, em relação ao cliente dele, era a liberação de 20 milhões de Reais que tinham sido penhorados no regime do BACENJUD.

E era isso que se apresentava. E eu confesso para os Srs. que essas coisas me perturbam, e muito, me incomodam bastante. Gastar tempo e energia com isso e, depois, movimentar a cabeça e começar a pensar na vida acadêmica, vir para o Congresso e começar a discutir problemas relacionados à posição do Supremo. Não que isso não seja relevante; sem dúvida nenhuma que é, e nós temos que tomar essas orientações e tentar ir dando encaminhamento às coisas da vida.

Agora vejam, todas as análises que têm sido feitas sobre recurso representativo de controvérsia e repercussão geral no contexto do direito tributário parece que partem sempre de uma mesma postura (crítica) às Cortes, que não se enxergam como tribunais de uniformização de jurisprudência, como tribunais que tomam para si a função de fixar precedente, de julgar "piloto", de julgar paradigma. Cortes que assumem essa posição sem dúvida nenhuma têm que pensar em termos de estabilidade. Vejam, nas últimas semanas, o que aconteceu no STF. Eu não sei se os Srs. tiveram oportunidade de tomar acesso sobre a nova perspectiva do Supremo frente à ação rescisória. A ação rescisória, que seria acessível para padronização de julgados, parece que já não vai mais ser. Não que esteja certo isso ou aquilo, mas, vejam, nós somos sistematicamente instados por essa Corte, assim como pelo STJ, em contextos como esse, de mudança de orientação, que distancia esses tribunais da sua maior vocação. A repercussão geral e o especial representativo de controvérsia exigem estabilidade. E as Cortes Superiores têm que se ajustar em relação a isso. Pois bem, em boa parte das vezes que falo ou ouvi falar a respeito desse assunto, essa foi a tônica.

O que eu proponho aqui para os Srs. é que nós larguemos mão um pouco daquilo que acontece no altiplano das abstrações do STJ e do STF e pensemos na realidade concreta. Porque é isso que se nos apresenta. Sobrestar um recurso especial que foi interposto na Corte ordinária, sobrestar um recurso extraordinário que foi interposto na Corte ordinária, significa paralisar o processo na sua fase de transposição da via comum para a extrema. Quem toma essa deliberação é a Corte de origem, o Tribunal de Justiça, o TTF. Os Srs. sabem disso. Quem toma essa deliberação é o juízo ordinário, aquele que tem a última palavra sobre o campo da facticidade. Aquele que por último falará sobre os fatos. Porque, daí para a frente, é abstração. Daí para a frente, é STJ, é STF, no campo da abstração.

Então, vejam os Srs., quem delibera sobre sobrestamento, em princípio, quem toma essa decisão é o sujeito que por último tem oportunidade de analisar os fatos daquele processo. E, vejam, quando nós lidamos com os problemas do Fisco e do contribuinte não estamos lidando com problemas de constitucionalidade, legalidade. Nós estamos lidando com um problema que é fático, uma questão que transcende as abstrações do Direito e penetra no campo da Economia. Transposição de capital, do cofre privado para o cofre público: o direito tributário lida com isso, basicamente com isso. E isso é um fato, e quem fala sobre isso, quem fala sobre os fatos, são as Cortes ordinárias, são os órgãos julgadores – melhor dizendo – ordinários, primeiro e segundo grau.

Pois bem, quando nós estamos transpondo a via ordinária para a extraordinária, através de especial ou extraordinário, é possível que essas tecnologias, sobre as quais nós fomos chamados a falar, se interponham no nosso caminho. E, vejam, aí é que nós temos que debruçar a nossa atenção. Vejam, no momento do sobrestamento de um processo nós temos a solidificação, a cristalização, do estado fático. Significa dizer: os fatos sobre os quais o processo incide ficam estancados, tal qual se apresentam, até que o processo seja remetido para o STF, para o STJ. Remetido, não. Até que seja julgado o "piloto" que está no STF, que está no STJ. Pois bem, Srs., é sobre isso que nós temos que colocar nossa atenção.

Se nós estamos falando de uma ação, como a maior parte assim se apresenta, antiexacional, uma ação que é proposta pelo contribuinte, admitamos: toda ação antiexacional é uma ação de resistência à função administrativa. O Fisco, antes de ser Fisco, é Administração, pratica atos administrativos, atos tendentes à arrecadação. O contribuinte que vai a juízo atua na intenção de paralisar a autoexecutoriedade administrativa. Só há possibilidade, nas ações ordinárias, de isso acontecer através da figura da coisa julgada. Em princípio, nós sabemos que é a coisa julgada – favorável, obviamente, ao contribuinte – que teria a virtude de estancar definitivamente o exercício da função administrativa. Mas, enquanto isso não vem, o CTN trata dessa questão, no seu art. 151, que, nós sabemos, é exemplificativo – embora nem todo o STJ saiba disso; mas nós vamos seguir acreditando que o art. 151 do CTN é exemplificativo, e lida com essa situação, a paralisação provisória do exercício da função administrativa, até que sobrevenha a manifestação definitiva do Poder Judiciário. Isso, os Srs., aconteceria, idealmente, através daquelas figuras do inciso IV e do inciso V – mas não só, à medida que o art. 151, insisto, teria tônica exemplificativa.

Pois bem, esse é o quadro que se nos apresenta. Vejam, o contribuinte ajuíza uma ação antiexacional de rito ordinário, uma ação declaratória, uma ação anulatória de débito fiscal, e, até que sobrevenha a coisa julgada, a função administrativa será exercida, salvo se um ato suspensivo da exigibilidade do crédito atravessar o caminho.

Quando nós estamos passando da instância ordinária para a extraordinária há essa figura esdrúxula que se nos apresenta hoje, do sobrestamento. O processo se sobresta. Lembrem-se, há pouco lhes dizia: os fatos se congelam naquele exato momento, quando a Corte ordinária delibera pelo sobrestamento; os fatos a que o processo se refere se congelam tal qual se encontram, até que sobrevenha um pronunciamento abstrato do STF ou do STJ, que vai ser retraduzido concretamente naquele caso que estava parado.

Muito bem, o processo se sobresta – insisto – para que uma das Cortes Superiores se manifeste sobre a questão abstrata. Mas e os fatos? O mundo segue exatamente do mesmo jeito que está, independentemente de o SSTF falar isso ou de o STJ falar aquilo. O que importa é a retradução desse discurso abstrato em algo concreto. E essa retradução vai ser feita, nesse contexto, pelas Cortes ordinárias. O processo se sobresta para que essa mesma Corte que ordenou o sobrestamento aplique, depois, o discurso teórico estabelecido pelas Cortes Superiores.

Há pouco lhes dizia: os fatos – ou, melhor, o campo social, o campo fático – são inexoráveis. Não nos perdoam. São implacáveis, não é? De modo que, ou bem a Corte ordinária, no momento em que for aplicar aquilo que foi falado pelo STJ ou pelo STF, encontra condições de fazê-lo, ou o processo que se encontra na sua mão passa a ser um elemento sem qualquer repercussão prática, apresentando-se à nossa frente a ideia de inefetividade. E, vejam os Srs., todo o discurso processual, hoje, se baseia na ideia de efetividade. Repercussão geral, recurso representativo de controvérsia, todas essas técnicas foram criadas em função da ideia de efetividade. Só que efetividade não se afere pelas estatísticas: tinha tantos processos, agora não tem mais. Efetividade se mede a partir da possibilidade de um discurso abstrato produzir efeitos no campo prático. Efetividade é isso. Ressonância pragmática do discurso teórico-jurídico. Se não há possibilidade de esse discurso ressoar no campo prático, isso significa que ele é apenas um discurso, sem qualquer efeito pragmático.

Pois bem, a nós, responsáveis pelo exame das questões no campo ordinário, nos cabe colocar atenção sobre isso. Nós devemos parar de falar sobre o STF, sobre o STJ, e suas posturas, porque isso é algo que se vai resolver no âmbito daquelas Cortes. Temos que começar a lidar com o problema na base.

Voltando àquilo que lhes dizia, o exemplo que usava antes, o contribuinte ajuíza uma ação antiexacional. Ela, em si, não suspende a exigibilidade do crédito. Imaginem os Srs. que ele ganhe essa ação. A apelação é interposta pela Fazenda, essa apelação é recebida no duplo efeito. Existe um fetiche – que, quem sabe, vai ser um dia rompido – segundo o qual o duplo efeito "suspende a sentença". Então, se ganhou, mas a sentença está suspensa pelo efeito suspensivo da apelação, não leva. E se o Tribunal diz "vamos sobrestar para aguardar o piloto"? Os fatos se congelam nesse momento. O que nós temos diante de nós? Um contribuinte que ganhou mas não levou nada, porque o crédito está plenamente exigível, até que o recurso-piloto, que não é o dele, seja julgado. Não existe prazo para isso. E, enquanto essas coisas são aguardadas, o campo fático grita. Teoricamente, está tudo muito bem: vivemos um ambiente de segurança total, em que um único pronunciamento vai ser oportunamente distribuído de maneira equânime para todos aqueles recursos que estão paralisados. Só que o que se vai distribuir de maneira equânime para todos os recursos que estão paralisados é nada. Porque, eventualmente, aquele contribuinte pode entrar em um tal grau de exigibilidade que delibere abrir mão da discussão. Isso se ele não conseguir resgatar – através de algum instrumento – a suspensão da exigibilidade do crédito (uma ação cautelar, por exemplo).

Vejam o quão deficitário é nosso sistema nesse aspecto: pensou-se na questão do STF, do STJ, na questão puramente abstrata, e não foi pensado o problema prático, o problema concreto. Ou, como quer aqui o *folder* do Congresso, "o problema real". Sobre esse não se pensou. Tanto que não há previsão a respeito de recurso que impugna o sobrestamento equivocado. Porque, vejam, este problema que eu coloquei aqui para os Srs. pode ser "apimentado" pelo fato de o sobrestamento ser errado, além de tudo: sobrestou para aguardar o julgamento do piloto, mas o caso não coincide plenamente com aquele.

Qual é o recurso que desafia essa decisão? O sistema não prevê. Fala-se, eventualmente, no uso de embargos de declaração ou, então, em pedido de reconsideração, caso os de embargos de declaração não sejam recebidos como tal. Mas isso tudo, obviamente, não dispensa uma explicação presencial, com o desembargador responsável pelo sobrestamento do processo. E se nada disso der certo, o que é que sobra? Mandado de segurança contra ato judicial que não é suscetível de recurso. Eu não sei se os Srs. já experimentaram – na condição de advogados, aqueles que são advogados privados – impetrar mandado de segurança contra ato judicial no TJSP, por exemplo. Se não tiveram essa experiência ainda, quem sabe um dia terão, para saber exatamente o que é que acontece. Não que no TRF-3ª Região seja muito diferente, mas a Justiça Federal sempre esteve um pouco mais habituada com essa ideia de se impugnar, com mandado de segurança, ato de juiz. Mas, de toda forma, vejam, nós não temos apetrecho prático para a composição desses problemas, que são os problemas práticos, reais. É preciso criar alguma cultura nesse sentido.

Eu quero encerrar a minha fala lhes dizendo que é absolutamente vital – pode parecer delirante, mas é absolutamente vital – que em ações antiexacionais o julgador que faz o exame de sobrestamento, a autoridade judicial que tem essa competência, analise a questão da suspensão da exigibilidade do crédito. E isso, se não for feito *ex officio*, tem que ser feito a pedido. Eu não estou aqui lhes falando sobre algo que, insisto, pode parecer delirante, não estou lhes falando sobre algo que está totalmente fora do contexto normativo. Nós temos que interpretar o art. 151 do CTN em contexto com o Código de Processo Civil modificado: quando se fala em suspensão de exigibilidade do crédito tributário, nos termos do art. 151 do CTN, a ideia é preservação da discutibilidade. Todas as hipóteses processuais de suspensão de exigibilidade dizem com o mesmo aspecto. Vejam, o depósito, a liminar em mandado de segurança, a tutela antecipada, o processo administrativo, todos são causas que estão relacionadas ao direito subjetivo à preservação da discutibilidade. Ao contribuinte o sistema outorga esse direito, o direito de ver preservada a discutibilidade tributária. Senão, não adianta nada falar em inafastabilidade de jurisdição, nos termos do art. 5º, XXXV, da CF: "a lei não excluirá da apreciação do Poder Judiciário lesão ou ameaça a direito". Ótimo, não exclui, eu entro, só que não saio. E, enquanto isso, os fatos se consolidam. O que é isso? Isso é inafastabilidade formal, não é inafastabilidade material.

Então, vejam, a partir do momento em que o Código de Processo Civil passa a prever uma causa de sobrestamento do processo, que não tem modulação temporal, é necessário que o órgão jurisdicional responsável pela aplicação da regra analise a sobrevivibilidade do direito de fundo. Não é do processo, é do direito de fundo. Sobresto, delibero sobrestar, ótimo. Mas eu tenho que analisar se essa ordem de sobrestamento não está em confronto com a sobrevivência do direito de fundo. E, se há algum choque nesse aspecto, é preciso que o art. 151 do CTN seja trazido a contexto. Obviamente, não na sua literalidade. É necessário interpretá-lo. Como lhes disse antes, o dispositivo é exemplificativo. Por isso, ele exige interpretação. E não absoluta literalidade.

Muito obrigado pela atenção de todos!

José Eduardo Tellini Toledo – Eu queria passar a palavra ao Dr. Osvaldo, que, agora, vai nos falar um pouco sobre "Inidoneidade Fiscal no Âmbito do ICMS". Um assunto que quase não traz problemas no dia a dia para a gente. A gente quase não vive isso na militância. Dr. Osvaldo ...

Inidoneidade Fiscal no Âmbito do ICMS

Osvaldo Santos Carvalho – Bom dia a todos! Inicialmente saudando a Mesa, o nosso Presidente, o Prof. José Eduardo Tellini Toledo, nosso amigo, Advogado militante, Professor do INSPER, Professor do IBET, integra o TIT da Secretaria da Fazenda aqui do Estado de São Paulo; o Prof. Paulo Conrado, sempre trazendo as suas lições; o Professor, doutrinador – seus livros são utilizados por nós para as nossas aulas, sobretudo nos temas de execução fiscal, processo administrativo e judicial tributário. E que temos a felicidade de com ele compor a Mesa – este semestre é a segunda, e sempre aprendendo com suas lições. O Prof. Bottallo, que precisou nos deixar, é um dos professores-símbolos do Congresso do IDEPE, que está aqui, na sua 28ª edição, tradicionalíssima.

Saúdo a todos os Congressistas. Nós temos, aqui, professores que nós divisamos daqui da frente. Temos juízes federais, estaduais, muitos advogados, outras autoridades, como procuradores – eu diviso daqui o Dr. Eduardo Fagundes, Subprocurador-Geral do Estado de São Paulo, para a área do contencioso fiscal, ligado diretamente ao Procurador-Geral do Estado, que lida – Eduardo – com esse dia a dia da inidoneidade em matéria fiscal. Eu vou falar disso aqui, no âmbito do ICMS. Mas, saudando a todos os Congressistas, eu não poderia também deixar de saudar os integrantes do Fisco do Estado. São 50 deles aqui presentes. E sempre, nas edições anteriores também. E a gente precisa outorgar o mérito, o reconhecimento para o Secretário da Fazenda do Estado, no caso, o Secretário Andrea Calabi, que apoia essa iniciativa. E foi importante para que houvesse essa contratação desse grande número, a exemplo das edições anteriores, para que esses 50 integrantes do Fisco – de que eu faço parte – pudessem estar aqui. Pelas suas diversas diretorias e também do interior do Estado, que eu diviso vários, daqui. E isso foi importante, pela insistência da Profa. Maria Leonor Leite Vieira, que preside o IDEPE, e também, pela nossa Gestora de Capacitação – quero fazer o registro, a Marilene Marçal, que é a responsável pela Gestão de Capacitação da Coordenadoria de Administração Tributária, aqui presente, e que, naquele empenho máximo, faz com que isso seja possível, somando-se aos colegas Congressistas todos aqui. Para a gente isso é muito importante. Essa troca, essa parceria, são muito importantes. E agradecer também, e especialmente, ao IDEPE por estar, mais uma vez, nos convidando para estar aqui e compondo uma Mesa tão importante e seleta como esta.

Vamos falar de "Inidoneidade Fiscal no Âmbito do ICMS". Por tema, que nos foi aqui confiado, e dentro do horário estabelecido, vamos fazer um breve passeio, um breve sobrevoo. Eu preparei uma apresentação em forma de *PowerPoint*, que eu gostaria de falar, Prof. Paulo Conrado, de uma mudança de comportamento, uma mudança de paradigma, aqui na Secretaria da Fazenda do Estado de São Paulo, posso dizer assim, por meio de suas várias diretorias – Diretoria de Fiscalização, TIT e Consultoria Tributária, que o julgado do STJ de 2010, eleito como repetitivo, como representativo de controvérsia, determinou uma verdadeira mudança de paradigma para nós sobre esse tema do qual nós estamos aqui a falar.

Eu pertenço aos quadros da Secretaria da Fazenda do Estado de São Paulo. Eu fiz o concurso de ingresso no ano da primeira edição do Congresso do IDEPE, em 1986. Quando a gente não pode mais contar em anos, nós temos que contar por lustros. Já passa de cinco lustros, indo para seis lustros, ou seja, de 25 para 30 anos. E sou de uma época, colegas Congressistas, em que existia, numa fala vulgar, a chamada "nota fria" ou nota inidônea, falando de uma forma mais elegante, mais técnica. Naquela época se falava de suas subespécies também, tais sejam: nota espelhada, nota calçada, nota sanfonada etc. E tinha as diversas espécies de notas frias. Porque existia, era essa a realidade da época. Mas o mundo mudou. Junto com essa decisão paradigmática do STJ de 2010, nós passamos por uma revolução que começou com a Emenda Constitucional em 2003, a Emenda Constitucional 42, que determinou uma mudança, também, de paradigma, ali, com o início da vertente do chamado – vamos dizer assim – direito tributário eletrônico. E determinando que os Fiscos se integrassem, que se utilizasse o aparato tecnológico não apenas para a escrituração, mas para a emissão de documentação fiscal. E de tal forma que, hoje, no Brasil, como um todo, nós temos massificada a nota fiscal eletrônica. A nota fiscal eletrônica em todos os setores de atividade econômica e para todos os contribuintes.

A conjunção desses dois fatores fez com que mudasse o paradigma sobre esse tema, inidoneidade fiscal no âmbito do ICMS, aqui, no Estado de São Paulo. Uma pequena agenda sobre a qual a gente vai discorrer bem rapidamente. A legislação correspondente, as decisões do STJ. As decisões do STJ, posteriores à decisão paradigmática eleita como representativa de controvérsia, recurso representativo de 2010. Decisões do próprio STJ, após. Decisões do Tribunal de Justiça aqui de São Paulo, jurisprudência administrativa do TIT. O que é essa chamada realização do negócio jurídico, os impactos disso tudo, dessas decisões paradigmáticas, na atuação do Fisco aqui, no Estado de São Paulo – na atuação, e não apenas na autuação. E algumas conclusões que nós apresentaremos aqui.

Com respeito à legislação, é de conhecimento de todos aqueles que militam no ICMS – e dos que não militam, também – a Lei Complementar 87/1996, também chamada de *Lei Kandir*, que no seu art. 23 diz que o direito ao crédito está condicionado à idoneidade da documentação fiscal. Não vamos discutir aqui o papel da lei complementar em matéria tributária. Eu estou dizendo, textualmente, o que diz o art. 23 da lei complementar: "O direito ao crédito está condicionado à idoneidade da documentação fiscal". Até 2010/2011, como era a atuação do Fisco? Constatada a inidoneidade de uma empresa, seus documentos eram tidos como inábeis; e o que se fazia, então? Declarava-se a inidoneidade e, a partir disso, glosava-se o crédito com base no art. 136 do CTN, que diz que a prática da infração independe da vontade do agente, responsabilidade objetiva. Digo aos Srs.: historicamente, até 2011 o percentual das chamadas notas frias ou documentos inábeis no TIT da Secretaria da Fazenda era em torno de 30%. De tudo o que se julgava no TIT até 2011 era esse o percentual de nota fria. Hoje isso diminuiu significativamente. Até então a jurisprudência administrativa – e a judicial ia também nessa linha – era no sentido de se impugnar o crédito daquele que tomasse – vamos dizer – o crédito das empresas tidas como inábeis ou inidôneas. Era assim, e a legislação do Estado de São Paulo não era diferente. O art. 23 da Lei Complementar 87/1996 diz que o imposto é não cumulativo e o crédito tem que se assentar em documento fiscal hábil. Diz isso também o art. 36 da lei paulista. No seu § 1º diz que se considera documento hábil aquele que seja emitido por contribuinte em situação regular perante o Fisco. E o que é "situação regular perante o Fisco"? A lei procurou dizer, no inciso IV do § 1º do art. 36, que "situação regular perante o Fisco" é a daquele contribuinte que se encontra em atividade no local indicado e possibilite a comprovação da autenticidade dos seus dados cadastrais apontados ao Fisco. É isso que diz a legislação. E a legislação não mudou.

Tivemos em 2010 esse julgado originário do TJMG no qual ficou assentado que o comerciante que adquire mercadoria – estou pulando os textos, a parte que não nos interessaria aqui – posteriormente declarado inidôneo é considerado terceiro de boa-fé. Mas com uma condição: desde que demonstrada a veracidade da compra e venda efetuada. Caracterizada essa compra e venda, esse contribuinte tem direito ao crédito. Ele é tido como um terceiro de boa-fé. Por quê? Porque ele comprovou a celebração do negócio jurídico. Entre parênteses, isso está no julgado. O qual fora efetivamente realizado. Depois de três anos nós tivemos a sumulação desse entendimento no STJ, assim vertido na súmula 509: "É lícito ao comerciante de boa-fé aproveitar os créditos de ICMS decorrentes de nota fiscal posteriormente declarada inidônea" – essa é a condição – "quando demonstrada a veracidade da compra e venda". Ou seja: quando ele demonstre, efetivamente, a realização do negócio jurídico.

Trago aqui algumas decisões posteriores ao julgado repetitivo lá, no STJ, que foi sumulado agora, recentemente, neste ano. Trago duas delas, originárias aqui de São Paulo. O que é que decidiu o STJ após a fixação dessa jurisprudência? O comerciante de boa-fé que adquire a mercadoria pode aproveitar o crédito do ICMS, uma vez demonstrada a veracidade da compra e venda. É uma decisão que vai ao encontro daquilo decidido paradigmaticamente em 2010.

Num outro julgado posterior ao repetitivo o acórdão verificou que não havia prova da concretude das operações mercantis. Como não tem prova, aquele Tribunal de origem decidiu que não havia prova do negócio jurídico; o que é que se decidiu lá, no STJ? Ele não é considerado um adquirente de boa-fé. Porque aquele Tribunal de origem, que apreciou as provas, não encontrou provas consistentes da celebração do negócio jurídico. Ou seja: não houve negócio jurídico. Se não houve negócio jurídico, não há que se falar em direito ao crédito. Assim foi decidido pelo STJ. Decisões aqui, do TJSP, também. Trago este julgado, que traz a ausência de prova inequívoca da transação. Ausência de prova de boa-fé. Não havendo a prova inequívoca de que houve o negócio jurídico, não há que se falar na preservação do direito ao crédito.

Agora, trago também decisões do TJSP e do STJ no sentido contrário, em favor dos contribuintes que provam sua boa-fé. E aí, sim, também consentâneas com a decisão paradigmática. Olhem essas duas decisões que a gente traz aqui, do TJSP: efetividade das operações mercantis, que restou suficientemente demonstrada, presente então a boa-fé da empresa, o que enseja o direito ao crédito. Um outro julgado diz que o adquirente é de boa-fé. Comprovada está a realização das operações mercantis. Tem direito ao crédito. Então, a gente vê que o comportamento do Judiciário, tanto no STJ quanto colocando exemplos aqui de São Paulo, aqui, no Tribunal de origem, é consentâneo com essa jurisprudência ali firmada.

Trago aqui, no campo da jurisprudência ainda, jurisprudência de ordem administrativa, do TIT/SP, atenta a essa decisão paradigmática, que mudou o paradigma e trouxe uma estabilização para essa situação. Trata-se de uma boa estabilização para essa situação, após ter sido firmada essa jurisprudência, a partir da decisão paradigmática do STJ. Trago aqui dois exemplos de processos administrativos tributários, um originário de Jundiaí e outro de Presidente Prudente, em que o TIT da Secretaria da Fazenda nos dois casos prestigiou nas decisões o contribuinte tido como de boa-fé, aquele que prova a existência do negócio jurídico. Ou seja, prova a efetividade da compra e venda.

Partimos, agora, para o final, dentro do tempo aqui estabelecido – o primeiro sinal de alerta que nós recebemos, de três outros que virão rapidamente até o exaurimento de nosso tempo de exposição. Policiamos bem o tempo, em respeito às próximas palestras. O que é essa prova do negócio jurídico, a efetivação da compra e venda? O Tribunal – estou falando em sede de TIT da Secretaria da Fazenda –, ao longo do tempo, foi elencando as diversas formas de manifestação da prova do negócio jurídico. Trago algumas delas: (i) informações sobre as tratativas dos negócios; (ii) sobre o transporte da mercadoria (o adquirente prova que, efetivamente, houve o transporte da mercadoria até o adquirente); (iii) prova a realização do pagamento, que permita a identificação segura da operação; (iv) prova a regular escrituração fiscal e contábil etc. E eu coloco aqui, em letra vermelha, chamando a atenção, e eu trouxe alguns exemplos, mas chamei a atenção de que se trata apenas de um rol exemplificativo. Existem tantas outras formas seguras e idôneas de o contribuinte comprovar que houve, efetivamente, o negócio jurídico.

Essa mudança trouxe impactos nas decisões e atuação do Fisco da Secretaria da Fazenda do Estado de São Paulo e de outros Fiscos também. Mudou o comportamento. Lavra-se o auto quando? Quando se tenha elementos que comprovem que o contribuinte não traz prova da existência do negócio jurídico, a comprovação da efetividade das operações. Não se comprovando a efetividade das operações, claro que se lavra o auto de infração. A possibilidade de extensão dos trabalhos fiscais em outras situações, por meio de diligências para alcançar o real destinatário da operação realizada. No campo da gestão tributária – para que a gente possa ficar, aqui, no tempo que nos foi confiado –, eu digo que no campo da gestão da Secretaria da Fazenda, da gestão tributária, mudou em muito para que se intensifiquem os trabalhos para detectar de forma muito mais célere os contribuintes tidos como inidôneos. Porque antigamente o que se fazia? Em qualquer momento, constatada a inidoneidade, declarava-se a inidoneidade desde o momento da criação dessa empresa tida como inidônea. Não era raro o contribuinte receber um auto de infração impugnando créditos de três, quatro, cinco anos para trás. Essa mudança, aqui, no campo dos documentos inidôneos determinou que o Fisco tenha que ser mais eficiente, mais rápido, mais célere, na detecção desses contribuintes tidos como inidôneos. Criou-se aqui em São Paulo a chamada "Operação Quebra-Gelo" – o pessoal gosta de dar nome para as operações –, para reduzir, de forma rápida e automatizada, a janela temporal das atividades dessas empresas tidas como inidôneas, usando sistemas inteligentes de *data mining*, em que se pode detectar com muito mais rapidez essas empresas. Isso somente foi possível só com a nota fiscal eletrônica. Antes não tinha isso. Hoje você cruza todas as informações. Recebemos ontem na Secretaria da Fazenda um pedido do TCU dando cinco dias de prazo para a remessa de uma série de informações que importariam em diligências no Estado de São Paulo inteiro. Em seis meses, não se conseguiria fazer as diligências, se fosse há alguns anos atrás, sem a nota fiscal eletrônica. No mesmo dia nós conseguimos produzir bem mais informações do que o Tribunal de Contas solicitou para a investigação. Com base no quê? Na nota fiscal eletrônica e no *Sped*. Trata-se de um grande avanço.

Eu trago aqui mais um quadro – essa é a penúltima tela. Nós passamos a fazer na Secretaria da Fazenda, a partir de 2012, as chamadas "Operações Quebra-Gelo". Não vou falar a respeito delas mais detidamente, em razão do tempo. Não é o caso, aqui. Vou apresentar apenas os números. Foram quatro Operações em que foram detectadas 951, praticamente 1.000 empresas tidas como emitentes de documentos inidôneos, em que foram lançados 1,2 bilhão de Reais de autos de infração, com base em documentação fiscal inidônea.

Eu dou um exemplo dessa primeira Operação, de uma empresa que foi criada em menos de 15 dias, sem nenhuma nota fiscal de entrada, em 15 dias já tinha transferido 500 mil reais de crédito de ICMS. Esse é um exemplo claro. Mas tantos exemplos como esses, dessas várias edições dessas Operações em que, como medida de eficiência, como planejamento fiscal, se foi a campo, e acima de 80% dessas empresas eram, efetivamente, empresas que não existiam, empresas emitentes de notas fiscais tidas como inidôneas ou notas fiscais frias, transmitindo crédito indevidamente.

Partindo para as conclusões, é preciso que se diga que o Fisco não tem apenas um papel fiscal. Ele tem uma dimensão extrafiscal, também. Nessa dimensão extrafiscal, no combate à chamada concorrência desleal, ele tem que estar presente. Porque, enquanto você tem emissão de documento fiscal "frio" no mercado, você tem agentes econômicos competindo em desigualdade de condições, pela sonegação fiscal. Então, o trabalho não é só de arrecadação, que é a primeira atividade, porque é a atividade fiscal. Mas a atividade extrafiscal também, exercida pelo Fisco, tem que estar presente.

Essas operações têm mostrado êxito nesse tipo de prática. Estão em harmonia com as decisões do Judiciário e essa detecção rápida de fraudes, essa intensificação dos trabalhos fiscais, fazem o quê? Minimizam os prejuízos à arrecadação do Estado e colaboram com um ambiente de negócios saudável, porque, de novo, a sonegação implica concorrência desleal.

Afinal, o ICMS é um Imposto sobre Operações de Circulação de Mercadorias, e não simplesmente de circulação de papéis. E, pior, circulação de papéis "frios". Então, com esse conjunto de atuação do Judiciário, o avanço tecnológico e a mudança de comportamento do Fisco, se construiu um ambiente de negócios mais saudável, no qual a concorrência é mais respeitada.

São essas as nossas conclusões. Agradeço, mais uma vez ao IDEPE, ao Instituto Geraldo Ataliba, por este convite para que nós pudéssemos estar aqui, falando para uma plateia tão seleta, e por esta oportunidade. Com isso, devolvo a palavra para a Presidência da mesa.

Muito obrigado!

José Eduardo Tellini Toledo – Logicamente, a palestra do Dr. Osvaldo é brilhante nesse ponto, porque traz informações ótimas, que permitem separar o joio do trigo. Essa é a grande dificuldade que nós temos para quem milita. Eu costumo dizer que ora eu estou com o pé no TIT, ora estou sem, porque o TIT leva dois anos. Então, ora estou advogando, ora não estou advogando. Mas é uma dificuldade muito grande, seja como julgador, seja como advogado. E essa atitude da Fazenda permite para nós, contribuintes, todos nós, separar o joio do trigo e retirar, de fato, essas empresas que sonegam. Porque eu sempre digo que não existe planejamento tributário que supere a sonegação fiscal. Não dá. Você pode ser o mais criativo possível; com o sonegador, você nunca vence. Então, são ótimas essas atitudes da Fazenda, para que tirem do mercado essas pessoas, para que aqueles que são empreendedores, que querem ser empreendedores, possam ter uma atividade. Eu disse para vocês que a Mesa ia ser fantástica, às 8:30h, àqueles que chegaram. As palestras comprovaram isso.

Eu queria agradecer a atenção de todos, convidá-los a tomar um café agora, antes da próxima Mesa, que é sobre "Planejamento Tributário". E agradecer ao IDEPE por esta oportunidade de estar presidindo esta Mesa. Bom dia a todos!

PLANEJAMENTO TRIBUTÁRIO

José Antônio Balieiro Lima – Muito bom dia, Srs.! Vamos abrir então os trabalhos desta segunda e última Mesa na manhã de sexta-feira, último dia do Congresso. A Mesa tem por tema o "Planejamento Tributário". Como nós estávamos conversando aqui, é um tema, a meu ver – embora eu não seja um grande especialista nele –, daqueles em que os conceitos e as posições entre Fisco e contribuinte se encontram em polos completamente opostos. Quer dizer: eles estão em posições completamente antagônicas. E nós teremos que um longo caminho a trilhar para que essas posições possam se aproximar.

Primeiramente, eu queria agradecer ao IDEPE por, mais uma vez, formular este convite para eu participar deste Congresso. Eu faço isso na pessoa da Presidente, Profa. Maria Leonor Leite Vieira. E informo aos Srs. que vamos fazer uma pequena inversão na ordem das palestras. E quem vai abrir os trabalhos vai ser o Prof. Heleno Taveira Torres.

Uma pequena apresentação dos palestrantes – como se isso fosse necessário, porque são figuras notórias no nosso meio jurídico –, eu vou fazer uma rápida apresentação dos nossos convidados. O Prof. Heleno Taveira Torres, que vai falar sobre "Planejamento Tributário Internacional", é Livre-Docente pela USP, Doutor pela PUC/SP, Mestre pela Universidade Federal de Pernambuco/UFPE, especialista pela Universidade Roma *La Sapienza* e é Professor Titular de Direito Financeiro junto ao Departamento de Direito Econômico, Financeiro e Tributário da Faculdade de Direito da USP. Aqui também, à minha direita, está o Prof. Clélio Chiesa, que é graduado pela Universidade Católica D. Bosco, Mestre pela PUC/SP e Doutor também pela PUC/SP. Atualmente, é Professor do curso de Pós-Graduação em Direito Tributário do COGEAE, do IBET. Professor Titular da Universidade Católica D. Bosco. À minha esquerda está a Profa. Fabiana Tomé, Mestre e Doutora em Direito Tributário pela PUC/SP, Professora no curso de Mestrado da PUC/SP, Professora nos cursos de Especialização em Direito Tributário promovidos pelo IBET. Também é Advogada em São Paulo. E, mais à esquerda, o Prof. José Henrique Longo, Mestre em Direito Tributário pela PUC/SP, Professor Convidado pela GV, pelo IBET e Advogado. E também ex-Conselheiro do CARF durante muitos anos. Então, para que não percamos mais tempo, passo a palavra ao Prof. Heleno Taveira Torres.

Planejamento Tributário Internacional

Heleno Torres – Bom dia a todos! É uma satisfação estar de volta ao nosso IDEPE – este Instituto que tem a marca indelével do Prof. Geraldo Ataliba –, saudar a Profa. Maria Leonor e, também, agradecer pelo honroso convite para estar aqui com as Sras. e os Srs. Igualmente dirijo-me aos meus Colegas de Mesa, e o faço na presença do nosso caríssimo Lima, nosso Presidente, mas também os amigos pessoais que a integram.

O tema "Planejamento Tributário Internacional" ganhou muita força nos últimos anos no Brasil, haja vista a mobilidade internacional de pessoas e empresas. Isso é um fenômeno que, infelizmente, até o final do ano 2000 nós vivenciávamos de modo muito precário. Nossa legislação de tributação da renda em bases universais, no caso das pessoas jurídicas, é de 1995. Falo da Lei 9.430/1995. Foi esta que deu o impulso necessário para a formação dos conceitos centrais do direito tributário internacional no Direito Brasileiro. Mas, como se sabe, esses conceitos não se aplicam de forma automática, sem uma legislação mais ampla, mais completa, com boa regulamentação. E esta adveio, digamos, tardiamente, ao ser acomodada ao nosso ordenamento somente a partir de 2000 e 2002.

A afirmação de uma legislação de tributação internacional e controle do planejamento tributário internacional depende também dos acordos econômicos. Como nossa economia era muito fechada, prevalecia a presença de empresas estrangeiras que atuavam no Brasil, porquanto não tínhamos, ainda, o fenômeno da internacionalização das pessoas jurídicas, ou seja, de pessoas jurídicas brasileiras atuando no Exterior. Eram pouquíssimos os empresários ou as empresas que tinham essa vocação.

A partir de 2002, sem dúvida nenhuma, houve um grande aumento da internacionalização das empresas e, com isso, também o aumento da casuística em torno do planejamento tributário internacional.

Para dar solução jurídica aos distintos problemas decorrentes, surge sempre a dúvida sobre se podemos aplicar os mesmos conceitos que adotamos no âmbito interno, de controle de planejamento tributário, com extensão para o planejamento tributário internacional. Isso requer algumas explicitações.

A primeira delas é que direito tributário e direito tributário internacional não são a mesma coisa. É estranho dizê-lo, mas, apesar de o direito tributário ser também parte do Direito interno, ter conteúdos, obviamente, ser formado por normas jurídicas internas, essas normas destacam-se pela presença de elementos de estraneidade, os quais transferem o direito tributário internacional para um modelo de estudo muito peculiar. Esses elementos de estraneidade aos quais eu me refiro concernem àquilo que corresponde à atuação no Brasil de sujeitos não residentes e à atuação no Exterior de sujeitos residentes.

A partir daí já temos delineado o primeiro grande princípio da tributação internacional, que é o princípio da territorialidade. O princípio da territorialidade é imprescindível para demarcar a ação das normas jurídicas de qualquer jurisdição em relação aos fatos geradores que acontecem no seu território ou aos sujeitos que atuam no seu território. O princípio da territorialidade é imprescindível, porque ele é o critério de conexão necessário para a tributação dos rendimentos ou das pessoas vinculadas a essa jurisdição. É dessa territorialidade que nós podemos falar de critério da "fonte", para dizer daqueles rendimentos que são auferidos no território, ou do critério de "residência fiscal", para identificação da residência das pessoas físicas ou pessoas jurídicas que estarão vinculadas a esse território.

As pessoas, na sua mobilidade, também vão produzir rendimentos em outros territórios e formam, com esses territórios, igualmente, vínculos de conexão, pelo princípio da fonte ou pelo princípio da residência, adquirindo dupla residência ou assumindo a residência fiscal do País de destino – ou seja: perdendo a residência anterior ou conservando a residência anterior.

É justamente a partir desse jogo entre fonte e residência que se colocam os problemas da tributação internacional. A "fonte" como sendo aquele critério que permite alcançar o rendimento produzido no território de atuação da pessoa, e a "residência fiscal" como vínculo subjetivo a um dado território. Podem coincidir essas figuras – residência e fonte –, e, aí, nós não tratamos de direito tributário internacional, porque aqui será uma tributação ordinária sobre o sujeito residente. Mas quando eles divergem, quando o sujeito é um não residente ou a fonte está fora da jurisdição, dá-se o problema da dupla tributação internacional entre o Estado da fonte e o Estado da residência.

Claro, qual é a vontade dos contribuintes? Reduzir o ônus tributário. Se possível, até evitar a tributação nos dois Países (de residência e de fonte). Alcançar a dupla não tributação, portanto. E muitos planejamentos tributários foram feitos, ao longo dos tempos, para isso, para evitar a dupla tributação em ambos, usando o jogo de conceitos e critérios em seu favor.

O planejamento tributário mais óbvio, mais ordinário, que nós vimos no Brasil era quando nós tínhamos uma territorialidade pura, e simplesmente o contribuinte transferia seus rendimentos para outras jurisdições. Obviamente, jurisdições com tributação mais favorecida, porque ninguém, em sã consciência, transfere rendimentos para evitar a tributação para uma tributação igual ou maior do que a sua, do Estado de origem.

Mas quando da inserção do princípio de universalidade da tributação brasileira, a partir de 1996, o que se projetava era a busca otimizada desses Países com tributação reduzida ou vantagens específicas que levassem até mesmo ao êxito do planejamento tributário, que seria a dupla não tributação. Isso acontecia segundo vários outros critérios. Por isso, o estudo das normas de Direito interno para a tributação internacional é de fundamental importância, porque são essas normas de "Direito interno" que vão definir o regime jurídico da "residência", o regime jurídico da "fonte", o tratamento dos sujeitos "não residentes", que nós fazemos por exclusão daqueles que são residentes, além dos critérios próprios, como aqueles de reconhecimento dos não residentes como equiparados a residentes – como é o caso da figura do "estabelecimento permanente".

E com adequada manobra desses conceitos de estabelecimento permanente, residência da pessoa jurídica e localização da fonte é que o contribuinte pode organizar seu *tax planning*, para evitar a maior carga tributária oriunda da dupla tributação internacional na operação que pretenda realizar. Isso é um propósito perfeitamente legítimo e válido, desde que ele esteja em conformidade com o direito positivo interno de cada País.

Mas o planejamento tributário internacional tem, ainda, outra base para ser objeto da sua análise, que são os tratados internacionais para evitar a dupla tributação. Nós não temos tratados com todos os Países do mundo. O Brasil tem 29 desses acordos para evitar a dupla tributação.

Os tratados internacionais para evitar a dupla tributação têm como finalidade, também, evitar o planejamento tributário agressivo. Hoje em dia, a OCDE tem empreendido estudos muito severos justamente para controlar o uso inadequado dos tratados pela dupla não tributação, o que não é desejado por esses tratados.

Diante da intensa troca de informações, os programas da OCDE – como é o caso do BEPS (*Base Erosion and Profit Shifting*), que visa a reduzir a erosão tributária internacional, a dupla não tributação e transportar de volta a base tributável para os Países –, os acordos, devem ser aprimorados e atualizados, justamente para evitar que eles próprios sejam indutores de vantagens fiscais indevidas, na forma de planejamentos tributários agressivos.

Então, é claro que alguns fundos, algumas empresas que estão em Países com tributação favorecida, começam a preferir migrar para um País com tratado internacional firmado com o Brasil, para que ele tenha maior proteção jurídica. Não porque no País com tributação favorecida ele não estivesse regular. Não há impedimento para estar em País com tributação favorecida, desde que o contribuinte declare os investimentos e cumpra com todas as suas obrigações tributárias brasileiras relativas a uma posição em País com tributação favorecida. Mas vem aí a preocupação sobre outras questões, de natureza de *compliance*, de relacionamento com outros Fiscos no mundo, inclusive por força do BEPS. Cada vez mais é preferível deixar um País com tributação favorecida, em preferência a Países com tratado internacional, para maior segurança jurídica no trânsito internacional.

Quando se juntam esses dois grandes grupos normativos – as normas internas que organizam a tributação internacional e os tratados internacionais –, será com suas normas que o profissional do Direito se prepara para ordenar o planejamento tributário internacional, na escolha da forma válida e com menor custo tributário. E o Fisco, igualmente, prepara-se para o controle do planejamento tributário internacional.

Quais são os principais modelos de planejamento tributário internacional, e como combater esses planejamentos tributários?

É óbvio que a casuística é muito variada. Eu acabo de chegar da Índia, do congresso da *International Fiscal Association*/IFA deste ano, em Mumbai, cujo segundo tema era exatamente a qualificação de entidades que atuam no âmbito internacional, na forma de fundos, *trusts* e outras figuras semelhantes, onde há uma grande dúvida sobre onde começa e onde termina a própria noção de pessoa física. Quem são os sócios pessoas físicas ou pessoas jurídicas desses fundos, os quais muitas vezes estão constituídos em um terceiro País, diferente da residência dos sócios ou investidores. Esse fundo atua ou tem negócios ou atividades em um quarto País, e os beneficiários muitas vezes estão em um quinto País. Quando esse fenômeno acontece, obviamente, abre uma oportunidade para a pluritributação internacional, e é necessário que os agentes, os participantes desses fundos, aqueles que têm a responsabilidade pela gestão do fundo, tenham muito cuidado para evitar que eventuais ganhos que seriam relevantes por esse tipo de estrutura não se convertam em um grande prejuízo, em virtude das incidências múltiplas de tributação. Por isso, o planejamento tributário nesses casos não é algo irregular ou que se deva fazer com temor. Não. Desde que válido e com substância, ele precisa ser realizado, porque é uma condição de existir dessas estruturas. O que elas não podem é ser utilizadas para evitar a tributação quiçá no todo.

Daí vêm as normas específicas de controle da elusão fiscal internacional, como a de *transfer price*, de controle de preços de transferência, de controladas ou coligadas no Exterior, de subcapitalização e outras. Então, é óbvio que também cabe aqui um controle para evitar a bitributação. O tempo realmente é muito curto para explicitar todos os tipos de *tax planning* e dizer como fazer o controle de cada um deles.

O que eu posso falar aos Srs. é sobre tendências. As tendências são de um controle pela substância. Mesmo conceitos como o de estabelecimento permanente, que nos tratados internacionais eram muito claramente acomodados: "Basta que a empresa tenha um estabelecimento permanente no Estado de destino, isso já desloca a tributação da pessoa jurídica, do lucro sobre a renda, da residência para o Estado da fonte". Hoje, Estado da fonte e Estado da residência querem saber em detalhes a atividade que o estabelecimento permanente realiza. A tendência é o controle segundo o princípio de substância sobre a forma, em todas as direções.

O BEPS, esse programa em relação ao qual eu tenho críticas, não cabendo aqui explicitá-las, é um programa extremamente severo, que em vários aspectos afronta as soberanias internacionais; mas tem um projeto, um projeto dos Países que integram a OCDE – o Brasil participa como observador desse programa. E visa justamente a recuperar bases tributárias que foram perdidas para jurisdições de baixa tributação. Neste particular, não tenho qualquer dúvida em me associar ao objetivo.

Outra tendência é a máxima transferência de informações, a transferência automática de informações, entre as Nações. Não quer dizer isso que seja de todo uma coisa ruim, mas, também, temos que saber o que tirar de bom dessa experiência. Não adianta nada ter uma transferência excessiva de informações e o Fisco fazer autuações seletivas. É preciso saber como o Fisco Brasileiro vai tratar essa documentação que recebe sobre troca de informações. Então, o estudo das trocas de informações no Brasil será da maior importância nos próximos anos. Essa matéria não fica limitada aos nossos estudos de sigilo fiscal *versus* sigilo bancário. Não. Agora, é saber quais os conteúdos que essas trocas de informações podem conter, qual o limite dessas informações prestadas de forma automática. E isso é a realidade do futuro.

Destacaria, ainda, a tendência muito clara de o Fisco Brasileiro projetar-se para uma atuação constante sobre as estruturas internacionais. Há uma jurisprudência que se consolida no âmbito do CARF. Também no STJ começa a haver decisões nesse sentido. Ressalto uma recente, inclusive, no REsp 1.272.897-PE, sob a relatoria do Min. Napoleão Nunes Maia Filho, muito bem elaborada, e que afirma o princípio da prevalência dos tratados sobre o Direito interno quanto ao art. 7º das Convenções para evitar a dupla tributação. A tendência do Brasil tem sido essa, de assegurar a prevalência dos tratados ao Direito interno, tanto no STF quanto no STJ, de tal forma que as tentativas do Fisco de superar o acordo internacional, como tem sido feito com o discurso interno da Receita em relação à Lei 12.973/2003, a mim parecem excessivas.

Tudo isso é parte de um grande processo, de uma nova mudança de mentalidade, de um novo cenário. Aquilo que eu dizia há talvez 15 anos, que a tributação internacional seria uma realidade para todos aqueles que atuassem com direito tributário, eu acredito que chegou. Não há mais como um profissional do direito tributário ignorar o direito tributário internacional, porque a qualquer momento seu cliente, ou ele mesmo, estará em uma posição de relacionamento com algum parceiro internacional. E até mesmo com pequenas e médias empresas isso tem acontecido.

Infelizmente, eu tenho um congresso em Gramado, ainda hoje. Por isso eu pedi a inversão à minha querida amiga Fabiana. E peço desculpas a todos por não poder continuar e, ao final, responder a alguma indagação, o que faria com muito gosto. Eu certamente aprenderia muito com as palestras dos meus amigos, mas vou ter que deixá-los nessa minha peregrinação acadêmica, que é típica dos professores.

Agradeço a atenção e a honra de estar na presença de todos os Srs. E boas eleições no domingo. Muito obrigado!

José Antônio Balieiro Lima – Agradecemos a presença do Prof. Heleno Torres. Desejamos a ele, que realmente nos brindou com uma palestra de altíssimo nível, com informações de grande relevância, uma boa viagem e uma boa palestra no seu próximo congresso. E aqui eu passo a palavra então, imediatamente, à Profa. Fabiana Tomé.

Conceitos Polêmicos no Âmbito do Planejamento Tributário: Propósito Negocial, Abuso de Direito, Abuso de Forma e Negócio Jurídico Indireto

Fabiana Del Padre Tomé – Bom dia a todos! Quero renovar minha satisfação em, mais uma vez, encontrá-los para discutir sobre um desses temas tão polêmicos, que dificultam, muitas vezes, nossas compreensões. Até logo, Prof. Heleno! Quero cumprimentar o Prof. José Antônio Balieiro Lima, Prof. Clélio Chiesa, Prof. José Henrique Longo. E várias pessoas, quando ouviram que eu ia falar sobre esse tema, disseram: "O que será que vai ser dito? Será que vai haver uma resposta para essa questão?". Porque vejam que o próprio título já diz respeito a esses conceitos polêmicos. Então, eu já adianto que resposta definitiva, uma certeza absoluta, não. Nós não temos, ainda. Mas estamos em busca. É esse o nosso objetivo. Até por isso que o Prof. Heleno Torres, na sua exposição, falou em tendências. E eu, aqui, também vou mencionar as tendências que têm se verificado no âmbito dos julgamentos dessas operações negociais. E fazer uma proposta diante dessa insegurança que se instaurou.

Por que insegurança? Porque, inicialmente, a figura do planejamento tributário era vista a partir da estrita legalidade da tipicidade tributária. Praticou-se um negócio jurídico lícito, nos termos do que estabelece a legislação civil, comercial e assim por diante; isso era suficiente para que fossem admitidos com efeitos tributários. Inclusive, o que era objetivado, a redução da carga, do ônus tributário. Quando isso não era admitido? Quando houvesse uma ilicitude, que é uma simulação – que nós vamos ver daqui a pouquinho no que ela consiste. Ou seja: quando houvesse um certo vício no negócio jurídico praticado.

Só que, com isso, nós sabemos que as leis, nos conceitos que elas trazem, nessas repartições de competências e nos âmbitos de tributação, não dão conta de acolher toda a amplitude de fatos suscetíveis de serem imaginados e praticados pelos particulares. Há uma tipicidade muito grande dos negócios jurídicos que podem ser objeto de opção. Daí, verificando que os contribuintes cada vez mais identificavam os negócios jurídicos, as operações negociais, societárias, passaram a ser cada vez mais ampliadas e executadas, houve uma outra fase em que, além da simulação, também se passou a falar em abuso de direito e fraude à lei como elementos que o próprio nome já leva – abuso de direito é algo ruim; fraude à lei também é algo indesejável, fraude. Então, isso também macula o negócio jurídico. Mas ainda ficou, e até hoje resta sem uma delimitação exata do que sejam esses conceitos.

Mas não parou por aí a situação. Porque até, então, pelo menos nós estávamos diante de situações em que haveria um vício no negócio jurídico. Mas há outras ocasiões em que o contribuinte pratica negócios jurídicos lícitos, sem qualquer vício nesses negócios. Porém, seu objetivo é única e exclusivamente a redução da carga tributária. Daí, passou-se a falar, então, em propósito negocial, objetivando, com isso, realizar – o nome é bonito – o princípio da solidariedade, todos devem contribuir para as despesas do Estado. Todos devem pagar os tributos, na medida em que tenham alguma capacidade contributiva. Só que, com isso, gerou-se uma insegurança jurídica gigantesca, pelo fato de que o contribuinte, ao estabelecer os negócios jurídicos que deseja praticar, fica naquela insegurança, naquela incerteza, sobre se aquilo que ele escolheu, pelo fato de acarretar uma redução de sua carga tributária, será objeto de desconsideração, ou não.

Então, hoje, alguns dos conceitos empregados e que geram essa insegurança, geram essa insegurança principalmente por quê? Principalmente porque são palavras utilizadas para descaracterizar negócios jurídicos, porém utilizadas em momentos completamente distintos. Algumas delas, aqui relacionadas, que são aquelas objeto do título desta exposição – abuso de direito, abuso de forma, propósito negocial, negócio jurídico indireto e, ainda, simulação e dissimulação. Porque, com a dissimulação mencionada no parágrafo único do art. 116 do CTN, incluído pela Lei Complementar 104/2001, é que começou a ser retomada essa discussão sobre qual seria a amplitude. Porque, até então, se era dolo, fraude ou simulação, é perfeitamente suscetível de ser desconsiderado. Mas, de repente, começou-se a falar em dissimulação. Será que é algo diferente? Aí, abuso de direito; aí, abuso de forma, negócio jurídico indireto, propósito negocial – sem uma delimitação do que seja isso. Se se perguntar para alguém o que é um abuso de direito, praticado no negócio jurídico, que leva à desconsideração desses atos e dos seus efeitos tributários, cada um dará uma resposta. Ah, então, vamos buscar nos julgados. E onde nós encontramos esses julgados? Hoje, principalmente no CARF, que é onde se examinam os fatos, as provas, para determinar, portanto, se aqueles negócios jurídicos foram praticados de modo apropriado ou não. Mas mesmo se formos aos julgados do CARF e fizermos uma coleção desses julgados, nós vamos encontrar situações semelhantes, ora admitidas, ora inadmitidas. Ou, ainda, situações em que se refere ao abuso de direito mas que, quando se verifica qual é o caso concreto, são casos completamente distintos, mas ambos sobre esse conceito, abuso de direito.

Hoje, como o Prof. Paulo de Barros Carvalho mencionou em sua palestra, há uma tendência, na esfera administrativa principalmente, de se mencionar que cada caso é um caso. Então, esse julgado, essa conclusão a que se chegou em determinada situação, não se aplica a outra. Cada caso é um caso. Opa, vamos com calma! Cada caso é um caso porque cada fato é um fato, com suas particularidades. E isso precisa ser examinado. Porém, cada um desses casos vai precisar subsumir-se, ou seja, enquadrar-se, a uma norma jurídica. Para isso é que existem as leis, para dar essa segurança jurídica, para dar essa estabilidade nas relações jurídicas, para gerar qual é a expectativa do sujeito em relação ao que ele vier a praticar. E o Prof. Roque Antonio Carrazza também, no primeiro dia deste Congresso, mencionou, quando estava falando do ICMS, que o conceito de mercadoria é um "ornitorrinco". Eu falei: "Nossa, como o 'ornitorrinco' se enquadra neste tema sobre o qual eu vou falar?". Já que é um animal que, quando foi descoberto, suspeitou-se até de que era uma fraude. Porque tem bicos e nada e mergulha e é mamífero mas bota ovos. Só que a Biologia o classificou. Utilizou algum critério para dizer: ele não é um réptil, ele não é um anfíbio e nem um peixe. É um mamífero. E, a partir desse critério, pertence a essa classe animal.

E o que isso tem a ver com o nosso tema? Tem a ver com o nosso tema que nós precisamos definir o que é abuso de direito e se ele é aplicável à esfera tributária. O que é simulação? O que é abuso de forma? O que é negócio jurídico indireto? E, aí, verificando, com os critérios gerais, sim – claro que, em cada uma das situações concretas, os fatos, as provas haverão de ser examinadas, para identificar se acontecem aquelas circunstâncias particulares que levam ao enquadramento daquele conceito genérico de simulação, abuso de direito, abuso de forma, propósito negocial, negócio jurídico indireto e, por conseguinte, se isso deve ser admitido ou inadmitido no ordenamento.

Então, comecemos tentando delimitar um pouquinho esses conceitos, como a simulação. Bom, isso aí já está um pouco consolidado, principalmente na esfera cível. E no direito tributário, já vem sendo aplicado há muito tempo que simular é disfarçar uma realidade. Quando eu simulo, eu faço de conta que pratico um negócio jurídico mas, na verdade, estou praticando outro, que é aquilo que eu quero ocultar. Esse é o ato dissimulado. Nessa hipótese, então, eu tenho uma falsidade, eu tenho uma fraude, o exame das provas do caso concreto levará à conclusão de qual o negócio jurídico efetivamente praticado. O famosíssimo, tradicionalíssimo, "casa e separa". Ora, nessa hipótese se identifica qual é a forma exteriorizada e qual é a forma efetivamente praticada. O que efetivamente aconteceu na situação concreta. Espelha, reflete, aquela forma que foi exteriorizada? Então, são válidas essa junção e essa separação, que podem acontecer por desentendimentos empresariais, e assim por diante. Mas se nunca houve efetiva junção, nunca houve efetivo desempenho empresarial, então, isso é uma simulação, com um vício suscetível de ser desconsiderado.

Até aí, tudo bem. Nós estamos naquele patamar já antigo, naquela visão tradicional, que diz respeito à ilicitude do negócio praticado. Mas, agora, eu vou entrar no ponto que considero que seja o mais polêmico, que é o abuso de direito. Por quê? Porque o abuso de direito está previsto no CC, no art. 187. Também comete ato ilícito o titular de um direito que, ao exercê-lo, excedo manifestamente os limites impostos pelo seu fim econômico –Opa! Econômico, propósito negocial – ou social, boa-fé ou pelos bons costumes. A partir desse dispositivo, então, surge a figura do abuso de direito no direito tributário. Ora, o contribuinte exerceu algo que lhe é lícito, é um direito dele, como prevê o art. 187, mas ele o fez apenas para economizar tributos, para reduzir sua carga tributária. E, com isso, prejudicando o Fisco. E não efetivamente porque ele quer praticar e desempenhar aquela atividade.

Daí, eu vejo isso em duas perspectivas. Uma primeira perspectiva é que o abuso de direito que há de ser efetivamente afastado é aquele em que se verifica a simulação. Vejam nessa situação, que também é bem conhecida, quando um sujeito, tendo determinada empresa, que estaria no lucro real, cinde ou forma várias empresas para se adequar ou se enquadrar no lucro presumido. É falar: "Isso é abusivo, é um abuso de direito". Particularmente, eu tenho duas visões. Uma, que é esse julgado do antigo 1º Conselho de Contribuintes, mas que mostra, ali, que isso foi afastado pelo fato de que nós tínhamos a referência a uma evasão ilegal. Porque, além de serem criadas essas oito sociedades, elas tinham uma aparência, vejam, de servirem a essa representação comercial, a essa venda de produtos. Há outros julgados, inclusive do TRF, no sentido de que quando eu tenho várias empresas criadas, ainda que no mesmo território, mas cada qual desempenha sua atividade, eu não tenho um ilícito. São julgados antigos. Mas vejam a distinção nessas duas situações. Aqui, seria chamado de abuso de direito. Só que é, na verdade, uma simulação. Porque o que é esse abuso de direito? É eu mostrar uma forma, oito pessoas jurídicas, mas aquele substrato negocial exercido é de uma pessoa jurídica só. Um só departamento comercial, um só departamento de vendas, o mesmo funcionário, o mesmo diretor – e assim por diante. A figura do abuso de direito como simplesmente usar uma estrutura negocial para ter redução tributária, se tiver o efetivo desempenho das atividades a que ele se propôs, não vejo como abuso de direito.

Voltando para o dispositivo, esse exercício do direito não pode ser desconsiderado simplesmente porque acarretou uma redução da carga tributária. Só se admite um abuso de direito a ser afastado na esfera tributária quando eu tiver simulação. Então, nem precisaria desse conceito. Mas, já que ele está aí, utilizado, vamos dar um conteúdo para ele. Abuso de direito, só simulatório. Até mesmo porque esse art. 187 do CC, vejam, ele é aplicável à esfera privada. Como é na esfera pública? Na esfera pública tudo o que a Administração pode fazer e deve fazer é posto em lei. Então, eu tenho o que a Administração pode e deve fazer e o que os particulares podem e devem fazer, que é tudo o que não estiver proibido pela legislação. No direito privado, não. Eu não tenho essas delimitações. Todos são particulares em situação igual e com liberdades amplas. Daí aquela ideia de que a liberdade de um sujeito termina onde inicia a liberdade alheia. E é isso, é essa a disposição do art. 187 do CC, para fazer essas delimitações. Ela não se aplica ao direito tributário. Porque eu não posso falar que no direito tributário eu tenha uma possibilidade de incidência de tributo, de exigência de tributos, simplesmente porque o sujeito escolheu uma opção negocial não prevista e que acaba refletindo o mesmo conteúdo econômico. Daí, eu já posso afastar também uma outra situação. Isso aqui também era um julgado do abuso de direito de empresas que tinham o mesmo objeto social, os mesmos equipamentos, instalações industriais e comerciais. Ou seja: simulação. Abuso de direito no direito tributário é quando eu tenho simulação. Essa é uma proposta, lembro sempre. Porque, olhando as decisões do CARF, não há uma uniformidade dessas posições. Mas isso é uma proposta de conceito, considerando toda a estrutura que nós temos, do sistema jurídico.

Há ainda o abuso de forma. Há essa menção ao abuso de forma, que estaria intimamente ligado com a questão do propósito negocial também. Haveria abuso de forma quando os sujeitos elegem uma forma negocial que permite obter um resultado equivalente ao que se obteria caso realizasse o negócio jurídico na forma usual. Então, o sujeito utiliza uma forma diferente, mas os fins econômicos são os mesmos. Eu diria, mais uma vez: no direito tributário isso não poderia, não deveria ser aplicado, a não ser nos casos de simulação. Porque nós temos essa rígida repartição das competências tributárias. Imaginem se nós olharmos só pela questão da capacidade contributiva, só pela questão da riqueza. Nós nem poderíamos ter tantos tributos como temos hoje, já que, por exemplo, uma indústria, ao vender o produto, naqueles valores, da atividade negocial, vai incidir IPI, ela vai pagar também o ICMS sobre esses valores que ela recebe, feitas as devidas deduções, Imposto sobre a Renda, CSLL, além de, sendo receitas, PIS e COFINS. Isso só para mencionar os principais. Economicamente, é tudo uma mesma coisa, é tudo o mesmo dinheiro. Mas, juridicamente, são coisas distintas. Renda, receita, lucro, venda de mercadoria, venda de produto industrializado, ainda que seja, materialmente, o mesmo bem.

Ora, a Constituição fez essa separação, a Constituição fez uma estruturação, portanto, pela forma. Vejam como é a confusão dos conceitos hoje empregados e que levam a essa insegurança. O negócio jurídico indireto ainda é admitido. Ora, mas nós estamos falando em abuso de forma, em abuso de direito, mas o negócio jurídico indireto é aquele negócio que é tipicamente empregado para determinada figura, mas que pode ser empregado para outra finalidade, utilizando, aqui, mais uma vez, uma referência, o negócio jurídico indireto só pode ser desconsiderado quando houver simulação. Porque, originalmente, eles são distintos. Aqui, um trecho do Prof. Ricardo Marins de Oliveira, que fala exatamente que na simulação eu tenho uma desconformidade entre o que eu pratico e o que eu desejo. É aquela fraude, é aquele ocultamento da realidade. Quando eu tenho um negócio jurídico indireto, é um negócio jurídico que, normalmente, é utilizado para um certo fim. Eu pratico aquele negócio jurídico para outro fim, mas eu, efetivamente, pratico. E se eu, efetivamente, pratico, ele há de ser mantido.

Vejamos, portanto, a questão da incorporação às avessas. Nessa situação que eu trouxe, a documentação acostada comprova que a declaração de vontade expressa nos autos de incorporação era enganosa. E a autoridade fiscal, aí, tira determinada conclusão para utilizar essa expressão que leva a confusão, a meu ver: que a autoridade fiscal não está jungida, portanto, aos efeitos jurídicos, mas à verdadeira repercussão econômica dos atos. Como interpretar isso? Interpretar que, se alguém fizer uma incorporação às avessas e, efetivamente, fizer a incorporação, ou seja, desempenhar os atos, com todas as consequências jurídicas inerentes a ele – como disse o Prof. Ricardo Marins de Oliveira –, então, nós temos uma prática negocial admissível. Agora, quando esse negócio jurídico for feito só de aparência, eu vou olhar o que efetivamente foi praticado. Porque eu não vou dizer que é apenas a repercussão econômica mas, sim, o fato subjacente efetivamente provado. Eu estou mostrando, aqui, uma linha de raciocínio tentando, pelo menos, manter uma coerência e critérios para a determinação desses conceitos.

Mas a prática não é assim tão bela. Recentemente, agora, em 2014, este ano, em junho mais ou menos, essa solução de consulta COSIT examinando uma situação em que eu tenho uma cisão parcial com posterior incorporação da parte cindida, disse que, se isso tiver a finalidade apenas de aproveitamento dos créditos daquela empresa cindida, isso é abuso de forma. Eu diria: depende de cada cisão. Aí, eu usaria o adágio próprio do CARF: tem que ser caso a caso. Você fez uma cisão parcial, incorporou essa empresa cindida, de verdade, é perfeitamente admissível essa sucessão, inclusive nos créditos. Agora, fez de conta que houve essa incorporação? Aí, sim, nós não estaríamos diante do propósito negocial.

A meu ver, a pergunta correta para se verificar o propósito negocial jurídico e admissível não é essa que tradicionalmente se faz, se existem razões de caráter econômico, comercial, societário ou financeiro que justifiquem a operação mas, sim, se o negócio jurídico que eu disse que pratiquei foi efetivamente praticado. Essa discussão sobre a prevalência da substância econômica sobre a forma jurídica não é uma discussão real. É uma discussão sobre provas. E até o Prof. Heleno Torres, quando falou da questão da substância, se nós traduzirmos aquela menção, o que ele disse? Se a empresa efetivamente praticar a atividade ou tiver um agente que pratique a atividade naquele lugar, eu posso dizer que ela tem estabelecimento lá. Em suma: o que não se admite é algo apenas no papel. Se estiver no papel mas existirem outras relações, indícios, provas – que são outros documentos também, que são outras formas também –, mas que levem a uma coerência, a uma adequação daquele conceito, então, eu não posso falar de desconsideração do negócio jurídico.

Para encerrar, mais um acórdão falando da substância econômica, para que nós vejamos também que muitas vezes o próprio CARF, quando exige a substância econômica, está falando o quê? Do fato efetivamente praticado, que não tenhamos, portanto, uma simulação naquela específica situação.

Rapidamente, tentando dar uma proposta – porque, como eu disse, não existem esses conceitos bem definidos, mas que busquemos isso. Porque até, depois do CARF, nós temos o Judiciário pela frente. E lá, nesse Judiciário, nós temos esses critérios conceituais de generalização, que têm sido uma tendência nos repetitivos e nas repercussões gerais. E que então, ali, nós busquemos sair desse caso a caso e criar os critérios para que, nos próximos casos, tenhamos os elementos suficientes para dar essa segurança para os particulares, para a sociedade como um todo.

Muito obrigada!

José Antônio Balieiro Lima – Apenas agradecendo à Profa. Fabiana Tomé, e também fazendo o elogio que faça jus à clareza de sua exposição, eu passo a palavra ao Prof. José Henrique Longo.

Planejamento Tributário nas Sucessões

José Henrique Longo – Bom dia a todos! Profa. Maria Leonor – obrigado pelo convite –, queridos amigos, componentes da Mesa. Realmente é uma honra estar aqui novamente no Congresso do IDEPE e falando de um tema que, para mim, é muito prazeroso, um tema DE que eu venho tratando já há algum tempo. E vejo que nos últimos anos esse tema do planejamento tributário na sucessão vem ganhando interesse. Algum interesse, não muito interesse, por parte dos contribuintes, imagino eu que em função, principalmente, da dificuldade de enfrentar um dos elementos que levam o contribuinte a procurar um planejamento tributário. Um desses elementos é a previsibilidade do fato. Por exemplo, eu quero fazer um planejamento tributário na venda de um ativo meu. Eu tenho a pretensão de fazer a venda, tenho a previsão de que ocorrerá a venda. Então, eu vou procurar um especialista na área para fazer um planejamento tributário.

No caso da sucessão a previsibilidade do fato é a morte. Todos nós sabemos – ou quase todos, alguns resistem a isso – que vamos falecer. Mas resistimos a tratar desse assunto. Não gostamos de pensar no assunto, muito menos de falar no assunto. Isso é recorrente nessa situação, e a maioria pensa como Woody Allen, em sua famosa frase: "Não é que eu tenha medo da morte. Eu só não quero estar lá quando isso acontecer". É muito comum esse fator, que faz com que haja uma resistência na prática do planejamento tributário na sucessão.

E outro fator que gera interesse no planejamento tributário é o tamanho do impacto tributário. No Brasil nós temos, hoje, aquela limitação da Resolução do Senado 992, com o máximo de 8%. Se nós compararmos essa alíquota com alíquotas de Países desenvolvidos, nós estamos começando, nós estamos engatinhando. Não quero falar, aqui, de política fiscal, porque quem recebe de mão beijada um patrimônio não paga nada, e quem se esforça em formar uma riqueza paga, além de PIS, COFINS, ICMS, IPI, Imposto sobre a Renda, Contribuição Social. Na verdade, quem nasce em berço de ouro é privilegiado. Mas, vamos dizer, é a nossa política, não vamos discutir isso aqui, agora.

O que eu tenho visto é que o planejamento tributário na sucessão, na verdade, vem no conjunto de um outro trabalho, que é o planejamento sucessório como um todo. E o planejamento sucessório envolve a organização do patrimônio, classificando ou segregando os ativos e também já destinando ou imaginando a destinação para os herdeiros, de acordo com suas habilidades – ou até a falta de habilidade dos herdeiros –, os acordos de estatutos sociais, contrato social, acordos de acionistas, regulamentos em fundos de investimentos, testamento e, por fim, vem de carona o planejamento tributário, para que nenhuma dessas estruturas acarrete uma ineficiência tributária ou um aumento da carga tributária que, recorrentemente, a pessoa já enfrenta. Então, o planejamento tributário vai de carona, ele não é o carro-chefe do planejamento sucessório.

E quando se fala de planejamento tributário na sucessão nós não temos apenas o Imposto de Transmissão *Causa Mortis* e Doação/ITCMD, mas nós temos também o Imposto de Renda da Pessoa Física e o ITBI. Eu não vou falar do ITBI, que ocorre naquela situação, na maioria das legislações municipais, na situação em que, na partilha, um herdeiro sai com algum imóvel e o outro herdeiro sai com algum bem que não seja imóvel. Então, se considera que teria ocorrido, dentro do inventário, uma transação entre herdeiros, e, portanto, nessa transação envolvendo o imóvel incidiria o ITBI.

Mas o ITCMD e Imposto de Renda indicam os fatos geradores em momentos distintos. E eu faço aqui uma linha do tempo, para entendermos bem o que eu quero dizer. Essa linha de cima é a linha do tempo do *de cujus*; e a linha de baixo, do herdeiro. O primeiro evento é o falecimento da pessoa, que, para efeito de direito civil, é onde ocorre a sucessão. Para o direito civil não existe um momento sequer em que um bem fique sem proprietário. No momento do falecimento ocorre a sucessão, para efeito de direito civil. Posteriormente – e eu vou seguir, aqui, o caminho de um processo judicial, apesar de que hoje nós temos o caminho da escritura pública para partilha, em determinadas situações. Então, posteriormente acontece o recolhimento do ITCMD referente aos bens na data da morte. Ainda que durante o inventário, mediante alvará, se venda ou se compre algum bem, o tributo deve ser recolhido sobre o patrimônio do falecido na data de sua morte. E ele se refere, evidentemente, àquela data e àqueles valores. Posteriormente acontece a homologação da partilha. Ou seja: o juiz emite uma sentença declarando o que cada herdeiro recebeu. E essa declaração se refere àquela sucessão. Ainda que haja no período do inventário, enquanto não houver homologação da partilha, um condomínio, na partilha acontece a declaração de cada bem em favor dos herdeiros.

Quando ocorre o trânsito em julgado dessa sentença, para efeito de Imposto de Renda, termina aqui a vida tributária do espólio, a vida tributária desse contribuinte, que é o mesmo contribuinte enquanto vivo ou enquanto espólio. Esse trânsito em julgado, evidentemente, refere-se à data da homologação da partilha, e ocorre aí a transferência do patrimônio para o herdeiro. Aqui, o herdeiro passa a se preocupar com o patrimônio também no momento de sua declaração de Imposto sobre a Renda, pois quando apresentada a declaração final do espólio – geralmente, em abril do ano seguinte e com a referência ao trânsito em julgado, que é o momento da transferência do patrimônio –, o herdeiro vai, em contrapartida, registrar na sua declaração aqueles bens recebidos.

E onde estão os fatos geradores? O do ITCMD está no momento do falecimento. O fato de nós termos um prazo para pagar – efetivamente é isso, um prazo para efetuar o pagamento do ITCMD. O ITCMD é devido a partir do momento da morte do falecido. E do Imposto de Renda é do momento do trânsito em julgado, porque é lá que há a transferência do patrimônio que, nós vamos ver, pode ser feita a valor de mercado, e, portanto, gerando, nessa situação, a incidência do Imposto sobre a Renda sobre esse ganho de capital.

Quando nós vamos pensar no planejamento sobre o ITCMD, o ponto de partida é a Constituição Federal, porque ela nos indica a competência estadual da instituição e cobrança do imposto, conforme o tipo de ativo. Então, se é um bem imóvel, o Estado competente é aquele onde se localizar o bem; se um bem móvel, no Brasil, o Estado onde se processar o inventário, residência do falecido. E bem ou residência do falecido no Exterior, necessidade de uma lei complementar – que, diga-se de passagem, não existe até hoje. Portanto, gera oportunidade de questionamento no Poder Judiciário sobre a exigibilidade de tal tributo nessa situação.

E nós conseguimos tirar uma conclusão daí: que o imposto incide sobre cada bem. Diferentemente do que em outros Países – em que há, por exemplo, no Estados Unidos, o *state tax*, quem paga o imposto é o espólio, da massa, do monte-mor –, aqui no Brasil é diferente. Quem recolhe o tributo é o herdeiro, e se calcula o tributo de acordo com o ativo. Se o falecido tem uma fazenda, um imóvel no Paraná, será recolhido o ITCMD para o Paraná, ainda que ele residisse em São Paulo. Isso é muito importante para nós constituirmos um quadro de oportunidades de planejamento tributário.

Outro aspecto importante é nós analisarmos as alíquotas, não só pelos Estados – por exemplo, São Paulo, 4%, tanto para doação quanto para sucessão –, mas, por exemplo, nos casos de Estados que oferecem alíquotas menores para o caso de doação em face da sucessão. O caso da Bahia, por exemplo. Há um desconto para pagar à vista. Não precisa morrer para pagar esse imposto. Paga-se antes, com um belo de um desconto. E aí vai. O fato de ter uma propriedade em nome da própria pessoa física ou em uma *holding*, por exemplo, com certeza afetará o cálculo do tributo, se nós olharmos, aqui, o quadro das alíquotas pelos Estados.

Outro aspecto importantíssimo é a base de cálculo. A legislação estabelece, de um modo geral, que a base de cálculo é o valor venal do bem. Como esse imposto é cumulativo – ou seja, não é pelo valor agregado, como seria no Imposto de Renda, quando a gente adquire –, alguém pagou imposto sobre ganho de capital e nós vamos pagar imposto sobre ganho de capital sobre o que exceder esse custo – no caso do ITCMD não é assim. Exige-se que seja a base de cálculo sempre o valor de mercado. E as legislações estaduais estabelecem valores mínimos para isso, conforme o tipo de ativo. Para uma empresa de capital fechado, no mínimo o patrimônio líquido; uma empresa de capital aberto, o valor da ação negociada no dia do falecimento – e por aí afora. Então, também é muito importante verificar o tipo de ativo e esse mínimo estabelecido pela legislação.

Em algumas leis estaduais se prevê também ou a base de cálculo ou a postergação do pagamento, no caso, principalmente, de doação – só pode ser no caso de doação –, quando se transfere a nua-propriedade ou se institui o usufruto. Especificamente no caso de São Paulo, o cálculo do ITCMD na transferência gratuita da nua-propriedade é de 2/3 do valor do bem. Isso pode ser aproveitado no planejamento.

Fazendo um resumo das circunstâncias para o planejamento, em termos de ITCMD nós temos que avaliar o tipo do bem – se é aplicação financeira, imóvel, ações; a localização do bem – se está no Estado de residência do falecido, se está em outro Estado ou no Exterior; ou, no caso do imóvel, onde ele se localiza. Se vai se trabalhar com antecipação de herança, ou seja, doação; se vai se trabalhar também com a nua-propriedade e usufruto; o domicílio do *de cujus*, em que Estado ele reside ou, mesmo, se reside no Exterior. Isso influencia significativamente. E mesmo a residência do herdeiro, se é aqui no Brasil ou no Exterior. Porque se o herdeiro reside no Exterior e o patrimônio que ele vai receber está no Exterior, não há que se falar em ITCMD.

Eu trago um exemplo simples para demonstrar que é eficiente pensar em planejamento tributário na sucessão. É o caso de uma empresa familiar com interesse da primeira geração em transferir esse patrimônio para a segunda geração. A primeira coisa que temos que olhar – já que é uma doação – é qual a alíquota. Eu vou pegar aqui o caso de São Paulo, que não há diferença entre doação e sucessão, que é de 4%. E essa pessoa pode trabalhar com a nua-propriedade – como eu já disse, há uma redução na base de cálculo – e, também, pensar nos dividendos que essa empresa ofereça.

Neste caso aqui, se nós olharmos esse balanço simples, o patrimônio líquido, que é a base de cálculo mínimo que o Estado de São Paulo estabelece, no caso, é de 5 milhões. E eu vou analisar a composição das contas desse grupo, do patrimônio líquido e o capital social de 1 milhão, reserva de lucro, 4 milhões. O que aconteceria se houvesse uma doação pura e simples dessas ações ou dessa cotas da companhia? Haveria a incidência do ITCMD na sua plenitude, e a carga tributária seria de 200 mil. Mas eu posso fazer alguma coisa. Como é uma doação, se o acionista ou o sócio, antes de fazer a doação, promove a declaração de dividendos, ou seja, retira aqueles 4 milhões do grupo do patrimônio líquido e joga para o passivo, o que é que acontece? O patrimônio líquido é reduzido para 1 milhão. Então, a base de cálculo do ITCMD é reduzida para 1 milhão. Evidentemente, se o doador falecer logo em seguida, irá para o seu inventário o crédito de 4 milhões, e não há, nesse caso, a vantagem da redução, porque haverá o pagamento dos 40 mil – 4% sobre 1 milhão – mais 4% sobre os 4 milhões. E, no total, dará os mesmos 200 mil. Mas no caso de haver uma sobrevida do doador, ele vai recebendo esses dividendos de que ele precisa para sua sobrevida, e há uma incidência mais branda do ITCMD. E mais: no caso de aproveitar a postergação daquele um terço do pagamento do ITCMD, a carga tributária iria para menos de 27 mil neste meu exemplo. Então, vejam, uma redução significativa, de 200 mil para 26 mil.

Com relação ao Imposto de Renda, nós temos que lembrar – eu já disse – que a lei tributária não segue a lei civil. Na lei civil a sucessão acontece no momento da morte, e para a lei tributária a extinção da pessoa é postergada até a partilha. O espólio continua como contribuinte, e isso pode ser aproveitado pelos herdeiros. E mais: a partilha é declaratória. Então, o juiz apenas declara o que cada herdeiro recebeu no momento da morte – lembrando que, para efeito civil, a sucessão acontece imediatamente. Isso quer dizer o seguinte: que não há transação entre os herdeiros. Diferentemente do que entende o Fisco, no ITBI, não há transação entre os herdeiros. Então, se um herdeiro recebe em partilha as ações de uma companhia e o outro recebe dinheiro ou imóvel, não quer dizer que eles compraram e venderam durante um inventário. Cada um recebeu um quinhão, composto com distintos ativos. E na transferência do patrimônio do espólio para os herdeiros a Lei 9.532 permite que se escolha transferir pelo valor da declaração da pessoa física ou pelo valor de mercado. E, no caso de transferir pelo valor de mercado, o espólio deve apurar bem de capital e recolher o Imposto de Renda.

As Instruções 81 e 84 de 2011 estabelecem que a opção acontece na declaração final do espólio e que é individual para cada bem. Isso gera uma oportunidade interessante para aproveitar esse dispositivo do art. 23 da Lei 9.532, sendo que para o herdeiro o registro que vai colocar em sua declaração, evidentemente, é aquele valor pelo qual se optou na declaração do espólio.

E quando se aproveita isso? Posso dizer que antes e depois do falecimento, situações em que se preocupa a pessoa, antes do seu falecimento, em estruturar seu patrimônio com foco no Imposto de Renda. Geralmente para substituir uma estrutura de uma pessoa jurídica que venha a aumentar a carga tributária de uma determinada atividade. Por exemplo, regular, controlar ativos financeiros. Nós sabemos que, se nós colocarmos recursos financeiros numa *holding*, por exemplo, a carga tributária dessa *holding* será superior à da pessoa física. Então, como planejamento tributário, não é interessante por numa *holding*, mas, sim, talvez em um fundo de investimento fechado exclusivo daquela família e que, no regulamento, permita estabelecer regras de convivência para os herdeiros. Venda de participação societária, a mesma coisa. Se nós estabelecermos constituir uma *holding* para deter os investimentos, a carga tributária é maior do que na pessoa física em uma situação de alienação e, portanto, apuração de um ganho de capital. Nesse caso, também interessa um fundo de investimentos. Para evitar o quê? Que um herdeiro que dispute com os demais atrapalhe o negócio ou, mesmo, um herdeiro incapaz, o que viria a exigir autorização judicial com intervenção do Ministério Público.

E situações recorrentes após o falecimento, ou seja, durante aquele período em que o espólio apresenta – o contribuinte apresenta – suas declarações e suas obrigações tributárias. O imóvel adquirido pelo *de cujus* há vários anos. Seria interessante aproveitar aquelas vantagens que a lei da pessoa física oferece, aquisições anteriores a 1988, ou, mesmo, aquele índice pelo período pós-1995 – que faz redução da carga tributária do Imposto de Renda. Venda de participação societária adquirida antes de 1983, para aproveitar aquela vantagem do Decreto-lei 1.510, de ter permanecido com esse investimento durante cinco anos, até a extinção dessa norma pela Lei 7.713/1988. E, por fim, a equalização tributária dos quinhões dos herdeiros. Ainda que dois herdeiros recebam bens de igual valor, se um tiver um valor de custo alto e o outro um valor de custo, na declaração, baixo, o valor líquido em uma eventual realização desses mesmos bens gerará para os herdeiros valores líquidos diferentes. Então, em algumas situações é interessante praticar a venda a valor de mercado e aproveitar eventual redução que aquele CPF do *de cujus* ainda resguarda.

Meu tempo terminou. Eu quis apenas dar uma pincelada rápida para os Srs. a respeito do planejamento tributário na sucessão. E fico à disposição para eventuais dúvidas.

Obrigado!

José Antônio Balieiro Lima – Eu queria agradecer ao Prof. José Henrique Longo pela brilhante palestra, cheia de exemplos práticos e dicas para que nós possamos tentar atenuar os efeitos da nossa passagem para o outro mundo. Agora eu passo, finalmente, a palavra ao Prof. Clélio Chiesa, que irá falar sobre os "Pressupostos Essenciais para a Regular Constituição de SCP".

Pressupostos Essenciais para a Regular Constituição de Sociedade em Conta de Participação/SCP

Clélio Chiesa – Bom dia a todos! Sr. Presidente da Mesa, meu amigo, Lima; Profa. Fabiana, Prof. Longo e a todos aqui presentes, participantes deste evento. Primeiramente eu gostaria de agradecer a oportunidade de, mais uma vez, estar aqui com os Srs. e trocar algumas ideias a respeito desse tema de que recebi a incumbência. E quero agradecer, na pessoa da Profa. Maria

Leonor Leite Vieira, o convite, também não deixando de registrar nossa homenagem àquele que foi o grande idealizador deste Congresso, Prof. Geraldo Ataliba. Tive a honra de ter participado da última Turma que ele concluiu dando aula no Mestrado e Doutorado.

A nossa proposta e desafio de hoje, os Srs. já puderam perceber pela programação, são os pressupostos essenciais para a regular constituição de SCP. São tantas as dúvidas, que eu até combinei aqui com a Profa. Fabiana – como ela me deu a importante informação de que ela vai falar sobre esse tema no Congresso do IBET, agora, em dezembro. Então, eu vou lançar todas as dúvidas aqui, e ela dará lá. Aqui, quando o tema foi sugerido, acredito eu, a pergunta feita é: em quais circunstâncias, em quais negócios, eu posso optar por esse modelo, não é? Diante de tantas incertezas. Nesse tema eu até destaquei alguns aspectos da conferência de abertura do Prof. Paulo de Barros Carvalho em que ele destacou a questão da certeza das relações jurídicas tributárias e a questão da segurança jurídica. E ele chamou a atenção para o que, principalmente no âmbito administrativo, vem acontecendo, que é essa tendência do julgamento caso a caso. Nós não temos mais previsibilidade. Consequentemente, isso nos leva a uma multiplicidade, também, de orientações. Porque, se eu analiso caso a caso e eu não tenho uma padronização de critérios, ou seja, uma demarcação dos conceitos, consequentemente, aí, vamos navegar ao sabor de quem está à frente, julgando naquele determinado momento.

E nesses temas algumas hipóteses levantadas foram justamente a questão da reestruturação societária – e aqui tratados pela Profa. Fabiana também –, a questão da fraude à lei, abuso de forma, abuso de direito, compensação de tributos e simulação. E advertiu o Prof. Paulo que estamos diante de uma situação que é ruim para o contribuinte e ruim também para o Fisco, correndo o risco de excesso de exação, enfim. E, por outro lado, o contribuinte, que não sabe o que fazer. Então, a conclusão a que chegamos em relação a isso é que, na verdade, precisamos caminhar em relação principalmente a esses temas. Acredito que a busca incessante é justamente de uma uniformização de critérios. E é nesse caminho, nessa proposta, que eu levantei essas questões – viu, Profa. Fabiana? Que são só algumas que estão aqui, que são o seguinte: primeiro, falar um pouco sobre a questão dos pressupostos essenciais justamente para a constituição da sociedade. E colocar a seguinte questão: Srs., no nosso sistema jurídico, hoje, há restrição ao objeto de constituição da sociedade em conta de participação? Ou seja: há uma limitação quanto ao objeto, tipo, atividade a ser desenvolvida, ou não? Depois, eu posso, na constituição, na formação dessas sociedades – olhem aqui: "Somente podem ser formados entre um sócio ostensivo que exerce a atividade e um outro, que disponibiliza recursos materiais para o desenvolvimento dessa atividade". Aquele que disponibiliza esses bens também pode participar da execução do seu objeto, ou não? Com ou sem bens.

Uma outra questão: é vedada no sistema jurídico brasileiro a formação de sociedade em conta de participação entre prestadoras de serviços? E alguém já deve estar pensando: "É óbvio que não, não pode". Calma, cuidado com as obviedades! E é justamente aqui que eu quero colocar uma questão para reflexão. Será que realmente existe essa vedação para esse tipo de sociedade, esse tipo de atividade?

Outra coisa: e prazo? Nós encontramos alguns defendendo a tese de que na constituição das sociedades em conta de participação elas necessariamente precisam ser por prazo determinado ou por evento. É isso, mesmo? Ou seja: o nosso sistema veda esse tipo de formação de sociedade em conta de participação? Então, Profa. Fabiana, nós vamos ficar aguardando. Eu só vou aqui suscitar as dúvidas, e nós vamos aguardar as repostas.

Com relação a essas características essenciais, então, a primeira a ser destacada: uma evolução é que no novo Código Civil – que não é tão novo assim – há previsão expressa das sociedades em conta de participação, de tal modo que nós não podemos confundir, é evidente, a sociedade em conta de participação com as sociedades irregulares e nem com as sociedades de fato, que são aquelas associações que se formam à margem da lei, as pessoas se reúnem sem uma formalização – sociedade de fato. E as sociedades irregulares, aquelas em que há uma formalização, não no modelo sociedade em conta de participação, mas não são tomadas as providências necessárias de registro e formalização. Ou seja: elas não cumpriram as exigências legais para sua constituição regular. Não é o caso das sociedades em conta de participação. Até porque as sociedades em conta de participação sofrem a pecha, não é? Principalmente até da composição societária, terminologicamente. Um dos sócios é sócio oculto, então já se pensa em clandestinidade, não é? O que não é o caso. É um modelo permitido, admitido no sistema. E, aí, a sua finalidade a ser cumprida.

Hoje, com a nova redação do Código Civil, a formação societária se dá entre o sócio ostensivo e a nova terminologia, "sócio participante" – afastando aí essa figura do sócio oculto, que, na verdade, nós continuamos do mesmo modo, a única evolução é que, pelo menos, afasta essa pecha da ilegalidade, da obscuridade. Então, a formação societária sempre se dará nesse modelo.

Um aspecto importante na sociedade em conta de participação é, primeiro, que ela não existe como pessoa jurídica constituída. E nesse aspecto, portanto, não tem titularidade negocial e processual. Vejam que, quando eu digo isso, não quero dizer que, havendo uma desavença entre os sócios, eles não possam, evidentemente, recorrer ao Judiciário para a solução de problemas entre o sócio ostensivo e o sócio participante. A questão é que não tem representação perante terceiros e nem mesmo em relação a eventualmente exercer algum direito em nome da SCP. O que pode acontecer é os direitos serem exercidos em nome do sócio ostensivo. De igual forma, não possui um nome empresarial. Portanto, esse aspecto é importante, é regulado aqui no art. 991 que sua existência, na verdade, se dá só *interna corporis*. Ou seja, quando nós falamos em sociedade em conta de participação, penso que, de uma forma simplificada, é o seguinte: nós fazemos um acordo onde pactuamos a consecução de determinado objeto mediante um documento. Aliás, o nosso direito positivo não exige nem a formalização. Mas é claro que, por uma questão de segurança, para se saber o que foi combinado, é importante que se formalize isso. Portanto, eu creio que poderíamos dizer que nada mais é a sociedade em conta de participação do que uma associação ou, mesmo, uma parceria para a execução de determinado objeto.

A constituição patrimonial – aqui, um aspecto importante também, que muitos acabam optando por esse modelo. Você, aqui, não precisa ter transferência de titularidade. O que acontece é, na verdade, uma afetação de certo patrimônio à consecução de determinado objeto, sem necessidade da transferência. E esse aspecto é importante em dadas situações, principalmente para aqueles que querem manter o controle sobre o patrimônio.

Também com relação à falência nós temos dois aspectos. Quando há a falência do sócio ostensivo, há dissolução, segundo o Código Civil, da sociedade. Ao contrário, quando eu tenho a falência do sócio participante ela pode ser mantida. Aí, vai depender da deliberação dos interessados. E onde está essa previsão? No art. 994, § 3º, do CC, combinado com o 117 da Lei 11.101. Ingresso do novo sócio, também isso é importante, tomar cuidado na hora da formação, porque ela limita a atuação, de tal forma que, salvo estipulação em contrário, o sócio ostensivo não pode admitir novos sócios sem o consentimento expresso dos demais.

A novidade deste ano é a questão da obrigatoriedade da inscrição no CNPJ. E logo que surgiu essa alteração disseram: "Vão acabar com a sociedade. Pronto, aquilo que era oculto agora não será mais". Esperem aí! Primeiro, nunca foi oculto, não é? Na verdade, na sociedade, o sócio oculto, o sócio participante, não pode assumir compromissos nas relações negociais. Mas perante a Receita é evidente que ele sempre se apresentou, para efeito de tributação. Então, não há nada de oculto. A discussão que veio à tona é a seguinte: o fato de você, agora, ter que, necessariamente, fazer a inscrição leva à descaracterização da sociedade em conta de participação? E, me antecipando, eu penso que não, de modo algum. Por que não? Vamos lá. Vejam o seguinte, essa discussão surgiu porque a exigência para a inscrição do CNPJ sempre foi para todas as pessoas jurídicas formalizadas e também as equiparadas. Mas, então, por que a sociedade em conta de participação, que é uma equiparada, não precisava fazer a inscrição no CNPJ? Porque havia uma determinação expressa, uma instrução normativa. E havia um aparente conflito, então, entre uma que dizia: as equiparadas têm que se inscrever. Consequentemente, uma regra específica para a sociedade em conta de participação, a desnecessidade. Foi objeto de consulta esse assunto, e a resposta dada – que, depois, vou deixar aí para vocês, também – foi em 27.5.2014, pela inexistência de obrigatoriedade da inscrição no CNPJ. Bem, como sempre ocorre no Brasil, o que aconteceu? Eu coloquei aqui os fundamentos para essa exigência. No dia 30 de maio veio a edição da Instrução Normativa 1.470 que, hoje, impõe a obrigatoriedade da inscrição no CNPJ.

É importante se observar que eu creio que, aí, não vai gerar problemas maiores, porque na própria instrução normativa, Srs., há previsão expressa da inexigência – e nem poderia ser de forma diferente – do registro da sociedade em conta de participação. Vejam, que é importante. Vejam que nessa instrução normativa, Anexo 8, ela não exige essa formalização. Porque, se ela exigisse, aí, sim, estaria em confronto com o Código Civil. E não é o caso.

Portanto, o que nós temos aqui, em resumo? Nós temos a inserção de uma nova obrigação acessória que me parece pertinente e que está realmente na competência da Receita Federal exigir. E, portanto, nenhuma irregularidade existe quanto a esse aspecto. Quanto à escrituração contábil – rapidamente, porque esse não é nem o nosso objetivo principal aqui –, em resumo, qual é a ideia? A ideia é o seguinte: se nós analisarmos todos os dispositivos da legislação, nos levam à concepção de que a sociedade em conta de participação, apesar de não formalizada, é considerada uma unidade autônoma para fins de tributação. Portanto, seguindo essa linha de raciocínio – qual seja, a segregação –, aí, vem uma série de consequências: compensação de prejuízos e outros. Essa é a linha a ser seguida, ou seja, segregação desses resultados, consequentemente como se fosse uma pessoa jurídica independente. E o CNPJ, nesse sentido, acredito que até vai auxiliar para esse controle. Eu acho que é esse o objetivo da Receita Federal. Então, estão aqui os dispositivos. Eu coloquei aqui também até uma decisão do próprio CARF, que vou deixar aos Srs., que segue a mesma linha, explicitando esses pressupostos dessa autonomia. E, também, na sequência, os dispositivos não só sobre o Imposto sobre a Renda, como também CSLL, PIS e COFINS.

Quanto à tributação da sociedade em conta de participação, não é novidade nenhuma, há muito tempo que nós temos o Ato Declaratório 14/2004, em que as sociedades são equiparadas às pessoas jurídicas. Portanto, para todos os efeitos, unidades independentes. Discussão: alguns querem admitir a compensação de prejuízos entre a SCP e sócio ostensivo. Está vedado. Então, isso me parece que não é possível.

Mas vamos lá. A ideia central, Srs., me ajudem, aqui, a pensar. Olhem ali, a simulação de um caso. Sociedade formalizada de profissionais liberais "X". Profissionais "A" e "B" querem montar uma sociedade em conta de participação. Podem? É o caso é de uma associação de profissionais. Os profissionais têm interesse comum em desenvolver uma atividade e não querem trabalhar com a ideia de subcontratação e também não querem trabalhar com vínculo empregatício. Querem, em igualdade de condições, se colocar no mercado e desempenhar a atividade. Aí, logo, vocês devem estar pensando: primeiro obstáculo, se eu considerar que a sociedade só pode ser de capital e trabalho, já não dá; segundo, se eu superar esse obstáculo, o que eu tenho mais? Vocês vão me dizer: a característica essencial da sociedade em conta de participação é que o sócio participante não auxilie no desempenho da atividade. Onde está isso? Está expresso no Código Civil que o objeto da sociedade em conta de participação deve ser executado pelo sócio ostensivo. Perfeito. Mas vejam, vamos pensar. Uma coisa é eu me associar e agir em igualdade de condições, tendo o somatório de duas pessoas à frente do negócio. Eu estou falando de outro modelo: as duas pessoas desempenhando, sendo uma ostensiva. Ou seja: um dos associados não aparecendo diretamente. Não aparecendo, eu quero dizer que ele não realiza nenhuma relação jurídica direta com os interessados. É possível? E essa reflexão me parece que pode ser feita. Porque é evidente que – isso é um argumento histórico, óbvio – nós tivemos as sociedades, é dizer: "Não, vamos voltar lá, na origem, à época das grandes expedições, não era bem vista a participação da Nobreza no comércio". Então, pronto, o que aconteceu? Apareceram os investidores, que não apareciam, tinham seu contrato garantido e sua parcela no resultado. Então, o modelo é capital/trabalho. Será? Mas veja, nós tivemos a evolução da legislação. Onde está, no Código Civil, a vedação para esse tipo de sociedade? Essa é a minha provocação, que quero deixar a vocês. Por que, se você perguntar, é evidente, logo de cara se diz: "Não. É óbvio que não pode". Eu instigo vocês a pensarem sobre isso.

Então, vamos à situação concreta. Imaginem os Srs., vamos pegar uma clínica médica, que tem vários médicos, várias especialidades. E eles querem se reunir para o desempenho de uma especialidade que não existe na clínica. Qual é o modelo em que eu posso montar esse negócio? Ou eu contrato, ou eu faço um contrato de prestação de serviços com esses médicos – que pode ser na pessoa física ou pessoa jurídica. Risco. Na pessoa física, logo vão dizer que é simulação, que tem vínculo, não é?

Mas se o intuito realmente, o fato, é que ambos querem correr o risco de desempenhar uma atividade sem valor mensal garantido e sem o valor certo de contratação, eu não posso fazer esse negócio? Porque vejam, o resultado a ser repassado aos profissionais "A" e ""B", no caso, deve ser feito a que título? Remuneração por serviços prestados a "X" como funcionários? Mas eles não querem ser funcionários. Ah, não, pagamento por subcontratação. Mas eu não quero ser subcontratado. Eu quero entrar junto, no risco. Não posso? Não posso. Eu não estou dizendo que não pode. Pelo menos, a resposta provavelmente será essa: não pode. Não pode por quê? Abuso de direito, abuso de forma, não sei o quê. Ausência de propósito negocial. Ah, porque o propósito negocial é esse mesmo. Eu quero me associar e correr o risco. Não posso? Onde está a vedação? Essa é, então, uma das provocações.

A outra, vejam só, aqui, uma situação diferente. A empresa "A", detentora de infraestrutura, prestadora de serviços, quer se associar a um profissional liberal. Vejam lá. Então, eu vou formar uma SCP em que a empresa "A" será a sócia ostensiva, e, aí, ela participa nesse negócio agindo perante terceiros e fazendo o aporte de capital. E o sócio "B" participante fica, então, responsável pela execução dos serviços. Olhem aqui, quando você coloca essa opção, logo invocam o art. 991. Olhem lá: é exercida a atividade, o objeto, unicamente pelo sócio ostensivo. Mas, vejam, me parece que eu tenho aqui pelo menos duas interpretações possíveis. É claro que esse dispositivo está dizendo que há uma participação de duas pessoas jurídicas ou pessoas físicas, não importa. E que apenas uma assume o relacionamento com terceiros. Mas está dito ali que o sócio participante não pode auxiliar na consecução do objeto. É importante que se diga o seguinte: nos dispositivos mais adiante o Código Civil, inclusive, nem veda essa participação ativa perante terceiros. Sabe por quê? Porque o Código Civil diz o seguinte: aquele sócio participante que passa a ter um relacionamento direto nas relações com terceiros fica responsável também. Quer dizer, nem é vedado. A consequência é que eu passo a ter uma responsabilidade. Mas isso nem poderia ser diferente. Até por teoria geral, se eu estabeleço um negócio com terceiros, em conjunto ou não, eu respondo por aqueles atos. E nem poderia me furtar a isso. Então, aqui está mais uma possibilidade que, normalmente, não se admite. Olhem só, o art. 993, ali, no final: "O sócio participante não pode tomar parte nas relações do sócio ostensivo com terceiros". Olhe a sanção. Leiam se há descaracterização da sociedade em conta de participação. Não há. Há apenas o seguinte: sob pena de responder solidariamente com esse com as obrigações em que intervierem. Então, eu penso que nem mesmo no Código Civil há vedação para tanto.

Mas vamos a mais uma outra hipótese, aqui. Agora, uma hipótese onde uma empresa "A", venda de mercadoria e prestação de serviços, quer se associar a uma prestadora de serviços para desempenhar a parte que é de prestação de serviços. Então, vejam, a empresa "B", sócia ostensiva, participa com capital e infraestrutura e a outra presta os serviços. Isso é possível? Exemplo clássico. Deixem eu colocar aqui. Eu trouxe um acórdão, na verdade, para nós examinarmos, do CARF, sobre essa situação concreta. Mas há "n" outros sobre esse assunto. Olhem a hipótese onde um hospital se associa aos médicos para a prestação de serviços médicos. Quem é que presta os serviços? Os médicos. E, aí, em uma interpretação, em uma vertente, se os médicos são os sócios participantes, eles não poderiam estar prestando os serviços. Mas vejam que interessante, nesse caso concreto que estou trazendo aos Srs., dessa situação fática desse acórdão, os médicos executavam a prestação de serviços, mas não em nome próprio. Em nome do hospital. Ou seja: o relacionamento com terceiro era feito pelo hospital. Então, neste caso, o hospital celebrava os contratos, o hospital cobrava, apurava o resultado e repassava aos médicos. Qual foi o resultado do julgamento? Simulação.

Agora, vejam, simulação por quê? Rapidamente, ainda temos um tempinho, e eu destaquei alguns trechos dessa decisão em que me parece que esses aspectos têm que ser levados em consideração. Da possibilidade ou não da constituição desse tipo de associação. Para que nós possamos ter o quê? Segurança no momento de chegar para o cliente e falar: "Aqui você pode formar uma sociedade em conta de participação". Ou não. Então, vamos lá. Primeira assertiva que me parece que merece destaque – e diga-se de passagem que, aqui, a decisão foi por maioria e por voto de qualidade. Qualidade. O Presidente, sempre – essa terminologia, não é? Porque os outros não são de qualidade? Bem, mas deixando isso de lado – certo, Tárek? Então, o seguinte, olhem lá, a afirmação feita nesse acórdão: a participação do sócio investidor na sociedade em conta de participação limita-se, por força da lei – e olhem que eu procurei essa lei –, à contribuição de bens. Você dizer que, por um método histórico, ou buscar a origem das sociedades, e que, portanto, elas estão centradas em um modelo capital/trabalho, eu me rendo. Agora, você dizer que está na lei, eu quero ver essa lei, onde ela está. Pode ser que eu não tenha percebido. Mas, a meu ver, não há essa vedação. Se eu vou discutir que, por força desses aspectos, o conteúdo, a determinação dos conceitos em relação à sociedade em conta de participação deve ser capital/trabalho, tudo bem. Agora, dizer que está na lei, é preciso que se diga onde. Então, é arriscado. Respondendo já, de forma antecipada. Se nós submetermos essa mesma questão, todos aqueles exemplos que eu coloquei, onde envolve trabalho e a atuação – porque, veja, eu posso ter uma hipótese de capital/trabalho e quem desempenha o trabalho executar o objeto – que é o caso. E foi descaracterizado.

Vejam uma outra afirmação importante, seguindo. O Hospital Santa Júlia, no caso, na condição de sócio ostensivo da SCP, celebrava os contratos com os clientes de planos de saúde. Eu quis destacar isso para mostrar o seguinte – vou insistir nisso, não sei se me fiz entender na primeira vez em que fiz a afirmação. O fato, uma coisa é você auxiliar na execução do objeto. A outra é tomar frente no negócio e prestar o serviço. Que são coisas bem diferentes. Os médicos, se eles celebrassem os contratos diretamente com os pacientes, aí, sim, não tenho dúvida de que o mínimo que nós teríamos é uma responsabilidade solidária quanto a esse relacionamento. É o caso? Não.

Outra assertiva importante. Olhem aqui: as assim denominados médicos associados nada mais são do que prestadores de serviços à SCP. O que foi afirmado, nesse caso. Uma outra afirmação que me parece bastante discutível. Vejam a parte final – e ela interessa em todas as sociedades de prestação de serviços. A desproporcionalidade permitida pela lei no caso da distribuição de lucro – só pode ser feita, em outras palavras, sobre os rendimentos do capital, lucro da pessoa jurídica, não se espraiando sobre os rendimentos do trabalho. Relendo isso, está dito o seguinte: eu não posso formar uma sociedade onde eu possa levar em consideração o tempo do profissional que integra a sociedade, quando são sociedades prestadoras de serviços, desempenho, qualidade e outros, me parece. Eu também não vejo isso no ordenamento jurídico. Ou seja, me parece que esta cláusula não existe no sistema.

Aqui, só a conclusão, no caso do acórdão, em que ele diz que há um descompasso entre aquilo que se pretende e aquilo que está sendo feito. E, aí, vem a questão da simulação. E, aí, nessa linha de raciocínio, eu creio que nós temos que destacar o seguinte. Primeiro – o duro é que nós sempre acabamos, não é, Profa. Fabiana? Quando falamos sobre isso, se fala: bom, mas esse caso é diferente. Então, nós criticamos o caso a caso, depois voltamos: "Ah, mas, nesse caso ...". Na verdade, não é isso. Eu creio que a linha de raciocínio é toda no sentido de que o que precisamos verificar é o intuito negocial. É evidente, é difícil de ser definido. Mas, se não há um descompasso entre o que está sendo feito e o que está formalizado – e, no caso, formalizado não é formalizado com inscrição, mas o formalizado do acordo da sociedade em conta de participação –, não há motivos, penso eu, para essa descaracterização. Nessa linha, é evidente que não podemos deixar também – e nós verificamos, em acórdãos do CARF, o seguinte: hospitais tinham um número grande de funcionários médicos, e no dia seguinte todos eram sócios desse hospital, na modalidade de sócios participantes. Então, é preciso verificar, sem dúvida nenhuma, isso é um problema de prova, não é, Profa. Fabiana? Que, aí, é o seguinte: as condições. Se eles não estão repartindo o resultado do desempenho dessa atividade e, na verdade, estão recebendo um valor fixo determinado, desse trabalho ou dessa intervenção dos médicos, é evidente que, aí, eu tenho que ou será uma contratação ou subcontratação, ou estará ocorrendo aí, é evidente, uma prestação de serviços com vínculo empregatício. Mas, aí, não é um problema de não se permitir que o sócio de trabalho auxilie no desempenho da sua atividade principal.

Há um outro acórdão – existem, como eu disse, vários – que também afirma categoricamente que há no sistema a proibição de os sócios participantes prestarem serviço em nome da sociedade em conta de participação. Essa afirmação está em descompasso com a literalidade do Código Civil. Porque, primeiro, podem, sim, e passarão a ser responsáveis. Para a questão da tributação não me parece que existe esse problema com relação a participar – não em relação a terceiros, mas auxiliar na execução do objeto.

Então, para nós caminharmos para uma conclusão sobre esses aspectos, é o seguinte: a sociedade em conta de participação pode ser constituída por prazos determinados ou eventos isolados? Não sei qual a opinião dos Srs. A minha é categórica quanto a esse aspecto. Não encontrei, não vejo, em lugar nenhum, nem na legislação, motivos e, até, em termos do que vem sendo praticado, esse elemento como essencial para a caracterização da sociedade em conta de participação. Então, na verdade, não há necessidade. É claro que, tradicionalmente, onde é que nós temos esse modelo adotado? Boa parte deles na construção civil. Ah, sim, é para este evento, para a construção desse empreendimento. Mas nada impede que outros, em outras atividades, também se utilizem desse modelo de sociedade em conta de participação. Portanto, fica afastada essa questão da exigência de um prazo determinado ou por evento.

E é importante – e nem é uma novidade –, o Ato Declaratório Interpretativo 14/2004 – vejam, 2004, ainda –, a Receita Federal, de forma tranquila, admitia que, por exemplo, as atividades hoteleiras pudessem ser exploradas nesse modelo de sociedade em conta de participação, onde os proprietários das unidades, reunidos como sócios participantes, colocassem esses bens à disposição, afetassem ao objetivo, e uma outra empresa prestadora de serviços desempenhasse como a ostensiva. E reconhecia. Isso era feito por prazo certo? Não. Por prazo indeterminado. Nunca foi questionado. Pelo menos até agora. Eu não sei amanhã, quem sabe, não é?

E, portanto, o que eu quero dizer é que nem mesmo com relação ao procedimento que está sendo adotado esse elemento da temporalidade está presente. Muito menos na legislação específica. Insistindo, então, só para responder a essa questão que a Profa. Fabiana nos dará a resposta também, e aos Srs. A participação do sócio oculto deve ser adstrita à contribuição com capital? O sócio participante, o oculto, não pode auxiliar na execução do objeto? E eu, não omitindo minha opinião, penso que, primeiro, não há esta limitação. Eu creio que nós precisamos rever essa questão. E de tal forma que eu posso ter a associação efetiva de profissionais, mesmo na prestação de serviços, onde não é uma sociedade de capital e serviço. E quanto a auxiliar, também não há vedação. O que eu creio que vai descaracterizar, evidentemente, é na hipótese em que, se eu assumo uma relação com terceiros, eu vou responder. É óbvio.

Só para recapitular rapidamente aqui, encerrando, que meu tempo já se esgotou – faltam dois minutinhos só, não é? Então, vamos lá. Só para nós não esquecermos as três cogitações que nós temos, nos três modelos ou hipóteses. Então, nesses modelos, independentemente, se você admitir que eu posso, eu teria validamente a possibilidade de formar a sociedade em conta de participação entre os prestadores de serviços. Mas – eu estou dizendo – realmente é uma questão controvertida. Se optarem, com certeza terão uma árdua briga pela frente. E, com certeza, provavelmente serão autuados.

Aqui também, na hipótese, vejam que interessante, nessa linha de raciocínio do hospital, se a formação tivesse sido inversa não seria questionado. Vejam, se os médicos estivessem à frente e o hospital fosse um sócio participante, se daria por tranquila a participação. Vejam que é só a inversão do modo que determina a possibilidade, ou não, da sociedade. E assim também, então, com essa outra hipótese que, aí, é mais tranquilo, é evidente que, quando tem o capital e trabalho e o sócio de capital simplesmente aporta o capital, é o modelo mais comum e que, hoje, nós podemos dizer: nesse assunto – ou nesse aspecto – nós temos segurança jurídica, pelo menos por enquanto. Agora, nas demais hipóteses nós temos uma insegurança muito grande. Porque falta exatamente essa demarcação precisa dos elementos essenciais, ou possibilidades de constituição da sociedade em conta de participação.

E os Srs. me permitam uma saída clássica: s.m.j. Obrigado pela atenção!

CONTRIBUIÇÕES

Elizabeth Nazar Carrazza – Boa tarde a todos! É com grande satisfação que vamos dar início ao nosso último painel do *XXVIII Congresso Brasileiro de Direito Tributário*. Em primeiro lugar, quero agradecer à Profa. Maria Leonor pelo convite que me formulou para presidir esta Mesa composta por tão ilustres Professores. Todos crianças, perto de mim, mas são todos muito bons. A Profa. Helga Klug Doin Vieira, Professora de Direito Previdenciário na PUC/SP, Doutora em Direito Previdenciário; Profa. Susy Gomes Hoffman, que é Doutora também, só que em Direito Tributário pela PUC/SP e Professora em Campinas – e em todos os congressos, como a Helga, também. E Prof. Tárek Moussalem, também Doutor em Direito pela PUC/SP e Professor em várias instituições. E participa do IBET, como a Profa. Susy e quase todos aqui apresentes, nas aulas e atividades do IBET.

Nós vamos dar início a essa sessão com a Profa. Helga Klug Doin Vieira falando sobre "Desoneração da Folha de Pagamentos – Alteração da Incidência para o Faturamento: Fundamentos e Consequências". Com a palavra a Profa. Helga.

Desoneração da Folha de Pagamentos – Alteração da Incidência para o Faturamento: Fundamentos e Consequências

Helga Klug Doin Vieira – Boa tarde a todos! Inicialmente quero cumprimentar a Presidente da nossa Mesa, a Profa. Elizabeth Nazar Carrazza, a quem devo muito do meu conhecimento tributário, porque foi minha Professora na Graduação, ainda menina. Porque não existe tanta diferença quanto ela coloca. Eu é que comecei mais tarde. E ela quem me ensinou o "be-à-bá" do direito tributário. Sou muito agradecida. Cumprimentar os demais Colegas da Mesa. Sinto-me honrada em participar desta Mesa tão ilustre. E agradecer à Profa. Maria Leonor Leite Vieira pelo convite para participar deste Congresso tão importante, e que me faz sempre lembrar e ver na minha imaginação a presença do Prof. Geraldo Ataliba – que também foi meu Professor.

Hoje nós vamos falar de um tema que é bastante complexo e ao mesmo tempo demanda muitas reflexões. Demanda reflexões porque, no meu entender, em um seminário deste porte, o que a gente pretende é que cada um dos Congressistas reflita a respeito dos rumos jurídicos que o País vem tomando. Então, não é muito importante resolver as situações pontuais, no meu entender, mas, sim, o aproveitamento da oportunidade para reflexões. Para que a gente possa efetivamente gerar avanços da sociedade – que é isso que nos interessa. E, inclusive, firmar alguns conceitos muito importantes, e que muitas vezes ficam colocados de lado por conta do nosso cotidiano, por conta da necessidade das soluções imediatas para problemas.

A questão aqui proposta, sobre a desoneração da folha de pagamentos, envolve contribuições sociais. E contribuições sociais são tributos que efetivamente desagradam a muitos contribuintes, e hoje também são utilizadas muitas vezes indevidamente pelo próprio Estado na sua instituição. Mas o que eu vou falar aqui tem a ver muito mais com as consequências que essa alteração de base vai trazer para a sociedade no futuro do que efetivamente da própria alteração de base. Claro que nós vamos nos referir a essa alteração, mas em razão de críticas. Críticas que nós vamos, ao longo da nossa exposição, ressaltar, porque a instituição da nova base, segundo os levantamentos que a gente tem feito – inclusive, ontem o Prof. Eurico de Santi também falou a respeito –, ocorreu de um modo "mágico", sem nenhum estudo, sem nenhum aprofundamento, sem verificação das consequências. As consequência sociais não em um futuro tão próximo, mas em um futuro distante, uma vez que essa desoneração afeta o orçamento da Seguridade Social e, portanto, vai afetar a proteção previdenciária nos próximos anos – e muito. Então, vamos começar a falar a respeito do que seria essa desoneração.

Essa desoneração é, efetivamente, a substituição da base folha de salários ou folha de pagamentos, porque, na realidade, o Poder Executivo usa a expressão "folha de pagamentos" para incluir tanto as contribuições referentes a salários e trabalhadores empregados como os demais rendimentos que a pessoa jurídica paga a uma pessoa física que lhe presta serviços. Há uma alíquota de 20%. É claro que essa alíquota é uma alíquota alta. Não é uma alíquota pequena. E claro que, quando o Governo acenou com a possibilidade de desonerar essa folha utilizando receita bruta, muitas pessoas jurídicas se manifestaram através dos seus representantes, naturalmente. E acharam bastante interessante. O impacto inicial parecia ser muito bom, porque iria substituir uma folha de 20%, com a alíquota de 20%, por uma outra base mais palpável, e que teria uma alíquota bem mais baixa. Que seria uma alíquota de 2% ou 3%, segundo o Ministro da Fazenda na época, em 2012, que se manifestou em uma entrevista. Ele disse: "Vamos adotar alíquotas da ordem de 1% a 3%; aliás, vamos adotar uma alíquota que não prejudique a nossa arrecadação". Só isso, para mim, já é suficiente para gerar uma série de questionamentos. Uma outra coisa que precisa ser ressaltada aqui é a observação que eu coloquei abaixo, nesse *slide*. Porque, na realidade, hoje, nós temos uma confusão. Porque as empresas abrangidas por essa mudança de base vão continuar pagando as outras contribuições sociais sobre a folha, como vinham fazendo anteriormente. Então, a substituição só vai ocorrer com relação à folha no que concerne a recursos destinado à Previdência Social. É preciso lembrar um pouco da história – o meu falar está divido em quatro partes, provavelmente.

A primeira parte refere-se à história que envolve essa proteção social. Nós temos, hoje, essa Previdência Social no Brasil, que foi instituída a partir de 1923 e está com 90 anos. E, desde seu início, sempre trabalhadores e empregadores custearam esse sistema. No curso desse período, desses 90 anos, o País teve momentos de desenvolvimento maior, momentos de desenvolvimento menor. Mas nunca se atribuiu à Previdência Social o fato de, de repente, nós termos um decréscimo no parque industrial ou de desenvolvimento industrial por conta de Previdência Social. Esse regime geral de Previdência Social que nós temos hoje, que inúmeras vezes as pessoas dizem que dele não vão fazer uso, ele, na realidade, representa uma garantia, no sentido de que cada ser, cada pessoa dentro da sociedade, tem a obrigação de ter um seguro básico. E eu sempre digo que ninguém sai com o seu carro sem um seguro. Ninguém quer sair na rua com seu carro sem seguro. Mas inúmeras pessoas saem às ruas sem ter um seguro básico – nem sequer esse oferecido pelo Poder Público. Esse seguro, portanto, que nasceu em 1923, era direcionado a trabalhadores. E em 1988, na nossa Constituição, na nossa Carta-Cidadã, esse seguro passou a ter uma conotação universal. Ou seja: qualquer pessoa da sociedade pode se vincular ao seguro. Ele é obrigatório a trabalhadores, mas qualquer pessoa pode se vincular a esse seguro. E tivemos mais acréscimos na Constituição de 1988, no sentido de que não se falava apenas do seguro social, mas em um sistema de Seguridade Social. Um sistema que seria universal, para proteger todos os seres sociais, cada um dentro das suas necessidades, naturalmente, em termos de ações de saúde e Previdência e Assistência Social. Então, a ordem constituída vai apontar para uma proteção social universal em consonância com os fundamentos pactuados na Constituição Federal. E esses objetivos fundamentais da

República demandam reflexão. Eles têm sido muito esquecidos. E são esquecidos por todos nós. E nós precisamos saber: qual o norte que a sociedade quer adotar? Quais são nossos objetivos? Para onde nós queremos caminhar? E a Constituição Federal aponta claramente para a dignidade da pessoa humana, para valores sociais do trabalho, para a construção de uma sociedade livre, justa e solidária. Solidariedade como disciplina jurídica, solidariedade como comprometimento mútuo no desejo de realizar essas finalidades, promover o bem de todos e também garantir o desenvolvimento nacional. Por isso mesmo, nós temos aqui valores importantes, como esse valor social do trabalho. Então, estas foram as finalidades priorizadas na nossa Carta. E é este o rumo que devemos adotar. Nós temos que direcionar nosso trabalho, tanto jurídico, como social, como econômico, para atingir esses objetivos enquanto estivermos com essa Constituição vigente.

Dentro desses fundamentos, nós vamos ter esse sistema que se chama Sistema de Seguridade Social, que corresponde a esse conjunto integrado de ações de que eu acabei de falar, que levam em conta Saúde, Previdência, Assistência Social. O constituinte, à época, e a Constituição, hoje, se preocupam muito em gerar recursos para esse sistema. Porque até o advento da Constituição de 1988 essa área de produção social não tinha recursos próprios apartados do orçamento fiscal do Estado. De modo que na própria Constituição Federal nós encontramos um orçamento próprio, a previsão de um orçamento próprio de Seguridade Social. E esse orçamento é abastecido com contribuições sociais das mais diversas. Folhas de salários, contribuição sobre lucro, contribuição sobre faturamento, receita ou faturamento. Contribuição incidente sobre importação de bens e serviços, contribuições dos trabalhadores. Esses recursos vão realizar o conteúdo monetário de um orçamento próprio, que se destina única e exclusivamente à Seguridade Social. E esse orçamento está bem abastecido. Teoricamente – e não sou eu quem está dizendo, a própria ANFIP revela isso –, mensalmente, esse orçamento tem condições de arcar com despesas de saúde, despesas de Previdência e despesas de Assistência Social. E não há, como alguns pensam, um apartamento de recursos dentro desse orçamento ou outro orçamento que seja só de Previdência Social. O orçamento da Seguridade Social é único, e cada uma das áreas vai – evidentemente, de acordo com a Lei de Diretrizes Orçamentárias – definir qual sua despesa mensal e anual referente às ações.

Bom, eu coloquei aqui: desrespeito ao arquétipo. Por quê? O orçamento próprio e apartado do orçamento fiscal, desde o início, desde 1988, incomoda o Poder Executivo. O Poder Executivo nunca se conformou em olhar para um orçamento apartado e abastecido para atender às ações sociais. Nunca. O desrespeito à previsão de orçamento próprio único no custeio das ações dos sistemas de Seguridade Social é constante. Há um levantamento feito pelo Prof. Wagner Balera que mostra quantas vezes o Poder Executivo busca recursos do orçamento de Seguridade Social para aplicar em outras áreas. Então, o Governo utiliza políticas para ultrapassar os limites das vedações, porque a vedação da utilização do recurso do orçamento de Seguridade Social existe para o Poder Executivo, mas é possível o Poder Legislativo autorizar os recursos, abrir o orçamento para outras atividades. De modo que o Poder Executivo permanentemente faz política junto ao Poder Legislativo para que haja abertura desse orçamento. E também uma outra coisa que me preocupa muito é a utilização de emendas constitucionais na desconstrução lenta e gradativa do arquétipo da Seguridade Social. Isso é palpável, perceptível. Basta se debruçar sobre as últimas emendas que ocorreram. Só em um passo rápido, vamos verificar aqui que desde a Emenda 20 o Estado trabalha – que, portanto, ainda na época de Fernando Henrique Cardoso já começou a se desconstruir, quando se estabeleceu a vinculação daquelas contribuições que, no passado, eram ditas previdenciárias e que voltaram a ter a denominação previdenciária depois da Emenda de 1998.

Na realidade, elas vão compor o orçamento da Seguridade Social, mas elas ficam vinculadas à atividade previdenciária. Eu não acho nada demais nisso, desde que o Governo entendesse que as contribuições previdenciárias devem cobrir benefícios previdenciários e que não devem ser utilizadas para outras situações. Mas não entender como ele tem entendido, e quando foi chamado a dar satisfação no Congresso ele exatamente se manifestou da maneira que eu estou colocando aqui, agora. As contribuições previdenciárias não cobrem a Previdência Social. E ele não quer se utilizar, em absoluto, do resto do orçamento da Seguridade Social para dar conta de Previdência Social. E por conta disso é que os Srs. veem, permanentemente, nos jornais as notícias de que a Previdência Social não tem recursos suficientes para cobrir suas despesas. De fato, quando da Constituição de 1988 – e, aliás, desde 1950, portanto de meados do século passado – o mundo inteiro sabia que as relações de trabalho estavam mudando e que somente esse tipo de contribuições não ia dar conta de dar o aparato de Previdência no mundo.

Então, ele vai promovendo pequenas alterações na Constituição que possam fazer com que ele chegue ao momento atual. Definição de atividades econômicas para as quais as contribuições incidentes na forma do inciso I, "b", serão não cumulativas. Depois, previsão de diferenciação das bases de cálculo e alíquotas em razão de atividade econômica, utilização intensiva de mão de obra, porte da empresa ou condição estrutural do mercado de trabalho. Lindo esse acrescido do § 9º. Aliás, quando eu li, pela primeira vez, fiquei bem impactada, no sentido de que isso era justo. É justo, mesmo, que se dê um tratamento diferenciado em razão da utilização da mão de obra. Sobretudo em um País onde um dos maiores valores é o trabalho. Então, que se estabeleçam regras especiais, diferenciadas para quem emprega em quantidade. No entanto, não é esse o rumo que a gente vai obtendo com o passar do tempo. Na realidade, há muitos e muitos anos eu já ouvia a respeito da necessidade de se criar um outro modo de contribuição nas relações de trabalho, que fosse de mais fácil controle para o Governo. E claro que receita ou faturamento é uma base muito mais facilmente controlável do que folha de salários.

Nós tínhamos em andamento um projeto de reforma tributária. E esse projeto de reforma tributária – que não saiu das gavetas, como os Srs. sabem – tinha alguns objetivos que precisariam ser alcançados após uma longa discussão e avaliações, evidentemente. E dentre esses objetivos, não era uma carga, uma distribuição equitativa da carga tributária, uma desoneração gradativa do custo tributário para empresas, enfim, uma modificação, uma desburocratização do sistema tributário. E também se previa nessa reforma uma alteração na folha de pagamentos, no sentido de que era preciso desonerar a folha de salários. E lembrando sempre que sobre a folha de salários não incide apenas essa contribuição previdenciária, mas incide SAT, incide FGTS, incide o financiamento dos programas de desenvolvimento profissional de serviço social e, também, salário-educação. Portanto, a folha era uma coisa muito onerada. E precisaria ser desonerada.

A proposta de desoneração na reforma tributária estava relacionada com um estudo. E, portanto, o projeto era que a cada ano se diminuísse 1%, de modo que se chegasse a 14%, e que, também, o Governo abriria mão do chamado salário-educação. E, portanto, haveria uma desoneração da ordem de 8,5%, que, provavelmente, não afetaria o equilíbrio das contas do orçamento da Seguridade Social. No entanto, não ocorreu essa reforma, e o Governo, então, utilizou a "varinha mágica", a medida provisória. Medida provisória sem nenhum estudo; medida provisória sem nenhuma consistência que provasse efetivamente que essas medidas não iriam afetar profundamente o sistema. E, pior – porque, se fosse só isso, é pouco, mas tem muito mais –, o que o Governo quer é retomar recursos no seu orçamento fiscal. E quer novamente criar a dependência da Previdência Social no orçamento fiscal. E nós sabemos perfeitamente que deste remédio amargo a sociedade já tomou. O Estado manipulando com a Previdência, como bem entende. Porque tudo o que se conseguiu na Constituinte foi exatamente isso, dar uma autonomia para a Seguridade Social, com um orçamento próprio.

E, assim, a desoneração vai ocorrer apenas para atender à vontade do Estado, não para atender às necessidades da sociedade. Ela foi implantada inteiramente sem nenhuma avaliação. Porque as consequências já estão se gerando. E eu sempre lembro que quando se quer promover qualquer alteração tributária em um País desenvolvido, em um país sério, o governo faz estudos. O governo vai à academia buscar estudos. Ele se socorre de pessoas que sejam da área e que possam dar respaldo para projetar para o futuro quais as consequências dessas novas medidas que ele pretende adotar. Aqui no Brasil não é assim. Aqui no Brasil o Estado, o poder, quando toma o poder, acha que sabe tudo. Ele não precisa de ninguém. E a medida provisória está à disposição dele. Então, desde a regulação inicial da Seguridade Social, com a Lei 8.212, nós já percebemos que o Poder Executivo estava presente na formulação da legislação, porque criou já uma separação. Ao se estabelecer que caberia à autarquia INSS arrecadar as chamadas contribuições previdenciárias – que sequer estavam previstas com esse nome no novo ordenamento. Mas ele disse: sujeito ativo nas relações previdenciárias, INSS. Levou o caos ao Poder Judiciário, em inúmeras situações que ele foi criando nesse período. Até que, finalmente, por decisão judicial, se definiu que ele poderia arrecadar tranquilamente com sua Administração direta essas contribuições, sem problema nenhum, uma vez que havia uma fiscalidade paraorçamentária ou uma parafiscalidade orçamentária, segundo Mérigot, que não iria afetar, absolutamente. Ele arrecadava e colocava no lugar certo e aplicava na finalidade que estava disposta na Constituição Federal. Ele também adotou a Desvinculação de Receitas da União. Mas a DRU os Srs. sabem perfeitamente que não liberou recursos das contribuições ditas previdenciárias. Por quê? Claro, o feitiço anterior trabalhou contra ele. Porque quando ele estabeleceu, no art. 167, XI, da CF, que contribuições previdenciárias só poderiam ser utilizadas para a Previdência, ele também não teve condições de acessar os recursos da Previdência Social. Então, achou uma outra maneira. Uma forma de atingir os recursos foi dizendo desonerados, de qualquer maneira. E com o comprometimento de que, primeiro, ele iria desonerar e, dentro desse "Plano Brasil Novo", inovar para competir, competir para crescer, era preciso desonerar a folha. Desonerar a folha com o objetivo de redução de custos das empresas agrada a todo empresário; formalização de relações, a todo empresariado, naturalmente; formalização de relações de trabalho; aumento de competitividade no mundo globalizado; crescimento do setor produtivo interno; investimento e modernização do parque produtivo. Tudo isso agradou a todos. E, aí, um arsenal de legislação – a gente nem vai falar de todas as leis e todas as modificações, de todas as instruções, todos os decretos e todos os detalhes, que são um verdadeiro "manicômio". E estabelece exatamente o que seria a receita bruta.

É uma discussão antiga. Lembro-me bem dessa discussão, nos anos 1970, Cleber Giardino, Geraldo Ataliba e outros tantos que se debruçaram sobre esse conceito, que está firmado. Ele adotou esse conceito, receita decorrente da venda de bens nas operações de conta própria, receita decorrente da prestação de serviços em geral e o resultado auferido nas operações de conta alheia. Muito bem. Isso aqui eles firmaram novamente. Eles firmaram nessa Consulta 40. A Receita Federal estabeleceu exatamente esse entendimento aqui. Esse matéria vai ficar para os Srs.

Enfim, tudo isso nos leva a uma conclusão preliminar de que a desoneração na folha de pagamento não contribuiu para a redução dos custos das mercadorias. Também resta evidente para nós, nessa conclusão preliminar, a desconstrução da autonomia do custeio da Previdência Social e da Seguridade Social. E mais: que a produção industrial continua desacelerada, demonstrando que a medida pontual não resolveu o problema. E também não foram verificadas expressivas formalizações das relações de emprego no período. Nós temos muitas realizações de formalizações de emprego relacionados com essa nova emenda que gerou a obrigatoriedade de registrar domésticas.

Então, o que é que acontece no mundo fático? Para algumas empresas a desoneração parou de ser interessante. Aqui estão os exemplos. Uma empresa tinha uma folha de pagamento de 100 mil, pagava 20 mil de contribuição, e pode ser que, se ela for do setor industrial, ela venha a pagar 10 mil de contribuição. Se ela não for de área industrial, for da área de serviços, vai ficar pagando os mesmos 1.000. Por outro lado, também, eu vou ter situações em que a empresa emprega pouco, e, aí, o faturamento passa a ser mais interessante, porque o Estado recolhe mais com o faturamento do que com a folha. De qualquer forma, um "manicômio jurídico" está firmado, formado. Porque, se uma indústria operar com produtos que são próprios da desoneração e operar também com produtos não sujeitos à desoneração, ela tem que manter todas as duas relações, o que cria uma dificuldade enorme. Aliás, existe uma fórmula maravilhosa para resolver esse problema. Eu nem vou colocar aqui, mas quem trabalha com a área sabe muito bem.

E o que mais me impacta é o triste retorno ao passado. O que é esse triste retorno ao passado? A legislação estabeleceu que a União deverá compensar o fundo de regime geral de Previdência Social no valor correspondente à estimativa de renúncia de contribuições previdenciárias decorrentes da adoção da nova base. Então, o que está ocorrendo é que, mensalmente, há uma arrecadação a menor para a Previdência Social e, consequentemente, a renúncia do Governo – ele fez a renúncia, ele vai completar o orçamento fiscal. O que é que, de fato, está acontecendo? Será que o Estado está repondo esses recursos? Eu tenho aqui um quadro – aliás, não é só esse quadro, os Srs. podem consultar no *site* da Fundação Getúlio Vargas, o Instituto Brasileiro de Economia. É uma pesquisa feita por esses dois doutores de Economia demonstrando quais têm sido as renúncias fiscais. E os Ss. vão vendo que, aos poucos, elas vão aumentando. Nos quadros seguintes deste estudo eles mostram claramente que o orçamento fiscal não está repondo o orçamento da Seguridade Social. O que não é nenhuma novidade, porque a União sempre foi a grande vilã da Previdência Social no Brasil. E não está repondo nas proporções da renúncia. E outra coisa: à medida que ele não está repondo, claro que ele começa a ter moeda de pressão para dizer que a Previdência Social no Brasil, no mínimo, tem que ser privatizada. Porque, do jeito que está, não pode continuar.

Então, para concluir – eu estou, agora, no meu tempo –, conclusões finais estão relacionadas com a verificação de que a desoneração será adotada para todos os setores da Economia. Representam retrocesso na proteção social, considerando que o orçamento da Seguridade Social ficou instituído para resguardar recursos para essa proteção, que voltou a ser refém do Governo. Com essa renúncia, voltou a ser refém do Governo. E a necessidade de reforma tributária é evidente no Brasil. Mas ela precisa ser instituída após uma discussão ampla, geral, baseada em estudos que avaliem vantagens e desvantagens nas alterações do sistema, para que a gente não se arrependa no futuro. E a oneração não atingiu os resultados propostos na "Exposição de Motivos".

Eu espero, com isso, ter dado aos Srs. uma possibilidade de reflexão.

Muito obrigada!

Elizabeth Nazar Carrazza – Eu cumprimento a Profa. Helga pela sua magnífica exposição. Um tema difícil. Eu considero uma área bem complicada. E tenho certeza de que, junto conosco, no momento em que aplaudimos o final da exposição da Profa. Helga, lá de cima, o Prof. Geraldo Ataliba, junto com o Dr. Eugênio Doin Vieira, devem ter aplaudido com muito entusiasmo. Parabéns!

Vamos, em seguida, dando continuidade ao nosso painel, passar a palavra para a Profa. Susy Gomes Hoffman, que vai falar sobre a "Não cumulatividade do PIS/COFINS: o Conceito de 'Insumos' Relacionados à Atividade Operacional". Com a palavra a Profa. Susy.

Não Cumulatividade do PIS/COFINS: o Conceito de "Insumos" Relacionado à Atividade Operacional

Susy Gomes Hoffman – Boa tarde a todos! É com muita alegria, muita satisfação, que inicio a minha palestra neste Congresso, agradecendo imensamente à Dra. Maria Leonor, que fez o gentil convite para eu estar aqui. Cumprimentando a Mesa, a minha querida Beth Carrazza, minha Mestre, Professora de sempre, a quem eu tanto admiro – e fico muito feliz e honrada em estar ao seu lado nessa mesa, Beth. Queria cumprimentar o meu amigo Tárek. Estamos juntos também, muitas vezes. A querida Helga, que acabou de dar um *show* aqui, então me coloca em uma situação superdifícil, de ter que falar na sequência. Os Professores tão queridos que estão aqui presentes, Prof. Estevão, Prof. Roque, o meu amigo Toledo. E cumprimentar a todos os Srs. Realmente para mim é uma alegria imensa estar aqui! Até porque, eu me senti presenteada com esse tema, que é falar sobre o conceito de insumos relacionado a atividade empresarial dentro da legislação do PIS e da COFINS. Porque esse é um tema em que eu acho que eu participei ativamente da formação jurisprudencial durante a minha estada no CARF. E a minha palestra, o meu falar aqui, hoje, vai ser um pouco da história da evolução da jurisprudência desse tema.

E eu estava lembrando até, preparando esta apresentação, que há 10 anos, em 2004, eu falei neste Congresso sobre a não cumulatividade no PIS e COFINS. Eu falei – nossa, 10 anos, realmente é muita diferença. Primeiro porque os anos passam, eu era bem mais nova. Eu estava grávida fazendo aquela palestra, e eu me lembro que senti muita dificuldade em falar. Falei assim – nossa, a legislação – tinha vindo a medida provisória em 2002, 2003. É tão novo, falar sobre o quê? E eu me lembro que eu fiz toda aquela discussão do princípio ou regra, trazer, comparar com a não cumulatividade ICMS, IPI, e como é que ficaria essa não cumulatividade para o PIS e para a COFINS. E, passados 10 anos, ainda estamos nessa legislação, que é uma legislação muito difícil, PIS e COFINS. É um emaranhado, é uma "colcha de retalhos", com muitas e muitas exceções, com muitos detalhamentos para áreas específicas do mercado, regras específicas. E estamos, agora, na iminência de os Tribunais Superiores se manifestarem sobre essa legislação. Já houve a manifestação numa ação de constitucionalidade, mas agora o julgamento versará sobre o funcionamento desse sistema. Tanto a repercussão geral – que eu acho que está com o Min. Luiz Fux no STF para falar da não cumulatividade – quanto o tema específico do conceito de insumos – que está com o Min. Napoleão, no STJ. Então, é um momento crucial para o PIS e para a COFINS, para essa questão da não cumulatividade e para todos os operadores.

Por quê? Porque esse tema é muito relevante. Quem atua efetivamente na área sabe que – pelo menos, no escritório em que eu trabalho hoje, eu vejo isso. No CARF eu brincava que a gente "enxugava gelo" nesse tema – é um dos temas que mais traz trabalho para os escritórios: ou consulta ou processo. Por quê? Porque, hoje, PIS e COFINS, para quem está no lucro real, são tributos altíssimos. Poder se creditar, ter mais créditos de PIS e COFINS, é uma questão de sobrevivência. Então, como eu vou colocar aqui, na história: quando o CARF começou a alargar o entendimento do conceito de insumos, ele trouxe o quê, para os contribuintes? Uma possibilidade de pagar menos PIS e COFINS. Porque, se o contribuinte pode se creditar de mais insumos, na conta final fica um valor menor a pagar. E, daí, começa a surgir uma série de questões. Como faz isso? Posso retroagir cinco anos? Como é que é esse conceito? Como é que traz segurança nisso? E, não querendo me antecipar, mas pelo fato de esse conceito ser um conceito relacional – o insumo é relacionado à produção do produto ou à prestação do serviço –, saber se aquele serviço ou aquele produto é, ou não, um insumo vai depender da atividade empresarial. Então, o fato de ser um conceito relacional faz com que se tenha uma análise caso a caso. No próprio CARF, se vocês entrarem no *site* e derem o último ano para buscar jurisprudência e colocar conceitos de insumos, acho que vem mais de 30 páginas de jurisprudência. Porque é o que mais se julga, em todas as Turmas. É um tema realmente muito presente, porque tem uma litigiosidade muito grande com a Receita e sem uma solução única, porque tem que fazer essa análise de caso a caso.

Mas vamos dar uma geral sobre de onde vem toda essa discussão, para a gente ir passando essa evolução jurisprudencial e para eu poder passar para os Srs. a minha preocupação nesse momento, especialmente com o caso que está no STJ. Muito bem, há as Leis 10.637, que é do PIS, de 2002, e 10.833, da COFINS, que tem o mesmo dispositivo, que é o art. 3º, que vai dizer que do valor apurado na forma do art. 2º – que vai prever como é isso –, a pessoa poderá descontar créditos calculados em relação a – então, aqui, tem um monte de créditos que ela pode fazer, mas o tema da discussão, aqui, é o item bens e serviços utilizados como insumo na prestação de serviços e na produção ou fabricação de bens ou produtos destinados à venda. Inclusive, combustíveis e lubrificantes. E segue, aí, o dispositivo legal.

Muito bem, quais são esses bens e serviços que podem ser utilizados como insumos? Eu tenho todo e qualquer bem e serviço? Ou não? Qual que é esse conceito de insumo? O que é que a gente teve na sequência? Já em 2002 para o PIS, e logo em 2004 para a COFINS? A Receita já vem falar: "Esse crédito que vocês estão achando que é tudo para insumos, não é. O que pode gerar crédito são esses que eu estou colocando aqui". E restringiu, na verdade, o conceito de insumos, trazendo para PIS e COFINS o arquétipo do IPI, ou seja, o crédito só viria daquele bem ou serviço que tem contato direto e imediato com o produto que efetivamente será produzido. Colocando aquelas classificações próprias do IPI. Ou seja: uma restrição muito grande. O contribuinte que foi para o Poder Judiciário no primeiro momento teve uma negativa do Poder Judiciário. O Poder Judiciário, pelos Tribunais Regionais e pelo próprio STJ, em um primeiro momento falou assim: "Não, essa instrução normativa é legal". O que restou para o contribuinte? Ou acatar: "Realmente, eu só vou poder ter crédito relativo a insumos dentro desse conceito restrito do IPI, ou vou me arriscar e vou alargar um pouco mais esse conceito, colocando aqueles bens ou serviços que indiretamente também estão relacionados à minha atividade produtiva". Desse art. 3º a gente já vê o quê? O que pode ser insumo?

Um bem ou serviço que é utilizado na prestação e na produção ou fabricação de bens ou produtos destinados a venda, inclusive os combustíveis.

Esse artigo já me dá, não olhando para as instruções normativas, uns sinais. Primeiro, realmente é um conceito relacional, porque é um bem ou um serviço que vai ser utilizado para a produção ou fabricação do produto ou para a prestação de serviço. E entendendo que o ciclo por que o legislador ordinário – constitucional ou não – optou é o ciclo até a produção, e não para a venda. Essa é uma outra discussão, mas num primeiro momento é isso o que a gente vê. Como eu falei, todos aqueles contribuintes que foram até o Judiciário, bater nas portas do Judiciário, já nos anos de 2004 e 2005, tiveram respostas negativas. E o que a gente percebeu foi: ou aquele contribuinte que resolveu se creditar esperando uma fiscalização, ou alguns casos, alguns contribuintes, falam assim: "Não, eu tenho que buscar diminuir a minha carga tributária". E consultorias, ou a própria empresa, resolveram olhar de novo para esses insumos e falar assim: "Não. Eu poderia ter me creditado de algo mais, de outros bens ou de outros serviços, porque eles estão, sim, relacionado à minha atividade."

Daí surge o quê? Nos anos seguintes o antigo Conselho de Contribuintes depois o atual CARF começam a receber esse tipo de processo. E temos uma primeira corrente, que vai começar a julgar quando esses processos chegam, falando assim: "Não. As instruções normativas estão certas" – é a primeira corrente, que eu coloco como corrente superada, que vai entender que bens ou serviços qualificáveis como insumos são os previstos na legislação do IPI. Ou expressamente nas leis de regência. O IPI, quando a gente fala de produção ou fabricação ou aqueles realmente que estão na lei, que seriam os serviços.

Muito bem. Só que, aí, começa uma discussão grande no CARF sobre esse tema. E se parte para uma evolução. Mas será que é isso, mesmo? Será que essa instrução normativa, será que eu posso trazer a legislação do IPI para o PIS e para COFINS? Nós não estamos falando em não cumulatividades diferentes, não são sistemas diferentes? A doutrina não está apontando isso? Será que eu não tenho que buscar um caminho próprio para o conceito de insumo para fins de PIS e de COFINS? E, aí, a gente vai caminhar para a segunda corrente. Nesse meio tempo vem, num movimento contrário – "não pode nada" –, um outro movimento e fala assim: "Não. Você deve poder tudo". Que é a corrente que vai defender: "Insumo é tudo aquilo que pode ser usado, que a empresa utiliza para fabricar". Então, buscando aí uma equiparação com a legislação do Imposto sobre a Renda. Fala assim: tudo aquilo que for classificado como despesa ou como custo é insumo, pode ser conceituado como insumo. Existem poucos, mas existem, eu vou mostrar aqui, existem julgados sobre isso no CARF.

E uma terceira corrente que fala assim: "Não é nem a legislação do IPI, não é também a legislação do Imposto sobre a Renda, que deve determinar esse conceito. Nós vamos ter critérios próprios". E é aqui que eu acho que foi bom para o contribuinte, mas foi – entre aspas – ruim para o CARF, porque é um número imenso de processos hoje que vão tratar desse tema. Eu trago aqui um acórdão mais antigo, tanto que, vocês veem, ele é da 3ª Câmara do 2º Conselho ainda, não é nem CARF. Eu creio que como CARF a gente não teve mais julgados na linha da instrução normativa. Mas mostrando, aqui, esse primeiro entendimento, que o então Conselho de Contribuintes tinha.

Na sequência eu trago dois julgados que, particularmente, são os únicos dois que eu conheço que adotam expressamente a legislação do Imposto sobre a Renda. Um primeiro, mais antigo, ainda como Conselho de Contribuintes – o que a gente sabe aqui, um pouco da história, é que talvez tenha passado isso, sem se perceber. E, aqui, talvez a gente tenha que entender como é que era, um pouco mais, antes. Há alguns anos a gente não tinha esse julgamento em que todo mundo estava com o *notebook*, o voto era colocado no sistema e todo mundo ia acompanhando. Então, muitas vezes se votava – e eu peguei essa parte – sem estar acompanhando completamente o voto. Por quê? Porque neste voto aqui constou expressamente a menção à legislação do Imposto sobre a Renda e ficou realmente um voto isolado, porque era o único que existia sobre esse tema. E, aí, o segundo que existe já é muito mais recente e vai expressamente se reportar à legislação do Imposto sobre a Renda para falar assim: "Não. O conceito de insumos do art. 3º da Lei 10.833 se reporta ao conceito de custo de despesas trazido pela legislação do Imposto sobre a Renda".

Mas quando realmente esse tema passa a ter uma importância na vida do contribuinte e vira notícia, e todo mundo começa até a olhar os créditos que poderiam ser aproveitados nos últimos cinco anos? Quando há esse julgamento na Câmara Superior, e a Câmara Superior, por unanimidade – para quem não conhece, na estrutura do CARF há as Turmas Ordinárias, divididas sempre em Seções. A 1ª Seção tem sua competência, a mais importante delas é o Imposto de Renda da Pessoa Jurídica; a 2ª Seção, contribuições previdenciárias, Imposto de Renda da Pessoa Física; e a 3ª Seção, PIS, COFINS, IPI, aduaneiros e uma série de outras competências. E, aí, quando há divergência de entendimento entre as Turmas, o contribuinte ou a Fazenda podem recorrer para a Câmara Superior, que é formada sempre pelos presidentes e vice-presidentes das Câmaras.

Quando esse tema chegou para a Câmara Superior, não houve sequer sustentação oral, é um caso simples. O Cons. Henrique Torres, que é o Presidente da 3ª Seção, traz um voto em que ele coloca: "A inclusão do conceito de insumos das despesas com serviços contratados pela pessoa jurídica e com as aquisições de combustíveis e lubrificantes denota que o legislador não quis restringir o creditamento de COFINS às aquisições de matérias-primas, produtos intermediários e/ou material de embalagem". Alcance de insumos na legislação do IPI – então, ele já fala, não é a legislação do IPI – utilizados diretamente na produção industrial, ao contrário, ampliou, de modo a considerar insumos como sendo os gastos gerais em que a pessoa jurídica precisa incorrer na produção de bens ou serviços por ela realizados. A partir do momento que esse acórdão foi formalizado, ele passou a chamar muito a atenção de todos. Acho que no *Valor Econômico* ele foi notícia umas quatro ou cinco vezes. Eu até falava: "Mas que caso é esse? Eu participei do julgamento e não me lembro de ter tido essa importância toda". E a gente até brincava que, se o Henrique soubesse disto antes – porque o Henrique, para quem conhece o meu grande amigo e Conselheiro lá do CARF, é um Conselheiro representante da Fazenda, aguerrido. E ele acabou abrindo essa porta toda para os contribuintes. E foi uma votação unânime, na sessão de agosto/2010. E a partir daí se inicia uma nova era para esse conceito de insumos em termos de PIS e COFINS. É lógico que as Turmas Ordinárias já estavam trazendo essa corrente. O Henrique não inova quando ele vota isso na Câmara Superior. Ele já vem com o voto que ele já tinha, das Turmas, que era fazer essa relação – que é o tema, até – entre o que é insumo com a atividade de produção.

E qual é o estresse que acabou acontecendo com este acórdão? Como foi utilizado a expressão "gastos gerais", passou-se a ter uma leitura de opção pela legislação do Imposto sobre a Renda, inclusive, voltando um pouquinho na minha apresentação, o acórdão relativo à corrente mais abrangente se refere a este acórdão do Cons. Henrique, da Câmara Superior. Porém, neste voto do acórdão da Turma Ordinária, o Relator, Cons. Gilberto, parte do acórdão da Câmara Superior para concluir que a expressão "gastos gerais" é mais abrangente. E, aí, realmente causou uma discussão interna muito grande, se era, se não era, o Imposto sobre a Renda. E se caminhou para entender que não. Em nenhum momento a Câmara Superior dispôs que o entendimento teria sido o de que o conceito de insumos se pautaria pela legislação do Imposto sobre a Renda. Um ano depois, na sessão de novembro/2011, esse tema voltou para a Câmara Superior – na verdade, ele voltou seis meses antes, ficou entrando e saindo, em razão de toda essa discussão –, e a Câmara Superior, em julgamento por maioria, mas que teve uma questão menor, que acabou levando essas duas pessoas a votarem diferente, volta realmente com esse entendimento, ou seja, de que não é a legislação do IPI, mas também não é a legislação do Imposto de Renda, que rege o conceito de insumos. Se vocês pegarem esse acórdão, isso vai ficar muito claro, até para fazer uma homenagem ao Cons. Henrique, eu fiz uma declaração de voto explicando toda a história do primeiro acórdão (de agosto/2010), do que o Cons. Henrique tinha julgado, o que o Cons. Gilberto tinha julgado, qual tinha sido a discussão na Câmara Superior. Este acórdão, para quem tiver curiosidade, conta a história desses julgados todos, toda essa corrente, toda essa evolução no CARF.

Qual era o tema deste, quais eram os produtos envolvidos aqui? É bem interessante, porque era uma empresa – não tenho certeza, mas acho que era a Frango Sul – de alimentos, e a discussão era sobre se aquela indumentária, não o uniforme, a indumentária mesmo, que tem que ser usada naquelas indústrias, até para os trabalhadores que ficam trabalhando em câmaras muito geladas, ela é ou não é um bem próprio que está relacionado, ele pode ser considerado insumo? E o entendimento foi que sim, que deveria. Até porque é uma exigência legal. Se os funcionários não estiverem utilizando essa vestimenta, esse uniforme específico, determinado pela ANVISA, a empresa não pode sequer funcionar. Então, não está diretamente relacionado ao produto, ao que é fabricado, mas sem ele, sem essa indumentária, não se produz. Por isso que ele é um julgado importante, porque trata também de um bem que não está relacionado, de maneira nenhuma, diretamente. Ele não tem nenhum desgaste, aquela coisa toda do IPI. E por que houve dois votos contrários? Porque se discutiu imensamente sobre se esse uniforme poderia ou não ser ativado. E, aí, se fosse ativado – naquela época; hoje, não tem mais essa diferença –, a tomada de crédito seria diferente. Então, foi essa a discussão. Não foi sobre essa questão de estar relacionado ou não estar relacionado, diretamente.

E como está o entendimento da Câmara Superior? Isso foi em 2011. E agora? A Câmara Superior continua nesse entendimento, igual ao anterior. Esse julgado que aparece no *slide* foi um julgado por maioria de nove a um, recente, na sessão de agosto. Ele não está sequer formalizado, eu peguei diretamente com o Cons. Rodrigo Miranda. Aí, ele me passou a ementa. O que é que o Rodrigo Miranda inova com relação ao que a gente vinha falando? Para quem olhar e ler o acórdão dele, isso traz muita diferença na prática?. Talvez a gente tenha que avaliar isso, na evolução. Ele fala assim: "A relação que deve existir – eu não preciso olhar – não é a relação do insumo com o produto. A relação da despesa com a receita vem fruto ou da produção ou da prestação de serviço". Então, ele faz um conceito relacional mais abrangente, colocando também todo o histórico dos julgados. É bastante interessante. E, nesse caso da Jari Celulose, ele também enfrenta, também já havia sido enfrentado na turma, que essa questão toda se tem porque, às vezes, num ciclo industrial, você tem a própria indústria que faz o seu próprio insumo. E, então, esses insumos estariam muito indiretamente relacionados ao produto final. Isso aqui está enfrentado nesse acórdão, e vem trazer toda essa característica do entendimento consolidado no CARF, que o conceito de insumo é um conceito relacional. Até agora essa relação entre insumo bem ou serviço com a atividade da produção ou com a prestação de serviço, e nesse acórdão agora, recente, talvez abrangendo um pouco mais esse caráter relacional. Está aqui a continuação do julgado dele.

O que eu quis trazer com esses outros julgados que eu coloquei – depois, essa apresentação vai ficar para todos os Srs. – é que essa discussão, como eu falei no começo, ocorre o tempo todo no CARF, é uma evolução, é uma análise minuciosa. "Ah, esse parafuso faz parte? Faz parte, então vai". Mas é uma evolução importante. Por exemplo, assim, só para colocar, por que é que eu estou defendendo aqui? Porque eu creio que essa discussão vem de uma evolução grande, de muita discussão que teve no interior do CARF. Por isso que eu tenho um pouco de temor com relação a esse julgado no STJ. Se alguém me perguntasse, há uns dois anos: "Susy, o que é que você acha? O CARF vai entender que Equipamento de Proteção Individual/EPI gera direito ao crédito?", eu ia falar assim: "Nesse momento, não. Quem quiser se creditar vai arriscar bastante". E frete de produto entre estabelecimentos do mesmo contribuinte? Olhe, o semiacabado, pode ser. O final, eu não vejo luz no fim do túnel. Hoje, nós já temos vários julgados favoráveis aos EPIs, eu trouxe aqui. Temos já julgados favoráveis ao frete entre estabelecimentos do mesmo contribuinte – mesmo os acabados –, desde que exista uma explicação para isso. É uma evolução que foi até rápida, em dois ou três anos. Por quê? Porque é um tema relevante; porque todos os Conselheiros estudam. Os Conselheiros fizeram mais de uma reunião, de um dia inteiro, para discutir, para chegar em consensos. Em suma, ainda que não esteja diretamente relacionado, mas desde que seja uma obrigação que esteja prevista na lei – sem aquilo, a empresa não funciona –, pode gerar crédito. Há um julgado – nem sei se eu coloquei nessa apresentação – que vem de um TAC feito pela empresa para recuperação do meio ambiente. Sem aquilo a empresa seria fechada. Também dando direito ao crédito. Então, hoje existe uma posição consolidada no CARF no sentido de que esse insumo é definido a partir da integração do bem ou do serviço como um fator de produção, direta ou indiretamente relacionado ao processo produtivo. Ele tem que estar, de alguma maneira, associado ao processo. Se eu tirar esse bem ou se eu tirar esse serviço, de alguma maneira o produto deixa de ser produzido ou o serviço deixa de ser prestado? Se a resposta for sim, esse insumo tem que ser considerado para fins de crédito.

O que existe atualmente em termos dessa discussão no Poder Judiciário? Nós temos um repetitivo, um recurso que chegou até o STJ, ao qual foi dado o rito dos repetitivos. Vem de um julgamento contrário do TRF-4ª Região, dentro de um mandado de segurança em que se pretende o conceito de insumo bem mais alargado, até mesmo do que o CARF vai dar. Então, o tema chegou ao STJ sem que este Tribunal Superior tenha analisado muitos casos sobre o assunto. Há um caso que está, faz tempo, para julgamento, o Relator é o Min. Mauro Campbell, e saiu com vistas e não retornou. E, agora, temos esse julgamento. Esse julgamento já foi pautado agora, em setembro. Como é um interesse muito grande das empresas, sabemos que está sendo feito um trabalho grande, e, aí, foi retirado de pauta e se aguarda, agora, o julgamento definitivo. Talvez aquilo que pudesse ser um pouco mais amadurecido no Poder Judiciário vai ser julgado de forma definitiva. O problema é que, se o julgamento for contrário a este entendimento consolidado do CARF, entendo que haverá um retrocesso de um tema que veio de uma evolução a partir de muitos estudos e de muito trabalho em cada Seção, numa construção, mesmo, jurisprudencial. Eu sei, por notícias, que tudo isso foi levado para o conhecimento dos Ministros que vão julgar esse recurso. Espero que todo esse esforço realmente seja considerado.

O que eu queria colocar, que eu já falei, é que esse entendimento veio se alargando no CARF. E veio se alargando por quê? Porque o contribuinte foi lá, mostrou, levou um laudo, foi lá explicar como era o processo produtivo dele. Falou assim: "Aqui eu estou falando de serviço. Sem esse serviço técnico especializado não sai o meu produto". Aí, os Conselheiros entendem: "Poxa, realmente está relacionado". Então, o serviço técnico também faz parte. Da mesma maneira, como eu falei, o frete. O frete, que era, antes, uma coisa impossível de se pensar. Tem contrários, que eu coloquei aqui. Tem, mas tem muitos favoráveis.

O que mais? Quais os outros temas? Eu acho que eu coloquei aqui também, eu pus onde o frete de transferência, que tem no STJ, mais ou menos favorável aos contribuintes. Aqui, trazendo equipamento de proteção, os EPIs, os materiais de segurança. Muita coisa também – se é insumo, tudo aquilo que é utilizado nas máquinas, em tudo aquilo que, para fins de IPI, não se aceita, aqui, para fins de insumos PIS e COFINS, o CARF vem aceitando. Qual é um outro tema – já finalizando, mas que eu não gostaria de deixar de falar – que, quando surgiu esse alargamento do CARF, realmente, muitas empresas falaram: "Não seria o caso de eu voltar cinco anos e trazer esses créditos para melhorar a minha *performance*, já que isso pode ter um impacto muito grande?". Pode ou não pode? A lei prevê essa possibilidade da tomada desses créditos extemporâneos? O CARF tem entendido que sim, que pode, que é possível retomar os cinco anos. Que na lei tem essa permissão. E até eu peço desculpas, mas quero comentar que existe um julgado – um específico, mas vários – que explica muito bem, até o seguinte, porque vocês podem perceber, até em decisões de primeira instância ou soluções de consulta, que a Receita falou assim: "Ah, mas para fazer isso você tem que retificar todas as DACONs, a DIPJ". Então, às vezes, para a empresa, o refazimento de todos esses deveres instrumentais impossibilitaria o aproveitamento do crédito. E, aí, os julgados são poucos, mas existem, no sentido de que isso é uma opção do contribuinte. Porque, se ele lançar só como crédito extemporâneo, ele perderia o direito à SELIC. Se ele fizer todas as retificações, ele pode colocar a SELIC, o que pode dar uma diferença muito grande. Mas essa é uma opção do contribuinte.

Qual que é a única questão a que a gente chama a atenção? Uma coisa é o Fisco ir até a empresa e falar: "Esse parafuso não faz parte do seu processo produtivo". Quem tem que provar que não faz parte é o Fisco. Quando o contribuinte levanta esses créditos extemporâneos e faz o pedido de compensação, o ônus da prova é dele. Então, isso tem dado, realmente, muita dor de cabeça no CARF. Porque: "Ah, num pedido de compensação os Conselheiros podem converter o julgamento em diligência?". Se vocês encontrarem uma Turma que tem o entendimento de que pode pedir provas, isso vai ser possível. Mas, na regra, não é. Ou seja: ou o contribuinte traz e especifica, a partir do momento em que ele teve o despacho decisório negando esse pedido de compensação, já explica a relação – porque, normalmente, se foi glosado, é porque para aquele crédito não é tão evidente essa relação. Então, é importante que o próprio contribuinte venha para isso, porque, neste ponto, o contribuinte vem perdendo. Se ele não traz a prova, fica realmente a critério do julgador querer se convencer. E, aí, o julgador pode pedir: "Eu estou na dúvida se faz ou não". E converter o julgamento em diligência. Caso contrário realmente não tem muito como brigar na esfera administrativa. Eu, particularmente, sou uma defensora do princípio da verdade material. Por isso que, naquilo que sempre eu pude julgar, eu converteria o julgamento em diligência. Porque, fatalmente, esse contribuinte irá ao Judiciário. Mas esse não é o entendimento. Inclusive, quando o contribuinte não faz a retificação na DCTF, você entende que ele teria perdido – pode se encontrar nisso, que ele teria perdido o direito, como eu falei – ou nas DACONs. Mas o entendimento já é que, por si só, o fato de os deveres instrumentais não trazerem os valores não significa que o contribuinte não pode ter o direito àquele crédito.

Bom, enfim, eram essas as questões que eu gostaria de trazer. Acho que trouxe mais, até da história, da evolução do conceito de insumos para PIS e COFINS, nesse entendimento de que ele é um conceito relacional. Dentro daquilo que eu entendo e que está contemplado na jurisprudência do CARF – e o que dificulta muito, realmente, a interpretação e o julgamento dos casos que envolvem esse tema, terá que ser analisado, caso a caso, se aquele bem ou aquele serviço pode ser considerado insumo, sempre em relação à atividade da empresa que está pleiteando esse crédito.

Enfim, era isso o que eu tinha a dizer para todos os Srs. Agradeço bastante. Muito obrigada!

Elizabeth Nazar Carrazza – Cumprimento, tenho certeza que em nome de todos, a Profa. Susy Hoffman pela sua exposição. E sei que sua participação no CARF foi muito importante para todos os empresários, todos aqueles que têm questões tributárias, na esfera federal, em discussão, na medida em que ela é, e sempre foi, uma pessoa muito estudiosa e muito de aprofundar, realmente, todas as questões. Parabéns, Dra. Susy!

Bem, agora nós vamos passar a palavra ao Dr. Tárek Moussallem, que vai nos falar a respeito da "Finalidade Constitucional das Contribuições Sociais e o Desvirtuamento na Efetiva Destinação". Professor, com a palavra.

A Finalidade Constitucional das Contribuições Sociais e o Desvirtuamento na Efetiva Destinação

Tárek Moussallem – Boa tarde a todos! Cumprimento a Profa. Beth, É uma honra para nós poder participar de uma Mesa presidida pela Sra., exemplo de professora, de profissional, por quem eu sempre tive um grande carinho. A querida Profa. também, Dra. Helga, que nós brindou com uma brilhante palestra na primeira exposição. E a querida Profa. Susy, de quem também a Profa. Beth fez todas as exposições acerca da grandeza, da importância dela, tanto na Academia quanto no CARF. Agradeço também à Profa. Maria Leonor, pessoa queridíssima, que me fez o convite para falar sobre esse tema. Eu faço sempre questão de vir ao Congresso. Fi-lo muito como parte do auditório, vendo o Prof. Roque, o Prof. Estevão e outros queridos professores, dentre os quais o Prof. Paulo de Barros Carvalho e o saudoso Prof. Geraldo Ataliba. Sinto-me emocionado em estar aqui agora, para falar para os Srs. sobre um tema que reputo relevantíssimo para a teoria geral do direito tributário. Destarte, trarei alguns pontos para reflexão geral. São dúvidas minhas também, cujos assuntos são mencionados apenas nos "bastidores". Trazer isso aos Srs. faz com que o tema possa crescer. Vir aqui e simplesmente falar que o STF decidiu assim, e está certo, que o CARF decidiu assado, e está errado, é por demais opaco.

Iniciarei minha exposição trazendo um quadro que eu recebi em um bar, tomando cerveja com algumas pessoas. E eles me deram esse quadro, Prof. Roque. Eu achei engraçado, porque o sujeito que me trouxe o quadro, Profa. Beth, estava revoltado com o advogado dele. Ele dizia que os advogados o estavam enrolando há 10 anos em um determinado processo. E que nós falávamos, falávamos, não dizíamos nada, não resolvíamos o problema. Quanto mais tempo durava o processo, era melhor para o causídico (?!). Era um sujeito simples, sabe? E ele começou a me esculhambar, Lima. E eu lembrei, Toledo, das nossas conversas sobre Advocacia. E, mais ou menos, o quadro diz assim – é um manual de tecnomistificação –, está ali escrito assim: "Madame Natasha tem horror a música. Ela confunde 'bola de Tafarel' com 'Bolero de Ravel'. E, habitualmente, a senhora distribui bolsas de estudos aos sábios da parolagem, que é um tratado do blá-blá-blá", E aí, se eu pular aqui os parágrafos e for ao último parágrafo, está bem assim: "O leitor pode combinar qualquer expressão listada na primeira coluna com outras das demais, na ordem 1, 2, 3 e 4". Aí, as variações possíveis, Susy, são cerca de 10 mil. E, segundo os autores, permite ao empulhador que fale ininterruptamente por mais de 40 horas sem dizer coisa alguma.

E aí, na hora em que ele me deu isso, eu levei na brincadeira. Mas comecei a ler, e vi que nós, juristas, somos um pouco assim... Basta nós lermos ali. E quando eu falo "juristas" eu falo advogados, julgadores, aplicadores, fiscais, desembargadores, Ministério Público. Todos nós somos assim. Vejam estas orações: "Caros colegas, a complexidade dos estudos efetuados auxilia a preparação e a estruturação das opções básicas para o sucesso do programa". "A prática mostra que o novo modelo estrutural aqui preconizado acarreta um processo de reformulação dos índices pretendidos." E é assim. Nós, juristas, Prof. Roque, somos assim. Havia um jurista francês chamado Georges Renard que dizia justamente isso: "O jurista, quando não sabe onde encaixar o monstro que ele criou, ele dá um nome sonoro. Esta figura é *sui generis*". E todo mundo aceita isso. E, olhe, a contribuição é uma figura *sui generis*, não é? Então, vamos fazer o que quisermos com ela. E nós vamos levando as coisas dessa forma.

Eu acho [*truncado na gravação*] o Prof. Tércio Sampaio Ferraz Jr. trabalha muito bem com isso. Quando o jurista se complica em sua verborragia, ele logo vai a um lugar-comum: "Olhe, é o princípio da moralidade". E, assim, nós, juristas, vamos nos tornando verdadeiros empulhadores, verdadeiros enganadores. Assim é que Ricardo Guibourg dizia que "nós, juristas, somos *experts* em inventar debates estéreis, inúteis". E dizer isso para uma plateia de juristas é sempre complicado, porque parece que nós estamos atacando a nós mesmos. Mas é porque nós não nos damos conta do que fazemos, muitas vezes. E acabamos em um discurso retórico (naquele velho sentido de "blá-blá-blá"), daquele advogado das historinhas que nos contavam quando éramos crianças. E a grande complicação, a meu ver, desse tema começa com o que eu vou expor logo na sequência com relação à classificação dos tributos. Vocês vejam o problema dos debates estéreis. E a Profa. Fabiana estava colocando aqui o problema do "ornitorrinco". E eu estava ali olhando que, realmente, foi um problema sério de classificação dos animais quando o homem se deparou com o ornitorrinco. Porque todos os critérios que a Biologia usava para classificar não se encaixilhavam ao ornitorrinco. Até que, por um ato arbitrário, falou: "O que importa é ter glândula mamária. Tendo glândula, é mamífero". E o ornitorrinco, embora tenha bico, tenha cauda, tenha pata, e assim por diante – pata igual à de pato, mesmo – gostaram do trocadilho? –, ele se encaixa aqui. Então, é um critério classificador. E nós, juristas, incrivelmente usamos, por exemplo, a classificação dos tributos em vinculados e não vinculados, usamos esse critério definitório e, estranhamente, debatemos se existem três ou cinco espécies tributárias. Então, são coisas dos juristas. Usar um critério para divisão e achar um número ímpar de tributos. É mais ou menos como se classificássemos os animais em vertebrados e invertebrados – para continuar na linha da Profa. Fabiana – e achássemos uma terceira espécie, aquela dos animais que pertencem à fauna brasileira.

Isso, para nós, passa a ser algo difícil e complicado. Porque, se nós usarmos o critério – que eu reputo muito bem estipulado pelo Prof. Roque, pelo Prof. Geraldo, pelo Prof. Paulo, Prof. Estevão –, toda a tradição nossa que eu tento resgatar neste momento, que é tributos vinculados e não vinculados, eu tenho sempre duas espécies tributárias. Para achar outras eu tenho que usar outros critérios. Mas enquanto empregarmos esse fundamento de divisão só poderemos ter duas espécies. E, aí, analisando com mais calma esses problemas, me espanta quando nós colocamos as contribuições, por exemplo, de melhoria – e é o tema da exposição – como um tributo vinculado indiretamente. Aí, nós retornamos, Prof. Roque, mais uma vez, ao ponto inicial, e falamos: "Qual é o critério para a divisão?". O critério é hipótese e base de cálculo. E a base de cálculo confirma ou infirma a hipótese. É isso o que nós falamos, com o quê eu estou de pleno acordo. Só que, se nós formos olhar com calma a base de cálculo da contribuição de melhoria, veremos que sua base de cálculo é justamente a valorização do imóvel. E eu me perguntava e me pergunto até hoje, Profa. Beth: "Onde está, aí, a atividade estatal mensurada?". Não está! Então, a contribuição de melhoria salta de um tributo vinculado para um não vinculado. E passa a ser uma espécie de imposto. Aí, pronto, volto a tratar do "blá-blá-blá".

Quando se usa a palavra "imposto" como tributo não vinculado pode se estar referindo a "imposto" como gênero ou "imposto" como espécie, já que a palavra é empregada em dois sentidos. Então, todos esse problemas me levaram a reconstruir essa figura das classes e das classificações em matéria tributária, para nós chegarmos na importância da contribuição. E, aí, eu tive uma dificuldade para criar este quadro:

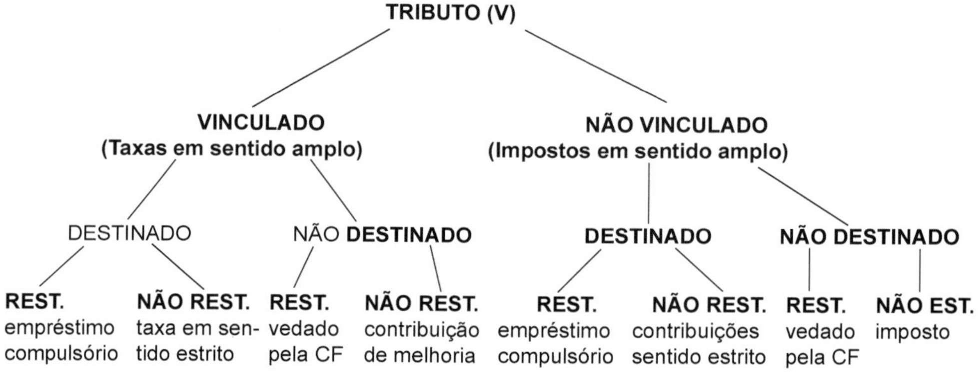

Porque, onde eu caminhava, buscava na doutrina, buscava na jurisprudência, eu via sempre um problema de hora estar aqui, hora estar ali, sem uma razão. Então, o primeiro critério para classificar usando da tradição da ciência do direito tributário é, justamente: vinculado e não vinculado. Se eu usar apenas este critério na primeira classe de divisão, como gênero, eu só tenho dois tributos. Ou os tributos são todos vinculados, ou todos não vinculados. E me lembro mais uma vez das aulas do Prof. Roque, que está aqui sentado em minha frente, e por isso estou nervoso: "Eu posso usar quantos critérios eu quiser para classificar". Eu posso usar tributos que pertençam à União, ao Estado ou ao Município. É um critério perfeitamente possível. Só que este não exaure o que pretendemos aqui, nesta exposição. Então, vinculado e não vinculado, é o primeiro critério.

O segundo critério é ser destinado ou não. E, aí, eu tenho que usar sempre classes excludentes. Ou é destinado, ou (-excludente) não destinado. Como se fosse em Biologia, ou é vertebrado ou não é vertebrado. Não há uma terceira possibilidade. E, assim, na terceira eu tenho restituível e não restituível. Os tributos podem ser classificados assim. Mas, vejam, sempre em números pares. Porque o fundamento de divisão tem que ser um só. Eu não posso colocar todos no mesmo nível, porque eu vou ter problemas com as contribuições, com os empréstimos compulsórios e com a contribuição de melhoria. Então, fica mais ou menos assim: usarei o termo "vinculado" para significar sempre quando a hipótese de incidência mencione uma atividade estatal/ poder de polícia. Logo, a base de cálculo deve mensurar tal grandeza econômica. Mensuro uma atividade estatal ou não. E, aí, eu tenho o tributo vinculado ou não. E usarei o termo "destinado" – para quando houver a previsão do produto para uma finalidade constitucional específica. Então, eu crio rincões para classificar. Quando, agora, eu falo "espécies", eu estou trabalhando o terceiro rincão, lá. Não mais o segundo. Então, o que eu dizia da confusão era: "Cuidado quando se diz que a taxa é um tributo vinculado destinado, por exemplo". Porque eu tenho também a possibilidade de fazer referência à "taxa em sentido estrito" e ao "empréstimo compulsório". Estou tentando trazer critérios para estabelecer as conclusões a que eu vou chegar.

Eu não consigo, por exemplo, não enxergar nenhuma contribuição como um tributo vinculado. Todas as contribuições são sempre tributos não vinculados. E qual é a importância disso? Primeiro, que elas não mensuram uma atividade estatal na hipótese e na consequência. Ou seja: a base de cálculo e a hipótese das contribuições não possuem uma atividade vinculada do Estado. Porém, eu tenho os tributos não vinculados, destinados ou não. É a segunda classificação. E esses destinados ou não, aí, sim, eu tenho restituíveis e não restituíveis. Então, há, no primeiro caso, como um tributo não vinculado destinado restituível, o empréstimo compulsório. E eu tenho um tributo não vinculado, destinado e não restituível, chamado "contribuição em sentido estrito". Fica claro, me parece, por essa exposição que eu faço agora, que, realmente, as contribuições têm seu *discrímen* na *finalidade* delas. O que distingue um imposto, uma contribuição e o empréstimo compulsório é, além da destinação, no caso, a não restituição.

Então, vocês vejam que as linhas são tênues para distinguir um do outro. E, como é feito, bem alertado pela Profa. Helga, a todo momento eles mudam o nome, mudam a finalidade, e daí uma contribuição passa a ser um imposto, e desvirtua toda a figura constitucional, a ponto de nós ficarmos perdidos nesse emaranhado confuso criado pelo legislador. Com esses critérios busca-se eliminar essas ambiguidades. E é por isso que eu fiz esse quadro e me ative um certo tempo nele, para tentar demonstrar que toda contribuição, então, está naquele âmbito, ali. É um tributo não vinculado, destinado e não restituível. Então, as contribuições se caracterizam por serem não vinculadas, não restituíveis e destinadas a um fim específico. Vejam que a outra figura com destinação possível, só para esclarecer isso, é taxa. Mas a taxa tem na sua hipótese uma atividade estatal. Essa é a diferença entre a taxa e a contribuição. A taxa, no sentido estrito, e a contribuição, a meu ver.

Então, as contribuições têm suas especificidades na Constituição Federal. Primeiro, o que todo tributo possui, a questão de ser tributo não vinculado, pela hipótese, destinado e não restituível. Vejam, aqui entra um problema na destinação. A atividade estatal deverá se voltar sempre para o grupo de pessoas do meio econômico instado a contribuir ao órgão, fundo ou despesa. Isso equivale a destinar a arrecadação final do produto. Não podemos confundir isso com a vinculação. A doutrina, que é o terceiro tópico aí, diz a vantagem ou benefício que vincule aquele que suporta o custo ou despesa, em relação à atividade a ser desenvolvida pela Estado. Ou seja: deve haver uma vinculação da atividade do Estado com aquele que contribui. Aqui eu coloquei uma interrogação, porque eu gostaria da reflexão dos Srs. em relação a esse ponto. Se a contribuição, qualquer que seja ela, não é vinculada a uma atividade estatal, então, não tem a figura da contraprestação.

Eu não posso ter a figura da contraprestação. Eu tenho a questão da destinação, mas não da contraprestação. Em princípio, pensando alto, eu teria a possibilidade de criar uma contribuição sobre, por exemplo, um domínio econômico para investimento em outro. Porque eu não tenho, aí, a característica da vinculação a uma atividade estatal. Trago tal tema para problematizar, refletir.

Eu tenho limites constitucionais aplicáveis aos tributos, como classe, universo do discurso em geral, quais sejam: legalidade, anterioridade, retroatividade. E tenho algumas especificidades das contribuições. Por exemplo, no art. 149 da CF: a lei instituidora deve prever que o produto da arrecadação deve ser aplicado na finalidade que deu causa à instituição da contribuição, em razão da destinação. Ou seja: à lei que institui a contribuição não basta expor a regra-matriz de incidência tributária. Tem que expor a regra-matriz e as finalidades para que foi instituída aquela contribuição. De modo que isso diz respeito à validade da instituição da contribuição. Não estou falando, aqui, em eficácia técnica. Até mesmo porque eu tenho sérias dúvidas quanto a essas expressões, "eficácia técnica", "eficácia social" e "eficácia jurídica". Eu estou dizendo em termos de validade para a instituição da contribuição. Se não houver a previsão legal, creio ser inconstitucional a contribuição.

Mas isso não é suficiente. É necessário também que haja uma previsão, na Lei Orçamentária, sobre este fundo ou a destinação para a qual vai a arrecadação da contribuição. Então, são três elementos normativos, aqui: a hipótese, a finalidade e a previsão no orçamento. Sem esses três critérios eu não tenho uma contribuição, qualquer que seja, validamente instituída. Porque o que importa efetivamente na contribuição, além dos elementos da regra-matriz de incidência, é a finalidade. Esses três elementos (hipótese, finalidade e previsão no orçamento) devem estar previstos na norma.

Agora, debate-se – e vacila a jurisprudência.

E, aqui, eu tenho uma observação a fazer entre parênteses: às vezes eu tenho uma impressão – é uma impressão – de que o Judiciário, os aplicadores do Direito, como um todo – eu digo mais o Judiciário, porque é o que nos importa, aqui – tem receio, hoje em dia, de dizer que o tributo é inconstitucional. Há uma intimidação ao Judiciário Brasileiro. Não sei por que via, há isso. Mas há uma tentativa – e nota-se isso em todo julgamento, vocês que advogam sabem o que eu estou dizendo, em todo julgamento nós, advogados, temos que fazer um esforço incomensurável para tentar mostrar que o tributo é inconstitucional ou não. Parece que o Judiciário advoga para a União, para o Estado e para o Município. Mais uma vez me valho das palavras do Prof. Geraldo Ataliba. Eu não estou sozinho nisso, não. Era o Prof. Geraldo Ataliba que dizia isso. Eu estou aqui repetindo o que ele dizia, para relembrar a memória dele.

De onde vem essa intimidação? Por que isso acontece? Essas coisas devem ser refletidas por nós e, principalmente pelo Judiciário. Eu não sei o porquê de isso estar acontecendo dessa maneira. O Judiciário distinguiu em uma tese, para salvar a figura da contribuição, a questão da destinação. Ou seja: basta a lei prever, ou tem que ser efetiva a destinação do produto? Então, surgiram duas posições: basta a lei estar prevendo essa finalidade; e a outra era a de que seria necessária a destinação desse produto arrecadado. E, com base nisso, é importante esclarecer o seguinte – o Prof. Geraldo Ataliba, mais uma vez, dizia que o orçamento é uma lei, e essa lei pode ter normas gerais individuais e normas gerais abstratas. Então, ocorre muito de se criar, por exemplo, no orçamento, "reservas de contingências". Ou seja: uma dotação global não específica destinada a determinado programa ou unidade orçamentária. Isso deveria ser uma exceção ao princípio da especificação. Enquanto o orçamento tem que ser detalhado, se cria essa figura da reserva da contingência, e tudo o que foi arrecadado, por exemplo, como contribuição é colocado, inconstitucionalmente, para custear despesas gerais do Estado. Vejam que aí, nesse caso, nós temos uma figura da desvirtuação da contribuição. Não poderia ser feito isso.

A grande questão que surge, eu vou falar logo na sequência, é quem pode questionar isso judicialmente. Mas que isso desvirtua a figura da contribuição, desvirtua. Parece-me não haver dúvida em relação a isso. Vejam que quando a gente fala em desvio da finalidade das contribuições nós usamos esse desvio em três acepções da expressão. Desvio de finalidade da lei – então, a lei cria para um fim e ela mesma fala que é para outro fim. Isso é uma infraconstitucionalidade. Há o desvio da finalidade do orçamento, quando se chama aquelas reservas de contingência e se joga aquele produto de arrecadação em outros fins que não aquele fundo criado. E há um terceiro desvio de finalidade, esse talvez seja o pior deles, e o que mais acontece, por meio de ato administrativo do Executivo. O Executivo, mau gerente – e não "gerenta" – da verba pública, acaba por desviar, via ato administrativo, o produto da arrecadação. Então, são três espécies de desvios possíveis nas contribuições.

Eu digo isso porque, a meu ver, cada uma delas envolve um problema processual, um problema de quem pode questionar e como questionar isso. Vejam que a legitimidade para demandar em juízo muda de acordo com os desvios. No caso de um desvio legal orçamentário me parece que o contribuinte tem legitimidade processual para questionar a contribuição, porque são questões que dizem respeito à instituição efetiva da contribuição, via Constituição. Agora, quando o desvio ocorre por via de ato administrativo, aí me parece que, mais uma vez, os órgãos de controle falham no controle. Não caberia ao contribuinte, porque o vínculo tributário individual e concreto já nasceu e se extinguiu com o pagamento, para o contribuinte. Ele não tem como questionar e fiscalizar se o Executivo está destinando, via ato administrativo, ou não. Nisso não caberia um questionamento por parte do contribuinte, Susy. Mas vejo que caberia um questionamento aos órgãos de controle. Eu sei o que eu estou dizendo aqui. Mais uma vez a sua cara é de quem não concorda. Mas não vejo como o contribuinte, ele, fiscalizar o ato, ele, o ato executivo administrativo. Nem via mandado de segurança. Caberia um controle do Ministério Público Federal – ou Estadual, e assim por diante. Os órgãos de controle. O TCU. Como vem controlando. No caso da CID-Combustíveis fez um longo voto – e muito bem elaborado – explicando que aquilo ali envolveria responsabilidade fiscal do Executivo. Mas nós sabemos como, aqui no Brasil, essas coisas funcionam. Mas eu não posso ficar preocupado com cada caso específico. A rigor, a lei, a norma constitucional, é que diz isso.

Então, vejam o problema da CID-Combustíveis, que eu estava dizendo agora há pouco. A lei, que é a Constituição Federal, acabou por criar o tributo. E já traz toda a finalidade dela. O STF, na ADI 2.925, sinalizando o contrário do que já vinham pensando, porque eles diziam que no desvio da finalidade, no caso concreto, por ato administrativo e por meio do orçamento, não caberia controle de constitucionalidade, porque são normas individuais e concretas, mudou o posicionamento nesse julgado. E foi interessante, porque permitiu, via ação direta, o controle do produto da arrecadação, em termos gerais. Então, o orçamento, por meio de reserva de contingência, aqui, no caso, crédito suplementar, tentou desviar o conteúdo do produto arrecadado por meio da CID-Combustíveis. O STF veio e disse que isso era inconstitucional, que não poderia ser feito. E tornou o tributo inconstitucional, por esse prisma. Ou seja: não poderia haver esse desvio, por crédito complementar no orçamento. Então, houve um controle, aqui, concentrado. Muitos podem estar se perguntando por quê. Eu estou tentando seguir um raciocínio, usando esse julgado do STF, que, até então, está em vigor. Houve um controle concentrado. Se fosse norma concreta, não poderia haver. Houve um longo debate. Na verdade, começou com o Min. Sepúlveda Pertence; depois, a Min. Ellen Gracie e, ao final, o Relator foi o Min. Marco Aurélio. Só para trazer que é ele que mostra essa virada de posicionamento do STF, dizendo que há possibilidade, sim, de controlar lei orçamentária via ação direta de inconstitucionalidade.

Já se tentou também – e, aí, vou encerrando a exposição – no sentido de dizer que a desvinculação dessa receita, seja ela na lei, seja ela no orçamento, seja ela por ato administrativo, transformaria a natureza do tributo contribuição em um imposto. Então, lembram daquele quadro inicial que eu fiz? A contribuição está do lado do imposto. A diferença é que um é destinado; o outro, não. Isso é interessante que nós reflitamos. Porque, se não é destinado, aquilo que se criou é um novo imposto, e não uma contribuição. E para se criar um novo imposto nós sabemos quais são as regras para isso. Então, não se pode criar imposto mediante, muitas vezes, lei ordinária. Tem que se usar lei complementar. Então, todos aqueles critérios que nós aprendemos nas Graduações e no Mestrado continuam valendo. Mas me parece que não há um desvirtuamento da figura contribuição para imposto, por esse único motivo. sem destinação específica não há uma transmutação da contribuição em imposto.

Pensando nisso, alguns Municípios propuseram uma ação – e isso foi via recurso extraordinário ao STF, mais uma vez Relator o Min. Marco Aurélio – na qual diziam que o desvirtuamento da finalidade constitucional das contribuições transformaria as contribuições em um imposto, e, com base nisso, eles queriam que essas contribuições fizessem parte do Fundo de Participação dos Municípios, do repasse da União para os Municípios. E o Min. Marco Aurélio, nesse voto, Relator, disse que, neste caso, não há essa transfiguração de imposto para contribuição. O que há é uma contribuição inconstitucional. Vejam: mais uma vez eles tentando salvar uma figura como o ornitorrinco, que não se encaixa em nenhum caso (Constituição Federal), e por isso mesmo é inconstitucional. Agora busca-se tentar salvar a figura e transformá-la de contribuição em imposto, para salvar a chamada arrecadação. E quem paga? É o já descarnado povo brasileiro.

Então, com base nisso, Profa. Beth, eu encerro a minha exposição dizendo que o controle que nós temos é o controle constitucional. Houve desvirtuamento? Aí, nós temos que ver qual foi o desvirtuamento, para fins de, a meu ver, saber quem pode questionar isso judicialmente.

De todo modo, agradeço muito a atenção dos Srs. Mais uma vez agradeço à organização do Congresso pelo convite. E a toda a Mesa, pela atenção. E daqui nós vamos seguindo para as outras exposições.

Muito obrigado!

Elizabeth Nazar Carrazza – Agradeço, em nome de todos, a exposição do Prof. Tárek, que acabou já despertando algumas dúvidas, como ele queria, na plateia. Eu acabo de receber aqui uma pergunta, formulada pela Profa. Fabiana, para o Dr. Tárek. E estão abertos os debates também para todos aqueles que quiserem, o Prof. Roque, todos. "Prof. Tárek, a 'Exposição de Motivos' é relevante nessa determinação da natureza da contribuição? Exemplo, Lei Complementar 110, que criou o adicional ao Fundo de Garantia por Tempo de Serviço, hoje não mais existe o fim para que foi criado." Professor?

Tárek Moussalem – Puxa vida, está vendo? Eu fui falar besteira, aí, Fabiana. E você vem me pegando pelo pé, não é? Bem, ótima pergunta. Primeiro, a questão de a "Exposição de Motivos" ser irrelevante ou não. Eu penso que não. Não relevante. A "Exposição de Motivos" não faz parte do diploma normativo. Mais uma vez estou indo na contramão da doutrina. A "Exposição de Motivos" é um documento, a meu ver, histórico. Mas ele não tem força normativa. O que há ali é uma determinação histórica. "Eu vou criar isso aqui para aquilo lá." Então, eu até lembro das aulas a que nós assistimos, Profa. Fabiana, do Prof. José Luís Fiorin, Prof. Roque, dizendo que só nós, no Direito, debatemos, hoje, se na interpretação do Direito eu busco a vontade do legislador ou a vontade da lei. E dizia ele: "O legislador não tem vontade". Desculpe: "A vontade do legislador se esvaiu no tempo, foi embora. E a vontade da lei, quem diz sou eu, que digo: 'A vontade da lei era essa'. Mas quem está dizendo sou eu; então, a vontade é minha". É a vontade do intérprete o que importa, nesses casos. Eu lembro sempre, também, o exemplo do Prof. Watzlawick, da Escola de Palo Alto, da Pragmática Linguística, ele dava sempre o seguinte exemplo – é dele o exemplo, não meu: se você fizer a pergunta assim: "Onde você comprou o bife?", você teria duas respostas diferentes se o interlocutor fosse um homem ou uma mulher. Então, se você perguntar assim, para um homem: "Onde você comprou o bife?", ele responde: "No açougue da esquina". E se você perguntar para uma mulher, "Onde você comprou o bife?", ela responde assim: "Por quê? Está duro? O bife está duro?". Essas colocações deles demonstram que "Exposição de Motivos" não vale nada. Não importa expor os motivos para a minha mulher, porque eu perguntei para ela onde ela comprou o bife. Ela vai responder "Por quê, está duro?". "Não, eu quis perguntar porque eu gostei do bife, eu queria comprar no açougue da esquina, também." Então, isso é para mostrar – não sou eu, é o Prof. Watzlawick que diz que a vontade do intérprete é o relevante. Então, "Exposição de Motivos", quando se fala em fim, Profa. Fabiana, me parece que não vejo como perder o fim.

E a questão da Lei Complementar 110 diz respeito aos 10% do aumento, que muitos advogados estão argumentando: "O fim para que ela se criou não existe mais". Mais uma vez, é uma questão não jurídica, porque temos que ver, aí, os pontos em que há esse desvio de finalidade. Se na lei há previsão. No orçamento, como está isso? Eu não lembro de cor. E como está sendo feito isso, via ato administrativo? Se houver aqueles dois vacilos ao final, ali, creio que não é um tributo – uma exação, vou usar assim –, uma exação temporária, não. Ela é permanente, como a CPMF. Então, nesse sentido, eu não vejo, por esses critérios, a inconstitucionalidade dessa figura dos 10%. Creio que seja um aumento de alíquota. Rapidamente, Susy. A Susy, já tínhamos brigado lá nos bastidores em relação a isso. Então, vou deixar a Susy falar em relação a esse ponto.

Susy Gomes Hoffman – A única questão, Tárek, que eu quero colocar para debate, respeitando sua posição, mas veja, a "Exposição de Motivos", ou mesmo a colocação da lei, não foi fundamental até para trazer a hipótese, como contribuição – como, por exemplo, no caso da CPMF – e não como imposto. Porque, aí, teria que ser imposto. Porque, se não tivesse nenhuma destinação, seria imposto. E, aí, teria que ser dividido, e tudo o mais. A partir do momento em que, na "Exposição" ou na própria lei, como no caso da CPMF, você tem uma destinação específica, e esta deixa de existir, realmente eu não mudo a figura, de contribuição para imposto?

Tárek Moussalem – Mas ela deixa de existir legalmente ou factualmente? Essa é a questão. Como é "Exposição de Motivos" – essa é colocação que eu faço para reflexão, Susy –, é uma questão não jurídica. Então, vejam, na lei, está lá. Na CPMF nem estava lá. O problema era a destinação de ato administrativo que desvirtuava. Quando chegava o produto da arrecadação, eles colocavam para despesas gerais do Estado. Eu estou dando só um exemplo. Mas na lei estava perfeitamente de acordo com a Constituição

Federal. O problema surgia nas normas concretas, que, aí, me parece que deveria haver controle sobre isso. Agora, eu não transformo aquilo em imposto, até mesmo porque aquilo é inconstitucional. Nesse sentido, eu vejo aquilo como inconstitucional. Eu não posso nem salvar aquela figura como imposto. O que foi feito, foi salvo como imposto. Então, é nesse sentido que eu vejo.

Susy Gomes Hoffman – É que eu vejo o seguinte: se eu, como contribuinte, tenho a situação concreta, pelas linhas orçamentárias, que aquela previsão que era condição para que exista na verdade não existe, eu não tenho a contribuição. Eu não tenho nada. Então, eu teria a legitimidade – a minha posição é mais na legitimidade, a legitimidade processual.

Tárek Moussalem – Eu sei, a legitimidade. Por isso eu coloquei. É porque me parece – a relação tributária, veja, há uma relação de direito financeiro, eu não estou negando isso. E deve ser controlado. Mas a relação tributária do contribuinte, acaba a regra-matriz, ali, a meu ver. Ele pode discutir ali o pagamento. A destinação efetiva, não caberia a ele.

Susy Gomes Hoffman – Não, Tárek, mas ele pode discutir porque – na minha opinião –, se fosse imposto, o legislador teria uma abrangência muito menor de hipótese de incidência. Então, eu tenho legitimidade. A partir do momento que foi como uma contribuição – e como contribuição, é constitucional? Porque essa base de cálculo era possível. Porque, se fosse de imposto, teria as vedações legais. A partir do momento em que eu paguei, paguei como contribuição, o administrador vai lá e transmuda isso em imposto, porque muda essa destinação.

Tárek Moussalem – É essa figura de transmutação, que eu estou ...

Susy Gomes Hoffman – Bom, mas quando isso fica claro, escancarado e vira fato incontroverso, porque isso muda no próprio orçamento, eu, particularmente – veja, eu não tinha pensado pela sua reflexão. Eu entendo que o contribuinte tem legitimidade para discutir. Olhe, essa hipótese só era possível como contribuição. Como imposto, ela não é.

Tárek Moussalem – Também acho. Eu estou em minoria, aqui.

Elizabeth Nazar Carrazza – Está, mesmo. Vamos mudar um pouco o foco. A Dra. Juliana Furtado pergunta: "Hoje, a compensação federal de contribuições previdenciárias não é possível com outros tributos federais. Caso fosse possível, não feriria a destinação constitucional dessas contribuições?".

Helga Klug Doin Vieira – Veja, é evidente que iria ferir a destinação constitucional das contribuições, especialmente dessas contribuições de Seguridade Social, porque essas contribuições de Seguridade Social têm orçamento próprio. Mas, por outro lado também, nós temos que perceber que a Lei Orçamentária é una e ela tem, dentro dela, três orçamentos. Então, se a União quisesse compensar e, através do seu orçamento fiscal, que arrecadasse esses tributos, colocasse no orçamento fiscal e, depois, repassasse os valores para o orçamento da Seguridade Social e houvesse efetivamente um controle da transposição desses recursos, eu não veria nenhum problema. Caso ele não fizesse isso, evidentemente, cairíamos na resposta da Dra. Susy, porque eu creio que deixa de ser contribuição; e, inclusive, um regime jurídico inteiramente diferente, porque passa a ser um imposto. Então, eu creio que seria mais prudente não admitir jamais essa compensação, por conta da inidoneidade do Poder Executivo no trato desses dois orçamentos. Só por isso.

CONFERÊNCIA DE ENCERRAMENTO

REGINA HELENA COSTA

Maria Leonor Leite Vieira – Boa tarde a todos! É com muita honra para o IDEPE que pudemos, desta vez, neste Congresso de 2014, no *XXVIII Congresso*, contar com a Presidência da Min. Regina Helena Costa, Professora em São Paulo, Desembargadora do TRF, de todos conhecida. Esta honra para o IDEPE será agora coroada com esta conferência de encerramento da Sra. Ministra. Eu convido a Profa. Eliana Bertachini para fazer a apresentação da Ministra e passarmos, de imediato, a este ponto alto do nosso Congresso.

Eliana Bertachini – Profa. Maria Leonor Leite Vieira, na pessoa de quem cumprimento toda a Mesa, em especial a Min. Regina Helena Costa, Srs., é com gratíssima satisfação que posso vir apresentar – e fui escolhida para apresentar – a Min. Regina Helena Costa. É uma satisfação enorme porque, enfim, durante alguns anos eu tive a excelente honra de ser colega da Regina Helena Costa enquanto Procuradora do Estado. É uma função que tem uma emoção incongruente. Primeiro, porque é muito fácil, bastaria eu apresentar, temos aqui a Min. Regina Helena Costa, que eu tenho certeza de que, em um congresso de direito tributário, todos e cada um dos Srs. conhecem tudo o que representa a Doutora e Ministra Regina Helena Costa no meio acadêmico e no meio profissional do direito tributário.

De outro lado, é uma missão muito difícil, porque tantas coisas elas já fez e ela faz, que fica complicado podermos aqui sintetizar tudo o que é e o que representa Regina Helena Costa no meio acadêmico, principalmente no direito público, direito tributário, direito administrativo. De toda forma, ou muito fácil ou muito difícil, eu tenho que cumprir a missão que me foi dada. Primeiro, é muito fácil, e devo começar por expor a organização de seu projeto de vida profissional. A partir do Bacharelado em Direito, ela seguiu em frente e se tornou Mestre e Doutora em Direito do Estado, pela PUC/SP. E continuou e corou com a livre-docência em Direito Tributário pela mesma instituição. Daí, aproveitou todo esse projeto para suas funções atuais e a aplicação de todo o conhecimento que amealhou com grande esforço e com grande proveito na aplicação de sua formação e de suas atividades funcionais. Daí, membro que já foi da Procuradoria-Geral do Estado de São Paulo; daí para a Procuradoria da República; depois, como Juíza Federal; Desembargadora do TRF-3ª Região. E, por fim, tendo coroado todo esse esforço de sua vida acadêmica e funcional, agora, como Ministra do STJ.

Esse esforço todo que foi aplicado ela também não deixou reservado a si, ela faz o compartilhamento. E faz o compartilhamento em toda a obra que ela teve a disciplina de poder nos oferecer. Eu digo "disciplina" porque é muito difícil estudar, trabalhar e ainda produzir um livro, um artigo, vários artigos ou vários capítulos de vários livros. Se aqui eu fosse relacionar tudo o que a Doutora e Ministra Regina Helena Costa já fez, eu perderia o prazo que nós temos para a própria palestra. Então, eu deixo, como eu fiz referência a uma só pessoa para homenagear toda a Mesa, deixo uma obra só. E essa obra, que é *Direito Tributário, Constituição e Código Tributário Nacional*. E por que escolho essa, agora na sua 4ª edição? Simplesmente porque ela conseguiu, com essa obra, o reconhecimento de todo o esforço acadêmico e profissional quando, então, ganhou o Prêmio Jabuti pela publicação da 3ª do *Curso de Direito Tributário, Constituição e Código Tributário Nacional*. Então, os Srs. veem que o reconhecimento não é só nosso, que podemos aproveitar de seus ensinamentos, mas de toda uma comunidade que reconhece, então, o esforço e o trabalho por ela feito.

Entre os livros, os artigos, as obras, a dedicação ao ensino como Professora, como Professora de Pós-Graduação, compondo as Bancas – que sempre compôs várias e inúmeras, de defesa de Mestrado, de Doutorado –, tudo o que eu achei para poder resumir para os Srs. foi uma citação de uma pessoa que, possivelmente, não a conheceu, e a quem ela também não conheceu, mas que, ao transcrever e escrever uma homenagem à mulher, parece que estava vaticinando o que poderia ser aplicado à Min. Regina Helena Costa, e que eu me permito ler: "Procuro semear otimismo e plantar sementes de paz e justiça. Digo o que penso, com esperança. Penso no que faço, com fé. Faço o que devo fazer, com amor. Eu me esforço para ser cada dia melhor, pois bondade também se aprende. Mesmo quando tudo parece desabar, cabe a mim decidir entre rir ou chorar, ir ou ficar, desistir ou lutar. Porque descobri, no caminho incerto da vida, o que mais é importante é o decidir" – Cora Coralina.

Com os Srs. a Min. Regina Helena Costa!

Regina Helena Costa – Muito boa tarde a todos! Quero saudar os participantes deste *XXVIII Congresso Brasileiro de Direito Tributário*. Que dizer da minha alegria de estar aqui, com os meus Professores? Eu tenho certeza de que essas palavras da Dra. Eliana – que é uma amiga de longa data – são absolutamente carregadas de generosidade. Todos os que estão aqui, nesta Mesa, são Professores destacados, com os quais aprendi e ainda aprendo muito. Portanto, essa homenagem é uma homenagem feita pelos meus amigos – tenho certeza disso –, aqueles com quem posso contar, com quem aprendi, com quem cresci. Muito embora muitos amigos meus que me conhecem desde a infância me disseram que eu já nasci grande. Mas no sentido, obviamente, anatômico.

Eu estava muito entusiasmada porque eu ia chegar aqui e encontrar com o Min. Carlos Ayres Britto, que não ministra conferências, mas borda com as palavras, não é? E as manifestações do Ministro e Professor Carlos Ayres Britto sempre são um bálsamo para a alma. E eu disse: "Eu vou lá, depois da conferência do Min. Britto eu não preciso dizer mais nada, porque todo mundo vai estar tão satisfeito, que nada mais será preciso acrescentar". Mas vejam como é a vida, não é? Então, todos os Srs., e nós também aqui, fomos privados, infelizmente, de mais essa possibilidade de ouvir o Min. Britto. E eu, aqui, pela vez primeira na qualidade de Presidente do Congresso – uma homenagem que me envaidece muito –, quero agradecer à Profa. Maria Leonor por essa possibilidade, por esse convite. Eu participo do Congresso há muitos anos. Aqueles que reiteradamente se inscrevem para esse evento sabem disso. E fico muito envaidecida, porque os Professores que me antecederam nesta qualidade, nas edições anteriores, são todos Professores destacadíssimos. Eu fico muito feliz, realmente, por ter sido lembrada, embora acredite que preciso melhorar muito. Mas, de qualquer maneira, também tributo isso aos meus amigos.

Eu vou fazer uma exposição muito, muito simples. E de um tema que está me inquietando. Porque as minhas inquietações eram regionais, agora são nacionais. Desde o ano passado no STJ, e há pouco mais de um mês na Seção de Direito Público, que era para onde realmente eu queria ter ido logo de início. Mas passei um ano na Seção Criminal do STJ. Foi um aprendizado muito interessante, nunca tinha atuado nessa área. Foi muito bom. Agora me sinto mais confortável, por estar em uma área mais conhecida, mas, por outro lado, bastante desafiada pela variedade de questões que se apresentam, pela complexidade de problemas que têm surgido, enfim. Gostaria de compartilhar, na verdade, mais uma inquietação. Não é uma exposição para trazer respostas ou conclusões, mas é uma brevíssima exposição para trazer perguntas, inquietações.

Eu vou tratar de um tema que eu não vi tratado – pelo menos recentemente, eu nunca ouvi falar. Mas, estando lá no STJ, começou a aparecer isso, e eu fiquei um pouco preocupada. Eu disse: "Bom, eu vou compartilhar com os meus Colegas do Congresso para que se possa, então, fazer uma reflexão conjunta e talvez mais detida sobre isso". O ponto que eu vou referir aqui tem a ver com a competência do STJ para apreciar matérias tributárias que dizem respeito a preceitos do Código Tributário Nacional que explicitam normas constitucionais. Vou tornar isso mais claro: eu vou fazer uma contextualização para dizer por que isso tem sido um questionamento, enfim, uma fonte de indagações, pelo menos da minha parte. Primeiro, algumas palavras sobre o STJ, e depois algumas palavras sobre o CTN, o nosso querido Código Tributário Nacional. E, depois, o entroncamento entre as duas coisas, para apontar algumas dificuldades.

Primeiramente, todos sabem que o STJ é um Tribunal novíssimo, é uma Corte novíssima, porque ela é fruto da Constituição de 1988. Todos sabem, também, que ela nasceu como um apêndice do STF. Porque ela nasceu para herdar competências que até a Constituição de 1988 eram atribuídas ao STF. Então, como a Constituição de 1988, entre as muitas inovações que trouxe, quis tornar o STF efetivamente uma Corte Constitucional – ou, pelo menos, se aproximar o máximo disso –, todas aquelas competências para matérias infraconstitucionais basicamente acabaram sendo atribuídas a um novíssimo Tribunal que se convencionou chamar de STJ. O STJ trata de temas que antigamente cabiam ao STF. Vejam que é um assunto novo, do ponto de vista da história do direito constitucional, da história do Direito Brasileiro, porque nós estamos falando de um marco, de alguma coisa que começa a partir da Constituição de 1988. Portanto, esse problema que eu vou contar não existia antes. Ele existe a partir deste momento em que há duas Cortes Superiores, que vão cuidar das matérias em geral – porque aqui, é claro, só estou excluindo Justiça Eleitoral, que é absolutamente especializada, Justiça do Trabalho, que é absolutamente especializada, Justiça Militar também, enfim. Nós vamos ficar com o STF e com o STJ para as demais matérias, inclusive a tributária. Essa é a primeira ideia.

Nós temos, então, que a Constituição, quando fala das competências do STJ, lá no art. 105, ela trata – e eu vou falar das competências mais típicas, vou apenas lembrar justamente daquela competência para julgar recurso especial. Eu não vou falar nem das competências originárias, nem para julgar recursos ordinários. Não. Para julgar recurso especial. Ele está vertido exatamente assim: "III – julgar, em recurso especial, as causas decididas, em única ou última instância, pelos Tribunais Regionais Federais ou pelos Tribunais Estaduais, do Distrito Federal e Territórios, quando a decisão recorrida: a) contrariar tratado ou lei federal, ou negar-lhes vigência". Essa é a previsão do art. 105, III, "a". Então, é um dos fundamentos para o recurso especial.

Tem outro também – tem vários, mas o que me interessa lembrar é esse da alínea "a" e da alínea "c" também, "quando a decisão decorrida der a lei federal interpretação divergente da que lhe haja atribuído outro tribunal". Percebam a importância das competências ou do papel do STJ quando julga recurso especial, especialmente nesses casos, porque decide questões que vêm da Justiça Comum Estadual, da Justiça Comum Federal, quando houver alegação de violação de lei federal ou tratado ou negativa de vigência. E, também, quando houver disparidade de interpretação entre duas Cortes, pelo menos. A questão é: o direito federal, as normas federais estão sendo interpretadas de maneira distinta por diversos tribunais. Então, esse é um papel que me parece talvez o papel mais importante ou mais destacado, que é o papel de exercer essa atribuição de uniformizar a interpretação do direito federal. Até abro um parênteses para dizer que o STJ até o momento não consegue fazer isso com adequação, com suficiência, na medida em que há uma distorção, que não é só lá que ocorre, que ocorre no STF, ocorre em todos os tribunais, especialmente os Tribunais Superiores, que é esse excessivo volume de demandas, que torna as Cortes Superiores como se fossem tribunais ordinários. E isso faz com que os Tribunais decidam muito mais casos individuais do que, propriamente, exerçam essa missão de estabelecer os paradigmas e de estabelecer a uniformização da interpretação do Direito, quer no plano infraconstitucional – que é papel do STJ –, quer no plano constitucional – que é papel do STF. Estamos em um terreno em que isso não acontece com a adequação, com a suficiência, necessária porque, infelizmente, o Tribunal recebe um volume de recursos absurdo. Quer dizer, absurdo, realmente digo, muito além da capacidade humana, efetivamente. Só para terem ideia, um Ministro da minha Seção, da Seção de Direito Público, recebe mensalmente cerca de 1.500 recursos novos. São 1.500 por mês, novos. Somados ao acervo que já existe, é algo assim, é uma tarefa gigantesca e, muitas vezes, impossível de ser vencida. Mas, enfim, nós não estamos aqui para reclamar, vamos em frente.

O STJ tem essas atribuições, que foram herdadas do STF. Esses fundamentos que eu mencionei, esses dois fundamentos para o recurso especial, que constituem as competências mais ordinárias, mais corriqueiras, do STJ, aquelas que ele exerce com mais frequência. Nós temos esse aspecto. E nós temos também, como eu disse, que lembrar que o STJ – exatamente porque ele é um "filhote" do STF, vamos dizer assim, e exatamente porque o STF é a Corte Constitucional – tem, obviamente, muita preocupação em não adentrar matéria constitucional. Eu diria, às vezes, até uma preocupação excessiva. Alguém vai dizer: "Mas como, excessiva?". Excessiva porque todo órgão jurisdicional exerce controle constitucional, por via de exceção, desde o juiz de primeiro grau, os TRFs, os Tribunais de Justiça e também as Cortes Superiores. Então, o STJ em algumas poucas ocasiões acolheu arguições de inconstitucionalidade, proclamou a inconstitucionalidade de dispositivos. Mas foram muito raras as ocasiões. É muito claro que o STJ é muito cioso de sua competência infraconstitucional, de apreciar matéria infraconstitucional. E, portanto, com muita cautela, para não invadir ou exercer inadequadamente a competência do STF. Da mesma forma como, também, muitas vezes se comenta no STJ: "Puxa, mas o STF decidiu? Essa matéria não é constitucional, não". Então, fica uma coisa ali, o STF não deve avançar nas matérias infraconstitucionais e o STJ também não deve avançar nas matérias constitucionais. Essa é uma primeira contextualização que faço.

Agora vou passar para uma outra coisa, apenas para lembrar alguns aspectos do Código Tributário Nacional para que, então, possamos unir essas duas ordens de considerações e passar ao problema que efetivamente me aflige. O Código Tributário Nacional, todo mundo sabe, Lei 5.172/1966. O que eu queria pontuar aqui, com relação ao Código, é que o Código Tributário Nacional pode ser considerado um sobrevivente. Ele é um sobrevivente. Em que sentido? No sentido de que já lhe sobrevieram três Constituições, e ele ainda está aí. Ele ainda está aí, eu não diria com a força de outrora, mas resistindo. Logo depois de sua promulgação adveio a Constituição de 1967; depois, a Emenda Constitucional 1/1969, que muitos consideram uma Constituição propriamente dita, tal o número de modificações que promoveu na Constituição de 1967. E a nossa atual Constituição de 1988. O Código sobrevive a tudo isso.

Mas não é possível dizer que ele sobreviveu sem sequelas. E as sequelas são muitas. Porque, se nós formos olhar criticamente o Código, nós vamos encontrar, primeiro, uma porção de dispositivos que não foram recepcionados. Nós temos um número razoável de preceitos no Código que foram revogados tacitamente, porque não foram recepcionados. Então, incompatíveis com a nova Constituição, não têm mais fundamento de validade, acabou. Mas eles estão lá, só para lembrar como era, enfim, como um registro histórico.

Por outro lado, o Código tem dispositivos que tratam de realidades que não mais existem. Tem muita coisa que está lá que não existe mais, porque a Constituição não fala mais sobre isso. E mais: há uma porção de coisas que estão na Constituição, no capítulo do Sistema Tributário Nacional, e o Código desconhece, não é mesmo? Porque ele é muito mais antigo do que essa e do que as outras duas Constituições que a antecederam. Portanto, o Código não fala de contribuições, que é um tema aflitivo – a espécie tributária mais polêmica, mais difícil de ser estudada, de se lidar com os problemas. Hoje, os grandes problemas tributários envolvem as contribuições. Praticamente não se discute nada de imposto, se discute contribuições. E o Código não tem uma linha sobre isso. Vejam que o Código realmente tem uma porção de problemas, quer porque parte de suas disposições não foi recepcionada, quer porque ele desconhece uma porção de categorias, de realidades, que foram introduzidas pela Constituição de 1988, e, portanto, ele não conhece e nada diz a respeito. Já é um Código problemático por conta dessa situação.

Mas eu vou, evidentemente, me concentrar naqueles dispositivos que foram recepcionados – quero crer que a maioria. E, dentro desses dispositivos, eu posso separar, vamos dizer assim, eu posso lembrar três categorias. Dentro do universo de artigos do Código Tributário Nacional, para falar mais objetivamente, que continuam válidos, porque receberam novo fundamento de validade com o advento da Constituição de 1988, eu posso vislumbrar três categorias de dispositivos.

Primeiro, são aqueles chamados *preceitos didáticos*. O Código tem vários preceitos didáticos. O que seriam esses preceitos didáticos? São aqueles preceitos – e não sou eu que digo isso, mas os grandes Mestres, que dizem – que têm uma mensagem que, enfim, é interessante, mas, se eles não estivessem lá, nada seria mudado. Quer dizer, não haveria nenhuma modificação se eles não estivessem lá. Por exemplo, o artigo que diz que uma das causas de extinção da obrigação tributária é a decisão judicial passada em julgado. Se isso não estivesse lá, nós chegaríamos à conclusão de que é exatamente isso. Quer dizer, mesmo que isso não fosse dito seria desse modo, por exemplo. Então, há vários outros dispositivos didáticos. Mas vamos lá, didáticos nesse sentido, quer dizer, eles dizem algo mas, se não dissessem, nós teríamos que, por uma interpretação sistemática, chegar a uma conclusão.

Outra categoria de dispositivos – e também existem vários dispositivos dessa ordem no Código Tributário – são os que *reproduzem preceitos constitucionais*. Eles apenas reproduzem. Vejam, estes também, se não estivessem lá, na atual conjuntura, não iria mudar nada, porque a Constituição diz exatamente isso. Uns dispositivos falam de princípio da legalidade, princípio da anterioridade da lei tributária. Falam das imunidades, em si, as imunidades são essas. Quer dizer, esses dispositivos, evidentemente, só reproduzem, meramente reproduzem, texto constitucional. Foram recepcionados, são iguaizinhos àquilo que a Constituição diz.

Muito bem, há uma outra categoria. Agora, vamos para a terceira – e aí é que me parece que há a dificuldade que eu vou apresentar aqui. Além dos preceitos didáticos, dos preceitos do Código que meramente reproduzem o texto constitucional, há uma outra categoria de preceitos do Código que *explicitam normas constitucionais*. Que, aliás, não é para causar espécie, porque esse é o papel da lei complementar. Nós sabemos que o Código Tributário Nacional, embora não tenha nascido como lei complementar – porque à época em que foi editado a Constituição de 1946 não previa a sua categoria –, foi recepcionado, posteriormente, como lei complementar, porque surgiu a categoria da lei complementar, afetou-se a disciplina da lei complementar às normas gerais sobre legislação tributária. Como o Código contém essas normas, então, ele passou a ter esse *status*. Ele é um sobrevivente que, de alguma maneira, ganhou até uma comenda, não é? Porque, embora tenha nascido como lei ordinária, ele acabou alçando o *status* de lei complementar. Há preceitos do Código Tributário Nacional que exatamente explicitam a Constituição. O que eu quero dizer com isso? Explicitam, eles trazem desdobramentos, eles elucidam, eles não são mera repetição da Constituição. Não são mera repetição porque, senão, não seria problema algum. Eles elucidam, eles trazem desdobramentos. Enfim, eles esclarecem.

A questão é – e, agora, eu chego à pergunta, à proposta de tema que eu fiz há pouco: como fica a competência do STJ para tratar de matérias tributárias referidas em dispositivos do Código Tributário Nacional que explicitam normas constitucionais? E por que eu estou perguntando isso? Porque a partir de 1988 nós temos um Tribunal, uma Corte, para apreciar matéria constitucional, exclusivamente. E nós temos o STJ para apreciar matéria infraconstitucional. Recordo o art. 105, III, "a", que diz que compete ao STJ julgar recurso especial em relação às causas decididas em única ou última instância pelos tribunais, as Cortes de apelação, "quando a decisão recorrida contrariar tratado ou lei federal ou negar-lhes vigência". Especialmente aqui – também há o outro fundamento, de divergência. Mas, vejam, especialmente aqui. O Código Tributário Nacional é uma lei federal, não é? Então, precipuamente, cabe ao STJ uniformizar a interpretação de todos os dispositivos de códigos. Vai ter oportunidade agora, uma oportunidade fantástica, de fazer isso com o novo Código de Processo Civil. Vai ser a primeira vez que o STJ vai conseguir fazer isso. Alguém pode dizer: "Ah, Professora, mas e o Código Civil? 2002, o STJ já estava aí". Mas o que se diz é que o Anteprojeto do Código Civil era de 1975, e o STJ não participou dessa fase prévia. Não existia. Mas agora, com o Código de Processo Civil, tudo mudou. Um grupo de Ministros estudou, conjuntamente com os parlamentares. Há muitas questões que ainda estão sendo debatidas. Mas, enfim, participou desde a confecção, e, claro, vai ter importante papel na fixação da interpretação, a uniformização da interpretação que há de ser adotada pelos demais tribunais.

Vejam só, que o problema é este. A matéria está referida no Código Tributário Nacional, que é lei federal, que é nacional, com *status* de lei complementar. Mas o tema daqueles dispositivos está na Constituição também. Quem tem competência para apreciar? Essa é uma questão à qual o STJ, em algumas situações, está dando encaminhamento. Eu comecei a perceber isso, está dando o encaminhamento, com o qual me parece que não há, talvez, uma maior reflexão em relação à solução adotada. Eu trouxe aqui duas situações para exemplificar e para colocá-los em meditação a respeito disso. Vamos lá.

A primeira hipótese que eu trago aqui diz respeito às taxas. Taxa, espécie tributária, tributo vinculado a uma atuação estatal, que pode ser tanto o exercício do poder de polícia quanto a prestação de serviço público específico e divisível etc., como diz a Constituição. A Constituição, claro, traz a regra-matriz das taxas, o art. 145, II, que no § 2º diz que elas não podem ter base de cálculo própria de impostos. Enfim, a gente já sabe. Aí, nós vamos ao CTN, e lá, no art. 77, ele reproduz exatamente isso. O art. 77 é uma mera reprodução, me parece. E isso eu poderia enquadrar naquela outra hipótese, é uma mera reprodução. O que ele diz lá é exatamente o que já está na Constituição, não há dúvida. Mas, aí, vamos ao art. 79.

O quer diz? Só para recordar o art. 79: "Os serviços públicos a que se refere o art. 77 consideram-se: I – utilizados pelo contribuinte: (...) – aí, vem lá: "a) efetivamente quando por eles usufruídos a qualquer título; b) potencialmente, quando, sendo de utilização compulsória, sejam postos à sua disposição mediante atividade administrativa em efetivo funcionamento". Aí, vem lá: "II – específicos, quando possam ser destacados em unidades autônomas de intervenção, de utilidade, ou de necessidade públicas". Pois bem, nós vamos encontrar vários acórdãos do STJ, inclusive acórdãos recentíssimos, deste ano, dizendo assim: "Matéria de taxa o STJ não tem competência para apreciar". Não tem, porque esses artigos – o art. 77, ok, e o art. 79, não cuidam de matéria infraconstitucional. Eles apenas dizem o que a Constituição já diz. Se nós adentrarmos o tema das taxas em relação a essas questões, nós estaremos – os Ministros – usurpando a competência do STF. Estaremos chamando uma competência que não nos foi outorgada. Enfim, "não conheço do recurso".

Com relação ao art. 79, me chamou a atenção por causa da pergunta: "Será que é mera reprodução do que diz a Constituição?" – com o art. 77 eu não tenho dúvida. A regra-matriz, a vedação a que as taxas tenham base de cálculo própria de impostos. Eu não tenho dúvida. Mas o art. 79, ao explicar, ou explicitar ou elucidar o que é um serviço público específico, o que é um serviço público divisível, será que ele não agrega nenhuma normatividade? E, com isso, não abre a possibilidade de o STJ analisar a violação à lei federal no recurso especial? A tratativa tem sido essa. Há vários acórdãos dizendo: "Os arts. 77 e 79 nós não temos que olhar. Eu não quero saber se é específico. É matéria constitucional, nós não vamos mexer nisso". E não mexem, mesmo. Há vários dispositivos nessa linha. É para pensar. Eu creio que todo mundo entendeu a ideia. Tanto a Constituição quanto o Código falam de um mesmo assunto. Só que o Código vai um pouco além da Constituição. São esses os dispositivos a que eu estou aludindo agora. Ele vai além, dentro do que cabe à lei complementar fazer, esclarecendo, desdobrando, esmiuçando. Muito bem. E, ainda assim, o STJ disse: "Isso é matéria constitucional, não vou mexer nisso, mesmo. Não vou olhar, não posso considerar isso violação de lei federal, não é algo que eu possa examinar. Sob pena de ferir a supremacia constitucional. Quem analisa isso é o STF." Há reiterados julgados nesse sentido.

Um outro problema – e os Srs., que são advogados militantes, vão lembrar dessa situação, que é uma situação ainda mais difícil. Porque, em função do dispositivo que eu vou lembrar, isso tem uma repercussão gigantesca na jurisprudência, em matéria tributária, no STF e no STJ. O STJ está "lavando as mãos", mais recentemente, com relação a isso. Eu estou falando do art. 110 do Código. Para recordar também, os arts. 109 e 110, penso eu, foram absolutamente bem interpretados pelo Prof. Aliomar Baleeiro, que diz que é preciso entendê-los conjuntamente. São várias normas que se extraem desses dois dispositivos.

Para recordar, rapidamente, o art. 109 diz: "Os princípios gerais de direito privado utilizam-se para pesquisa da definição, do conteúdo e do alcance de seus institutos, conceitos e formas, mas não para definição dos respectivos efeitos tributários". Muito bem, é mais ou menos cada um no seu domínio, não é isso? Então, são utilizados as lições, os princípios, enfim, do direito privado, já que nós sabemos que o direito tributário, como se costuma dizer na lição clássica, é um direito de sobreposição. Ele busca uma porção de conceitos, de categorias de direito privado, ele usa isso. Muito bem. Só que os efeitos tributários, evidentemente, não poderão ser determinados senão pelo direito tributário.

E, aí, o art. 110, por sua vez, diz: "A lei tributária não pode alterar a definição, o conteúdo e o alcance de institutos, conceitos e formas de direito privado, utilizados, expressa ou implicitamente, pela Constituição Federal, pelas Constituições dos Estados, ou pelas Leis Orgânicas do Distrito Federal ou dos Municípios, para definir ou limitar competências tributárias". Todo mundo sabe a importância que esse dispositivo tem. Alguns dizem que é um preceito meramente didático. Eu peço vênia para discordar. Eu creio que ele é um dispositivo extremamente importante. Mas há quem diga que isso aí está na Constituição. Mas o que ele está dizendo é o que a Constituição diz? Esse artigo não está agregando nada? Será? Será que não está? Duas normas – diz o Prof. Aliomar Balieiro – eu posso extrair daqui. Que, primeiro, a lei tributária não pode alterar a definição, o conteúdo e o alcance de institutos, conceitos e formas de direito privado. Não é isso? Essa é a premissa, ela não pode. Exceção, quando ela não vai poder fazer isso? Quando esses institutos, conceitos e formas de direito privado forem utilizados, expressa ou implicitamente, pela Constituição – e paremos com a da República, que já é mais do que suficiente. Então, as duas normas. Pode mudar, salvo se. Aqui, nós temos que recordar – e isso, vejam, é um problema do direito tributário, porque se trata de área extremamente constitucionalizada. A Constituição brasileira é analítica, é prolixa. Mas se há uma matéria que é extremamente constitucionalizada é a disciplina da tributação.

Vejam só o que acontece – claro que o direito tributário e a Constituição, a começar dela, usam uma porção de conceitos de direito privado. Serviço, mercadoria, faturamento – quantos já foram discutidos aí? Bem imóvel – enfim, uma porção de conceitos pertencentes ao direito privado. E ela utiliza, e aí isso significa que o direito tributário não vai poder mexer. A questão é: uma porção de recursos especiais chegam ao STJ, em várias teses, alegando violação ao art. 110; a lei federal violou o art. 110 do CTN, que diz isso que eu acabei de ler. Simplesmente, até o início da década – até 2004, 2005 – havia jurisprudência do STJ, apreciando a violação ao art. 110. Há acórdãos dizendo: "Não. O Código Tributário é lei federal, lei de normas gerais. Vamos apreciar, sim, se a lei federal 'x', ao utilizar conceitos de direito privado, que são utilizados também pela Constituição, deformou esses conceitos, se ela não os tomou no sentido próprio que eles têm no direito privado".

O STJ apreciava isso. Há vários acórdãos nesse sentido até 2004/2005. Mas depois – não sei exatamente por que – passou a rejeitar solenemente. E diz: "Violação do art. 110? Praça dos Três Poderes, sem número. É atribuição do STF, não é nossa". Essa é uma questão dificílima, porque os recursos continuam a chegar sob esse fundamento também. É claro que muitas vezes o recurso não é conhecido porque ele só trata de matéria constitucional. Evidentemente que o STJ não vai – mas a questão, aqui, que eu estou colocando à meditação é essa. Será que não é possível abrir-se mesmo uma instância recursal para que o STJ investigue se há contrariedade ou se há violação da norma de lei federal, ou código? Nós temos que lembrar que as leis todas têm que se submeter, as leis tributárias estão vinculadas ao conteúdo do Código nas suas normas gerais. Quer dizer: o Código traz lá uma porção de normas. Também traz lá a materialidade de diversos impostos. Evidentemente que as normas, as leis federais, têm que atender àquilo que está lá. Será que não é possível fazer esse contraste, no patamar infraconstitucional?

Então, me parece que – a minha impressão, eu não tenho ainda essa reposta, mas a minha ideia primeira, a minha tendência – esses dispositivos, tanto aquele exemplo que é mais flagrante, me parece, do art. 79 do Código quanto esse do art. 110, que tem uma repercussão gigantesca, quantas teses vão envolver? E estão envolvendo, o STJ já decidiu, e vai decidir – tem um recurso em que eu pedi vista – o conceito de *juros moratórios*. Os juros moratórios podem ser tributados pelo Imposto de Renda? O STJ já encaminhou, tinha uma primeira jurisprudência em 2011, mudou completamente a primeira jurisprudência, dizendo, recurso repetitivo, não incide Imposto de Renda, juros de mora são indenização. Então, não tem acréscimo patrimonial, ok. No ano seguinte mudou completamente, foi para o lado oposto. Não, não, juros de mora, excepcionalmente eles não têm. Só se a verba principal for isenta. Se a verba principal for isenta, os juros de mora seguem o principal. Entrou uma "mosquinha" de direito civil aí.

Muito bem, voltou à discussão o tema na Seção de Direito Público. E, a meu ver, a discussão envolve o conceito de juros moratórios. Onde é que está a mora? Onde mora a mora? A mora mora no Código Civil. Os juros de mora, que são dela consequência, moram no Código Civil. Alguém vai dizer: "Mas a Constituição fala de juros de mora". Fala. Aí fui lá no artigo – eu não vou nem contar, que fala em dispositivos do "Ato das Disposições Constitucionais Transitórias". Não, eu queria um permanente. E fala, no art. 100. "Ah, Professora, mas fala agora, depois da Emenda". Não faz mal. Mas fala. A Constituição fala de juros de mora. Então, a Constituição usou o conceito de juros de mora, utilizou com o sentido que ele tem no Código Civil, que é mora, os juros são dela consequência, eles são indenização, eles visam a reparar a perda patrimonial sofrida por aquele que recebeu seu crédito a destempo. E é um dano presumido, não é isso? É um dano presumido, juros de mora. Se tinha um prazo para pagar, não pagou, então, os juros incidem. Essa é a ideia. Estamos diante de uma situação como essa, entre outras questões. É óbvio que o recurso não cuida só disso, mas isso está envolvido na pretensão.

Será que o STJ vai poder falar sobre isso? Porque, até o momento, até o levantamento que eu fiz, nem pensar em falar no art. 110. Se falar do art. 110 do CTN, do conceito de direito privado, de não poder, sob pena de modificar a competência tributária. Isso não é possível. Como é que vamos alargar a competência tributária, se ela é fixada na Constituição? Essa matéria, será que o STJ não pode verificar o contraste? Vejam, é um dispositivo de um outro código. Nesse caso, é mais complexo. Nós estamos falando de – o art. 110 do CTN é o art. 404 do CC de 2002. Então, como é que fica? Não cabe ao STJ interpretar também o que é? O que é o dispositivo da lei civil? Como é que se deve interpretar? Vejam a situação.

Toda essa inquietação, essa angústia, que estou singelamente transmitindo aqui é para mostrar que, a meu ver, talvez o manejo dos recursos especiais sob essa ótica, quando questionam violação à lei federal – qual seja, ao Código Tributário Nacional, a um dispositivo do Código, desde que esse dispositivo do Código explicite norma constitucional – porque se eu não explicitar não vai ter problema nenhum, não vai ter esse problema de competência, de divisão entre STJ e STF, não. Mas o manejo dos recursos talvez tenha que ser aperfeiçoado.

E, por outro lado, a própria resistência do STJ – falou em matéria constitucional: "Opa! Espere aí! Isso não é nosso". Já há uma predisposição de dizer: "Não, isso aqui eu não vou conhecer, já não conheço desse recurso, não é admitido". Vejam que há essas duas dificuldades. Talvez o manejo dos recursos tenha que ser aperfeiçoado pelos Srs. Advogados. E começar a questionar o art. 110, mas destacando, assim como eu falei do art. 79 do Código, que ele agrega uma normatividade. Pelo menos a minha primeira impressão é essa, ele agrega uma normatividade que pode ser analisada independentemente de eventual ofensa direta à Constituição. Há uma ofensa à lei federal, ou seja, o Código. Há uma ofensa à lei de normas gerais sobre legislação tributária, a par de, eventualmente [*truncado na gravação*] porque, muitas vezes, é tanto que se abre a via recursal dupla.

Mas eu penso que seja possível – pelo menos na minha primeira impressão – separar uma coisa da outra. E não o que está acontecendo. O que está acontecendo é o trancamento da via do recurso especial para analisar – há outros exemplos, eu vou ficar nesses dois – qualquer preceito, violação a qualquer preceito do Código Tributário Nacional, qualquer norma do Código Tributário Nacional, que aluda, de qualquer maneira, à Constituição, ainda que não seja mera reprodução. Se for mera reprodução, eu não tenho dúvida. Mas qualquer norma que explicite, que agregue, que desdobre, que elucide.

Então, nós vamos dizer: "Puxa vida, então o STJ vai ficar realmente bastante poupado de examinar matéria tributária. Porque boa parte do Código está constitucionalizada. Boa parte do que ele diz está direta ou totalmente, ou parcialmente". Está. Esta reflexão, enfim, eu vou terminar, porque hoje é sexta-feira e mais tarde teremos embate eleitoral, a fase do debate já passou, nós estamos na fase mais avançada. Eu penso que todos tenham que se preparar para isso. Tem que estar em foco, para acompanhar as últimas discussões.

Eu vou encerra deixando esse problema. Veja, Profa. Maria Leonor, eu não trouxe nenhuma solução, mas trouxe esse problema, que me parece tenha passado despercebido. Eu não vi nada escrito sobre isso, não vi nada. Mas, assim, começando a mexer mais diretamente com a jurisprudência do STJ, me ocorreu de trazer ao pensamento de todos.

Meu agradecimento justamente pela presença, neste horário, em plena sexta-feira. Agradeço, uma vez mais, a homenagem que me foi propiciada com muita generosidade, com muito carinho, pelos meus diletos Professores. E desejo a todos um ótimo final de semana. Muito obrigada!

Maria Leonor Leite Vieira – Sra. Ministra, nossa Professora, nossa amiga, a honra é toda do IDEPE de ter feito este convite para que a Sra. presidisse a este Congresso. Mas, agora, vejam que a Sra. Ministra nos trouxe até mais uma provocação, para que, no próximo Congresso, a gente já discuta essa matéria. Pelo menos a gente já tem uma Mesa pronta para o próximo Congresso, que será nos dias 21, 22 e 23.10.2015. Mas eu já antecipo esta notícia, e antecipo que essa Mesa estará formada para a discussão desse assunto. Eu quero agradecer imensamente à composição desta Mesa, ao Prof. Roque Carrazza, Profa. Helga Klug Doin Vieira, Profa. Eliana Bertachini, Prof. Estevão Horvath – Vice-Presidente do Instituto –, Prof. Paulo de Barros Carvalho – um dos Presidentes de honra do Instituto –, Profa. Fabiana Tomé, Profa. Elisabeth Carrazza. Agradecer à nossa Comissão Organizadora, que se empenhou em ajudar a estabelecer este trabalho. Aos nossos apoiadores e aos nossos patrocinadores. E agradecer imensamente à Sra. Ministra, que presidiu estes trabalhos e, desde o começo, quando levamos as ideias, os temas que gostaríamos de tratar, ela deixou o Instituto absolutamente à vontade para discutir os pontos que tínhamos pesquisado, sem nenhuma interferência e quem poderíamos convidar.

Regina Helena Costa – Enfim, uma Presidente democrática.

Maria Leonor Leite Vieira – Absolutamente à vontade. Estamos em época de democracia, não é? Como bem lembrou a Profa. Regina Helena, estamos em época de democracia, devemos exercitá-la e vamos exercitar tudo isso, Professora, essa democracia, no final de semana. A partir de hoje, observando tudo o que está acontecendo e escolhendo os nossos legisladores, daqui a pouco, também, não é? Nosso Executivo e nossos legisladores.

Enfim, dou por encerrado este Congresso, mas reiterando e convidando a todos para que, em 2015, nos dias 21, 22 e 23 de outubro, estejamos novamente neste mesmo recinto, discutindo as novas matérias que tivermos provocadas durante o ano.

Muito obrigada a todos, e uma boa noite!

INSTITUTO GERALDO ATALIBA-IDEPE
INSTITUTO INTERNACIONAL DE DIREITO PÚBLICO E EMPRESARIAL

XXIX CONGRESSO BRASILEIRO DE DIREITO TRIBUTÁRIO

INOVAÇÕES NA TRIBUTAÇÃO E NO PROCESSO TRIBUTÁRIO

Hotel Maksoud Plaza
São Paulo
21 a 23 de outubro de 2015

PRESIDENTE DE HONRA
MIN. RICARDO LEWANDOWSKI

Impressão e acabamento
psi7 | βook7

RDT 123

PANORAMA TRIBUTÁRIO BRASILEIRO: SITUAÇÃO ATUAL E PERSPECTIVAS

Conferência de Abertura: A certeza nas relações jurídicas tributárias • **ICMS e Guerra Fiscal**: O conceito de mercadoria para fins de tributação por meio de ICMS. Novas tendências do STF – Proposta de Súmula Vinculante para eliminar a guerra fiscal no ICMS • **ICMS na Importação e o Destinatário da Mercadoria**: Não cumulatividade e o estorno dos créditos nas hipóteses de incentivos fiscais concedidos sem convênio • **ISS**: Base de cálculo do ISS: Preço do serviço e a figura do desconto (condicionado e incondicionado) – ISS sobre cessão de direitos (programas de computador; marcas e sinais de propaganda; exploração de locais para eventos; permissão de uso; *leasing*; franquia) – Incidência do ISS sobre o arrendamento mercantil e o critério especial do imposto • **Tributação na Lei 12.973/2014**: Conceito de renda e sua tributação – Implicações da nova contabilidade – Novas obrigações acessórias e a dupla escrituração: contábil e fiscal – Tributação de resultados de coligadas e controladas no exterior – Recentes alterações legislativas e reforma tributária • **Impostos Federais**: Disciplina tributária do ágio – Tratamento tributário das subvenções – IOF sobre operações de mútuo e conta corrente entre empresas do mesmo grupo econômico e *holdings* – Ocultação e interposição fraudulenta no comércio exterior • **Processo Tributário**: Grupo econômico e responsabilidade tributária – Atuação da PGFN e da SRFB diante da jurisprudência pacificada das Cortes Superiores: perspectivas diante da Lei 12.844/2013 – Imunidades tributárias e as recentes manifestações do STF – Suspensão da exigibilidade, certidão de regularidade fiscal e efeitos dos recursos • **Oficinas: Processo Administrativo Tributário** e **Processo Judicial Tributário** • **Questões Tributárias no STF e no STJ**: IPI e sua incidência na primeira saída de produtos importados por comerciante – Os "reais" efeitos das decisões proferidas em recursos representativos de controvérsias (STJ) e em repercussão geral (STF) – Inidoneidade fiscal no âmbito do ICMS • **Planejamento Tributário**: Planejamento tributário internacional – Conceitos polêmicos no âmbito do planejamento tributário: propósito negocial, abuso de direito, abuso de forma e negócio jurídico indireto – Planejamento tributário nas sucessões – Pressupostos essenciais para a regular constituição de SCP • **Contribuições**: Desoneração da folha de pagamentos – Alteração da incidência para o faturamento: fundamentos e consequências – Não cumulatividade do PIS/COFINS: o conceito de "insumos" relacionado à atividade operacional – A finalidade constitucional das contribuições sociais e o desvirtuamento na efetiva destinação • **Conferência de Encerramento**

MALHEIROS EDITORES